税务干部防范
职务犯罪风险案例解析

SHUIWU GANBU FANGFAN
ZHIWU FANZUI FENGXIAN ANLI JIEXI

郭勇平　刘 兵◎著

立信会计 出版社
LIXIN ACCOUNTING PUBLISHING HOUSE

图书在版编目(CIP)数据

税务干部防范职务犯罪风险案例解析/郭勇平,刘兵著. —上海:立信会计出版社,2019.1
ISBN 978-7-5429-5890-7

Ⅰ.①税… Ⅱ.①郭… ②刘… Ⅲ.①职务犯罪—预防犯罪—案例—中国 Ⅳ.①D924.305

中国版本图书馆 CIP 数据核字(2019)第 001480 号

策划编辑　　张巧玲
责任编辑　　张巧玲

税务干部防范职务犯罪风险案例解析

出版发行	立信会计出版社			
地　　址	上海市中山西路 2230 号	邮政编码	200235	
电　　话	(021)64411389	传　　真	(021)64411325	
网　　址	www.lixinaph.com	电子邮箱	lxaph@sh163.net	
网上书店	www.shlx.net	电　　话	(021)64411071	
经　　销	各地新华书店			
印　　刷	固安华明印业有限公司			
开　　本	787 毫米×1092 毫米	1/16		
印　　张	21.5			
字　　数	372 千字			
版　　次	2019 年 1 月第 1 版			
印　　次	2019 年 1 月第 1 次			
书　　号	ISBN 978-7-5429-5890-7/D			
定　　价	79.00 元			

如有印订差错,请与本社联系调换

前　言

　　随着社会经济的发展和依法治国的推进,行政执法部门的不作为、缓作为及滥作为愈来愈受到法纪监督和责任追究,税收执法风险也随之加大。2018年3月,国家监察委员会成立。之前,全国各地监察委员会已先行成立。国家成立监察委员会的宗旨非常明确,监察委员会的职责之一就是监督公职人员的行政执法。税务机关是行政机关,税务干部也是行政机关的执法人员,当然受监察委员会的监督。检察院的反贪污腐败局和反渎职侵权局整体划归国家监察委员会,税务干部面临的国家监察模式是全新的,面临的监察形势也将日趋严峻。税务干部怎么办? 唯有依法执法,唯有规范执法;唯有依法"征、管、查",唯有依法"放、管、服";唯有在"他律"的基础上,更加"自律"。这就要求税务干部预防职务犯罪。"未雨绸缪",防患于未然,方可登高望远! 如何防范职务犯罪风险? 这就是我们需要认真研究和面对的重要课题。

　　当然人也会有疏忽大意,税务干部也不例外。何况在纳税遵从度不高的现实环境下,进行税务执法,难免出现差错,难免不与职务犯罪相伴而行。出现刑事责任的风险不仅对税务干部个人是无法承载之重,给税务干部的整个家庭也将带来灾难性的后果。作为一种责任和担当,我们法律工作者就应该在这一课题上倾注自己的关怀以减少职务犯罪的风险及影响。税收执法风险如何应对? 怎样应对? 这就是我们要写作本书的初衷。

　　我们的想法是:积多年对税务干部职务犯罪的理论和实务研究,以案说法,让税务干部通过"以案说法",进而"以案淘宝",淘到防范、应对职务犯罪刑事责任风险的"宝",由此远离职务犯罪,远离刑事责任风险,保重自己,关爱家人。我们是这样想的,也是沿着这样的想法孜孜不倦地去做的,但愿我们的工作能够对税务干部有所裨益。

感谢吉林财经大学中国大企业税收研究所给予我们的支持；感谢其他给予我们支持的专家、学者、法官、检察官、监察委员、税务干部、律师！

作　者

2019 年 1 月

目 录

上 编 税务干部渎职犯罪风险案例解析

下　编　税务干部贪污贿赂风险案例解析

上　编

——— 税务干部渎职犯罪风险案例解析 ———

　　本部分是对税务干部渎职犯罪风险案例的解析。税务干部渎职犯罪既包括税务干部专有的罪名,例如,徇私舞弊不征少征税款罪、徇私舞弊出口退税罪、徇私舞弊发售发票罪、徇私舞弊抵扣税款罪;也包括与国家机关工作人员共有的罪名,例如,玩忽职守罪、滥用职权罪、徇私舞弊不移交刑事案件罪。我们旨在通过对相关罪名进行简单的理论介绍之后,选择既往已经公开的司法判例进行解析,并在此基础上提出渎职犯罪的风险防控策略。

第一章 税务干部玩忽职守风险案

第一节 玩忽职守罪的基本理论

一、玩忽职守罪的概念

玩忽职守罪是指国家机关工作人员严重不负责任,不履行或不正确地履行自己的工作职责,致使公共财产、国家和人民利益遭受重大损失的行为。

二、玩忽职守罪的刑法规定

《刑法》第三百九十七条规定:"国家机关工作人员滥用职权或者玩忽职守,致使公共财产、国家和人民利益遭受重大损失的,处三年以下有期徒刑或者拘役;情节特别严重的,处三年以上七年以下有期徒刑。本法另有规定的,依照规定。

国家机关工作人员徇私舞弊,犯前款罪的,处五年以下有期徒刑或者拘役;情节特别严重的,处五年以上十年以下有期徒刑。本法另有规定的,依照规定。"

三、玩忽职守罪的犯罪构成

(一) 客体要件

本罪侵犯的客体是国家机关的正常活动。由于国家机关工作人员对本职工作严重不负责,不遵纪守法,违反规章制度,玩忽职守,不履行应尽的职责义务,致使国家机关的某项具体工作遭到破坏,给国家、集体和人民利益造成严重损害,从而危害了国家机关的正常活动。本罪侵犯的对象可以是公共财产或者公民的人身及其财产。

(二) 客观要件

本罪在客观方面表现为国家机关工作人员违反工作纪律、规章制度,擅离职守,不尽职责义务,或者不正确履行职责义务,致使公共财产、国家和人民利益遭受重大损失的行为。

(1) 必须有违反国家工作职责、玩忽职守的行为,包括作为和不作为。所谓玩忽职守的作为,是指国家工作人员不正确履行职责义务的行为。有的工作马马虎虎,草率从事,敷衍塞责,违令抗命,极不负责任;有的阳奉阴违,弄虚作假,欺上瞒下,胡作非为等。所谓玩忽职守的不作为,是指国家工作人员不尽职责义务的行为。即对于自己应当履行的,而且也有条件履行的职责,不尽自己应尽的职责义务。有的擅离职守,撒手不管;有的虽然未离职守,但却不尽职责,该管不管,该做不做,听之任之等。

由于各个机关、单位都有自己的工作职责以及权利、义务,这些都是必须遵守的。有关的国家机关工作人员如果违反了这些职责,就构成玩忽职守的行为。因此,玩忽职守的行为方式多样,涉及面广,在不同的领域、不同的部门,有不同的规定。例如,在粮食保护、防火护林、商品检验、食品卫生、文物保护、防止伤亡事故及金融管理等方面,对玩忽职守行为以及依法应予追究的情况,本节和有关单行法规都有明确具体的规定。因此,在处理某个具体玩忽职守案件时,必须严格按照本节和有关法律规定,对照实际情况,实事求是地进行分析,这是认定构成各个方面玩忽职守罪的具体依据。

(2) 必须具有因玩忽职守,致使公共财产、国家和人民利益造成重大损失的结果。所谓重大损失,是指给国家和人民造成的重大物质性损失和非物质性损失。物质性损失一般是指人身伤亡和公私财物的重大损失,是确认玩忽职守犯罪行为的重要依据;非物质性损失是指严重损害国家机关的正常活动和声誉等。认定是否重大损失,应根据司法实践和有关规定,对所造成的物质性和非物质性损失的实际情况,并按直接责任人员的职权范围进行全面分析,以确定应承担责任的大小。

(3) 玩忽职守行为与造成的重大损失结果之间,必须具有刑法上的因果关系。这是确定刑事责任的客观基础。玩忽职守行为与造成的严重危害结果之间的因果关系错综复杂,有直接原因,也有间接原因;有主要原因,也有次要原因;有领导者的责任,也有直接责任人员的过失行为。构成本罪,应当追究刑事责任的,则是指玩忽职守行为与造成的严重危害结果之间有必然因果联系的行为;否则,不构成玩忽职守罪,而是属于一般工作上的失误,应由行政主管部门处理。

(三) 主体要件

本罪的主体是国家机关工作人员。国家机关是指国家权力机关、各级行政机关和各级司法机关。因此,国家机关工作人员,是指在各级人大及其常委会、各级人民政府、各级人民法院和人民检察院中依法从事公务的人员。

(四) 主观要件

本罪在主观方面由过失构成,故意不构成本罪。也就是说,行为人对于其行为所造成重大损失结果,在主观上并不是出于故意而是由于过失造成的。也就是他应当知道自己擅离职守或者在职守中马虎从事对待自己的职责,可能会发生一定的社会危害结果,但是他疏忽大意而没有预见,或者是虽然已经预见到可能会发生,但他凭借着自己的知识或者经验而轻信可以避免,以致发生了造成严重损失的危害结果。行为人主观上的过失是针对造成重大损失的结果而言,但并不排斥行为人对违反工作纪律和规章制度或对自己的作为和不作为行为则可能是故意的情形。如果行为人在主观上对于危害结果的发生不是出于过失,而是出于故意,不仅预见到,而且希望或者放任它的发生,那就不居于玩忽职守的犯罪行为,而构成其他的故意犯罪。

第二节　税务干部玩忽职守案例解析

 **案例一　玩忽职守征管增值税案**

本案例是税收管理员在增值税征管过程中发生的玩忽职守犯罪案例。增值税属于中央税,是国家的主体税种,税务机关对增值税的管理非常重视,但是本案中的税收管理员忽视自己的工作职责,因此承担了相应的刑事风险。

一、案例概览

(一) 案情①

2011 年 3 月 30 日,Q 县金福煤炭经销有限公司(以下简称煤炭公司)被 Q 县国家税务局认定为增值税一般纳税人,关某担任该公司的税收管理员。同年 4 月开始经营,当月该公司抵扣购进油品进项税金 328 002.65 元。2011 年 8 月至 11 月,H 市国家税务局稽查局对该公司进行了专项检查,查处该公司所购进的油品没有用于生产经营,不应抵扣进项税,偷税税额为 328 002.65 元,并形成了《税务稽查报告》,

---

① 2017 年 1 月 6 日摘自中国裁判文书网。

之后对煤炭公司送达了《税务行政处罚决定书》和《税务处理决定书》。检察机关认为煤炭公司偷税与税收管理员疏于管理有关,对其应当立案侦查。关某知悉后,到检察机关自首。

(二) 人民检察院观点[①]

关某在 2011 年度担任煤炭公司的税收管理员期间,不认真履行管理职责,未掌握该公司的实际经营状况,对没有用于生产经营的进项货物予以抵扣进项税金的偷税行为,未能及时发现,给国家造成税款损失 328 002.65 元。人民检察院认为关某的行为构成玩忽职守罪,提请人民法院依法判处。

(三) 被告人观点[②]

关某称 2011 年其负责煤炭公司等纳税人税收管理工作。同年 4 月煤炭公司发生经营收入,5 月进行了首次核查,但是没有发现该公司有违法、违规情况,当时核查情况有记录存档。后其对煤炭公司进行了日常管理,但没有再次核查。关某对起诉书指控的事实无异议。

(四) 人民法院裁判观点[③]

关某身为国家机关工作人员,在税收管理工作中不正确履行职责,对所负责的纳税企业疏于监管,致使该企业逃避缴纳税款 328 002.65 元,至今无法追回,给国家造成了重大损失,其行为已构成玩忽职守罪。

人民检察院指控事实清楚,证据充分,罪名成立,鉴于关某案发后主动到侦查机关投案并如实供述自己的罪行,系自首,人民法院依法对其从轻处罚。综上,根据关某的犯罪事实、性质、情节和对社会危害程度,人民法院依照《中华人民共和国刑法》(以下简称刑法)第三百九十七条第一款、第三十七条、第六十七条第一款之规定,人民法院判决关某犯玩忽职守罪,免予刑事处罚。

二、案例解析

(一) 公务员被判处刑罚要承担的风险责任

公职人员被判处刑罚后,除了要承担刑事责任外,还要承担其他风险责任。

1. 不追究刑事责任的情形

根据《中华人民共和国刑事诉讼法》第十五条,不追究刑事责任的几种情形:

---

① 2017 年 1 月 6 日摘自中国裁判文书网。
②③ 同上。

（1）情节显著轻微，危害不大的。

（2）对犯罪分子追究刑事责任超过了法律规定的有效期限的。

（3）经特赦令免除刑罚的。

（4）对于告诉才处理的案件，被害人撤回告诉的。

（5）犯罪嫌疑人、被告人死亡的。

由以上情形可见，不追究刑事责任就是不承担刑事责任或无罪，如果侦查机关已经追究了，应该撤销案件；如果案件已经移送人民检察院起诉，应当作出不起诉的决定；如果案件在人民法院审判阶段发现或出现以上情况，应当分别情况处理。对于情节显著轻微、危害不大，不认为是犯罪的，应当作出判决，宣告无罪；对于被告人死亡的，应作出终止审理的决定；对于告诉才处理的案件，被害人撤回告诉的，应当撤销案件。

2. 免于刑事处罚的情形

根据《中华人民共和国刑法》第三十七条，免于刑事处罚，指的是人民法院认定某种行为构成犯罪，因犯罪情节轻微不需要判处刑罚的，判决免予刑罚的一种处罚，是有罪而免罚，仍然构成刑事犯罪。但是可以根据案件的不同情况，予以训诫或者责令具结悔过、赔礼道歉、赔偿损失，或者由主管部门予以行政处罚或者行政处分。

3. 开除公职

《行政机关公务员处分条例》第十七条规定，行政机关公务员依法被判处刑罚的，给予开除处分。

由上述规定可以看出，公务员被免予追究刑事责任的或虽然被追究刑事责任但免于刑事处罚的，可以不开除公职，被处刑罚的（包括缓刑），一律开除公职。

4. 工资待遇受到影响

参照《中组部 人社部 监察部 国家公务员局关于公务员被采取强制措施和受行政刑事处罚工资待遇处理有关问题的通知》（人社部发〔2010〕104 号）：

（1）公务员被采取强制措施和受行政、刑事处罚的工资待遇处理。

公务员被取保候审、监视居住、刑事拘留、逮捕期间，停发工资待遇，按本人原基本工资的 75% 计发生活费，不计算工作年限。经审查核实，公安机关撤销案件或人民检察院不起诉或人民法院宣告无罪、免予刑事处罚，未被收容教育、强制隔离戒毒、劳动教养、行政拘留，且未受处分的，恢复工资待遇，减发的工资予以补发，被采取强制措施期间计算工作年限。

公务员被刑事拘留在逃或批准逮捕在逃的，停发工资待遇。

公务员受到刑事处罚,处分决定机关尚未作出开除处分决定的,从人民法院判决生效之日起,取消原工资待遇。

(2) 公务员退休后被采取强制措施和受行政、刑事处罚的退休费待遇处理。

公务员退休后被取保候审、监视居住、刑事拘留、逮捕期间,停发退休费待遇,按本人原基本退休费的75%计发生活费。经审查核实,公安机关撤销案件或人民检察院不起诉或人民法院宣告无罪、免予刑事处罚,未被收容教育、强制隔离戒毒、劳动教养、行政拘留,且未被追究政纪责任的,恢复退休费待遇,减发的退休费予以补发。

公务员退休后被刑事拘留在逃或批准逮捕在逃的,停发退休费待遇。

公务员退休后被判处管制、拘役或拘役被宣告缓刑、有期徒刑被宣告缓刑期间,停发退休费待遇,按本人原基本退休费的60%计发生活费。刑罚执行完毕或缓刑考验期满不再执行原判刑罚的,按40%降低基本退休费,补贴按办事员确定。今后国家调整退休费时,按办事员的标准执行。

公务员退休后被判处有期徒刑以上刑罚的,从人民法院判决生效之日起,取消原退休费待遇。刑罚执行完毕后的生活待遇,由原发给退休费的单位酌情处理。

公务员退休后受到刑事处罚,经再审宣告无罪或免予刑事处罚,且不追究政纪责任的,从再审宣告无罪或免予刑事处罚的次月起恢复退休费待遇。原判期间和刑罚执行完毕至再审宣告无罪或免予刑事处罚期间,被停发的退休费由单位补发。

公务员退休后受到刑事处罚,经再审宣告无罪或免予刑事处罚,但被追究政纪责任的,根据应给予的处分相应确定退休费待遇,从审查结论作出的次月起执行。原判期间和刑罚执行完毕至作出审查结论期间,被多减发的退休费由单位补发。

(二) 在税务干部玩忽职守罪中,常见的辩解或者辩护情形

在税务干部玩忽职守裁判中,无论是被告人或者辩护人经常运用的辩解、辩护理由是"税务干部履行了应尽职责,与纳税人的涉税违法行为造成税款损失的后果不具有刑法意义上的因果关系"或"由于现行法律政策规定混乱且已不能满足现在征管执法现状,属政策性原因,不能将全部责任归结于税务干部",又或"税收管理员只负形式审查职责、人员不足无法对企业进行足够监控、企业采取极其隐蔽的隐瞒手段等"。但从司法实践来看,人民法院对这种理由一般都不予认可、采信,因为国家税务总局的《税收管理员制度(试行)》已经明确管理员的工作职责为:"调查核实分管纳税人税务登记事项的真实性;掌握纳税人合并、分立、破产等信息;了解纳税人外出经营、注销、停业等情况;掌握纳税人户籍变化的其他情况;调查核实纳税人纳税申报(包括减免缓抵退税申请,下同)事项和其他核定、认定事项的真实性;了解掌握纳税人生产经营、财务核算的基本情况。对分管纳税人进行税款催报催缴;掌握纳税人的欠税情况和欠税纳税人的资产处理等情况;对纳税人使用发票的情况进行日常管理和检查,对各类异常发票进行实地核查;督促纳税人按照税务机关的要求安装、使用税控装置。对分管纳税人开展纳税评估,综合运用各类信息资料和评估指标及其预警值查找异常,筛选重点评估分析对象;对纳税人纳税申报的真实性、准确性作出初步判断;根据评估分析发现的问题,约谈纳税人,进行实地调查;对纳税人违反税收管理规定行为提出处理建议。"而且各地税务机关也规定了税收管理员的具体职责。人民检察院和人民法院往往就以税务机关的工作规程为依据来判定税务干部是否履行规定职责。

1. 税务机关人员不足,无法对企业进行实地核查,或无法严格按照相关规定履行实地核查职责

经对中国裁判文书网判例检索统计,2012 年至 2016 年,税务人员涉嫌犯玩忽职守罪涉及"未进行实地核查,或严格按照相关规定履行职责实地核查"的情形有 32 件(不排除部分类似案件未上传到数据库),其中我们看到部分税务干部对此辩解称:"虽然有实地核查的想法,但考虑到局里财力紧张,领导也不会同意;实地核查需要两个人,局里没有那么多人;我个人管户多、工作任务重,没有那么多的时间和精力实地核查。"但对以上辩解人民法院是否采信呢? 人民法院审理案件时,往往依据税务机关工作规程等对税务干部是否履行职责进行判定,例如,B 市第一中级人民法院(2015)一中刑终字第 2100 号《刑事裁定书》①中人民法院认为:"被告人在实地核查过程中,并未按照 B 市国税局《税收管理员工作规程》《关于增值税专用发票最高开票限额审批管理有关问题的通知》的规定",其他类似案例出现在湖北省随州市、湖南省株洲市、河北省石家庄市、吉林省磐石市、四川省广安市、甘肃省兰州市、辽宁省沈阳市、河南省遂平县、山西省黎城县、浙江省龙游县、江苏省泰州市、湖北省随州市、山东省桓台县、安徽省泾县、辽宁省沈阳市、陕西省宁强县、重庆市永川区等地。

只有 L 省 S 市中级人民法院(2015)S 中刑三终字第 57 号《刑事裁定书》②中,人民法院认可了被告人提出的国税工作流程中已取消一般纳税人实地审核和约谈环节的辩解,在判决书中指出:税务部门原来实行的增值税一般纳税人资格前置审批

---

① 2017 年 1 月 6 日摘自中国裁判文书网。
② 同上。

制已改为登记制,相关环节不再需要"实地核查"和"约谈"程序,根据《刑法》溯及力从旧兼从轻原则和有利于被告人原则,对党某某没有进行"实地核查"和"约谈"的行为不宜认定为犯罪事实。

2. 税务干部认为其与税款损失的后果不具有刑法意义上的因果关系

经对中国裁判文书网判例检索统计,2012 年至 2016 年,税务人员涉嫌犯玩忽职守罪涉及"税务干部认为其与税款损失的后果不具有刑法意义上的因果关系"的情形有 11 件(不排除部分类似案件未上传到数据库),其中 5 件人民法院采纳此观点,6 件人民法院不予采纳。人民法院判定税务干部行为与税款损失是否具有刑法意义上的因果关系,往往从税款损失后果的发生是被告人一人造成,还是多人和多部门的行为综合作用所导致的,被告人的行为与税款损失之间是存在直接、必然的因果关系,还是属于间接的、偶然的因果关系判定。人民法院根据案件事实及相关证据进行判定,判定结果不同也会影响被告人量刑。

3. "金税"系统存在漏洞缺陷,一般税务干部尚难完全达到规定要求

经对中国裁判文书网判例检索统计,2012 年至 2016 年,税务人员涉嫌犯玩忽职守罪涉及"人民法院认为金税系统存在漏洞缺陷,一般税务干部尚难完全达到规定要求"的情形有 2 件(不排除部分类似案件未上传到数据库),均发生在 H 省 Q 县人民法院,为(2014)Q 刑初字第 32 号(2015)Q 刑初字第 10 号《刑事判决书》。其他地区人民法院对于系统缺陷问题持什么态度,还有待关注。

4. 工作失误与玩忽职守的判定

根据最高人民检察院、国家税务总局关于印发《关于加强检察机关税务机关在开展集中查办破坏社会主义市场经济秩序渎职犯罪专项工作中协作配合的联席会议纪要》的通知,规定"在专项工作中,检察机关要正确处理查处税务人员渎职犯罪与维护税收正常征管秩序的关系,准确把握一般工作失误与渎职犯罪的界限。坚持打击与保护相结合,服务于发展这一第一要务"。税务干部引用该内容,认为自己为一般工作失误而非渎职犯罪。虽然很多法律学者认为不能将该会议纪要当作司法解释,所以该文件并无法律效力;但我们从法理角度分析,这个会议纪要的观点是十分正确的,问题是人民法院是否采信你的行为是一般工作失误还是玩忽职守,关键是需要证据来加以支持。

经对中国裁判文书网判例检索统计,2012 年至 2016 年,税务人员涉嫌犯玩忽职守罪涉及"被告人引用《关于加强检察机关税务机关在开展集中查办破坏社会主义市场经济秩序渎职犯罪专项工作中协作配合的联席会议纪要》内容申辩"的情形有 5

件(不排除部分类似案件未上传到数据库),5件案件人民法院均未采纳"一般工作失误"的观点。例如 H 省 Z 市 H 区人民法院(2015)ZH 法刑初字第 23 号《刑事判决书》①,人民法院认为:"关于被告人凌某辩称其担任恒鑫公司和某某公司的税管员期间均按照税务机关的规章制度进行督促和管理,其的行为无罪以及辩护人认为凌某的行为符合税务机关的工作流程,因而不构成犯罪的辩解和辩护意见,与审理查明的事实不符,本院不予采纳。"

又如,S 省 Z 市中级人民法院(2014)Z 刑二终字第 24 号《刑事裁定书》②中,人民法院表述:"经查,最高人民检察院、国家税务总局《会议纪要》规定'要准确把握一般工作失误与渎职犯罪的界限,严格遵循法定犯罪构成的主、客观要件,认真查清已造成的损失与税务人员的行为是否有法定的因果关系。要区分一般违反内部规定和触犯刑法的关系,要根据违规的程度和造成的危害综合考虑,不能笼统和简单地把税务机关内部的工作规定作为认定税务人员渎职犯罪的依据'。本案虽有鑫得利公司为骗取国家税款而故意提交变造的'S 省社会保险基金收款专用票据'的行为,但在案证据能够证实,吴某某作为鑫得利公司税收管理员,在核实该公司纳税申报事项真实性方面,未能尽到相应的审查义务,田某某亦未能尽职履责,国家税款损失与二人失职行为之间具有法定的因果关系;因工作失职造成国家税款损失925 811.52元,已超过玩忽职守罪 30 万元的追诉标准,应在刑法规制范围内受到相应的刑事处罚。根据《S 省国家税务局关于公布全文失效或废止、部分条款失效或废止的税收业务管理制度文件目录的通知》(L 国税函〔2013〕316 号)的规定,虽然自 2013 年 11 月14 日起 L 国税函〔2010〕239 号文件已全文失效,但二上诉人对申请增值税即征即退的企业报送材料未尽到相应的审核职责,致使国家税款损失 925 811.52 元的事实依现有证据足以认定。故该项辩护意见不能成立,本院不予采纳。"

5. 只需形式审查,没有实质审查的职责

经对中国裁判文书网判例检索统计,2012 年至 2016 年,税务人员涉嫌犯玩忽职守罪涉及"被告人或辩护人称只需形式审查,没有实质审查的职责"的情形有 6 件(不排除部分类似案件未上传到数据库),人民法院均未采纳该理由。例如 S 省 H 县人民法院(2014)H 刑初字第 109 号《刑事判决书》③,人民法院认为:"国家税收征收管理相关法律虽规定纳税人应如实办理纳税申报,但这只是纳税人的义务,并不能

---

① 2017 年 1 月 6 日摘自中国裁判文书网。
②③ 同上。

免除税务机关作为国家税收职能门应依法进行审查、审核的责任。对辩护人所称税务机关只进行书面形式审查,应由纳税人对申报资料的真实性承担法律责任与税务机关无关的辩护意见本院不予采信。"

又如,S省Z市中级人民法院(2014)Z刑二终字第24号《刑事裁定书》[1],人民法院认为:"被告人及辩护人认为企业增值税即征即退申请所附材料的审核仅是形式审查,且依国家税务总局2011年第60号公告先退税后评估的规定,税务工作人员不负退税前审查义务。经查,关于税收管理员的工作职责,国家税务总局《税收管理员制度(试行)》第六条中明确规定,税收管理员应'调查核实纳税人纳税申报(包括减免缓抵退税申请)事项和其他核定、认定事项的真实性'。本案中,吴某某自2012年3月担任鑫得利公司税收管理员,田某某作为税郭税务分局工作人员,在共同审查鑫得利公司增值税即征即退申请时,对企业附报的各项复印件应与原件认真核对,审核无误并确认后方能将申请材料流转至下一环节国家税务总局2011年第60号公告虽将增值税即征即退优惠政策的管理措施由'先评估后退税'改为'先退税后评估',但'后评估'并不意味着取消税务工作人员处理增值税即征即退申请时的审核工作。"

6. 过错为领导或下属原因导致,并非自身责任

部分税务人员涉嫌犯玩忽职守罪案件中,税务人员认为过错为领导或下属原因导致,并非自身责任,这种理由人民法院依照案件实际情况判定是否认可?我们认为这种情况要具体分析,如果确实能够证明领导或下属原因导致,并非自身责任人民法院应该采纳并判当事人无罪。以下两个案例大家可以参考。

例如,H省S市中级人民法院(2016)E13刑第4号《刑事判决书》[2],人民法院认为:"被告人卢某作为G市国家税务局Y税务分局一般纳税人管理股负责人期间,对税收管理员沈某在行政上负领导管理之责,在业务上负督促指导之责,但这只是其本岗全部职责中之小部分,且不应与沈某共同承担因G市S松脂化工有限责任公司虚开增值税发票罪案的玩忽职守之责。被告人卢某在履行其本岗职责中虽有耽于职责之行为,但并无充分证据证明其构成玩忽职守罪。判决:被告人沈某犯玩忽职守罪,免于刑事处罚;被告人卢某无罪。"

---

① 2017年1月6日摘自中国裁判文书网。
② 同上。

例如,A省X市中级人民法院(2014)X中刑终字第150号《刑事判决书》①中,被告人辩称其"作为X市国家税务局进出口税收管理科科长,对于本案中国家出口退税的经济损失,所负的至多是行政领导责任";"邱某宝并不具备主观方面的过失。其是对整个进出口税收管理科进行统筹工作,其本人不可能在直接接触材料的一线税务人员都无法发现问题的情况下,仅仅在工作流程中发现问题,况且其并非出口退税审核审批程序四个环节中的负责人,根本没有发现骗税犯罪行为的条件和能力,更谈不上因玩忽职守致使国家税款被骗取的后果……作为科长,在细分职责到人后,他的主要职责是督促大家履行责任;其本人并非直接经手人员,在申报表中也不是签字的主管人员"。但人民法院则认为:"对邱某宝的上诉理由及其辩护人二审中提出的辩护意见,经审查认为:关于玩忽职守罪……邱某宝作为时任X市国税局进出口税收管理科的科长,其所具有的职责是由该科的业务所决定的,因此,进出口税收管理科的上述职责亦应是邱某宝作为科长的工作职责,理应认真履行自己负责科室全面工作的工作职责。而在其明知渝嘉公司是X市最大的外贸企业,该公司申报出口的货物都是以农产品为原材料生产的货物及纺织品,渝嘉公司是关注企业,其上游供货产品属于关注商品的情况下,却没有认真履行职责,安排科室的工作人员去该公司及其上游供货企业实地调查和查看;在对渝嘉公司的出口退税资料进行审批时,未按照规定在出口退税申报系统上对退税业务进行电子复核签批,而是交由他人代为签批;在对渝嘉公司的供货企业进行函调时,放弃职守,将其函调的审批权交由他人行使,对函调工作不予过问。其对工作严重不负责任,不履行或不认真履行职责,致使国家利益遭受重大损失的行为依法构成玩忽职守罪。邱某宝及其辩护人关于邱某宝的行为不构成玩忽职守罪的相关意见没有事实和法律依据,本院不予采纳。"

(三) 税务干部玩忽职守的具体情况

1. 犯罪主体方面

通过对税务人员犯玩忽职守罪的统计,我们看出被起诉人员大部分是税收管理员、管理分局局长、副局长、稽查局局长及税政、征管等内部管理层人员,可以大致分为两类人员:第一类是直接从事一线执法的税务人员,即稽查、评估、管理等分局人员,第二类是负有直接管理和领导责任的人员,即征管、税政负责审核、审批的税务干部。

---

① 2017年1月6日摘自中国裁判文书网。

2. 涉案事实方面

案件发生大多是在纳税人注销、非正常户处理、企业重组等导致税款难以追缴，并被公安机关立案侦查等涉嫌刑事犯罪过程中牵连引出。

通过对税务人员犯玩忽职守罪的统计，检方指控犯罪事实中主要可以归纳为以下情形：增值税发票管理未认真履行监管职责、未认真审核福利企业退税造成国家税款流失、增值税外其他税收未认真履行监管职责、对出口退税审核不严导致企业骗税、未缴清税款即同意注销、不履行监管义务，未及时催报催缴、未认真审核社保费银行对账单导致税款被挪用、未采取有效措施追缴欠税、应予罚款未罚款。其中税务干部玩忽职守犯罪的重灾区当属增值税发票管理。

3. 人民检察院起诉和人民法院据以判决的法律依据

人民检察院起诉和人民法院据以判决的依据有《中华人民共和国税收征收管理法》及其他相关法律、法规，有《国家税务总局关于进一步加强税收征管工作的若干意见》《税收管理员制度（试行）》等总局下发的规范性文件，有省级、市级税务机关下发的规范性文件，甚至有税务局内部规章制度汇编等。

4. 税款损失计算依据有司法会计鉴定报告，通过稽查、公安经侦部门追回欠税等

从税款损失计算的涉案金额来看，司法会计鉴定报告、稽查、公安经侦部门追回欠税是否能作为计算依据暂且不论，涉案税费金额具有算总账的趋势。在现实征管环境中，要达到单户纳税人逃税30万元以上甚至150万元以上并不困难，如果考虑涉案退税减免涉税金额进行累加等情况，则涉嫌犯罪概率会更高。

5. 被告人表现

涉案税务人员在被追责时，有的自行筹钱弥补了所造成的损失，要求法庭免予刑事处罚；有的自动投案且如实供述自己的犯罪事实，有的庭审后主动写出悔罪书，表示认罪服法，人民法院或定性为自首，或定性为悔罪态度较好，且系初犯，依法予以从轻处罚；有的选择上诉，多叙述管户多、工作忙，还有很多日常工作，所以平时下企业的次数不是很多等。

（四）税务干部玩忽职守犯罪的主要原因①

1. 法律意识上的原因

一些税务干部由于不注重学法用法，法制观念淡薄，没能正确认识玩忽职守罪，

---

① 摘自郁南县国税局刘国斌：《对当前税务人员玩忽职守犯罪的几点思考》，2012年11月28日。

认为自己在履行公权办公事,个人没有得到好处,不会构成犯罪,对罪与非罪的界限模糊不清;有的还错误认为执法和管理过程中只有"作为"了才可能犯罪,"不作为"也就不会犯罪。殊不知在平常的税收征收、管理、评估的很多"不作为"都可能涉嫌玩忽职守问题。

2. 制度设计上的原因

(1) 岗位职责的设置。比如,《全国国税系统税收执法责任制岗位职责和工作规程范本》的规定,明确了国税系统 69 个执法岗位、258 项工作职责,同时详细描述了履行职责所必须遵循的工作程序,其出发点很好,但有可能被司法机关抓住不放。除此之外,由于加强征管、工作需要等原因,各级税务机关还不断下发许多规定岗位职责的"补丁式"文件,不仅法律效力低,而且可操作性不强。面对如此文件,部分税务人员难以完全理解掌握,但在玩忽职守案件审判中,往往成为检察机关判断税务人员应履行而未履行职责的依据。

(2) 保障机制不足。由于我国的公务员制度不够完善,比如,在社会保险、福利待遇、政治待遇等方面缺乏应有的保障激励机制。随着经济的发展,税收工作任务日益繁重。在保障激励机制不足的情况下,勤政业绩与报酬晋升挂钩不明显,干多干少一个样,甚至干得多不如干得"巧"好,干得"巧"可以"密切"税企关系,"平衡"同事关系,干得多出错可能性更多,这使得不少税务人员的工作积极性受到一定挫折,不敢大胆工作,能推就推,能躲就躲,往往也会造成玩忽职守的发生。

(3) 一些税收优惠政策加大管理难度。比如,对农产品收购企业、民政福利企业、饲料企业、农民专业合作社等企业减免税,这类企业管理难度大,如果一个税收管理员要管理几十户甚至几百户纳税人,其管理难度更大,有时难免会顾此失彼。

3. 职业操守上的原因

(1) 工作态度不端正。前面对玩忽职守的一些案例作了一些列举,虽然没有穷尽其在客观上的表现,但集中反映出来的绝大多数是工作人员工作态度不端正而形成的。没有把工作当成自己应尽的责任,得过且过,当一天和尚撞一天钟。

(2) 不认真履职。有部分税务干部对现有制度不落实,有章不循。比如《纳税评估管理办法》《关于加强商贸企业增值税纳税评估工作的通知》等规定对有问题或疑点、税负异常变化、长时间零税负申报的企业应列为纳税评估重点分析对象,但有部分税收管理员就是不履行这方面职责。

4. 监督制约不到位

玩忽职守在某种意义上都产生在监督力度不够或者没有监督的领域内。正是由于缺乏完善的事前、事中、事后监督制约制度，一方面致使玩忽职守现象不能得到及时防范和制止，另一方面也使监督对象更加有恃无恐，从某种角度讲是纵容了犯罪。

（五）税务干部玩忽职守的风险防控措施

1. 税务机关要关注税务干部玩忽职守的风险防控

很多税收稽查案例都折射出税源管理上存在的问题，如企业的大量虚开或虚购发票问题、虚假取得海关完税凭证问题、虚假取得运费发票问题、虚假开取收购农副产品发票问题等，这些有的是企业从未经营的产品、有的是短时间内发生的数额很大或与企业实际业务相差较远，却能在较长时间内未被发现甚至由于被举报或其他案件牵连才被查处，如果税源管理工作做得不细，这些问题就会引发税务执法风险。

对税源监管环节，首先要增加税务一线管理人员的数量，要将征管部门大部分的力量都用于征管一线，充实征管一线的工作。税收管理员主要是从事税源的管理，要根据实际能够胜任的管户能力确定管户的数量。税务机关对税收管理员的考核也要以对管户的了解程度为主，包括对管户的基本情况的了解和经营状况的了解。其次要提高税收管理员的业务素质，要将业务素质较好的税务人员派到税收监管一线工作，同时也要加大对税收一线税收管理员的培训力度，要有定期和不定期的培训计划，必须保证一线税收管理员精通业务并能适时更新业务知识。同时，可邀请税务专业人员进行针对性的执法风险防控，才能有效防控税收管理员的执法风险。

2. 加强法律教育，增强法制意识

预防玩忽职守行为的发生，关键在规范执法行为，而执法必须懂法，懂法需要学法。因此，强化有关法律、法规的学习，提升税收执法人员的业务素质，是最终达到减少玩忽职守行为的基础。学习包括两方面内容：一是现行税收法律、法规和政策规定，这是日常税收执法的依据和标准，只有透彻掌握了税法知识，特别是履行职责方面的规定，才能避免因工作不到位而造成玩忽职守。二是执法过错及违法、违纪、违规行为处理的规定以及相关渎职法律条文，这是税收执法人员应努力避免触到的高压线。税务人员只有熟知不规范执法的相关责任，分清可为与不可为的界限，分清罪与非罪的界限，才能更加警醒地规范执法，有效减少玩忽职守犯罪的发生。

3. 完善法律制度，切实加强管理

一是建议加紧制定《税收基本法》，简化各类税收政策，明确要求各类税收规范性文件在出台之前必须经过法制部门审核,切实增强其实用性和可操作性。二是制定一套科学管理奖惩制度,用制度去激励、约束、惩处执法人员,用制度规范权力运行,用制度去规范执法行为。同时,要加强各项制度的执行落实,做到令行禁止。三是建议取消涉农等各行业的税收优惠政策,视同其他行业一样同等待遇管理,其对农民的优惠政策可在财政返还方面补偿来体现。四是要多与司法、监察机关沟通和协作,对于在工作中可能遇到的司法风险问题,要认真加以分析、研究,以研讨方式及时请示检察机关,就玩忽职守犯罪中行为与结果是否有法定的因果关系、一般工作失误与玩忽职守犯罪的界限等疑难问题,税检、税监达成共识,减少玩忽职守犯罪的发生。

4. 端正工作态度,规范执法行为

只有端正工作态度,才能杜绝敷衍了事的行为,才能更好地履行肩负的职责,规范执法行为。要加强职业操守教育,深刻揭示玩忽职守行为对我们税收事业和个人职业前途的危害,增强税务人员税收执法风险意识、身份自豪感和国税事业认同感,形成一种人人尽责、个个爱岗的工作氛围。要明确岗位职责,清晰执法程序,进一步推行政务公开行动,自觉接受纳税人的监督,以监督提升工作态度,以监督规范执法行为。

5. 突出风险防控,加大执法监督

努力推动廉政风险防范工作"三个全覆盖",即:防控对象覆盖到全系统的所有人员,防控网络覆盖到全系统的所有岗位,防控内容覆盖到全系统的所有工作。强化指导、检查、考核,贯彻落实《关于进一步深化内控机制建设,加强廉政风险防控的意见》,提高制度执行力。一是抓好部门内控机制建设,建立部门与部门、岗位与岗位、环节与环节之间,上下级之间,职能部门之间既相互制约又相互协调的运行机制。二是突出对岗位重点防控。要加大重点岗位和关键环节的防控,特别是在一些税务资格的认定、减、免、退、欠税管理、发票管理、申报征收、税款抵扣审核、纳税评估等岗位的防控。三是加强对税收执法权的监督制约。关键是落实好税收执法责任制,要把《税收管理员制度》的执行情况,作为监督渗透的一项新任务,继续深化"一案双查",对稽查案件,纪检监察部门全程介入,实行稽查、监察双重监控。同时纪检监察部门和兼职纪检监察员,对有关岗位和风险点要不定期进行实地抽查核实。由于税源专业化管理改革的需要,全国税务机关大多取消了税收管理员岗位,但也有部分地区仍然保留。客观来说,税收管理员制度已经与当前的税收征管实践相去甚远,该制度的完善或者取消也是当务之急。

6. 加大惩处力度，严肃责任追究

要对案件易发、多发岗位和环节进行严密监察，根据《税务人员违法违纪处分规定》，从严执法执纪，不管涉及什么部门、单位和个人，必须按有关规定严肃责任追究，做到有案必查，一查到底，决不姑息迁就，让"高压线"带上"高压电"，以打消一些人的侥幸心理，切实加大对玩忽职守的惩处力度。

 链接　玩忽职守罪的立案标准

（一）《最高人民检察院关于渎职侵权犯罪案件立案标准的规定》相关规定

最高人民检察院发布的《最高人民检察院关于渎职侵权犯罪案件立案标准的规定》渎职犯罪案件中规定：玩忽职守罪是指国家机关工作人员严重不负责任，不履行或者不认真履行职责，致使公共财产、国家和人民利益遭受重大损失的行为。

涉嫌下列情形之一的，应予立案：

（1）造成死亡1人以上，或者重伤3人以上，或者重伤2人、轻伤4人以上，或者重伤1人、轻伤7人以上，或者轻伤10人以上的。

（2）导致20人以上严重中毒的。

（3）造成个人财产直接经济损失15万元以上，或者直接经济损失不满15万元，但间接经济损失75万元以上的。

（4）造成公共财产或者法人、其他组织财产直接经济损失30万元以上，或者直接经济损失不满30万元，但间接经济损失150万元以上的。

（5）虽未达到（3）（4）两项数额标准，但（3）（4）两项合计直接经济损失30万元以上，或者合计直接经济损失不满30万元，但合计间接经济损失150万元以上的。

（6）造成公司、企业等单位停业、停产1年以上，或者破产的。

（7）海关、外汇管理部门的工作人员严重不负责任，造成100万美元以上外汇被骗购或者逃汇1 000万美元以上的。

（8）严重损害国家声誉，或者造成恶劣社会影响的。

（9）其他致使公共财产、国家和人民利益遭受重大损失的情形。

国家机关工作人员玩忽职守，符合刑法第九章所规定的特殊渎职罪构成要件的，按照该特殊规定追究刑事责任；主体不符合刑法第九章所规定的特殊渎职罪的主体要件，但玩忽职守涉嫌前款（1）～（9）规定情形之一的，按照刑法第三百九十七条的规定以玩忽职守罪追究刑事责任。

(二)《最高人民法院最高人民检察院关于办理渎职刑事案件适用法律若干问题的解释(一)》相关规定

《最高人民法院最高人民检察院关于办理渎职刑事案件适用法律若干问题的解释(一)》第一条规定:国家机关工作人员滥用职权或者玩忽职守,具有下列情形之一的,应当认定为刑法第三百九十七条规定的"致使公共财产、国家和人民利益遭受重大损失":

(1)造成死亡1人以上,或者重伤3人以上,或者轻伤9人以上,或者重伤2人、轻伤3人以上,或者重伤1人、轻伤6人以上的。

(2)造成经济损失30万元以上的。

(3)造成恶劣社会影响的。

(4)其他致使公共财产、国家和人民利益遭受重大损失的情形。

具有下列情形之一的,应当认定为刑法第三百九十七条规定的"情节特别严重":

(1)造成伤亡达到前款第(1)项规定人数3倍以上的。

(2)造成经济损失150万元以上的。

(3)造成前款规定的损失后果,不报、迟报、谎报或者授意、指使、强令他人不报、迟报、谎报事故情况,致使损失后果持续、扩大或者抢救工作延误的。

(4)造成特别恶劣社会影响的。

(5)其他特别严重的情节。

(三)《人民检察院直接受理立案侦查的渎职侵权重特大案件标准(试行)》相关规定

《人民检察院直接受理立案侦查的渎职侵权重特大案件标准(试行)》滥用职权案中规定,玩忽职守案重特大案件立案标准为:第一,重大案件:①致人死亡3人以上,或者重伤10人以上,或者轻伤15人以上的。②造成直接经济损失100万元以上的。第二,特大案件:①致人死亡7人以上,或者重伤15人以上,或者轻伤30人以上的。②造成直接经济损失200万元以上的。

 **案例二 玩忽职守征管房产税城镇土地使用税案**

本案例是税收管理员在房产税、城镇土地使用税征管过程中发生的玩忽职守犯

罪案例。房产税、城镇土地使用税是地方税种，在营改增后，部分地方对这两个税种的依存度较高，加强管理势在必行。税务干部要从本案中借鉴其风险教训。

一、案例概览

（一）案情①

2007年至2011年年底，D市云冈实业有限责任公司（以下简称云冈实业）、D市东方广场有限责任公司（以下简称广场公司）两企业在此期间对其应缴纳的房产税、城镇土地使用税不如实申报、零申报，不依法履行纳税义务，偷逃大量税款。负责管理两企业的税收管理员王某斌在对企业进行纳税监管的过程中发现此情况后，经向时任D市城区地税局西街税务所所长樊某丽请示后，每年向云冈实业、广场公司送达了《税务事项通知书》，但上述两企业一直未在规定的期限内如实申报缴纳税款。负责监管两个企业的税务所所长樊某丽在明知此情况下，仍然没有按照《中华人民共和国税收征收管理法》（以下简称《税收征收管理法》）中的相关规定积极认真履行监管及领导工作职责，未提出法律赋予的税收保全及强制执行等措施的工作意见和建议，致使两企业在2007年至2011年偷逃房产税3 768 354.9元，城镇土地使用税884 953.2元，共计4 653 308.1元，在案发后无法收回，给国家造成了重大损失。

（二）一审法院裁判观点②

樊某丽作为国家机关工作人员，在其担任D市城区地方税务局西街税务所所长期间，不认真履行其征收税款的法定职责，致使税款4 653 308.1元未能收回，导致国家财产遭受重大损失，情节特别严重，其行为构成玩忽职守罪。公诉机关指控的罪名成立。关于樊某丽以及其辩护人认为樊某丽已经履行了法定职责，积极催缴税款，并且积极汇报，没有给国家税收造成损失的辩护意见。现已查明，在2007年至2011年期间，西街税务所虽然也向云冈实业、广场公司两企业催缴了相关税款，并要求两企业限期进行申报以及缴纳税款，在此情况下，樊某丽作为西街税务所所长，应当向其上级机关D市城区地方税务局提出税收保全及强制执行等措施的建议，但是其没有履行以上的职责，是玩忽职守的行为，同时造成大量税款无法收回，因此构成了玩忽职守罪。对樊某丽以及辩护人的以上辩护意见人民法院不予采纳。樊某丽提供D市地方税务局催缴欠税公告、欠税情况表证明D市城区地方税务局的领导知

---

① 2017年1月15日摘自中国裁判文书网。
② 同上。

道两个企业欠税的事实,这一事实与樊某丽没有履行法定的职责,向 D 市城区地方税务局提出采取保全措施和强制措施的建议没有关系,故不予考虑该事实。据此,依照《刑法》第三百九十七条第一款之规定,一审法院判决樊某丽犯玩忽职守罪,判处有期徒刑 3 年。

(三) 被告人及辩护律师观点①

1. 一审认定事实不清、证据不足

广场公司名下并无房产,不负有房产税的纳税义务。一审认定偷逃房产税、城镇土地使用税,缺乏计算依据,不能依靠城区税务局测算的数额。一审认定樊某丽没有向 D 市城区地方税务局提出税收保全或强制执行的措施的建议,此认定缺乏事实依据。

2. 一审适用法律错误

一审认定樊某丽未履行法定职责,违反法律规定,没有法律依据。税收保全及强制执行措施并非樊某丽的职权。樊某丽依法履行了职责,9 次下达了《税务事项通知书》。并在 2008 年至 2012 年在 D 日报刊登了欠税公告。一审将税款 4 653 308.1 元认定为实际损失,缺乏事实依据。对两企业加收滞纳金足以补偿国家税收,两企业属正常经营状态,待拆迁款到位后优先缴纳相关税费,完全可以追回所欠税款。樊某丽的行为与纳税人的涉税违法行为造成的损失之间不具有刑法上的因果关系。综上,应撤销一审判决,宣告樊某丽无罪。

(四) 人民检察院观点②

S 省 D 市人民检察院认为一审认定事实清楚,证据充分,定罪准确,量刑适当,建议维持一审判决。

(五) 二审法院裁判观点③

樊某丽时任 D 市城区地税局西街税务所所长,在税收管理员王某斌发现自己的管户存在大量欠税情况后,向樊某丽作了汇报;西街税务所多次向涉税单位留置送达了税务事项通知书,要求云冈实业、广场公司及时申报并缴纳税款,已经履行了税务所应尽的职责。至于涉税单位云冈实业、广场公司欠缴税款 4 653 308.1 元,D 市城区地税局连续 5 年在 D 日报公告了云冈实业、广场公司欠缴税款的情况,税额明确具体,且 D 市政府市长办公会议明确市政府欠付云冈实业、广场公司拆迁补偿款

---

① 2017 年 1 月 15 日摘自中国裁判文书网。
②③ 同上。

3.7亿元,而云冈实业、广场公司明确承诺待政府拆迁补偿款到位后保证如数缴纳欠税款,故云冈实业、广场公司的欠税并未灭失或流失,并非法律意义上的经济损失。樊某丽的行为未给国家造成损失。

综上,指控樊某丽构成玩忽职守罪的两个要件缺失,其行为依法不构成玩忽职守罪,应当宣告无罪。根据《刑事诉讼法》第二百二十五条第一款第(二)项、第一百九十五条第(二)项之规定,二审法院判决:①撤销D市C人民法院(2013)C刑初字第182号刑事判决,即:樊某丽犯玩忽职守罪,判处有期徒刑3年。②樊某丽无罪。

二、案例解析

(一) 二审人民法院改判的主要原因

本案中,樊某丽是否存在玩忽职守行为,一审、二审法院作出了不同判决,一审法院认为樊某丽多次向涉税单位留置送达了《税务事项通知书》,要求云冈实业、广场公司及时申报并缴纳税款,但没有按照《税收征收管理法》中的相关规定积极认真履行监管及领导工作职责,未提出法律赋予的税收保全及强制执行等措施的工作意见和建议,存在玩忽职守行为。二审法院认为樊某丽多次向涉税单位留置送达了《税务事项通知书》,要求云冈实业、广场公司及时申报并缴纳税款,已经履行了应尽的职责。

本案二审法院作出改判主要原因在于樊某丽的行为并未导致国家税款真正流失,不符合玩忽职守罪客观方面的构成要件。二审中,辩护人提供证据证明云冈实业、广场公司明确承诺待政府拆迁补偿款到位后保证如数缴纳欠税款,故而二审法院认定云冈实业、广场公司的欠税并未灭失或流失,并非法律意义上的经济损失。樊某丽的行为未给国家造成损失。最终二审法院判决樊某丽其行为依法不构成玩忽职守罪,宣告其无罪。

(二) 税务人员对欠税未采取强制执行是否涉嫌玩忽职守罪

《税收征收管理法》第四十条规定,从事生产、经营的纳税人、扣缴义务人未按照规定的期限缴纳或者解缴税款,纳税担保人未按照规定的期限缴纳所担保的税款,由税务机关责令限期缴纳,逾期仍未缴纳的,经县以上税务局(分局)局长批准,税务机关可以强制执行措施。

又根据《国家税务总局关于进一步加强欠税管理工作的通知》(国税发〔2004〕66号)中规定:"对于一些生产状况不错、货款回收正常,但恶意拖欠税款的纳税人,税务机关应积极与纳税人开户银行联系,掌握资金往来情况,从其存款账户中扣缴欠税。对隐匿资金往来情况的,税务机关可进一步采取提请法院行使代位权、查封、扣押、拍卖和阻止法人代表出境等强制措施。"

实践中,税务执法人员如果掌握到欠税人账上有存款的证据,当然应当积极采取强制措施。然而,欠税人账户的资金可能是动态的,税务机关不可能天天盯着。如果账上没钱,理论上可以采取查封扣押变卖拍卖欠税人财产的方式,从而完成欠税清缴。从本案的审批结果可以看出,在司法实践中,人民法院并没有对税务机关和税务干部提出极其苛刻的要求。

(三) 税务干部玩忽职守风险防控措施

1. 本案的启示

本案中税收管理员应明确自己所在岗位、自己所在科室的职责。在本案中,一审认定樊某丽所长没有履行自身的法定职责,而二审法院认为,樊某丽所在的税务所多次向涉税单位留置送达了《税务事项通知书》,要求企业及时申报并缴纳税款,已经履行了其应尽的职责。如果税收管理员未履行法定职责,则可能涉嫌"玩忽职守"。

在本案中,副局长的书面证言证明,在其担任 D 市城区地方税务局副局长期间,西街税务所从未采取任何形式和任何方式向其作过汇报。而樊某丽在供述中则提出,自己多次口头汇报过;而物证"欠税情况表"证明,市局的领导知道两个企业欠税的情况。如果樊某丽能够书面请示、书面汇报的,记得自己采取书面的形式,便不会出现"空口无凭"的情形。口头的汇报虽然简单,但是没有痕迹。税收管理员要善于在日常工作中固定依法行政的证据。

2. 税务干部要正确应对玩忽职守

在目前的税收管理模式中,大多数执法一线的税务干部都可能会遇到本案例中存在的这种情况,可能稍有不慎,就变成了"玩忽职守"。

由于玩忽职守犯罪的主观要件是过失,并且相关法律规定也较为模糊,司法机关具有很大的自由裁量权,税务干部很容易"沾上"这个罪名,实践中玩忽职守案例在税务干部涉税职务犯罪中占有很高的比例。现今新一轮财税体制改革正在加速推进,以《税收征收管理法》、"营改增"为代表的各项税收法律、法规、制度在逐步完善健全。依法治国的推进以及税收法律制度的完善,客观上要求税务干部应不断提高专业技能,提高执法的规范性,同时切实关注自身执法风险,防患于未然。

首先应当严格遵循法律、法规,严格要求自己,踏实工作。在工作中如果能够书面请示、书面汇报的,一定要采取书面的形式,口头的汇报虽然简单,但是没有痕迹,需要证据的时候"空口无凭"。

　　部分税务干部工作态度不端正,没有把工作当成"一回事",得过且过,当一天和尚撞一天钟。税务干部应明确自己所在岗位、自己所在科室的职责,增强法律风险防范意识。一些税务干部由于不注重学法用法,法制观念淡薄,没能正确认识玩忽职守罪,认为自己在履行公权、办公事,个人没有得到好处,不会构成犯罪,对罪与非罪的界限模糊不清。有的还错误认为执法和管理过程中只有"作为"了才可能犯罪,"不作为"也就不会犯罪。殊不知在平常的税收征收、管理、评估的很多"不作为"都可能涉嫌玩忽职守问题。

　　针对多发的税务干部玩忽职守罪,税务机关应在日常增加税务执法风险防控的知识培训,让税务干部认识风险、了解风险、在工作中分析风险,进而更好防控风险。加强执法责任制建设,加强依法行政能力培养,规范各项税收执法行为,切实防范渎职犯罪各项工作,尤其是对可能引发渎职犯罪的执法环节、岗位、活动,要进行事先研究,进行预判,并做好防范化解工作。

　　3. 区分玩忽职守罪与工作失误的界限

　　因工作失误往往也会给国家和人民的利益造成重大损失,在这一点上与玩忽职守有相同之处,但两者有严格的区别:

　　(1) 客观行为特征不同。工作失误,行为人是认真履行自己的职责义务;而玩忽职守罪则表现为行为人不履行或不正确履行自己的职责义务。

　　(2) 导致发生危害结果的原因不同。工作失误,是由于制度不完善,一些具体政策界限不清,管理上存在弊端,以及由于国家工作人员文化水平不高,业务素质较差,缺乏工作经验,因而计划不周,措施不当,方法不对,以致在积极工作中发生错误,造成国家和人民利益遭受重大损失。而玩忽职守罪,则是违反工作纪律和规章,严重官僚主义,对工作极端不负责任等行为造成国家和人民利益遭受重大损失。在当前经济改革、对外开放、对内搞活的实践过程中,出现一些失误,造成某些严重的损失是难免的,这主要是总结经验教训的问题,必须与玩忽职守罪严格区别开来。但对于那些在国家法律政策不允许的情况下,借口改革,盲目决策,管理混乱,给国家和人民的利益造成重大损失的,司法机关绝不会以工作失误来"庇护"行为人,助其逃避罪责。

　　4. 分析无罪案例,从中借鉴经验

　　无罪的司法判例可以给税务干部以启示,为什么会无罪,无罪的理由是什么,可以从中去分析总结,并"为我所用"。以下玩忽职守罪无罪判例汇总(不限于税务工作人员），可以分析借鉴。

（1）行为人的身份系非国家机关工作人员，不符合玩忽职守罪的特殊主体要求，且行为人的失职行为与损失后果之间不具有刑法上的因果关系，行为人不构成玩忽职守罪。

例如，(2015)Z中法审监刑再字第1号《陈某玩忽职守再审刑事判决书》①中人民法院表述："本院再审认为，一审樊某丽陈某在担任罗定市交通汽车运输发展有限公司副经理兼会计职务期间，没有完全认真履行监管职责，对原单位出纳区禅童挪用公款的犯罪结果虽负有疏于监管的责任，有悖于自己的职责，但其失职行为与公司的损失后果之间不存在因果关系，该公司的损失后果是由区禅童的犯罪行为直接造成的。况且，该公司为集体企业性质，其损失后果并非刑法上所规定的国有公司、企业、事业单位出现严重亏损和破产的后果，未致使国家利益遭到重大损失。陈某是集体企业的工作人员，其既不符合构成国有公司、企业、事业单位人员失职罪的主体及客观要件，也不符合构成玩忽职守罪的特殊主体要求。"

（2）行为人按明确的地方政策行事，只是由于该地方政策不符合法规规定，是一种工作上的失误，行为人主观上没有犯罪所具备的主观罪过，不认为是犯罪。

例如，(2015)L刑再初字第1号《黎某玩忽职守再审刑事判决书》②中人民法院表述："在政策明确，被告人行为符合政策规定的情况下，一审以自治区相关部门的政策与国务院的法规相抵触就认定行为人犯罪，显然理由不成立。只要是符合恢复森林生态，确保国土生态安全这一法规、政策的宗旨要求，只要造林质量达到要求，林户为此领取的两项补助就是合法合规的，国家财产就没有造成损失，被告人的行为就不应认为是犯罪。"

（3）行为人在其职责范围内，已经穷尽了法律赋予其应采取的措施，不能认定行为人有不履行或不正确履行职责的行为，因而行为人并未实施玩忽职守的行为。另外行为人的行为也未给国家造成损失，其行为不符合玩忽职守罪的构成要件。

例如，本案判决。类似的还有(2014)T刑终字第128号韩某雄玩忽职守罪二审刑事判决书；(2014)T刑终字第126号王某斌玩忽职守罪二审刑事判决书；(2015)J刑初字第79号张某玩忽职守罪一审刑事判决书。

---

① 2017年1月15日摘自中国裁判文书网。

② 同上。

（4）现有证据无法证明行为人的履职行为与本案系列犯罪行为的发生、延续之间具有必然的因果关系，因而认定被告人构成玩忽职守罪的事实不清、证据不足。

例如，（2015）M中法审监刑再字第1号《黄某波玩忽职守罪再审刑事判决书》①中人民法院表述："一、在本案中难以明晰交通管理总站对岭门客运站法定的具体职责范围，也就无法认定黄某波作为交通管理总站负责人的履职行为与冯某玉系列危害社会行为之间具有必然的因果联系；二、根据生效判决的认定，冯某玉系列犯罪活动主要发生在客运站场外，岭门客运站未按规定办理工商、税务登记，与冯某玉系列犯罪行为的发生并无必然的因果关系；三、冯某玉系列犯罪活动主要发生在2005年至2008年，黄某波2009年6月才任交通管理总站负责人。因此，现有证据无法证明黄某波作为交通管理总站的负责人的履职行为与冯雪玉系列犯罪行为的发生、延续之间具有必然的因果关系。"类似的还有（2016）L1481刑再2号《被告人施某丽玩忽职守罪一案刑事判决书》。

（5）行为人的渎职行为与被害人死亡之间不具有刑法上的因果关系，行为人不构成玩忽职守罪。

例如，（2015）C刑二终字第128号《朱某平、向某力玩忽职守罪二审刑事判决书》②中人民法院表述："一审被告人向某力身为值班民警，值班期间没有报告去向擅离职守，没有履行好值班民警的职责，确有渎职行为，但导致罗某江自杀成功的直接原因是值班所长安排的辅警朱某平看守未尽责。向某力对曹某丽的报警以及罗某江被留置到候问室均不知情，向某力的这种不作为不是罗某江自杀结果产生的原因，向某力的离岗行为与罗某江的死亡结果之间不具有刑法上的因果关系。"类似的还有（2017）J08刑再1号《王某明、李某丽玩忽职守罪一案再审刑事判决书》、（2015）Y刑初字第162号《被告人钟某玩忽职守罪一审刑事判决书》。

（6）行为人的行为是一种失职行为，且与本案中危害后果的发生不具有刑法上的因果关系，行为人的行为不构成玩忽职守罪。

例如，（2015）A中刑二终字第2号《马某某、张某某玩忽职守二审刑事判决书》③中人民法院表述："樊某丽马某某、一审被告人张某某身为交通警察，对2013年2月21日查获的'三无'车辆和查证的酒驾事实，不依法进行处罚，是一种失职行为，但该失职行为与袁某某于2013年10月11日因操作不当发生交通事故无刑法上的因果

---

① 2017年1月15日摘自中国裁判文书网。
②③ 同上。

关系,故马某某、张某某的行为不构成玩忽职守罪。"类似的还有(2014)B刑初字第51号《曹某玩忽职守罪一审刑事判决书》;(2015)Z刑初字第261号《周某辉玩忽职守罪一审刑事判决书》、(2015)S刑初字第99号《王某甲、许某玩忽职守一审刑事判决书》、(2014)Y刑初字第42号《范某某、付某某玩忽职守罪一审刑事判决书》。

(7) 本案的损失与被告人的履职无直接关系,且本案的损失系间接损失,未达到立案标准,被告人的行为不构成玩忽职守罪。

例如,(2014)Z刑再字第1号《彭某平玩忽职守罪再审刑事判决书》①中人民法院表述:"一审被告人彭某平已履行了工作职责。本案的损失报建费是一项失去的在正常情况下可以获得的利益,且该损失与一审被告人彭某平的履职行为没有直接的关系,该损失是间接损失,数额是1 453 746元。2006年7月26日最高人民检察院发布的《关于渎职侵权犯罪案件立案标准的规定》规定间接损失要达到150万元才够立案标准,此案间接损失没有150万元,没有达到立案标准,一审被告人彭某平的行为不构成玩忽职守罪。"

(8) 本案的损失与行为人的行为之间系多因一果的关系,行为人的行为造成的经济损失未达到刑事立案标准,不构成玩忽职守罪。

例如,(2015)Z刑初字第3号《杨某某、马某庚、马某辛、毛某甲玩忽职守罪一审刑事判决书》②中人民法院表述:"鉴于被告人杨某某、马某庚、马某辛的行为造成国家经济损失的严重后果,系多种原因、多种因素所造成的,且责任分散,系多因一果;涉案款大部分已挽回。综合全案的犯罪事实、犯罪性质、情节和对于社会的危害程度,可对三被告人免予刑事处罚。被告人毛某甲的行为造成经济损失没有达到30万元以上,因此不构成犯罪。"类似的还有(2014)JN刑初字第515号《翟某某玩忽职守一审刑事判决书》。

(9) 行为人构成玩忽职守罪之客观要件—致使公共财产、国家和人民利益遭受重大损失,因已发生法律效力的判决书认定未造成国家财产的损失,故行为人的行为不符合玩忽职守罪的构成要件。

例如,(2014)W刑再初字第2号《任某某玩忽职守罪再审刑事判决书》③中人民法院表述:"本院认为,本案一审被告人任某某系国家工作人员,在对案外人刘某宁经营的海参圈进行动迁评估时,负责评估现场的监督工作。案外人刘某宁被P市中

---

① 2017年1月15日摘自中国裁判文书网。

②③ 同上。

级人民法院认定采取欺诈手段骗取动迁补偿款而判处犯诈骗罪,刘某宁上诉后被 L 省高级人民法院认定未给国家财产造成损失,不构成诈骗罪,改判无罪。一审判决认定任某某犯玩忽职守罪的事实依据是任某某的玩忽职守行为使案外人刘某宁通过弄虚作假手段得到虚假的评估报告,进而骗取国家动迁补偿款 3 500 余万元,给国家财产造成巨大损失。现因已经发生法律效力的刑事判决认定,刘某宁的欺诈行为没有给国家财产造成损失,判决刘某宁无罪。相应的,本案一审判决认定任某某不认真履行职责致使刘某宁骗取国家动迁补偿款 3 500 余万元的事实发生变化,即'使公共财产、国家和人民利益遭受重大损失'的客观结果不复存在,任某某的行为不具有客观的危害结果,不符合玩忽职守罪的犯罪构成。"

(10) 根据现有证据,难以证实被告人有严重不负责任,不认真履行自己的工作职责,致国家遭受严重损失的行为。公诉机关指控被告人犯玩忽职守罪的事实不清,证据不足,玩忽职守罪的罪名不成立。

例如,(2015)QF 法刑初字第 91 号《黄某甲玩忽职守一审刑事判决书》[1]中人民法院表述:"一、虽然有文件规定要申报企业、各级运输部门提供真实数据,但根据佛冈县交通运输部门现有的制度及现行的操作方法,难以提交车辆行驶里程、百公里油耗真实数据,申报数据的不真实是多方原因造成的,核查数据也有多个部门,更有专门为油补工作成立的燃油补贴领导小组,对申报企业作调查、审核数据,把不能核实真实数据的责任归咎于黄某甲一人是显失公平的。二、黄某甲具体负责数据初审和网上申报,核实油补数据的真实性不属于黄某甲工作职责范围,黄某甲是根据油补小组的决议在网上申报油补数据,对油补小组通过的数据黄某甲无权拒绝进行网上申报。三、另根据现有证据,难以认定公诉机关指控国家利益遭受重大损失 2 232 736.27 元是被告人的行为造成的。"

类似的还有(2015)F 刑一初字第 148 号《郭某玩忽职守一审刑事判决书》、(2015)F 刑一初字第 154 号《刘某、田某玩忽职守一审刑事判决书》、(2016)J0208 刑初 159 号《王某甲、刘某甲玩忽职守一审刑事判决书》、(2013)Z 刑初字第 59 号《冯某、张某甲等犯玩忽职守罪一审刑事判决书》、(2013)H 刑他字第 2 号《被告人王某甲、吴某、王某乙、董某玩忽职守罪一审刑事判决书》、(2015)刑初字第 79 号《王某甲玩忽职守案一审刑事判决书》。

---

① 2017 年 1 月 15 日摘自中国裁判文书网。

第三节　税务干部玩忽职守罪大数据分析报告

自 2014 年 1 月 1 日起,《最高人民法院关于人民法院在互联网公布裁判文书的规定》颁布实施,要求全国各级人民法院将除涉及国家秘密、个人隐私、未成年犯罪、调解结案等情形之外的全部生效裁判文书在互联网公布。最高人民法院于 2016 年对上述规定进行了修改,进一步扩大了公布裁判文书的范围,并对公布的技术措施作了更加明确和具有可操作性的规范。我国已进入裁判公开的大数据时代。

本报告通过对中国裁判文书网数据库的搜索,选取 2013 年至 2017 年共 5 年间全国范围内税务干部涉及玩忽职守罪的有效裁判文书(检索截止日期 2017 年 12 月 22 日;不排除部分类似案件未上传到数据库),进行分类、整理、分析,总结出玩忽职守案件的基本状况,形成大数据报告。2017 年数据与实际数据相比有一定的差距,因为在检索时有部分案件还未审结或还未上传。

希望通过分析和研究,展现全国税务干部涉及玩忽职守罪的基本情况、判决要点、律师辩护效果等数据总结,为税务干部防控玩忽职守刑事风险提供指导。

一、整体分析

(一) 基本情况分析

1. 总体情况

在 2013 年至 2017 年税务干部涉及玩忽职守罪的 166 件裁判案件中,2013 年审理 6 件,占比 3.6%;2014 年审理 43 件,占比 26%;2015 年审理 45 件,占比 27%;2016 年审理 48 件,占比 29%;2017 年审理 24 件,占比 14.4%。

裁判文书如图 1-1 所示。

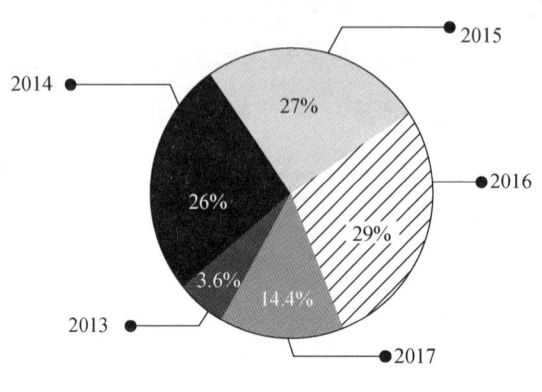

图 1-1　裁判文书

　　从各省级行政区域的情况来看,税务干部涉及玩忽职守罪刑事案件,其中山西省 34 件、河北省 28 件、河南省 18 件、辽宁省 15 件、黑龙江省 12 件、湖北省 10 件、安徽省 8 件、陕西省 6 件、湖南省 7 件、山东省 4 件、重庆市 3 件、广东省 3 件、青海省 3 件、天津市 3 件、北京市 3 件、内蒙古自治区 3 件、吉林省 2 件、宁夏回族自治区 2 件、甘肃省 2 件、上海市 2 件、四川省 1 件、江苏省 1 件、福建省 1 件、浙江省 1 件、云南省 1 件。

　　2. 审理法院情况

　　由基层人民法院一审审理的 119 件,由中级人民法院二审审理的 43 件;再审案件 4 件,其中 2 件指定基层人民法院审理,1 件中级人民法院审理,1 件高级人民法院审理。

　　审理法院级别如图 1-2 所示。

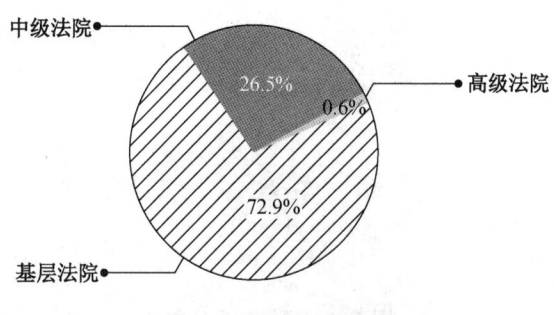

图 1-2　审理法院级别

　　3. 玩忽职守罪裁判案件

　　在 2013 年至 2017 年税务干部涉及玩忽职守罪的裁判案件中,二审既上诉又抗诉的案件 7 件,3 件撤销原判发回重审,3 件维持原判,1 件撤回抗诉。二审抗诉未上诉 3 件,其中 2 件撤销原判发回重审,1 件撤回抗诉。

　　4. 犯罪主体的性别构成

　　在裁判文书中,有 28 人无法检索犯罪主体的性别。

　　在可以有效检索犯罪主体性别的裁判文书中,有男性被告人的共 153 人,占总数的 85.5%;有女性被告人的共 26 人,占总数的 14.5%。

　　犯罪主体的性别如图 1-3 所示。

　　5. 犯罪主体所属税务机关

　　在裁判文书中,有 8 人无法检索犯罪主体所属税务机关。

　　在可以有效检索犯罪主体所属税务机关的裁判文书中,涉及地方税务局税务干

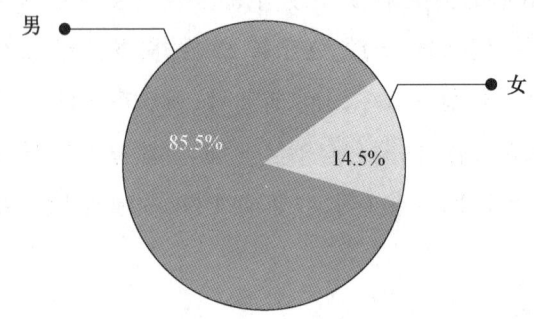

图 1-3　犯罪主体性别

部的共 33 人,占总数的 16.5%;涉及国家税务局税务干部的共 166 人,占总数的 83.5%。所属税务机关如图 1-4 所示。

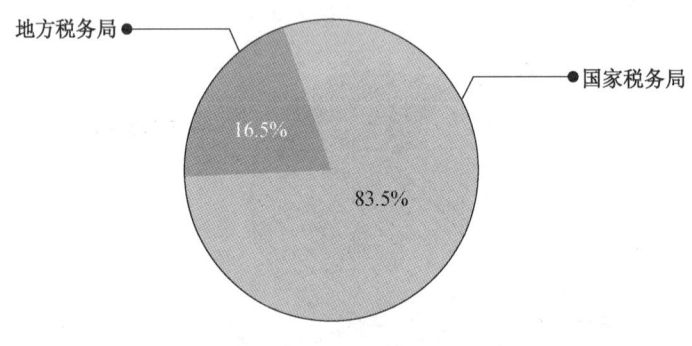

图 1-4　所属税务机关

6. 犯罪主体的职务构成

在裁判文书中,涉及省级税务机关工作人员 1 人、市级税务机关副局长 3 人、科长 4 人、副科长 3 人、主任科员 1 人、科员 2 人、税收管理员 6 人;市级税务机关分局(稽查局、税务所)局长 2 人、副局长 1 人、股长 2 人、科长 1 人、稽查员 3 人、科员 2 人、税收管理员 9 人、协税员 1 人;区(县)级税务机关局长 2 人、副局长 1 人、所长人、纪检组长 1 人、副调研员 1 人、副所长人、股长 7 人、副股长 5 人、副主任 1 人、科长 9 人、副科长 4 人、主任科员 1 人、科员 16 人、调查员 1 人、税收管理员 32 人、协税员人;区(县)级税务机关分局(稽查局、税务所)局长 13 人、副局长 17 人、所长 6 人、副所长 1 人、股长 2 人、副股长 4 人、办公室主任 1 人、主任科员 1 人、科员 6 人、税收管理员 15 人、外聘人员 3 人。

3 人在市级税务机关分局任职,无法检索具体职务;14 人在区(县)级税务机关及区(县)级税务机关分局任职,无法检索具体职务。

（二）影响量刑的情节分析

1. 自首、坦白情节

涉及自首的 61 件，占总数的 37%。如实供述、坦白的 18 件，占总数的 11%。认定具有自首情节的 44 件，具有坦白情节的 17 件。

2. 立功情节

涉及立功的 4 件，人民法院最终认定 1 件具有立功情节。

3. 共同犯罪案件

认定为共同犯罪案件的 1 件，占总数的 0.6%，人民法院认定被告人在共同犯罪中的作用相当。

（三）采取的强制措施情况

存在被逮捕情况的 33 件，占总数的 16.5%；被取保候审的 166 件，占总数的 83%，采取取保候审措施后又实施逮捕的有 7 件；被监视居住的 1 件，占总数的 0.5%。采取的强制措施如图 1-5 所示。

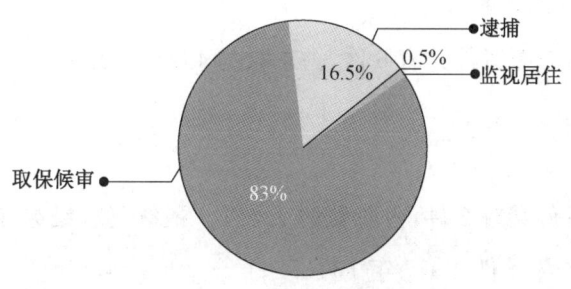

图 1-5　采取强制措施

被采取取保候审强制措施的 166 件案件中，宣告缓刑的 14 件，占比 8%；免予刑事处罚的 130 件，占比 78%；最终判决不构成玩忽职守罪的 8 件，占比 5%。被取保候审措施的裁判结果如图 1-6 所示。

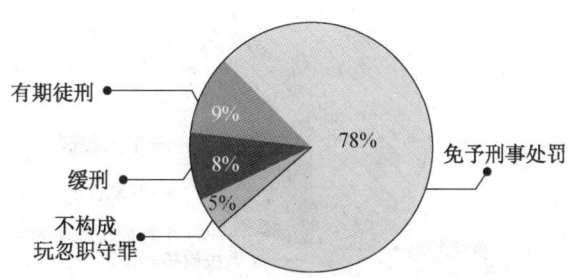

图 1-6　被取保候审措施的裁判结果

注：本报告涉及的判决结果就统计只有玩忽职守罪一罪的审判结果，不统计涉及数罪并罚后的判决执行结果。

二、一审案件判决结果分析

1. 有期徒刑

判处有期徒刑案件共有 13 件，占总数的 9.2%。其中判处不满 1 年（包括 1 年）有期徒刑的 5 件，判处 3 年以上（包括 3 年）有期徒刑 8 件。

2. 宣告缓刑

判处宣告缓刑的 11 件，占总数的 7.7%。2013 年 1 件，2014 年 1 件，2015 年 2 件，2016 年 4 件，2017 年 3 件。

3. 免予刑事处罚

免予刑事处罚案件共有 108 件，占总数的 76.1%。其中，2013 年 7 件，2014 年 25 件，2015 年 30 件，2016 年 29 件，2017 年 17 件。

4. 不构成玩忽职守罪

不构成玩忽职守罪案件共有 6 件，占总数的 4.2%。其中，2015 年 1 件，2016 年 2 件，2017 年 3 件。

5. 变更罪名

变更罪名的案件共有 2 件，占总数的 1.4%。最终判决结果变更为税务干部犯滥用职权罪。2014 年 1 件、2017 年 1 件。

6. 人民检察院撤诉

人民检察院撤诉的案件共有 2 件，占总数的 1.4%，出现在 2014 年 1 件、2016 年 1 件，人民法院裁定准予撤诉。一审案件判决结果如图 1-7 所示。

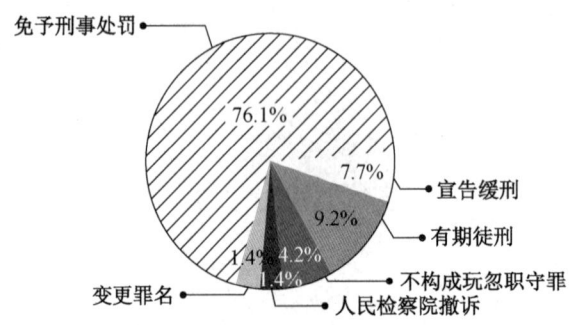

图 1-7　一审案件判决结果

三、二审案件判决结果分析

在 2013 年至 2017 年税务干部涉及玩忽职守罪的二审案件共计 43 件,其中 2014 年 12 件;2015 年 11 件;2016 年 11 件;2017 年 9 件。

1. 维持一审判决

在 2013 年至 2017 年税务干部涉及玩忽职守罪的裁判案件中,二审法院维持(包括部分维持)一审判决的 24 件,占二审案件的 55.8%。其中,2014 年维持一审判决的 9 件,维持率为 75%;2015 年维持一审判决的 3 件,维持率为 27%;2016 年维持一审判决的 9 件,维持率为 82%;2017 年维持一审判决的 3 件,维持率为 33.3%。

2. 改判

在 2013 年至 2017 年税务干部涉及玩忽职守罪的裁判案件中,二审法院改判的 8 件,占二审案件的 18.6%。其中 2014 件 2 件,改判率为 17%;2015 年改判案件 3 件,改判率为 27%;2016 年 1 件,改判率为 9%;2017 年改判案件 2 件,改判率为 22.2%。

3. 裁定发回重审

在 2013 年至 2017 年税务干部涉及玩忽职守罪的裁判案件中,二审法院裁定发回重审的 10 件,占二审案件的 23.3%。2014 年 1 件,发回重审率为 8%;2015 年 5 件,发回重审率为 45%;2016 年发回重审案件 2 件,发回重审率为 9%;2017 年发回重审案件 2 件,发回重审率为 22.2%。

4. 撤回抗诉

裁定撤回上诉案件 1 件,占二审案件的 2.3%,出现在 2014 年,人民法院裁定准予撤回。二审案件判决结果如图 1-8 所示。

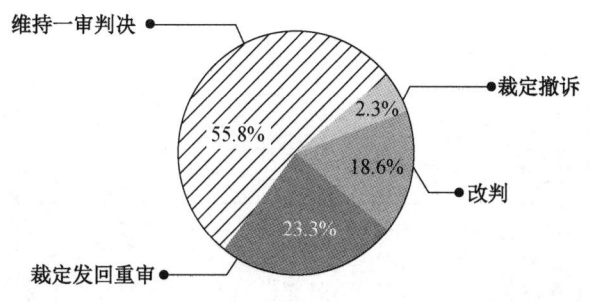

图 1-8　二审案件判决结果

四、律师辩护情况分析

1. 一审总体辩护情况

在一审 119 份裁判文书中,有辩护人的 83 件,辩护率为 70%。

2013 年有辩护人 5 件,参与辩护率为 83%;2014 年有辩护案件为 22 件,参与辩护率为 71%;2015 年有辩护人为 24 件,参与辩护率为 72%;2016 年有辩护人为 20 件,参与辩护率为 57%;2017 年有辩护人为 12 件,参与辩护率为 80%。

2. 二审总体辩护情况

在二审 43 份裁判文书中,有辩护人的 14 件,参与辩护率为 77%;2014 年有辩护人为 10 件,参与辩护率为 83%;2015 年有辩护人为 10 件,参与辩护率为 90%;2016 年有辩护人为 8 件,参与辩护率为 73%;2017 年有辩护人 5 件,参与辩护率为 56%。还有 2 件为被告人未上诉由检察院抗诉的案件,被告人未聘请辩护人。

3. 二审辩护效果对比

二审判决改判、发回重审案件共 20 件,2014 年 5 件、2015 年 9 件、2016 年 2 件、2017 年 4 件,其中有律师参与辩护的共计 17 件,占比 85%。

4. 辩护人辩护意见采纳情况统计

辩护人辩护意见采纳情况如表 1-1 所示。

表 1-1 辩护人辩护意见采纳情况统计

辩护意见	出现情况(件)	采纳情况(件)
事实不清、证据不足	16	4
非法证据应予以排除	1	0
不能作为证据	4	0
不具备玩忽职守罪的主体资格	1	0
不构成玩忽职守罪	55	11
履职失误非过失	12	0
非个人的意见,是集体意见	6	0
不属于被告人的工作职责	16	0
多种原因造成损失,被告人只承担部分则	7	0
与税款流失无直接因果关系	38	7

（续表）

辩护意见	出现情况（件）	采纳情况（件）
数额不够立案标准	6	0
数额有误或无法确定	19	3
没有造成国家税收流失	6	1
挽回了损失	17	12
欠税不是法律意义上的经济损失，不能认定使国家利益遭受重大损失	3	3
采取了补救措施	5	5
税务系统存在漏洞	9	0
内部的工作规定不是法律法规，不能作为定罪的依据	2	0
工作规定尚未实施	1	1
工作规定已经取消	1	0
现有条件下，无法达到税务机关规定的工作要求	5	2
自首	39	22
坦白、如实供述	14	13
立功	3	0
从轻、减轻	28	27
建议免予刑事处罚	32	21
建议缓刑	4	2

五、分析结论

通过对 2013 年至 2017 年共 5 年的税务干部涉及玩忽职守罪刑事案件各项数据进行归纳、对比、分析，可以看出，在税务干部玩忽职守罪刑事案件中，聘请辩护人参与辩护率远远高于刑事案件整体辩护率。

第二章 税务干部滥用职权风险案

第一节 滥用职权罪的基本理论

一、滥用职权罪的概念

滥用职权罪是指国家机关工作人员超越职权,违法决定、处理其无权决定、处理的事项,或者违反规定处理公务,致使公共财产、国家和人民利益遭受重大损失的行为。

二、滥用职权罪的刑法规定

《刑法》第三百九十七条规定:"国家机关工作人员滥用职权或者玩忽职守,致使公共财产、国家和人民利益遭受重大损失的,处三年以下有期徒刑或者拘役;情节特别严重的,处三年以上七年以下有期徒刑。本法另有规定的,依照规定。

国家机关工作人员徇私舞弊,犯前款罪的,处五年以下有期徒刑或者拘役;情节特别严重的,处五年以上十年以下有期徒刑。本法另有规定的,依照规定。"

三、滥用职权罪的构成要件

(一)犯罪的客体

本罪侵犯的客体是国家机关的正常活动。由于国家机关工作人员故意逾越职权,致使国家机关的某项具体工作遭到破坏,给国家、集体和人民利益造成严重损害,从而危害了国家机关的正常活动。本罪侵犯的对象可以是公共财产或者公民的人身及其财产。

(二)犯罪的客观方面

本罪客观方面表现为滥用职权,致使公共财产、国家和人民利益遭受重大损失的行为。滥用职权,是指不法行使职务上的权限的行为,即就形式上属于国家机关工作人员一般职务权限的事项,以不当目的或者以不法方法,实施违反职务行为宗旨的活动。

首先,滥用职权应是滥用国家机关工作人员的一般职务权限,如果行为人实施的行为与其一般的职务权限没有任何关系,则不属于滥用职权。

其次,行为人或者是以不当目的实施职务行为或者是以不法方法实施职务行为;在出于不当目的实施职务行为的情况下,即使从行为的方法上看没有超越职权,也属于滥用职权。

最后,滥用职权的行为违反了职务行为的宗旨,或者说与其职务行为的宗旨相悖。滥用职权的行为主要表现为以下几种情况:一是超越职权,擅自决定或处理没有具体决定、处理权限的事项;二是玩弄职权,随心所欲地对事项作出决定或者处理;三是故意不履行应当履行的职责,或者说任意放弃职责;四是以权谋私、假公济私,不正确地履行职责。

滥用职权的行为,必须致使公共财产、国家和人民利益造成重大损失的结果时,才构成犯罪。所谓重大损失,是指给国家和人民造成的重大物质性损失和非物质性损失。物质性损失一般是指人身伤亡和公私财物的重大损失,是确认滥用职权犯罪行为的重要依据;非物质性损失是指严重损害国家机关的正常活动和声誉等。认定是否重大损失,应根据司法实践和有关规定,对所造成的物质性和非物质性损失的实际情况,并按直接责任人员的职权范围进行全面分析,以确定应承担责任的大小。

(三) 犯罪的主体

本罪主体是国家机关工作人员。国家机关是指国家权力机关、各级行政机关和各级司法机关。因此,国家机关工作人员是指在各级人大及其常委会、各级人民政府和各级人民法院和人民检察院中依法从事公务的人员。

2002 年 12 月 28 日,九届人大常委会第三十一次会议对渎职罪的主体作出了扩大规定:"在依照法律、法规规定行使国家行政管理职权的组织中从事公务的人员,或者在受国家机关委托代表国家机关行使职权的组织中从事公务的人员,或者虽未列入国家机关人员编制,但在国家机关中从事公务的人员,在代表国家机关行使职权时,有渎职行为,构成犯罪的,依照刑法有关渎职罪的规定追究刑事责任。"可见,滥用职权罪的主体出现了多元化现象。主要有以下几种情形:

(1) 普通情形,即在国家机关中从事公务的人员,包括在国家权力机关、行政机关、审判机关、检察机关、军事机关等国家机关中从事公务的人员。

（2）授权情形，即在依照法律、法规规定行使国家行政管理职权的组织中从事公务的人员。

（3）委托情形，即受国家机关委托代表国家机关行使职权的组织中从事公务的人员。

（4）聘用情形，虽未列入国家机关人员编制，但在国家机关中从事公务的人员。

据上，不管是否属于正式编制的国家机关工作人员，只要代表国家行使职权时，就应属于国家机关工作人员范围，可以成为渎职罪主体。在认定滥用职权罪主体时，可抛开国家机关工作人员的身份这个框框，只要审查：第一，是否履行国家公务；第二，其职权的来源是否正当。第二，一般都有据可查，如果嫌疑人不是国家机关工作人员，就要审查其职权的产生有无法律法规授予，或是否来自国家机关的委托或国家机关的聘任。

（四）犯罪的主观方面

本罪在主观方面表现为故意，行为人明知自己滥用职权的行为会发生致使公共财产、国家和人民利益遭受重大损失的结果，并且希望或者放任这种结果发生。从司法实践来看，对危害结果持间接故意的情况比较多见。至于行为人是为了自己的利益滥用职权，还是为了他人利益滥用职权，则不影响本罪的成立。

第二节　税务干部滥用职权案例解析

 **案例一　企业所得税稽查滥用职权案**

本案例是稽查人员不当处理企业所得税的自查案例。税务稽查是税务机关重要的执法活动，其担负税款查补、打击"偷逃骗抗"、纠正违法行为、提高纳税遵从的重要任务。税务干部应当认真对待税务稽查，按照规定进行税务稽查，由此远离稽查风险。

一、案例概览

（一）案情①

2012 年度，按照 L 市国家税务局稽查局（以下简称稽查局）的统一安排，J 县国

---

① 2017 年 12 月 1 日摘自中国裁判文书网。

税局稽查局于 2012 年 5 月 10 日由检查人员武某乙(另案处理)及李某斌将《税务事项通知书》送达 J 信用社(以下简称信用社),安排企业自查,自查期间为 5 月 10 日至 5 月 29 日;根据稽查局稽查档案显示:在 5 月 29 日信用社经自查查出,2010 年应调增应纳税所得额 317 988.02 元,应补缴企业所得税 79 497.01 元,5 月 29 日补缴。2011 年应调增应纳税所得额 384 408.49 元,应补缴所得税 96 102.12 元,5 月 29 日补缴。2012 年 5 月 29 日开始,经稽查局局长武某甲批准对 J 县信用社稽查立案审批后,安排检查人员武某乙(检查部门负责人)及李某斌、黎某梅、李某云开始对 J 信用社进行税务检查。其间,检查出 2011 年贷款损失准备金多计提 6 500 001.84 元,应调增应纳税所得额为 6 500 001.84 元,应补缴企业所得税 1 625 000.46 元,而武某甲等在稽查底稿注明为企业自查,时间为 9 月 18 日,同时让信用社报自查说明,武某甲签字后信用社于 9 月 18 日缴纳该笔税款,9 月 20 日交纳该笔税款滞纳金。在检查结束后,经黎某梅、李某云审理后,在武某甲主持下,经稽查局集体研究,对信用社检查出的涉税款 6 500 001.84 元按照企业自查出的税款处理,只补缴税款和滞纳金,不予行政处罚,即未按照《税收征收管理法》的规定对 J 信用社处不缴或者少缴税款 50% 以上的罚款,造成国家税收损失 80 余万元。

(二) 人民检察院观点[①]

本案中在武某甲主持下,经稽查局集体研究,对信用社检查出的涉税款 6 500 001.84 元按照规定应进行罚款未罚款,造成损失 80 余万元。人民检察院认为,武某甲身为国家税务工作人员,在履行税务检查中,不正确履行职责,致使国家税收损失 80 余万元。人民检察院就指控的上述事实向法庭出示了证据,人民检察院认为的行为已触犯《刑法》第三百九十七条之规定,构成玩忽职守罪,提请人民法院依法惩处。

人民检察院向人民法院提交量刑建议,因武某甲犯罪情节轻微,建议判处有期徒刑 1 年以下或者免于刑事处罚。

(三) 被告人及辩护律师观点[②]

武某甲称,尊重人民法院的判决。

辩护律师的意见是:人民检察院指控不能成立,应宣告武某甲无罪。①人民检察院提供的所有证人证言均没有证明武某甲所在稽查局具有检查后让信用社走自查方式补缴税款的行为和事实,稽查卷宗不是原始卷宗,是重新整理档案时整理人

---

① 2017 年 12 月 1 日摘自中国裁判文书网。
② 同上。

员粗心大意填写错误。②书证 J 信用社保留的原始纳税人自查说明系 5 月 29 日填写,而侦查卷中调取的稽查卷宗 2011 年税款的自查说明反映涉及两笔税款 96 102.12 元和 1 625 000.46 元,96 102.12 元缴款日期是 5 月 29 日,由此证明该 2011 年税款的自查说明落款 9 月 18 日系笔误,应为 5 月 29 日,企业自查期间填写。③武某甲未给国家造成损失,对偷税、逃税、少缴、欠缴税款等行为的罚款按照相关规定不纳入预算管理的罚没收入,国家未设置罚没指标,所以本案不能认定给国家造成损失。武某甲正确履行了职责,在人员配置不足的情况下,根据要求独立开展税务稽查工作,履职正当;以卷宗文书时间上的瑕疵对自查工作予以否定没有说服力。

(四) 人民法院裁判观点①

武某甲身为国家机关工作人员,未能正确履行工作职责,致使公共财产、国家和人民利益遭受重大损失达 80 余万元,其行为已构成滥用职权罪,人民检察院指控的罪名及事实成立,人民法院予以支持;人民检察院提交量刑建议:"因武某甲犯罪情节轻微,建议判处有期徒刑一年以下或者免于刑事处分",综合控辩双方提交的证据材料以及庭审查明的事实,认为人民检察院认定武某甲犯罪情节轻微的定性准确,根据《刑法》第三十七条之规定,对于犯罪情节轻微不需要判处刑罚的,可以免予刑事处罚。人民法院依据《刑法》第三百九十七条第一款、第三十七条、《最高人民法院 最高人民检察院关于办理渎职刑事案件适用法律若干问题的解释(一)》第一条第一款第二项之规定,判决武某甲犯玩忽职守罪,免予刑事处罚。

二、案例解析

(一) 立案以后是否可以告知被稽查对象自查

部分稽查局在"阳光稽查"的幌子之下,在税务稽查已经立案以后,仍然告知被检查的纳税人、扣缴义务人,或者其他税收当事人进行"自查",然后根据"自查"情况再稽查。这种情况被部分税务机关称之为"查前自查"。但是,"查前自查"的时间节点在哪里?已经立案是不是"查前"?如果不是,那么稽查局让被检查对象"自查"就是错误的;如果是,又是在稽查局立案之后让被检查对象"自查"的,那么被检查对象"自查"的税款如何入库?是否计算为稽查局的查补任务?不计算为稽查局的查补任务,对被稽查对象的这种行为就不实施处罚,但是这种行为是什么性质的行为?这一连串的问题,稽查局如果没有搞清楚,就容易引发风险。

---

① 2017 年 12 月 1 日摘自中国裁判文书网。

稽查局推行"阳光稽查"可以增加稽查透明度。对于"阳光稽查",部分税务机关一般采取"查前自查"的方式来体现,但是关于"查前自查"各地稽查局有不同的理解,因此,在具体做法上也不尽一致。比较普遍的是,稽查局在选案立案以后并且在下发《税务检查通知书》以后让纳税人、扣缴义务人或者其他税收当事人自查。然后,稽查局根据自查结果进行处理,有的稽查局同意自查报告,因此就结案了;有的稽查局不同意自查报告,再亲自检查一次,然后结案。

"查前自查"固然是好事情,一方面可以给纳税人、扣缴义务人或者其他税收当事人机会,主动纠正涉税违法行为,可以"和谐税企"关系;另一方面可以减少稽查局的工作量,对稽查局开展重点稽查活动有好处。但是,"查前自查"的内涵是什么?在什么时候进行"查前自查"就成了问题的关键。其实,"查前自查",顾名思义应当是在启动税务稽查之前,即在给纳税人、扣缴义务人或者其他税收当事人下发、送达《税务检查通知书》之前,让纳税人进行检查才符合"查前自查"的要求。如果在送达、出示《税务检查通知书》之后,稽查局仍然让纳税人、扣缴义务人或者其他税收当事人自查,这就不妥当了。

(二) 立案后是否可以擅自将稽查变自查

滥用职权罪客体与渎职类罪和玩忽职守罪的客体表述具有一致性,即侵犯的客体是国家机关的正常管理活动。客体表述一致的原因主要在于立法背景方面。从立法背景看,现行《刑法》的滥用职权罪与玩忽职守罪是从1979年《刑法》玩忽职守罪中分离出来的。所以他们是一分为二,具有相似性,即具有相同的犯罪客体。《最高人民检察院关于人民检察院直接受理侦查案件立案标准的规定(试行)》中,分别对滥用职权罪和玩忽职守罪的概念作了明确表述。滥用职权罪是指"国家机关工作人员超越职权、违法决定、处理其无权决定处理的事项,或者违反规定处理事务,致使公共财产、国家和人民利益遭受重大损失的行为";玩忽职守罪是指"国家机关工作人员严重不负责任,不履行或者不认真履行职责,致使公共财产、国家和人民利益遭受重大损失的行为"。

法无授权即禁止主要针对就是国家的公权力,而国家的公权力行使的主要代表就是行政机关,税案中稽查局根据J国税发〔2006〕76号文件《S省国家税务总局关于贯彻落实全省对外开放工作会议精神进一步优化纳税服务的意见》第五条,在下达《税务检查通知书》之前,可以对纳税人进行宣传辅导,责成纳税人自查,对确定的企业进行安排检查时,即可以先期要求相关企业自查,也可以不经过自查直接进行检查。本税案中稽查局要求信用社自查,自查期间为2012年5月10日至5月29

日;2012年5月29日开始,本案武某甲批准对J县信用社立案稽查,进入检查程序,后在武某甲主持集体研究,对信用社检查出的涉税款6 500 001.84元按照企业自查出的税款处理,只补缴税款和滞纳金,不予行政处罚。但相关法律、法规并没有授权稽查局可以在下达《税务检查通知书》后将稽查改为自查处理,稽查局在信用社自查结束后的9月18日补缴税款没有依法处以罚款,而该笔税款是在启动检查程序进入检查阶段补缴的税款,所以本案稽查局查补的税款不得以自查方式处理,应予罚款。武某甲主持研究将稽查自查造成国家税收损失80余万元的行为超越了职权,违法决定、处理其无权决定处理的事项,有领导者的责任,属于滥用职权行为。

(三)税务机关的规定是否可以作为自查免罚的依据

J国税发〔2006〕76号文件《S省国家税务总局关于贯彻落实全省对外开放工作会议精神进一步优化纳税服务的意见》第五条,在下达《税务检查通知书》之前,对纳税人进行宣传辅导,责成纳税人自查,自查出来的问题可采取自纠不究的办法,只补缴税款和滞纳金,不予行政处罚。

L市国税局稽查局关于企业自查税款相关事项补充说明:①纳税人自查属于自查自纠的自主行为,制度方面没有规范的程序,在征管法中没有明确条款规定。实质是优化纳税服务,降低纳税人涉税风险所采取的一种阳光执法服务措施。②在税务部门实施检查前,企业可以多次进行自查申报。税务部门以《税务事项通知书》的形式通知企业开展自查工作,下达《税务检查通知书》后进入检查程序,所查补的税款不得以自查方式处理。

罚款收入是国家财政收入的一部分,按照税收征收管理法规定应该处以罚款而未罚款,必然造成国家收入的损失,因此武某甲行为造成国家损失80余万。

(四)分清税务稽查与自查

1. 税务稽查

税务稽查,是指税务机关依照国家有关税收法律、行政法规、规章和财务会计制度的规定,对纳税人、扣缴义务人履行纳税义务、代扣代缴义务及其他税法义务的情况进行检查和处理的全部活动。专司偷税、逃避追缴欠税、骗税、抗税案件的查处是法律赋予各级税务稽查局的神圣职责。

税务稽查作为税务机关单方面的一种执法行为,它会直接影响到纳税人,并产生一定的法律后果。因此,税务稽查行为受到了相应的法律约束或控制。

一方面税务人员实施税务稽查,其行为超过规定的权限范围,即属于违法的行政行为,不具有法律约束力,不受法律保护,纳税人有权拒绝接受稽查。例如,税务稽查人员实施稽查,要对纳税人的身体或者住宅进行检查,其行为已超出税法规定的职权范围,纳税人有权予以拒绝。

另一方面,实施税务稽查必须遵循法定的程序,履行法定的手续,否则,同样属于违法的行政行为,如税务稽查人员实施税务稽查时,应当出示税务检查证件,否则,被查对象有权拒绝接受检查。查核纳税人、扣缴义务人的存款账户,应当经县以上税务局(分局)局长批准,未经批准的,银行或者其他金融机构有权予以拒绝。

2. 自查

纳税人自查包括两种情形:一是纳税人通过自查程序在纳税申报期内发现纳税有误,并在纳税申报期内完成补充申报缴纳税款;二是纳税人通过自查程序发现已过纳税申报期的纳税事项有误,并补充申报缴纳税款及滞纳金。税务律师提醒,税务稽查前,企业自查很重要。一般情况下,在实施税务稽查之前,被查纳税人都会收到税务机关会提前发出的《税务检查通知书》并附《税务文书送达回证》通知。此时,财会人员应当充分利用这段时间对企业的上一年度的纳税情况进行全面的自查,自查包括主营业务收入、往来账户、纳税义务时间、价外费用、企业业务收入等,如果发现问题,应及时处理。自查可以分为五个步骤:

(1) 制度、法规相对照,即企业内部应纳的各税财会处理规定与相关税收条例规定之间的对照自查。自查目的是了解企业制定的内部财会规定,与各税种法律法规之间是否存在差异,其差异是否会造成针对某个税种的违章。

(2) 制度执行情况自查,即与各税计算相关的企业内部有关制度的执行情况的自查。自查目的是明确企业内部与各税种计算相关的制度、流程执行的情况。判断是否存在影响各税计算准确性的因素,是否确实影响了各税计算的准确性。

(3) 纳税申报的自查,即通过账证与纳税申报表的对照自查。自查目的是从中发现是否存在足额申报税款的问题。

(4) 账簿对应关系的自查。自查目的是通过账簿数据的勾对关系自查是否存在各税计算错误。

(5) 数据、指标分析,即对企业的一些财务数据按各税法规具体要求进行对比。自查目的是从财务数据、指标角度看企业是否可能存在各税违章问题。

目前,法律并没有对纳税人自查进行规定,纳税人自查的相关规定散见于国家税务总局出台的规范性文件以及一些省市税务机关制定的地方规范性文件中。

例如,2004 年的《国家税务总局关于进一步加强税收征管工作的若干意见》(国税发〔2004〕108 号)。该文规定:"对纳税评估发现的一般性问题,如计算填写、政策理解等非主观性质差错,可由税务机关约谈纳税人。通过约谈进行必要的提示与辅导,引导纳税人自行纠正差错,在申报纳税期限内的,根据税法有关规定免予处罚;超过申报纳税期限的,加收滞纳金。"但是并没有对纳税人自查制度作出详细、全面的规定。

又如,安徽省国家税务局 2009 年制定的《安徽省国税稽查系统税务检查查前告知及纳税人自查自纠办法(试行)》(皖国税发〔2009〕53 号)、厦门市国家税务局 2013 年制定的《厦门市国家税务局稽查组织纳税人自查管理暂行办法》(厦国税函〔2013〕68 号)以及湖南省地方税务局 2014 年制定的《湖南省地方税务稽查部门组织税收自查管理办法》(湖南省地方税务局公告 2014 年第 5 号)。上述规范性文件对各自辖区内的纳税人自查制度进行了全面而详细的规定,对纳税人自查补税后税务机关如何实施税务行政处理以及实施税务行政处罚的自由裁量也作出了较为明确的规定。

(五)把握滥用职权罪的认定标准

成立滥用职权罪,首先必须有滥用职权的行为,如果行为人没有滥用职权,完全是在具体的职权范围内处理事项,则不能认定为滥用职权罪。但另一方面,不能为了给行为人开脱罪责,而扩大行为人的具体的职权范围;也不能以属于官僚主义为由开脱行为人的罪责,官僚主义不是法律用语,但官僚主义行为中包括了滥用职权的行为,因而包括了犯罪行为。成立滥用职权罪,其次要求行为造成重大损失,对于没有造成重大损失的滥用职权行为,不能认定为滥用职权罪。但另一方面,对作为本罪构成要件的"重大损失",不能单纯理解为有形的损失,而应包括无形的损失。

《刑法》还规定了其他一些特殊的滥用职权的犯罪即特别法条。税务机关工作人员滥用职权的行为触犯特别法条时,也可能同时触犯本条的普通法条。在这种情况下,应按照特别法条优于普通法条的原则认定犯罪,即认定为特别法条规定的犯罪,而不认定为本罪。

(六)掌握滥用职权罪立案标准

根据《最高人民检察院关于渎职侵权犯罪案件立案标准的规定》滥用职权罪是指国家机关工作人员超越职权,违法决定、处理其无权决定、处理的事项,或者违反规定处理公务,致使公共财产、国家和人民利益遭受重大损失的行为。

涉嫌下列情形之一的,应予立案:

(1)造成死亡 1 人以上,或者重伤 2 人以上,或者重伤 1 人、轻伤 3 人以上,或者轻伤 5 人以上的。

(2)导致 10 人以上严重中毒的。

（3）造成个人财产直接经济损失10万元以上，或者直接经济损失不满10万元，但间接经济损失50万元以上的。

（4）造成公共财产或者法人、其他组织财产直接经济损失20万元以上，或者直接经济损失不满20万元，但间接经济损失100万元以上的。

（5）虽未达到（3）（4）两项数额标准，但（3）（4）两项合计直接经济损失20万元以上，或者合计直接经济损失不满20万元，但合计间接经济损失100万元以上的。

（6）造成公司、企业等单位停业、停产6个月以上，或者破产的。

（7）弄虚作假，不报、缓报、谎报或者授意、指使、强令他人不报、缓报、谎报情况，导致重特大事故危害结果继续、扩大，或者致使抢救、调查、处理工作延误的。

（8）严重损害国家声誉，或者造成恶劣社会影响的。

（9）其他致使公共财产、国家和人民利益遭受重大损失的情形。

国家机关工作人员滥用职权，符合刑法第九章所规定的特殊渎职罪构成要件的，按照该特殊规定追究刑事责任；主体不符合刑法第九章所规定的特殊渎职罪的主体要件，但滥用职权涉嫌前款第一项至第九项规定情形之一的，按照刑法第三百九十七条的规定以滥用职权罪追究刑事责任。

滥用职权行为与造成的重大损失结果之间，必须具有刑法上的因果关系。滥用职权行为与造成的严重危害结果之间的因果关系错综复杂，有直接原因，也有间接原因；有主要原因，也有次要原因；有领导者的责任，也有直接责任人员的过失行为。构成滥用职权罪，应当追究刑事责任的，则是指滥用职权行为与造成的严重危害结果之间有必然因果联系的行为。否则，一般不构成滥用职权罪，而是属于一般工作上的错误问题的，应由行政主管部门处理。被立案前或者被立案后，根据滥用职权罪立案标准可以想办法降低损失数额。

（七）区分滥用职权罪与玩忽职守罪

滥用职权是行为人意识到自己在行使权力，不该用而用，该用而不用，因而超越职权而滥用职权的行为；而玩忽职守则为行为人意识到自己是履行职责，由于各种原因而不履行职责或不认真履行职责。因此，完全的擅离职守不会理解为滥用职权。只有在履行职责的过程中，滥用职权才会与玩忽职守发生竞合，不易区分。关键还是要看行为人的主观态度，即滥用职权者认识到自己是在滥用职权，明知不该用，该用而不用，因此，对危害结果则是采取放任的间接故意；而后者则意识到自己在履行职责，该履行而不履行或不认真地履行，其对危害结果，则是出于过失。有时候,玩忽职守与滥用职权的行为结伴而行,这时要认定其性质,则更要看行为人对危害结果的认识程度,如出于间接故意,则属滥用职权,否则则为玩忽职守。考虑到是否实践中,对玩忽职守罪的处罚比滥用职权轻,如果确实构成犯罪,可以往玩忽职守罪方面辩解。

 链接1 最高人民法院 最高人民检察院关于办理渎职刑事案件适用法律若干问题的解释(一)

最高人民法院 最高人民检察院关于办理渎职刑事案件适用法律若干问题的解释(一)(2012 年 7 月 9 日由最高人民法院审判委员会第 1 552 次会议、2012 年 9 月 12 日由最高人民检察院第十一届检察委员会第 79 次会议通过,自 2013 年 1 月 9 日起施行)

为依法惩治渎职犯罪,根据刑法有关规定,现就办理渎职刑事案件适用法律的若干问题解释如下:

第一条 国家机关工作人员滥用职权或者玩忽职守,具有下列情形之一的,应当认定为刑法第三百九十七条规定的"致使公共财产、国家和人民利益遭受重大损失":

(1)造成死亡 1 人以上,或者重伤 3 人以上,或者轻伤 9 人以上,或者重伤 2 人、轻伤 3 人以上,或者重伤 1 人、轻伤 6 人以上的。

(2)造成经济损失 30 万元以上的。

(3)造成恶劣社会影响的。

(4)其他致使公共财产、国家和人民利益遭受重大损失的情形。

具有下列情形之一的,应当认定为刑法第三百九十七条规定的"情节特别严重":

(1)造成伤亡达到前款第(1)项规定人数 3 倍以上的。

(2)造成经济损失 150 万元以上的。

(3)造成前款规定的损失后果,不报、迟报、谎报或者授意、指使、强令他人不报、迟报、谎报事故情况,致使损失后果持续、扩大或者抢救工作延误的。

(4)造成特别恶劣社会影响的。

(5)其他特别严重的情节。

第二条 国家机关工作人员实施滥用职权或者玩忽职守犯罪行为,触犯刑法分则第九章第三百九十八条至第四百一十九条规定的,依照该规定定罪处罚。

国家机关工作人员滥用职权或者玩忽职守，因不具备徇私舞弊等情形，不符合刑法分则第九章第三百九十八条至第四百一十九条的规定，但依法构成第三百九十七条规定的犯罪的，以滥用职权罪或者玩忽职守罪定罪处罚。

第三条　国家机关工作人员实施渎职犯罪并收受贿赂，同时构成受贿罪的，除刑法另有规定外，以渎职犯罪和受贿罪数罪并罚。

第四条　国家机关工作人员实施渎职行为，放纵他人犯罪或者帮助他人逃避刑事处罚，构成犯罪的，依照渎职罪的规定定罪处罚。

国家机关工作人员与他人共谋，利用其职务行为帮助他人实施其他犯罪行为，同时构成渎职犯罪和共谋实施的其他犯罪共犯的，依照处罚较重的规定定罪处罚。

国家机关工作人员与他人共谋，既利用其职务行为帮助他人实施其他犯罪，又以非职务行为与他人共同实施该其他犯罪行为，同时构成渎职犯罪和其他犯罪的共犯的，依照数罪并罚的规定定罪处罚。

第五条　国家机关负责人员违法决定，或者指使、授意、强令其他国家机关工作人员违法履行职务或者不履行职务，构成刑法分则第九章规定的渎职犯罪的，应当依法追究刑事责任。

以"集体研究"形式实施的渎职犯罪，应当依照刑法分则第九章的规定追究国家机关负有责任的人员的刑事责任。对于具体执行人员，应当在综合认定其行为性质、是否提出反对意见、危害结果大小等情节的基础上决定是否追究刑事责任和应当判处的刑罚。

第六条　以危害结果为条件的渎职犯罪的追诉期限，从危害结果发生之日起计算；有数个危害结果的，从最后一个危害结果发生之日起计算。

第七条　依法或者受委托行使国家行政管理职权的公司、企业、事业单位的工作人员，在行使行政管理职权时滥用职权或者玩忽职守，构成犯罪的，应当依照《全国人民代表大会常务委员会关于〈中华人民共和国刑法〉第九章渎职罪主体适用问题的解释》的规定，适用渎职罪的规定追究刑事责任。

第八条　本解释规定的"经济损失"，是指渎职犯罪或者与渎职犯罪相关联的犯罪立案时已经实际造成的财产损失，包括为挽回渎职犯罪所造成损失而支付的各种开支、费用等。立案后至提起公诉前持续发生的经济损失，应一并计入渎职犯罪造成的经济损失。

债务人经法定程序被宣告破产，债务人潜逃、去向不明，或者因行为人的责任超过诉讼时效等，致使债权已经无法实现的，无法实现的债权部分应当认定为渎职犯罪的经济损失。

渎职犯罪或者与渎职犯罪相关联的犯罪立案后,犯罪分子及其亲友自行挽回的经济损失,司法机关或者犯罪分子所在单位及其上级主管部门挽回的经济损失,或者因客观原因减少的经济损失,不予扣减,但可以作为酌定从轻处罚的情节。

第九条 负有监督管理职责的国家机关工作人员滥用职权或者玩忽职守,致使不符合安全标准的食品、有毒有害食品、假药、劣药等流入社会,对人民群众生命、健康造成严重危害后果的,依照渎职罪的规定从严惩处。

第十条 最高人民法院、最高人民检察院此前发布的司法解释与本解释不一致的,以本解释为准。

 链接2 滥用职权是监察委员会重点查处的职务犯罪行为

近年来,税务干部滥用职权的现象较为突出,税务干部故意逾越职权或者不履行职责,致使公共财产、国家和人民利益遭受重大损失的行为时有发生,税务机关行使权利没有得到很好的控制,也导致滥用职权以前成为人民检察院,今后成为监察委员会重点查处的职务犯罪行为。税务行政滥用职权的主要特征与趋势如下:

(1) 案件多发生在基层税收征收第一线。按照目前税务系统的征管体制,国家税务总局、省(市、区)局主要负责政策的制定和组织管理,一般不负责税收的征收,征收任务主要集中在县(区)级及以下税务机关。由于处于第一线的基层税务工作人员,具体掌握着征管权力,直接面对着把追求利益作为第一目标的经营者,被腐蚀的可能性最大。个别意志薄弱者在面对少数不法纳税人为了达到不缴或少缴税款目的而采取的各种利诱时,放弃了自身的职责,滥用职权违法犯罪。

(2) 群体犯罪现象严重。税收的征收管理是一个复杂系统工程,税务机关为提高行政效能,加强权力制衡,在内部管理上进行了精细的分工,这就使得一个或少数几个人不大可能仅在自己职权范围内实现不征或少征税款的目的。所以,税务机构内部这种多环节,既相互联系又相互制约的职能设置,相当程度上避免了涉税案件的发生。然而,一旦发生涉税案件,往往出现多个环节或多个岗位都存在问题的情况。

(3) 税务人员滥用职权犯罪多发生在流转税管理和出口退税管理领域,税务管理部门滥用职权犯罪也有上升的趋势。从所占税收收入的比重来看,流转税(含增值税、消费税、营业税、关税)占税收总收入的70%左右,其中增值税(含海关代征部分)约50％,所以加强对流转税的征收管理一直是各级税务部门的工作重点。自1994年新税制实行以来,税务部门在某些环节,特别是对增值税专用发票的管理难度较大,利用增值税专用发票或其他抵扣凭证进行偷税、骗税一直是犯罪分子的重要手段,虽然在不同时期作案手法上有少许变化,但此类案件可谓屡禁不止,至今依然是税务部门预防和打击的重点。与此相对应,税务人员滥用职权犯罪也主要发生在这些领域。另外,随着税收管理地位的加强、手段和内容的变化,这一领域的税务人员滥用职权犯罪案件逐步增多。

(4)各级税务纪检监察部门以及司法部门普遍加大了对税务人员滥用职权犯罪案件的打击力度。

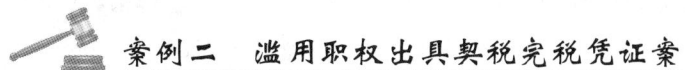

案例二 滥用职权出具契税完税凭证案

本案例是税务干部在管理地方税种契税过程中,忽视相关规定出具完税凭证,引发风险的案例。地方税税种"小而杂",但是必须依法管理,依法出具完税凭证。特别是在"金三"上线之后,对税务干部对外出具凭证有严格的要求,一定要按照"金三"的要求出具,否则承担刑事风险。

一、案例概览

(一)案情①

2007年12月19日,某东方置地公司(以下简称东方公司)的工作人员为办理东方罗马城建筑项目的国有土地使用证,持一张转账支票到D市N区地税局直属二分局,请求用这张支票作抵押先开具契税完税证后缴纳税款。经时任D市N区地税局直属二分局局长王甲的同意,负责开具契税完税证的李某在明知道契税税款466.966万元未入库的情况下,违规开具了契税完税证。使东方公司所开发的东方罗马城建筑项目在未缴纳契税税款的情形下办理了国有土地使用证。而该税款在案发时未收回,给国家造成了重大损失。

一审法院认为,李某作为国家机关工作人员,违规办理纳税事务,致使国家利益遭受重大损失,其行为构成滥用职权罪。人民检察院指控的罪名成立。李某在局长王甲的授意下开具了契税完税证,起次要作用,应当认定李某为从犯,予以减轻处

① 2017年12月6日摘自中国裁判文书网。

罚,辩护人的相关意见予以采纳。关于辩护人认为李某有自首情节的辩护意见,原审法院认为李某是侦查机关传唤到案的,虽能如实供述其犯罪事实,但不具备主动投案的情节,因此不构成自首。但考虑李某在侦查机关传唤到案后,如实供述自己的罪行,具有坦白情节,予以从轻处罚。综合考虑以上情节,李某确有悔罪表现,适用缓刑对其所居住的社区无重大不良影响,故决定对其适用缓刑。据此,依照《刑法》第三百九十七条第一款、第二十五条、第二十七条、第六十七条第三款、第七十二条、第七十三条之规定,判决:李某犯滥用职权罪,判处有期徒刑2年,缓刑3年。

(二) 一审法院裁判观点①

李某作为国家机关工作人员,违规办理纳税事务,致使国家利益遭受重大损失,其行为构成滥用职权罪。公诉机关指控的罪名成立。李某在局长王甲的授意下开具了契税完税证,起次要作用,应当认定李某为从犯,予以减轻处罚,辩护人的相关意见予以采纳。关于辩护人认为李某有自首情节的辩护意见,一审法院认为李某是侦查机关传唤到案的,虽能如实供述其犯罪事实,但不具备主动投案的情节,因此不构成自首。但考虑李某在侦查机关传唤到案后,如实供述自己的罪行,具有坦白情节,予以从轻处罚。综合考虑以上情节,李某确有悔罪表现,适用缓刑对其所居住的社区无重大不良影响,故决定对其适用缓刑。据此,依照《刑法》第三百九十七条第一款、第二十五条、第二十七条、第六十七条第三款、第七十二条、第七十三条之规定,一审法院判决李某犯滥用职权罪,判处有期徒刑2年,缓刑3年。

(三) 人民检察院抗诉观点②

原审李某作为国家机关工作人员,不按照法律规定认真履行工作职责,服从局长王甲安排,违规开具了契税完税证,使东方罗马城在未缴契税情况下办理了国有土地使用证,致使国家利益遭受重大损失,原判认定李某为从犯不当,导致量刑失衡,请依法判处。

S省D市人民检察院检察员出庭意见:①给国家造成重大损失有两方面,一方面没有交税,另一方面用契税完税证办理了国有土地使用证。②王甲在本案中是间接作用,李某是主要责任。③充分考虑李某在整个案件中的作用、地位,对李某予以量刑。

(四) 被告人及辩护律师观点③

李某并不具有滥用职权的主观故意和行为,李某是在王甲局长的指令下开具契

---

① 2017年12月6日摘自中国裁判文书网。
②③ 同上。

税完税凭证的。涉税公司是欠税,不是偷逃税款,没有给国家造成重大损失,应撤销原判,改判李某无罪。

(五) 人民法院裁判观点①

李某作为 D 市 N 区地税局直属二分局工作人员,负责开具契税完税证,在明知契税税款 466.966 万元未入库的情况下,仍违规开具了契税完税证,使东方置地公司所开发的东方罗马城建筑项目在未缴纳契税税款的情形下办理了国有土地使用证,其对国家赋予的法定职权恣意滥用,造成对有关企业的税务管理缺失,社会影响恶劣,其行为已构成滥用职权罪。李某及辩护人所提无罪的上诉理由和辩护意见不能成立,不予采纳。但考虑到本案所涉契税欠缴并非法律意义上的经济损失,且可以继续追缴。同时,李某在侦查机关传唤到案后,能如实供述自己的罪行,具有坦白情节。综合考量李某在违规开具契税完税证后能收回该证、认罪态度、在共同犯罪中的作用等情节,原判量刑偏重,依法可对李某免予刑事处罚。因此,抗诉机关所提量刑意见不能成立,不予支持。依照《刑事诉讼法》第二百二十五条第一款第一和第二项、《刑法》第三百九十七条第一款、第六十七条第三款、第三十七条之规定,二审法院判决:①驳回抗诉。②撤销 D 市城区人民法院(2014)城刑初字第 152 号刑事判决,即:李某犯滥用职权罪,判处有期徒刑 2 年,缓刑 3 年。③李某犯滥用职权罪,免予刑事处罚。

二、案例解析

(一) 构成滥用职权罪的前提

成立滥用职权罪,首先必须有滥用职权的行为,如果行为人没有滥用职权,完全是在具体的职权范围内处理事项,则不能认定为滥用职权罪。本案中李某作为 D 市 N 区地税局直属二分局工作人员,负责开具契税完税证,在明知契税税款 466.966 万元未入库的情况下,仍违规开具了契税完税证,属于滥用职权行为。需注意,不能为了给行为人开脱罪责,而扩大行为人的具体的职权范围;也不能以属于官僚主义为由开脱行为人的罪责,官僚主义不是法律用语,但官僚主义行为中包括了滥用职权的行为,因而包括了犯罪行为。

首先成立滥用职权罪,其次要求行为造成重大损失,对于没有造成重大损失的滥用职权行为,不能认定为滥用职权罪。但另一方面,对作为本罪构成要件的"重大

---

① 2017 年 12 月 6 日摘自中国裁判文书网。

损失"，不能单纯理解为有形的损失，而应包括无形的损失。

（二）特殊的滥用职权犯罪的规定

税务机关工作人员滥用职权的行为触犯特别法条时，也可能同时触犯滥用职权罪。在这种情况下，应按照特别法条优于普通法条的原则认定犯罪，即认定为特别法条规定的犯罪，而不认定为本罪。例如，税务工作人员徇私舞弊不征、少征税款，是滥用职权的行为，但由于《刑法》将其规定为独立犯罪，故对该行为适用特殊滥用职权犯罪规定，不能认定为滥用职权罪。

（三）同时触犯受贿罪与滥用职权罪的情形

行为人接受他人的贿赂后又滥用职权给他人谋取利益并致使公共财产、国家和人民的利益遭受重大损失的，则同时触犯滥用职权罪与受贿罪。根据最高人民法院、最高人民检察院《关于办理渎职刑事案件适用法律若干问题的解释》（一）第三条之规定"国家机关工作人员实施渎职犯罪并收受贿赂，同时构成受贿罪的，除刑法另有规定外，以渎职犯罪和受贿罪数罪并罚"。

（四）税务干部滥用职权的司法处理情况

1. 超越职权进行处理意见，擅自决定确定计税价格，违规以税务机关名义出具函件，对纳税人提交的虚假材料予以认可

经对中国裁判文书网判例检索统计，2013 年至 2017 年，税务人员涉嫌犯滥用职权罪涉及"超越职权进行处理意见，违规以税务机关名义出具函件，对纳税人提交的虚假材料予以认可"的情形有 20 件（不排除部分类似案件未上传到数据库），其中我们看到部分税务干部对此辩解称："是受领导指派正常履行职责，不属于滥用职权；处理决定是由税务机关集体研究决定的；处理意见系授领导指派，无超越职权的行为，至于上级机关如何批示其无决定权，故对被告人滥用职权罪的指控不能成立。"但对以上辩解人民法院是否采纳呢？人民法院审理裁判不仅仅依据存在集体研究材料即认为被告人不存在滥用职权，还需结合案件相关证据材料进行判定。例如，(2013)L 铁刑初字第 41 号《刑事判决书》[①]中人民法院认为："从被告人主持提交的税务稽查报告、联合调查组上报的汇报材料、重大案件审议委员会讨论的审议意见，到该局向省稽查局的请示中，均认为 H 公司全额偷税，应补缴地方各税费和罚款的数额也是一致的。但在被告人行贿，并与受贿人韩甲、刘甲意思联络违规取得稽查便函后，最终认定 H 公司为部分偷税，使决定执行的逃税处罚款数额大幅

---

① 2017 年 12 月 7 日摘自中国裁判文书网。

度缩减,此正是被告人徇私舞弊、滥用职权的行为导致了国家利益遭受重大损失。相关证人亦均否认省稽查局专门开会研究过 H 公司的涉税案,对出具的稽查便函不知情。"

2. 税务干部认为其与税款损失的后果不具有刑法意义上的因果关系

经对中国裁判文书网判例检索统计,2013 年至 2017 年,税务人员涉嫌犯滥用职权罪涉及"税务干部认为其与税款损失的后果不具有刑法意义上的因果关系"的情形有 9 件(不排除部分类似案件未上传到数据库),其中我们看到部分税务干部对此辩解称:"签章、处理意见与国家税收流失的后果不具有刑法意义上的因果关系;处理决定是由税务机关集体研究决定的,至于上级机关如何批示其无决定权;涉税公司是欠税,不是偷逃税款,未给国家造成重大损失。"但对以上辩解人民法院是否采纳呢? 人民法院判定税务干部行为与税款损失是否具有刑法意义上的因果关系,往往从税款损失后果的发生是被告人一人造成,还是多人和多部门的行为综合作用所导致的,被告人的行为与税款损失之间是存在直接、必然的因果关系,还是属于间接的、偶然的因果关系判定。人民法院根据案件事实及相关证据进行判定,判定结果不同也会影响被告人量刑。

例如,(2014)L 铁中刑终字第 11 号《刑事判决书》[①]中人民法院认为:"被告人主观上具有徇私舞弊,帮助 H 公司减轻逃税行政处罚的故意,客观上实施了前往省地税局与韩某甲、刘某甲进行沟通,违反规定取得'稽查便函'的行为,导致了市地税局作出处罚决定时,对 H 公司减少罚款 964 116.15 元,国家利益遭受重大损失的严重后果,其行为符合滥用职权罪的犯罪构成要件"。

其中有两件裁判案例,人民法院采纳税务干部的观点。例如,(2014)B 刑初字第 390 号《刑事判决书》[②]中人民法院认为:"公诉机关的证据不能证实李某甲明知张某以为他人虚开抵扣税款运输发票为业务,不依法行使监管职责,致使国家利益遭受重大损失。因此对公诉机关指控李某甲犯滥用职权罪,本院不予支持。"又如,(2015)T 刑终字第 33 号《刑事判决书》[③]中人民法院认为:"S 东方置地房地产开发有限公司至今仍欠税 466.966 万元。D 市 N 区地方税务局于 2008 年至 2010 年期间向 S 东方置地房地产开发有限公司下达了限期纳税通知书 1 份、税务事项通知书 3 份、责令限期改正通知 3 份催要税款。在二审中,上诉人李某的辩护人出示了 D 市

[①]　2017 年 12 月 7 日摘自中国裁判文书网。

[②][③]　同上。

人民政府《办公会议纪要》、D市房产管理局《关于东方罗马城开发项目基本情况》《D市城区地方税务局关于对北京天驰洪范律师事务所的复函》、S东方置地房地产开发有限责任公司出具的《承诺书》，可以说明D市政府至今仍拖欠刘建日拆除东方广场时所产生的拆迁补偿款3.7亿元，东方置地的法定代表人刘建日承诺拆迁补偿款到位后缴纳相关欠税。综上，S东方置地房地产开发有限责任公司的欠税，D市N区地方税务局一直在催缴，而该公司亦认可一俟补偿款到位即补缴税款，但并不能因此认为该税款不能收回，更不能认为上诉人李某的滥用职权行为造成该税款不能收回而给国家造成了重大的经济损失。原判对上诉人李某的行为给国家造成重大损失的认定不当，应予纠正。"

3. 税务干部认为其只需形式审查，没有实质审查的职责

经对中国裁判文书网判例检索统计，2013年至2017年，税务人员涉嫌犯滥用职权罪涉及"只需形式审查，没有实质审查的职责"的情形有10件（不排除部分类似案件未上传到数据库），其中我们看到部分税务干部对此辩解称："被告人只是县国税局分局负责人，对一般纳税人资格的审批，被告人仅在上报材料上进行程序性的签字，无最终决定权，其审批只是在履行职务，并未超越职权审批，具有决策权的是县国税局税收征管科，不能否定其上级领导的责任。"人民法院均未采纳该理由。例如，(2015)QZ刑初字第281号《刑事判决书》①中人民法院认为："未认真履行审查宋某成立的公司是否具备一般纳税人资格的职责，违规审查，导致宋某的两家公司均获得一般纳税人资格，领取国家增值税专用发票和农产品收购发票后，在没有实际产生业务的情况下，大量虚开发票造成国家税收损失。"

在(2014)QK刑初字第356号《刑事判决书》②中税务干部辩称"纳税人报送的材料是否'真实、准确、齐全'是对减免税申报人的要求，被告人陈某甲并不直接对上述材料进行审查，不应当承担责任"。人民法院审理认为"被告人陈某甲在履行对企业的增值税即征即退审核监管职责过程中，存在一定的失职，未能认真履行自己的职责，但未达到滥用职权罪所要求的严重程度，其行为不构成滥用职权罪，公诉机关指控的滥用职权罪罪名不成立，本院不予支持"。

4. 税务干部认为其主动交代侦查机关尚未掌握的不同种罪行应以自首论

经对中国裁判文书网判例检索统计，2013年至2017年，税务人员涉嫌犯滥用职

---

① 2017年12月7日摘自中国裁判文书网。

② 同上。

权罪涉及"主动交代侦查机关尚未掌握的不同种罪行应以自首论"的观点有4件(不排除部分类似案件未上传到数据库),其中我们看到部分税务干部对此辩解称:"属主动交代侦查机关尚未掌握的不同种罪行,应以自首论。"其中有3件人民法院均未采纳该理由。例如,(2015)QZ刑初字第281号《刑事判决书》①中人民法院认为:"被告人滥用职权及收受贿赂的犯罪事实均系检察机关已经掌握的犯罪事实,根据《最高人民法院关于处理自首和立功若干问题的意见》中关于'司法机关还未掌握的本人其他罪行'和'不同种罪行'的具体认定,被告人在被采取强制措施期间如实供述本人其他罪行,该罪行与司法机关已掌握的罪行属同种罪行还是不同种罪行,一般应以罪名区分。虽然如实供述的其他罪行的罪名与司法机关已掌握犯罪的罪名不同,但如是供述的其他犯罪与司法机关已掌握的犯罪属选择性罪名或者在法律、事实上密切关联,应认定为同种罪行。根据《最高人民法院关于办理职务犯罪案件认定自首、立功等量刑情节若干问题的意见》中'没有自动投案,在办案机关调查谈话、讯问、采取调查措施或者强制措施期间,犯罪分子如实交代办案机关掌握的线索所针对的事实的,不能认定为自首'的规定,本案中,李某因涉嫌滥用职权罪被采取强制措施后如实供述自己受贿的犯罪事实,属如实供述同种罪行,且侦查机关在对其采取强制措施之前已经掌握其收受贿赂的线索,其行为不属自首。"

5. 触犯滥用职权罪往往同时触犯受贿罪

经对中国裁判文书网判例检索统计,2013年至2017年,税务人员涉嫌犯滥用职权罪涉及"触犯滥用职权罪同时触犯受贿罪"的情形有41件(不排除部分类似案件未上传到数据库),其中我们看到6件案件税务干部及辩护人对此辩解称"受贿罪和滥用职权罪名存在法条竞合情形"人民法院均未采纳该理由。例如,(2013)SB法龙刑初字第892号《刑事判决书》②中人民法院认为:"根据最高人民法院、最高人民检察院《关于办理渎职刑事案件适用法律若干问题的解释》(一)第三条之规定'国家机关工作人员实施渎职犯罪并收受贿赂,同时构成受贿罪的,除刑法另有规定外,以渎职犯罪和受贿罪数罪并罚'故辩护人辩称公诉机关指控的受贿罪和滥用职权罪名存在法条竞合情形的辩护意见,本院亦不予采纳。"

6. 涉案人员系劳务派遣到税务机关工作,工资也由派遣机构发放

经对中国裁判文书网判例检索统计,2013年至2017年,税务人员涉嫌犯滥用职

---

① 2017年12月7日摘自中国裁判文书网。
② 同上。

权罪涉及"涉案人员系劳务派遣到税务机关工作,工资也由派遣机构发放"的情形有5件(不排除部分类似案件未上传到数据库),其中我们看到3件案件涉案人员及辩护人对此辩解称"涉案人员系劳务派遣到税务机关工作,工资也由派遣机构发放,其身份不是国家机关工作人员"人民法院均未采纳该理由。例如,(2014)SZ法刑初字第1175号《刑事判决书》①中人民法院认为:"被告人虽然是与南方人才市场签订劳动合同,但其在广州市地方税务局荔湾区分局担任协税员,主要职责包括办理灵活就业人员首次参加社会保险、续保、险种变更、停保等业务,故其办理补缴社会保险费手续的职务行为属从事公务的行为,被告人属国家机关中从事公务的人员。"其他类似情形案件出现在广东省。

7. 税务干部认为其只是综合程序中的一小环,不应承担全部责任

经对中国裁判文书网判例检索统计,2013年至2017年,税务人员涉嫌犯滥用职权罪涉及"税务干部认为其只是综合程序中的一小环"的情形有2件(不排除部分类似案件未上传到数据库),其中我们看到部分税务干部及辩护人对此辩解称"由于政府及税务部门的原因造成的,之后是一个综合的程序,被告人只是其中的一环,即使承担责任也是一小部分"人民法院审理裁判需结合案件相关证据材料进行判定。例如,(2014)B刑初字第128号《刑事判决书》②中人民法院认为"对提出'被告人陈某某犯罪是由于政府及税务部门的原因造成的'的意见,无证据证实,本院不予采纳",其他类似情形案件出现在河北省。

8. 税务干部认为其行为符合税务系统实际操作程序

经对中国裁判文书网判例检索统计,2013年至2017年,税务人员涉嫌犯滥用职权罪涉及"税务干部认为其只是履行职责,程序符合税务系统实际操作程序"的情形有2件(不排除部分类似案件未上传到数据库),人民法院审理裁判需结合案件相关证据材料进行判定。例如,(2013)S刑初字第25号《刑事判决书》③中人民法院认为:"关于起诉书指控被告人宋某某犯滥用职权罪,本院认为被告人宋某某任税管员分管张某某、张某甲经营的S县地产中药材有限公司和S县悦来中药材有限公司期间,在未实地调查核实查清两公司营业额、销售额的基础上,滥用自己手中的职权,随意提高两公司农产品收购专用发票的数量,有滥用职权的行为存在。但起诉书关于张某甲等人虚开增值税专用发票所造成的经济损失的指控,不能等同于张某甲等

---

① 2017年12月7日摘自中国裁判文书网。
②③ 同上。

人虚开农产品收购专用发票所造成的经济损失。现有证据尚不能证明因被告人宋某某滥用职权行为导致张某甲等人虚开农产品收购专用发票所造成的经济损失。综上,公诉机关对此指控,证据不足,本院不予支持。"

9. 税务干部独自一人核查或代签名

经对中国裁判文书网判例检索统计,2013 年至 2017 年,税务人员涉嫌犯滥用职权罪涉及"税务干部独自一人核查,代签核查资料"的情形有 2 件(不排除部分类似案件未上传到数据库),其中我们看到税务干部及辩护人对此辩解称:"'王某某'签字不是王某某本人签的,是其代签的。其参与了此次函调工作,当时是其和王某某二人共同到现场进行核查的。"人民法院对此辩解不予采纳,例如,(2013)S 刑初字第 25 号《刑事判决书》①中人民检察院认为:"被告人黄某某违反国家税务总局关于《出口货物税收函调管理办法》及 C 市国家税务局岗位职责,独自一人前往君诚公司核查。在核查君诚公司账务时,黄某某发现君诚公司利用取得的 9 600 485 元皮棉发票抵扣其进项税额 1 248 063.05 元,其明知该发票不能抵扣进项税额,不履行核查人员职责,故意违反国家税务总局关于《出口货物税收函调管理办法》的规定,不调查发票的真伪,并在复函表上填写'没有发现农产品抵扣凭证发票金额涉嫌虚开情况'。之后,被告人黄某某明知君诚公司及该笔交易存在诸多异常,不予核实,并冒充未到现场核查的税务工作人员王某某在该复函纸质草件上签名。"

(五) 借鉴既往判例的无罪辩点

对滥用职权的既往判例中涉及的无罪辩点,可以借鉴,并为我所用,可以仔细分析研究,借以防范执法风险。以下判例(不限于税务干部滥用职权判例)可以借鉴。

(1) 国家工作人员的滥用职权行为对危害结果没有重大影响,两者不存在刑法上的因果关系的,不构成滥用职权罪。

例如,J 省 L 市人民法院(2013)HL 刑初字第 235 号《刑事判决书》②中人民法院认为:"被告人俞某甲、梁某在履行职务过程中分别存在滥用职权和玩忽职守的行为。根据刑法规定,被告人俞某甲、梁某是否构成滥用职权罪、玩忽职守罪,取决于其行为是否造成'致使公共财产、国家和人民利益遭受重大损失'的危害后果,且其滥用职权、玩忽职守行为与这一危害后果之间具有刑法上的因果关系。关于公诉机

---

① 2017 年 12 月 7 日摘自中国裁判文书网。
② 同上。

关指控被告人俞某甲、梁某的行为致使赵某甲建造了 2 600 余平方米的营业房,并陆续对外出租使用。后因涉案土地被征用,该营业房虽被认定为违法建筑,土地征用人 L 经济开发区(青山湖科技城管委会)为顺利推进拆迁工作,由其下属的 Z 鑫科房地产开发有限公司作为拆迁主体,根据重置价格支付给赵某甲补偿款 125.18 万元的危害后果。本案中,被告人俞某甲的滥用职权行为、被告人梁某的玩忽职守行为及赵某甲的违法建造行为共同导致涉案违法建筑的存在,但此后因该违法建筑所在地块被征用,相关部门为了顺利推进拆迁工作,决定对拆迁范围内已自行拆除的违法建筑所有人予以适当补偿。但无论根据二被告人行为时的《H 市房屋拆迁管理条例》及涉案营业房拆迁时的《国有土地上房屋征收与补偿条例》《H 市人民政府关于贯彻实施〈国有土地上房屋征收与补偿条例〉的若干意见》等法规、规范及 2002 年《Z 省 L 经济开发区及青山湖街道规划控制区范围的征地、拆迁、安置政策》,均分别规定,'对认定为违法建筑和超过批准期限的临时建筑的,不予补偿';'拆迁范围内的违章建筑物、超过规定期限的临时建筑和暂时保留使用的房屋,应无条件自行拆除,不予补偿,不作为安置依据';'未经批准的违章建筑,一律不兑现'。由于本案中赵某甲建造的营业房在拆迁过程中已被行政执法部门认定为违法建筑并责令限期拆除,根据上述规定,不应再得到相关补偿,因此,被告人俞某甲的滥用职权行为和被告人梁某的玩忽职守行为对公诉机关指控的因拆迁补偿涉案违法建筑造成 125.18 万元国家财产重大损失的危害后果的发生在法律上不具有影响力,故被告人俞某甲的滥用职权行为及被告人梁某的玩忽职守行为与该危害后果之间不具有刑法意义上的因果关系。当地政府及其指定的拆迁主体对拆迁范围内自行拆除的违法建筑按照委托鉴定的房屋重置价格予以补偿,当另作评价。至于公诉机关补充指控的二被告人行为致使涉案国有土地资本沉淀,造成利息损失 250 余万元的危害后果,不客观也欠合理,本院亦不予认定。被告人梁某及被告人俞某甲、梁某的辩护人所提相关意见成立,本院予以采纳。"

(2)国家工作人员利用职权套取国家专项资金存放于单位小金库,但并未改变使用性质,也未使用,未造成国有资产流失的,不构成滥用职权罪。

例如,Y 省 H 自治州中级人民法院(2015)H 中刑二终字第 169 号《刑事判决书》①中人民法院认为:"原审被告人陶某甲身为国家机关工作人员,违反法律规定,超越职权将套取的国家森林抚育专项资金 567 850 元用于发放职工奖金,造成国有

---

① 2017 年 12 月 7 日摘自中国裁判文书网。

资金的重大流失,其行为已构成滥用职权罪,依法应当追究刑事责任。原审被告人陶某甲接侦查机关电话通知后,主动到案接受调查并如实供述犯罪事实,系自首,依法可以减轻处罚。案发后,P县林业局职工全额退还了其领取的绩效考核奖等共计人民币 567 850 元,可酌情对陶某甲从轻处罚。本案中,公诉机关指控原审被告人陶某甲实施了两个行为,即套取了 1 593 849.60 元国家专项资金的行为和将其中的 567 850 元以单位名义发放给职工的行为,抗诉机关及支抗机关提出的意见与公诉机关一致。本院经审理后认为第一个行为虽然违反法律规定,但该款套取后存放于单位小金库,并未改变该款属于公款的性质,在其未对该款进行使用的情况下,没有造成国有资金的流失,也未因为套取该专项资金影响森林抚育工作的完成,故不宜认定套取 1 593 849.60 元国家专项资金的行为构成犯罪;……综上,鉴于陶某甲具有自首情节,其将套取的资金主要用于公务活动,主观恶性较小,犯罪情节轻微,且有一定的认罪悔罪表现,故可对其免予刑事处罚。"

(3) 利用职权挪用保证金处理公务,未造成严重社会影响的,不构成滥用职权罪。

例如,L省高级人民法院(2008)L审刑提字第 5 号《刑事判决书》[①]中人民法院认为,原审被告人徐某安在任 D 市公安局刑事警察大队大队长期间挪用保证金处理公务的行为不构成滥用职权罪。首先 1999 年至 2001 年是 D 市恶性刑事案件高发期,D 市政府未能按照中央办公厅、国务院办公厅的规定保证刑警大队的办案经费。其次 2000 年 8 月 13 日刑警大队给 D 市委、市政府、市财政局的《D市公安局刑事警察大队关于申请增拨办案经费的报告》和 D 市公安局(2004)9 号文件《关于急需 D市公安局刑警大队占用保证金作为补充办案经费不足的请示报告》两份书证,可以证明徐某安挪用保证金的行为请示了相关领导,且两份书证可以和相关证人证言相互印证,足以证明徐某安挪用保证金不是个人行为。第三徐某安挪用的 106 万元保证金,是用于办案和公安局、刑警大队的公务开支。原审认定"20 余万元下落不明",应该包括 17.844 2 万元、7.149 万元两笔,有证据证明该 20 多万元用于公务且有领导签字。第四缴纳保证金的 183 人中,只有 11 人到刑警大队以外的 D 市党、政机关去索要过,并未造成恶劣的社会影响。另外,原一审、二审判决后,徐某安一直上诉、申诉,原审判决适用《中华人民共和国刑法》第七十二条第一款对徐某安定罪量刑,属于适用法律不当。综上原审法院认定徐某安构成滥用职权罪事实不清,证据

---

① 2017 年 12 月 7 日摘自中国裁判文书网。

不足。

(4) 材料人申报材料虚假,具体负责办理人不知情的,不构成滥用职权罪;申请人违法取得有偿扶持资金的,属于借贷关系,属民法调整的范围,不作为定罪的事实依据。

例如,P 县人民法院(2015)平刑初字第 14 号《刑事判决书》[①]中人民法院认为"关于公诉机关指控被告人杨某犯滥用职权罪是否成立的问题。营丰公司向 P 农发办申报 40 万公斤种桑养蚕新建项目,取得财政扶持有偿资金 200 万元,无偿资金 40 万元。其中,有偿资金 200 万元属于借贷关系,属于民法调整的范畴,不应作为定罪的事实依据。陆满陈述其申报的材料是虚假的,申报材料是否真实未曾告知被告人杨某,所得款项也用于种桑养蚕新建项目,只是遭受自然灾害失败而告终。而被告人杨某供述其只是负责接收申报材料,对符合规定的材料予以上报,他并不知道营丰公司的法定代表人陆满申报的材料是虚假的。在申报的材料是否属于虚假方面,被告人杨某的供述与陆满的陈述不一致,且目前无相关证据证明被告人杨某违反法律规定和程序上报虚假材料,并使公共财产、国家和人民利益遭受重大损失的事实。根据刑事证据规则,不能认定被告人杨某在申报 40 万公斤种桑养蚕新建项目中存在滥用职权行为。因此,公诉机关指控被告人杨某犯滥用职权罪,罪名不成立,本院不予支持。被告人杨某及其辩护人提出被告人杨某的行为不构成滥用职权罪的辩护意见,理由充分,本院予以采纳"。

(5) 国家工作人员利用职务之便向社会集资,未造成直接经济损失的,不构成滥用职权罪;审计结论不属于鉴定结论的范畴,当审计结论和鉴定结论冲突时,应以鉴定结论为准。

例如,H 省 G 县人民法院(2011)G 刑初字第 62 号《刑事判决书》[②]中人民法院认为"公诉机关指控被告人杜某在担任 X 自治州粮食局局长期间擅自决定 X 自治州粮食系统违法集资累计金额 4 141 万元,致使公共财产遭受经济损失 1 149.93 万元,认为被告人杜某的行为已构成滥用职权罪;被告人杜某及其辩护人田某、杨某某均辩称,X 自治州粮食系统内部集资行为经司法鉴定未给公共财产造成直接经济损失,杜某的行为不构成滥用职权罪。经审查核实案件材料,被告人杜某及其辩护人提出的上述辩护理由成立,本院予以采纳,公诉机关的指控不成立。理由是:其一,

---

① 2017 年 12 月 7 日摘自中国裁判文书网。

② 同上。

被告人杜某担任 X 自治州粮食局局长期间,以其为主决定向 X 自治州粮食系统员工集资用于筹建 X 粮食物流城项目资金,并给社会造成了一定的负面影响,其行为明显属滥用职权的行为,但其行为是否构成滥用职权罪,关键要看洪源和兴公司以公司名义面向特定群体的集资行为是否给公司财产造成重大损失。其二,从公诉机关认定洪源和兴公司以公司名义的集资行为造成的损失程度来看,公诉机关是依据 X 自治州审计局作出的《关于 X 州洪源和兴公司粮食物流城项目投资损失的审计认定》作为定损依据,因该审计认定是以超国家基准利率支付的利息来认定损失程度,且该审计认定是应 X 自治州纪委的要求形成的审计结论,不属于司法鉴定结论,同时被告人杜某对该审计结论不服,并在本案审理期间申请本院进行司法鉴定,故不应采信该审计认定作为本案的定案依据。其三,人民币存贷款基准利率是中国人民银行发布的商业银行存贷款的指导性利率,根据最高人民法院《关于人民法院审理借贷案件的若干意见》及中国人民银行《关于取缔地下钱庄及打击高利贷行为的通知》的相关规定,民间借贷利率可以适当高于银行利率,但最高不得超过银行同类贷款利率的四倍(包含利率本数),对超过上述标准的利息不予保护。因此,X 自治州审计局《关于 X 州洪源和兴公司物流城项目投资损失的审计认定》以超基准利率为标准计算违规支付的利息,并以超基准利率支付的利息就断定是洪源和兴公司的集资行为给公共财产造成的损失,显然缺乏法律依据。其四,从本院委托 H 恒基有限责任会计师事务所对洪源和兴公司的集资行为是否给公共财产造成经济损失作出的《司法会计鉴定报告书》来看,H 恒基有限责任会计师事务所是在依据 X 自治州审计局的审计资料及 X 自治州粮食物流城土地处置情况资料等基础上进行综合分析,并作出洪源和兴公司的集资行为未给公司造成直接经济损失的鉴定结论,故该鉴定结论依据的材料更为充分,鉴定方法更为科学、准确,本院采信该鉴定结论为本案的定案依据。其五,被告人杜某担任 X 州粮食局局长期间及在筹建 X 州粮食物流城项目过程中,在资金短缺的情况下未经相关部门批准,擅自为主决定洪源和兴公司以公司名义进行集资,其行为虽然违法违纪,但 X 州洪源和兴公司的集资行为经司法鉴定未给公司造成直接经济损失,故不宜将杜某的违法违纪行为认定为犯罪行为"。

(6) 国家工作人员利用职权向农户收取资金用于公益事业,属违规违纪行为,不构成犯罪。

例如,N 自治区 B 市中级人民法院(2014)B 刑二终字第 24 号《刑事判决书》①中

---

① 2017 年 12 月 7 日摘自中国裁判文书网。

人民法院认为"被告人唐某某、吴某甲身为国家工作人员,向农户收取的 292 600 元全部用于公益事业和整村改造,属违规违纪行为,并没有给农民造成重大损失;向农户收取的 141 500 元,部分用于工作开支,部分被贪污,除去这几项开支,已不够滥用职权罪的立案标准,且被贪污的数额也不应计算在滥用职权罪中,因一事不能重复评价。公诉机关对被告人唐某某、吴某甲犯滥用职权罪的指控不能成立。被告人唐某某、吴某甲二人给危改办工作人员发放伙食补助、燃料补助虽然是从农户收取的照相费中支出的,但蛮会镇并没有给危改办拨付工作经费,本院认为,此行为属违规行为,不属犯罪行为。二被告人的行为不构成滥用职权罪"。

(7) 据以认定滥用职权行为造成危害后果的鉴定意见书程序违法的,鉴定意见书无效,鉴定意见书认定的事实法庭不予采纳。

例如,(2013)Y 三中法刑再终字第 1 号《刑事判决书》①中人民法院认为:"关于对 C 市地质矿产勘查开发局 107 地质队作出的《C 市 N 区韦某某、王某某非法开采破坏煤炭资源价值鉴定报告》能否作为本案证据采信的问题。经查,C 市地质矿产勘查开发局 107 地质队作出的《C 市 N 区韦某某、王某某非法开采破坏煤炭资源价值鉴定报告》,其鉴定程序违法,且鉴定报告所确认的时间与原判认定杨某的犯罪期间不能对应,无法确认杨某滥用职权的行为所造成的具体损失。因此,该价值鉴定报告不能作为证据采信。"

再如,Z 市中级人民法院(2014)Z 刑一终字第 376 号《刑事判决书》②中人民法院认为:"李某张某某身为国家机关工作人员,在土地违法查处过程中徇私舞弊,滥用职权,造成经济损失 150 万元以上,属情节特别严重,其行为已构成滥用职权罪。关于 H 明泰会计师事务所出具的鉴定意见,没有鉴定人签名和事务所盖章,不能作为定案依据的辩护意见。经查,H 明泰会计师事务所出具的鉴定意见,鉴定文书缺少签名、盖章,依照最高人民法院《关于适用〈中华人民共和国刑事诉讼法〉的解释》第八十五条第(七)项的规定,不能作为定案根据。该项辩护意见予以支持。同时,原判据此鉴定意见认定的部分事实,不能成立。"

(8) 国家工作人员到任前,错误已然存在,到任后又积极采取措施,纠正原来错误,只是因为客观原因,决策失误,未能实现的,可以从轻处罚。

---

① 2017 年 12 月 7 日摘自中国裁判文书网。
② 同上。

例如,N 自治区 W 市人民法院(2014)WD 刑初字第 61 号《刑事判决书》①中人民法院认为:"被告人申某某在担任 W 市 H 区人民法院院长期间,在处理 W 市阿桶河煤焦有限责任公司汤某某等人申诉的执行案件中,未根据案件性质正确决策,没有严格依照法律规定正确处理事务,虽然在处理该案中事事由审委会作出决定,但因其决策失误用专案组代替了合议庭和案件承办人,造成形式上非常重视,实际上却无人具体负责落实的情况。在其应当知道执行原和解协议已不可能的情况下,不及时向上级汇报,一味地坚持继续执行原和解协议,致使资源整合款被抽走,当事人的权益未得到依法保障,W 市 H 区人民法院的错误执行行为未得以纠正,造成了当事人的经济损失和恶劣的社会影响。被告人申某某在履行司法职责中滥用职权,违反规定随心所欲地处理公务,致使 W 市阿桶河煤焦有限责任公司汤某某等人的申诉案久拖不决,造成国家和人民利益遭受重大损失。其行为已构成滥用职权罪,应当以滥用职权罪追究其刑事责任。被告人申某某的无罪辩称及其辩护人郭某某的无罪辩护意见理由不能成立,本院不予支持。由于 W 市阿桶河煤焦有限责任公司汤某某等人的申诉案中的执行错误在被告人申某某任 W 市 H 区人民法院院长之前已经存在,被告人申某某到任后也积极采取措施欲纠正该案执行中的错误,但因其决策失误及客观因素所致未能实现。其犯罪情节轻微,可以免于刑事处罚。"

(9) 指控税务机关工作人员滥用职权犯罪事实不清,证据不足的,被告人不构成滥用职权罪。

例如,S 省 Q 市 S 区人民法院(2014)B 刑初字第 390 号《刑事判决书》②中人民法院认为:"公诉机关的证据不能证实李某甲明知张某以为他人虚开抵扣税款运输发票为业务,不依法行使监管职责,致使国家利益遭受重大损失。因此对公诉机关指控李某甲犯滥用职权罪,本院不予支持。关于李某甲所提辩解意见,经查属实,本院予以采纳。关于辩护人所提李某甲不构成滥用职权罪的辩护意见,经查符合法律规定,本院予以采纳。"

再如,S 省 D 市 D 区人民法院(2015)D 刑初字第 136 号《刑事判决书》③中人民法院认为:"公诉机关指控被告人高某甲犯滥用职权罪的事实不清,证据不足,指控罪名不能成立。"

---

① 2017 年 12 月 7 日摘自中国裁判文书网。
②③ 同上。

第三节　税务干部滥用职权罪大数据分析报告

本报告通过对中国裁判文书网数据库的搜索,选取 2013 年至 2017 年共 5 年间全国范围内税务干部涉及滥用职权罪的有效裁判文书(检索截止日期 2017 年 12 月 10 日;不排除部分类似案件未上传到数据库),进行分类、整理、分析,总结出滥用职权案件的基本状况,形成大数据报告。2017 年数据应该与实际数据相比有一定的差距,因为在检索时有部分案件还未审结或还未上传。

希望通过分析和研究,展现全国税务干部涉及滥用职权罪的基本情况、判决要点、律师辩护效果等数据总结,为税务干部防控滥用职权刑事风险提供和法律服务。

一、整体分析

(一)基本情况分析

1. 总体情况

在 2013 年至 2017 年税务干部涉及滥用职权罪的裁判案件中,2013 年审理 4 件,占比 7%;2014 年审理 17 件,占比 29%;2015 年审理 13 件,占比 22%;2016 年审理 13 件,占比 22%;2017 年审理 12 件,占比 20%。裁判文书如图 2-1 所示。

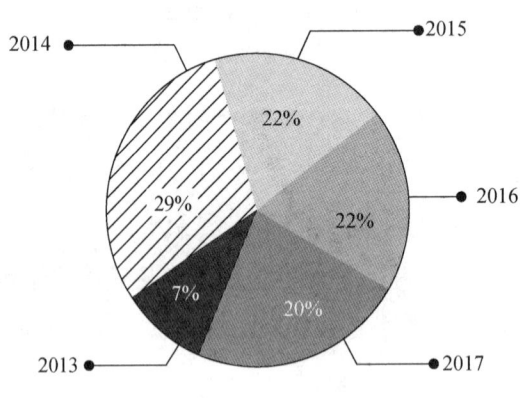

图 2-1　裁判文书

从各省级行政区域的情况来看,税务干部涉及滥用职权罪刑事案件,其中山东省 8 件、河南省 6 件、辽宁省 6 件、安徽省 4 件、甘肃省 4 件、广东省 4 件、河北省 4 件、山西省 4 件、湖北省 4 件、浙江省 3 件、天津市 2 件、江苏省 2 件、贵州省 1 件、上海市 2 件、四川省 2 件、湖南省 1 件、广西壮族自治区 1 件、内蒙古自治区 1 件。

2. 审理法院情况

由基层人民法院一审审理的 34 件,由中级人民法院二审审理的 24 件,只有 1 件由高级人民法院二审审理。审理法院级别如图 2-2 所示。

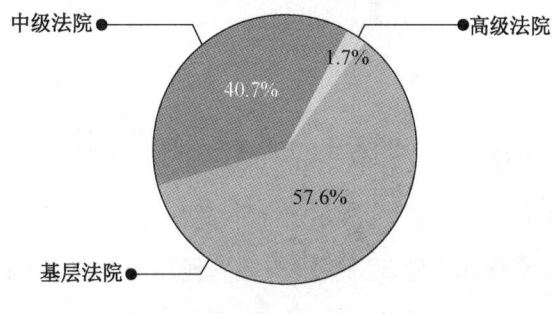

图 2-2　审理法院级别

3. 涉及滥用职权罪裁判案件

在 2013 年至 2017 年税务干部涉及滥用职权罪的裁判案件中,二审抗诉案件 3 件,既上诉又抗诉的 3 件。其中 1 件驳回抗诉,1 件驳回抗诉、上述,1 件支持抗诉、依法改判。

4. 犯罪主体的性别构成

在裁判文书中,有 8 件无法检索犯罪主体的性别。

在可以有效检索犯罪主体性别的裁判文书中,有男性被告人的 51 件共 57 人,占总数的 91.9%;有女性被告人的 2 件共 5 人,占总数的 8.1%;同时,有女性被告人的案件均为共同犯罪案件。犯罪主体性别情况如图 2-3 所示。

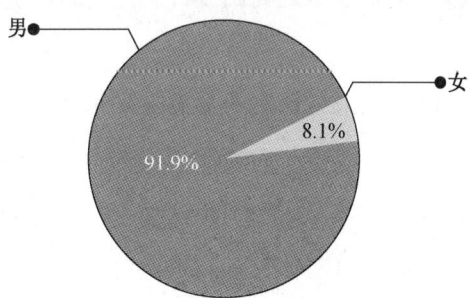

图 2-3　犯罪主体性别

5. 犯罪主体所属税务机关

在裁判文书中,涉及地方税务局税务干部的共 34 人,占总数的 45.3%;涉及国家税务局税务干部的共 41 人,占总数的 54.7%。所属税务机关如图 2-4 所示。

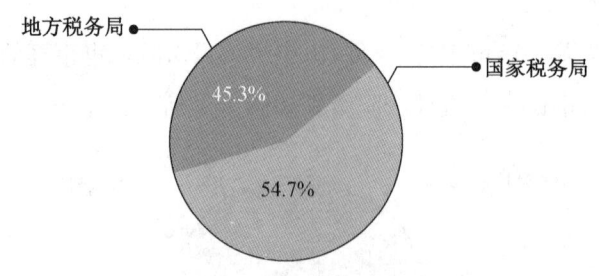

图 2-4　所属税务机关

6. 犯罪主体的职务构成

在裁判文书中,涉及省级税务机关稽查局主任科员 2 人;市级税务机关副局长 1 人、科长 1 人、科员 2 人;市级税务机关稽查局副局长 2 人、主任科员 2 人;市级税务机关分局局长 1 人、副局长 2 人、科长 1 人、科员 4 人;区(县)级税务机关局长 2 人、副局长 4 人、科长 4 人、副科长 1、主任 1 人、科员 1 人、税收管理员 4 人、协税员共计 6 人;区(县)级税务机关分局局长 7 人、副局长 5 人、科长 2 人、税收管理员 5 人;税务所所长 2、副所长 2、外聘人员 1 人;10 人在区(县)级税务机关及区(县)级税务机关分局任职,无法检索具体职务。

(二) 影响量刑的情节分析

1. 自首、坦白情节

涉及自首的 26 件,占总数的 44%。如实供述、坦白的 13 件,占总数的 22%。认定具有自首情节的 18 件,具有坦白情节的 21 件。在上述认定自首、坦白的案件中,最终被宣告缓刑的 2 件,被免予刑事处罚的 5 件,分别占比为 28.6% 和 33.3%。

2. 立功情节

涉及立功的 1 件,人民法院最终认定不具有立功情节。

3. 共同犯罪案件

认定为共同犯罪案件的 13 件,占总数的 22%。其中,认定为从犯的 6 件,占共同犯罪案件的 10%。

(三) 采取的强制措施情况

存在被逮捕情况的 43 件,占总数的 63.2%;被取保候审的 21 件,占总数的 30.9%,采取取保候审措施后又实施逮捕的有 5 件,其中采取取保候审措施后又实施监视居住的有 1 件;被监视居住的 4 件,占总数的 5.9%。采取强制措施如图 2-5 所示。

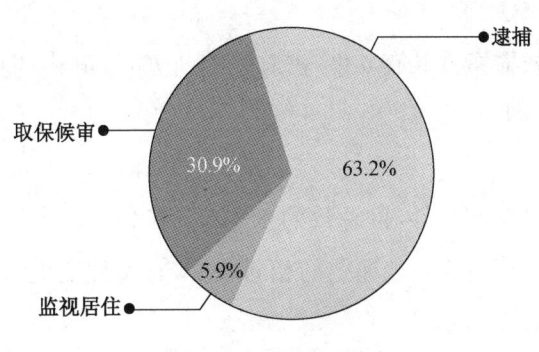

图 2-5　采取强制措施

被采取取保候审强制措施的 21 件案件中,宣告缓刑的 7 件,占比 33.3%;免予刑事处罚的 8 件,占比 38%。最终判决不构成滥用职权罪的 4 件,占比 19%。被取保候审措施的裁判结果如图 2-6 所示。

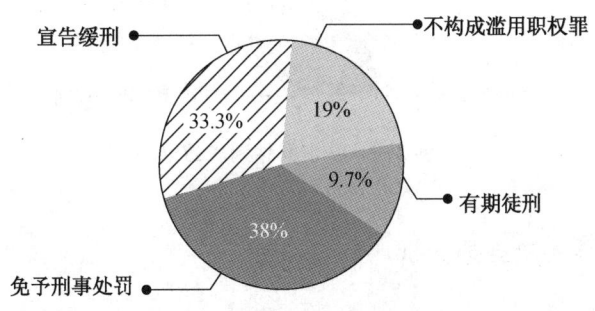

图 2-6　被取保候审措施的裁判结果

注:本报告涉及的判决结果仅统计滥用职权罪审判结果,不统计涉及数罪并罚后的判决执行结果。

二、一审案件判决结果分析

1. 有期徒刑

判处有期徒刑案件共有 38 件,占总数的 55%。其中判处不满 1 年有期徒刑的 6 件,判处不满 3 年有期徒刑的 22 件,判处 3 年以上有期徒刑 10 件。

2. 宣告缓刑

最终宣告缓刑的 7 件,占总数的 10%。

3. 免予刑事处罚

免予刑事处罚案件共有 15 件,占总数的 22%。其中,2014 年 6 件,2015 年 2 件,2016 年 3 件,2017 年 5 件,各年度基本持平。

4. 不构成滥用职权罪

不构成滥用职权罪案件共有6件,占总数的8.7%。其中,2013年1件,2014年为2件,2015年为3件。

5. 变更罪名

变更罪名的案件共有3件,占总数的4.3%。有2件最终判决结果变更为税务干部犯玩忽职守罪。变更为其他罪名的相对较少,有1件变更为单位行贿罪。一审案件判决结果如图2-7所示。

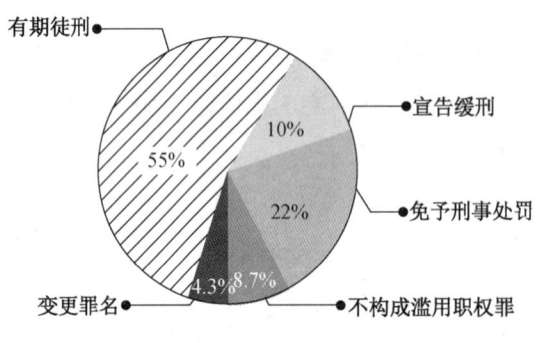

图2-7　一审案件判决结果

三、二审案件判决结果分析

在2013年至2017年税务干部涉及滥用职权罪的二审案件共计25件,其中2014年7件;2015年7件;2016年3件;2017年8件。

1. 维持一审判决

在2013年至2017年税务干部涉及滥用职权罪的裁判案件中,二审法院维持(包括部分维持)一审判决的15件,占二审案件的60%。其中,2014年维持一审判决的6件,维持率为85.7%;2015年维持一审判决的4件,维持率为57.1%;2017年维持一审判决的5件,维持率为62.5%。

2. 改判

在2013年至2017年税务干部涉及滥用职权罪的裁判案件中,二审法院改判的5件,占二审案件的25%。其中2015年改判案件2件,改判率为10%;2017年改判案件3件,改判率为15%。

3. 裁定发回重审

在2013年至2017年税务干部涉及滥用职权罪的裁判案件中,二审法院裁定发回重审的 3 件,占二审案件的 15%。其中 2015 年发回重审案件 2 件,发回重审率为 10%;2016 年发回重审案件 1 件,发回重审率为 5%。

4. 裁定撤诉

无撤回上诉案件。二审案件判决结果如图 2-8 所示。

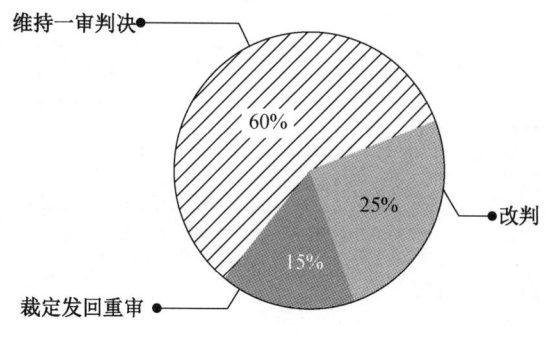

图 2-8　二审案件判决结果

四、律师辩护情况分析

1. 一审总体辩护情况

在一审 34 份文书中,有辩护人的总计 29 件,参与辩护率为 85.3%。

2013 年有辩护人 4 件,参与辩护率为 100%;2014 年有辩护人为 10 件,参与辩护率为 100%;2015 年有辩护人为 5 件,参与辩护率为 83.3%;2016 年有辩护人为 7 件,参与辩护率为 70%;2017 年有辩护人为 3 件,参与辩护率为 75%。可见大多数当事人在一审时会聘请律师进行刑事诉讼。

2. 二审总体辩护情况

在二审 25 份裁判文书中,有辩护人的总计 24 件,参与辩护率为 96%。2014 年有辩护人为 7 件,参与辩护率为 100%;2015 年有辩护人为 6 件,参与辩护率为 85.7%;2016 年有辩护人为 3 件,参与辩护率为 100%;2017 年有辩护人 8 件,参与辩护率为 100%。说明当事人越来越重视聘请律师进行辩护。

3. 二审辩护效果对比

二审判决改判、发回重审案件均有律师参与辩护。

4. 辩护人辩护意见采纳情况统计

辩护人辩护意见采纳情况如表 2-1 所示。

表2-1　辩护人辩护意见采纳情况统计

辩护意见	出现情况（件）	采纳情况（件）
与税款损失不具有因果关系	9	1
税款损失数额不符	4	2
未造成损失	6	3
证据不足	9	2
不构成滥用职权罪	14	6
自首	26	18
如实供述、坦白	13	13
不具有完全刑事责任能力	1	0
没有决定权	6	0
只有形式审查责任	10	1
非国家机关工作人员	3	0
与受贿罪系法条竞合	6	0
没有主观故意和客观行为	4	1
从轻处罚	14	13

五、分析结论

通过对2013年至2017年共5年的税务干部涉及滥用职权罪刑事案件各项数据进行归纳、对比、分析，可以看出，在税务干部滥用职权罪刑事案件中，律师参与辩护率远远高于刑事案件整体辩护率。

第三章　税务干部徇私舞弊不征少征税款风险案

第一节　徇私舞弊不征少征税款罪的基本理论

一、徇私舞弊不征少征税款罪的概念

徇私舞弊不征、少征税款罪,是指税务机关的工作人员徇私舞弊,不征或者少征应征税款,致使国家税收遭受重大损失的行为。

二、徇私舞弊不征少征税款罪的刑法规定

《刑法》第四百零四条规定:"税务机关的工作人员徇私舞弊,不征、少征税款,致使国家税收遭受重大损失的,处 5 年以下有期徒刑或者拘役;造成特别重大损失的处 5 年以上有期徒刑。"《税收征收管理法》第八十二条第一款规定:"税务人员徇私舞弊、不征或者少征税款,致使国家税收遭受重大损失,构成犯罪的依法追究刑事责任;尚不构成犯罪的依法给予行政处分。"

三、徇私舞弊不征少征税款罪的犯罪构成

(一) 徇私舞弊不征少征税款罪的客体要件

本罪侵害的客体是国家的税收征收管理制度和国家税收机关的正常管理活动。税收是国家财政收入的主要来源。依法保障国家的税收,对于增加国家的综合国力具有重要的意义。现行税收管理制度有许多关于税收应收尽收的规定,不得少征税款。《税收征收管理法》第九条第二款规定税务人员不得徇私舞弊、不征或者少征税款。徇私舞弊不征、少征税款,不仅会使国家的财政收入受到损失,侵犯国家的税收管理制度,而且会侵犯税务机关工作人员职务行为的廉洁性,侵犯国家税收机关的

正常管理活动。

（二）徇私舞弊不征少征税款罪的客观要件

本罪在客观方面表现为徇私舞弊，不征或者少征应征税款，致使国家税收遭受重大损失的行为。本案就是由于田某某徇私舞弊未依法征收两家企业应当缴纳的城镇土地使用税和房产税，2012 年至 2014 年累计金额达 284 040.66 元，致使国家利益遭受重大损失。

税务工作人员徇私舞弊行为首先必须是利用职务之便进行的。所谓利用职务之便，是指利用职权或者与职务有关的便利条件。职权是指本人职务范围内的权利；与职务有关的便利条件是指虽然不是直接利用职权，但是利用了本人的职权或地位形成的便利条件。

其次必须有不征、少征应征税款的行为。所谓应征税款，是指税务机关根据法律、行政法规规定的税种税率应当向纳税人征收的税款。所谓不征，是指税务机关工作人员明知纳税人应当缴纳税款，但是不向其征收，或者违反法律、行政法规规定，擅自决定纳税人免缴税款。所谓少征，是指税务机关的工作人员向纳税人实际征收的税款少于应征税款，或者明知不具备减税条件，弄虚作假擅自决定减税的。

徇私舞弊，不征或者少征应征税款的行为表现在税收征管的各个环节中，如税务登记、账簿、凭证管理、纳税申报、税款征收（包括税款的缴纳、退还、补缴和追征、税收减免、应纳税额的核定、纳税担保）以及税务检查，税务工作人员只要在上述各个环节中违背事实和法律、法规。滥用征管职权，搞虚假税务登记，涂改账簿，伪造纳税凭证、擅自减少应纳税数额等，都是徇私舞弊行为。

最后，不征、少征应征税款的行为必须致使国家税收遭受重大的损失。即税务机关工作人员虽然有徇私舞弊，不征或者少征应征税款的行为，但并未因此而使国家税收遭受重大损失，便不构成犯罪，致使国家税收遭受重大损失，应该是指行为人徇私舞弊，不征或少征的税款，由于主客观原因，国家无法再实际予以征收。如果行为人不征或少征的应征税款，税务机关发现以后，依法征收并如数收归国库，那么则不能认为行为人不征或少征的应征税款已致使国家税收遭受重大损失，从而不认为成立犯罪。"重大损失"在司法解释中已有规定，根据 1999 年 9 月 16 日高检院发布施行的《最高人民检察院关于人民检察院直接受理立案侦查案件标准的规定（试行）》的规定，涉嫌下列情形之一的，应予立案：①为徇私情、私利，违反规定，对应当征收的税款擅自决定停征、减征或者免征，或者伪造材料，隐瞒情况，弄虚作假，不征、少征应征税款,致使国家税收损失累计达 10 万元以上的;②徇私舞弊不征、少征税款不满 10 万元,但具有索取或者收受贿赂或者其他恶劣情节的。不征、少征应征税款的行为必须造成"致使国家税收遭受重大损失"的后果,才能构成犯罪,因此,本罪是结果犯。对于多次不征或少征税款,未经处理的,不论不征或少征的对象是否同一纳税人,不征或少征的数额应当累计计算。因此,本税案损失是从 2012 年至 2014 年累计两家企业少征税款。

(三) 徇私舞弊不征少征税款罪的主体要件

本罪的主体要件是特殊主体,是履行征收税款职责的国家工作人员,即税务机关的工作人员,能且只能是税务机关工作人员。税务机关的工作人员,也就是指在各级税务局、税务分局和税务所中代表国家依法负有向纳税人或纳税单位征收税款义务并行使征收税款职权的人员。非税务人员徇私舞弊不征、少征税款不构成本罪,而是按其他罪名处罚。

(四) 徇私舞弊不征少征税款罪的主观要件

本罪的主观方面表现为故意。即税务机关的工作人员,明知自己不征或者少征税款的行为,破坏了有关税收管理法规,会给国家税收造成严重损失,仍然希望或放任这种危害结果的发生。过失不构成此罪。嫌疑人的犯罪动机如何对本罪的构成没有影响。本案田某某供述称:"因为工作关系我经常到企业检查税收和这两个老板关系处得不错,平时他们经常请我在一起吃饭和喝酒,吃饭喝酒时他俩老板多次给我说过企业经营的困难,我因为碍于情面,组织原则性不强就没有组织依法征收这两家企业的城镇土地使用税和房产税,给国家造成了损失……这两家企业的其他地税都是正常征收缴纳的,因为城镇土地使用税和房产税都是老税种,平时我对这两个税种不是很关注,相关的要求也不是很严格,所以我就没有依法征收这两家企业的城镇土地使用税和房产税。"从供述可知,田某某应当知道不依法征收税款会给国家税收造成严重损失,但因为碍于情面依然放任这种危害结果的发生。

四、关于徇私舞弊不征少征税款罪应注意的几个问题

(一) 扣缴义务人能否成为本罪的主体

扣缴义务人是指依法律、行政法规规定的负有代扣代缴、代收代缴税款义务的单位和个人。所谓代扣代缴,是指有关单位从其持有的纳税人收入中扣除纳税人的应纳税款并代为缴纳的行为。代扣代缴人一般包括向纳税人支付收入的单位、为纳税人办理汇款的单位。代收代缴,是有关单位借助经济上的联系,向纳税人收取应纳税款并代为缴纳的行为。两者的区别在于,前者掌握着纳税人的收入,因而只需要在自己掌握的收入中扣下纳税人应交的税款;后者并不掌握纳税人的收入,需要凭借与纳税人的经济往来向纳税人收取应纳税款。代收代缴人主要包括受委托从事加工的单位、商业批发单位、生产并销售石油的单位等。在刑法理论上,关于扣缴义务人的法律地位与扣缴义务的法律性质,学说众多。主要有以下几种:①纳税义务说。认为扣缴义务与纳税义务人。②代理说。认为基于法定代理与法定委托,扣缴义务人为纳税义务人的代理人,扣缴义务人有代理纳税义务人缴纳税款的义务。③代行说。主为扣缴义务人受国家委托,处于稽征机关的地位,代行稽征权力。④特别义务说。认为扣缴义务是基于公法强制委托关系而来的特别给付义务。我们认为,纳税义务与扣缴义务是两种内容与性质不同的义务,纳税义务说将其等同起来,显然不妥。从实质看,扣缴义务并不是纳税义务人与扣缴义务人之间设定的代理与委托关系,而是国家法律规定的纳税义务人与扣缴义务人与国家三者之间的关系。可见,代理说也同样不能令人信服。扣缴义务人并不是国家税务机关工作人员,代行说将其扣缴税款行为视为国家稽征税款的行为,也属于不当。相比较而言,特别义务说的观点比较合理。因为扣缴义务是一种特定的给付义务,它来源于国家税法设立的一种强制委托关系。即扣缴义务人是国家通过税法强制设定的,扣缴义务是国家通过税法强制赋予的,扣缴义务人不是税务机关工作人员,也不是代表税务机关行使职权,他是国家在征收税款这一职能活动中的一个特定的中介。他联系着纳税义务人与国家,必须对国家负责。扣缴义务人显然不同于纳税人,但当他违背义务匿报税款、不为代征或者少征、不为扣缴或者少扣时,视为对国家税款的侵犯,就要承担与纳税义务人相似的法律制裁。所以,将扣缴义务人视为危害税收征管罪的主体比将其视为本罪的主体更为合适。

(二) 代征人能否成为犯罪主体

关于代征人的法律地位和法律性质,在理论上也存在着争议。下面首先让我们了解一下代征人的概念及其扣缴义务人的不同。代征人是指税务机关因征管力量不够,经县市税务部门批准,在法律规定的扣缴义务人以外委托的代替税务机关办理各项税款征收业务的适当的单位或个人。所谓适当的单位或个人往往是指与纳税人存在一定管辖关系,从而有利于完成税收征收任务的单位或个人。与扣缴义务人相比,有明显的不同:①从设立的根据来看,扣缴义务人与纳税人一样,是由法律明文规定的,对于法律规定的义务,扣缴义务人不能拒绝。扣缴义务对于扣缴义务人而言,就和纳税义务之于纳税人一样,是一项法定义务;而代征人则是由税务机关委托产生的,税务机关委托代征人必须征得其本人同意,代征税款对代征人来说就如征税对于税务人员一样,是一项职权。②从设立的目的来看,法律之所以规定扣缴义务人,是因为扣缴义务与纳税人之间有经济联系,由其扣缴税款,有利于从税源上防止税款流失;而税务机关之所以委托代征人,是因为代征人与纳税人之间存在管理与被管理的关系,由其代为征税,能够解决税务机关征税力量不足的困难。③从权限来看,扣缴义务人是借助于自己所处的经济地位而代扣、代收纳税人的税款。一般来说,扣缴义务人不拥有税务检查权和处罚权;而代征人则是借助于自己所处的领导、管理地位而向纳税人征收税款。一般来说,代征人与纳税人一样,拥有税务检查权和处罚权。④从法律责任来看,扣缴义务人实际上与纳税人一起负有纳税的连带责任;而代征人与税务人员一样,并不对税款负连带责任。对代征人未征的税款,税务机关只能向纳税人追缴。⑤从与税款的所属关系来看,扣缴义务人与扣收的税款有一定的所属关系;而代征人由于与纳税人之间本无经济关系,纯属公款。通过上述比较不难看出,代征人不同于扣缴义务人。如果说扣缴义务人的法律地位类似于纳税人的话,那么代征人则完全是受委托从事公务的人员,代行税务人员行使职权,其地位更似于国家税务工作人员。因此我们认为,如果代征人在征税过程中徇私舞弊,不征或少征应征税款,给国家利益造成重大损失,可以本罪论处。

(三) 犯徇私舞弊不征少征罪的同时犯受贿罪的,如何处罚

税务工作人员利用职务上的便利,索取、收受纳税人财物,构成犯罪,且不征或少征应征税款,致使国家税收遭受重大损失的,则按照徇私舞弊不征少征税款罪的受贿罪实行数罪并罚。

第二节　税务干部徇私舞弊不征少征税款案例解析

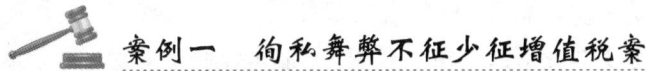 **案例一　徇私舞弊不征少征增值税案**

本案例是税务干部在增值税征管过程中,徇私舞弊不征少征增值税税款案例。徇私舞弊不征少征税款罪是税务干部专有的罪名,立案标准比较低,实践中税务干部非常容易触犯本罪。通过对本罪案例的解析,税务干部可以从中汲取相应的风险教训。

一、案例概览

(一) 案情[①]

2013 年 7 月至 2015 年 4 月,靳某五在 X 县国家税务局七贤税务分局户籍管理岗任职期间,接受 X 现代建材有限公司(以下简称建材公司)法定代表人郝某甲吃请,并收受其财物,对郝某甲反复冒用他人身份伪造承包协议、频繁更换税务登记手续逃避一般纳税人资格认定(应当按照 17% 税率申报纳税)的行为予以放任,同时对郝某甲未按小规模纳税人(增值税征收率为 3%)如实申报纳税的行为不履行跟踪监管职责。2013 年 6 月至 2015 年 3 月,郝某甲实际经营的 X 乡大南坡建材厂、大南坡春红砖厂、大东村扎根砖厂共实现销售收入 15 352 551.26 元,仅缴纳税款 29 432 元,靳某五的行为致使国家税收遭受损失 431 144.53 元。

(二) 一审法院裁判观点[②]

靳某五身为国家工作人员,违反规定,徇私舞弊不征少征税款,致使国家税收遭受重大损失,一审法院判决靳某五犯徇私舞弊不征少征税款罪,判处有期徒刑四年。

(三) 人民检察院观点[③]

人民检察院指控认为,靳某五身为国家工作人员,违反规定,徇私舞弊,少征税款,致使国家税收遭受重大损失,其行为已构成徇私舞弊不征少征税款罪。

(四) 被告人及辩护律师观点[④]

靳某五和辩护律师认为,本案中涉及的 X 县国家税务局的"证明"不是按照税务稽查程序作出,不能作为证据使用,所以本案国家税收遭受损失的具体数额无法确定计算。

(五) 二审法院裁判观点[⑤]

靳某五身为税务机关从事公务的工作人员,违反规定,徇私舞弊少征税款,致使国家税收遭受重大损失,其行为已构成徇私舞弊不征少征税款罪;原判决事实清楚,证据确实、充分,审判程序合法,适用法律正确。靳某五的上诉理由和辩护人的辩护意见均不能成立,二审法院不予采纳。依照《中华人民共和国刑事诉讼法》(以下简称刑事诉讼法)第二百二十五条第一款第(一)项之规定,二审法院裁定驳回上诉,维持原判。

---

① 2017 年 11 月 28 日摘自中国裁判文书网。
②③④⑤ 同上。

二、案例解析

(一) 本案中少征税款数额的确定

本案靳某五及辩护律师认为 X 县国家税务局的"证明"不是按照税务稽查程序作出,不能作为证据使用之理由。税务律师认为,H 省 X 县国家税务局作为 X 县国家税收征收管理工作的主管部门,代表国家对 X 县各纳税人应纳税额进行计算并征收税款,有权对纳税人是否少缴税款作出判断,并确定具体数额。建材公司负责产品的出库的两名工作人员的证人证言及其所开具的出库凭证,真实反映证明了从 2013 年 8 月至案发建材公司的销售情况。税务机关的"证明"与证人证言及相关凭证予以印证,能够证明靳某五徇私舞弊少征税款的行为致使国家税收所造成的损失数额。

类似裁判观点如 Z 市中级人民法院(2014)Z 刑一终字第 416 号《刑事判决书》:"Z 市地税局稽查局《税务处理决定书》(Z 地税稽处〔2011〕10403 号),证明 2009 年至 2010 年 Z 市 Y 商贸有限公司少缴的税费数额。该《税务处理决定书》作为税务稽查机关出具的正式文书,经有效送达已发生法律效力,可以作为认定涉案少征税款的依据。"

(二) 靳某五应构成徇私舞弊少征税款罪

本案中,靳某五作为在国家税务局工作人员,接受建材公司法定代表人郝某甲吃请,并收受其财物,未履行职责,致使国家税收遭受损失,徇私舞弊的事实行为成立。靳某五存在徇私舞弊少征税款行为,但没有不征税款行为,一审法院判定靳某五行为构成徇私舞弊不征少征税款罪,属于罪名不当,靳某五应当为构成徇私舞弊,少征税款罪,对此二审法院应当予以纠正。

类似裁判观点如 Z 市中级人民法院(2014)Z 刑一终字第 416 号《刑事判决书》:"本院认为,上诉人(原审被告人)王某某作为税务机关的工作人员,在税收征管过程中徇私舞弊,少征应征税款,致使国家税收遭受重大损失,其行为已构成徇私舞弊少征税款罪,依法应予惩处。本案中,王某某存在徇私舞弊少征税款行为,不存在不征税款行为,原判认定其行为构成徇私舞弊不征少征税款罪属罪名适用不当,本院予以纠正。"

(三) 本案中人民法院定罪量刑

H 省高级人民法院、H 省人民检察院、H 省公安厅关于印发《关于我省适用新刑法有关条款中犯罪数额、情节规定的座谈纪要》的通知(Y 高法〔2013〕336 号)中关于徇私舞弊不征、少征税款罪"造成特别重大损失"的数额标准为"不征或者少征应收税款五十万元以上",本案中,涉案少缴税费共计 431 144.53 元,依法不属于"造成特别重大损失"。又根据《刑法》规定,税务机关工作人员徇私舞弊,不征或者少征应征税款,致使国家税收遭受重大损失的,处五年以下有期徒刑或者拘役。故人民法院判处靳某五犯徇私舞弊不征少征税款罪有期徒刑四年,其判处的量刑在规定的幅度内。

(四) 税务干部徇私舞弊不征少征税款的司法处理情况

1. 自首的认定

被告人在刑事诉讼中,如果有自首或者立功表现的,人民法院在判决的时候,可以从轻处理。但是在司法实践中,自首、立功如何认定是一个难题。

例如,(2013)P 刑初字第 80 号《刑事判决书》[1]中被告人及其辩护人关于的辩解理由及辩护意见"被告人在 2013 年 8 月 12 日被叫到检察院谈话后,主动自书交代了帮助陈某勇逃税的犯罪事实,检察机关于 2013 年 8 月 13 日才向其发出传唤通知书,其行为应该视为自首",但是人民法院认为"本案中被告人是在办案机关已掌握其收受陈某勇贿赂的情况下被通知其到检察机关调查谈话后如实供述了全案犯罪事实,根据《最高人民法院、最高人民检察院关于办理职务犯罪案件认定自首、立功等量刑情节若干问题的意见》第一项'没有自动投案,在办案机关调查谈话、讯问、采取调查措施或者强制措施期间,犯罪分子如实交代办案机关掌握的线索所针对的事实的,不能认定为自首'的规定,不属于自动投案,不能认定为自首"。

2. 犯罪主体的认定

徇私舞弊不征少征税款罪的主体要件是特殊主体,是履行征收税款职责的国家工作人员,即税务机关的工作人员。税务机关的工作人员,也就是指在各级税务局、税务分局和税务所中代表国家依法负有向纳税人或纳税单位征收税款义务并行使征收税款职权的人员。

非税务机关工作人员不构成本罪,有的当事人认为其系人力资源管理公司的派遣到税务局从事临时性、辅助性工作,不具备国家工作人员身份,人民法院均未采纳该理由。例如,(2014)Y 一中法刑终字第 525 号《刑事判决书》[2]中人民法院判定:"被告人虽系聘用人员,但其作为协税员在国家机关中从事的是税款征收管

---

① 2017 年 11 月 28 日摘自中国裁判文书网。

② 同上。

理工作,是代表国家行使征收税款职权的人员,属于从事公务,应当以国家工作人员论"。

3. 利用职务之便的认定

税务工作人员徇私舞弊行为首先必须是利用职务之便进行的。所谓利用职务之便,是指利用职权或者与职务有关的便利条件。职权是指本人职务范围内的权利;与职务有关的便利条件是指虽然不是直接利用职权,但是利用了本人的职权或地位形成的便利条件。

例如,(2015)R 刑初字第 8 号《刑事判决书》[①]中,被告人的职务是 S 市国家税务局车辆购置税征收管理分局征收管理股副股长,但其业务工作岗位是征税大厅车辆异动岗,主要负责二手车辆档案的转进、转出及车辆档案的管理,不负责新车税款的征收,也没有新车征税的工作权限。人民法院认为"案发时,被告人将所收钱款全部退还三车主,没有非法占有的目的,没有利用职务之便。但徇私舞弊不征、少征税款罪属于渎职类犯罪,国家机关工作人员构成本罪必须是利用了职务上的便利,而被告人汪某没有利用职务之便,不符合本罪的犯罪主体,因此,其行为不构成徇私舞弊,不征、少征税款罪。故公诉机关指控被告人汪某构成徇私舞弊,不征、少征税款罪与法律不符,人民法院不予支持。"

4. 经济损失的认定

根据《最高人民法院　最高人民检察院关于办理渎职刑事案件适用法律若干问题的解释(一)》第八条规定,本解释规定的"经济损失",是指渎职犯罪或者与渎职犯罪相关联的犯罪立案时已经实际造成的财产损失,……渎职犯罪或者与渎职犯罪相关联的犯罪立案后,犯罪分子及其亲友自行挽回的经济损失,司法机关或者犯罪分子所在单位及其上级主管部门挽回的经济损失,或者因客观原因减少的经济损失不予扣减,但可以作为酌定从轻处罚的情节。

例如,(2016)E1222 刑初 67 号《刑事判决书》中人民法院据此作出了判定:"《中华人民共和国税收征收管理法》第五十二条的规定,因税务机关的责任,致使纳税人、扣缴义务人未缴或者少缴纳税款的,税务机关可以在三年内可以要求纳税人、扣缴义务人补缴税款。2014 年 10 月 24 日前,T 县地方税务局已追缴了装卸公司所欠税款。但根据《最高人民法院　最高人民检察院关于办理渎职刑事案件适用法律若干问题的解释(一)》第八条规定,虽然本案在立案后,T 县地税局追缴了装卸公司及

---

① 2017 年 11 月 28 日摘自中国裁判文书网。

水利局的应征税款,但依法不能从经济损失中予以扣减。故被告人的行为构成徇私舞弊少征税款罪。"

又如,(2014)Y 一中法刑终字第 104 号《刑事判决书》人民法院据上述规定判定:"认定被告人徇私舞弊不征少征税款所造成的国家税收损失时,未将相关企业在本案立案前补缴的税款予以扣除不当,依法应予纠正"。

(2015)A 刑初字第 103 号《刑事判决书》①中人民法院判定:"辩护人关于被告人张某造成少收的税款有档案可查,税务机关可以依法追缴,所造成的损失均可以挽回的辩护意见,经查,被告人张某未自行挽回经济损失,至于税务机关通过依法追缴能否挽回被告人张某造成的经济损失,不影响对被告人张某的定罪、量刑。故对上述辩护意见不予采纳"。

5. 主观故意的认定

徇私舞弊,不征少征税款罪的主观方面表现为故意。即税务机关的工作人员,明知自己不征或者少征税款的行为,破坏了有关税收管理法规,会给国家税收造成严重损失,仍然希望或放任这种危害结果的发生。

过失不构成犯罪,如果税务工作人员在税收征管中玩忽职守,严重不负责任,过失地给国家税收造成重大损失的,应按玩忽职守罪追究刑事责任。

例如,(2015)G 刑初字第 104 号《刑事判决书》②中,辩护人认为:"关于徇私舞弊,不征、少征税款罪的主观方面表现为故意,但是税务工作人员对房产交易纳税材料中公章的真假难辨,无法判断被告人郭某在具体的每笔不征、少征应征税款过程中都存在主观故意",审理裁判需结合案件相关证据材料进行判定:"被告人郭某与王某某、张某共同预谋,利用职务之便,徇私舞弊,通过张某招揽纳税人,明知张某等人递交的房产交易纳税材料中纳税证明系伪造,不符合房产交易环节税款减免征收的相关规定,仍然对相关的房产交易应征税款予以减免征收;被告人郭某收受王某贿赂,明知王某递交的房产交易纳税材料中纳税证明系伪造,不符合房产交易环节税款减免征收的相关规定,仍然对相关的房产交易应征税款予以减免征收。综上,被告人郭某主观上对公诉机关指控的不征、少征税款均存在故意。"

(五) 区分罪与非罪

在税收征管实践中,出现的不征少征税款的现象,应该具体问题具体分析,既要

---

① 2017 年 11 月 28 日摘自中国裁判文书网。
② 同上。

从主观上分析是否具有徇私舞弊的犯罪故意,又要从客观上分析税务人员的业务素质;既要有力地打击徇私舞弊不征、少征税款行为,又要有效地保护税务人员的工作积极性,应认真分清罪与非罪。

1. 税务机关定期定额导致少征税款

按照税法的规定,税务机关对纳税人的征收方式有查账征收、查定征收、查验征收、定期定额征收等。对定期定额征收主要会出现其实际销售额或者营业额远远高于所定的定额而少征税款,对这类问题只要经过集体研究且所定定额没有明显低于同行业标准,对参加定额的税务人员都不能认定有罪。

2. 批准减免税出现的不征或者少征税款

纳税人提供虚假材料骗取减免税,如提供国防工程或者军队系统的建筑安装工程的材料骗取免征营业税;提供新办企业的材料骗取减免企业所得税;谎报残疾人人数得以福利企业而获取减免税等,这些材料可以是真实的,但却与客观事实不符,税务人员只能凭书面的材料同意减免税的审批,对因此造成不征少征税款的税务人员,不宜追究其刑事责任。

3. 税务检查没有发现偷税造成少征税款

对纳税人进行检查,要救税务人员具有谙熟的财务会计知识和税收,往往出现的问题是前面一些素质低些的税务人员检查时没有发现偷税行为,但之后素质较高的检查人员查出了巨大偷税额,对这类因税务人业务素质原因造成少征税款的,不应定罪。

(六) 借鉴既往判例的无罪辩点,应对风险

1. 不符合主体方面要件

(1) 行为人不负责税款的征收工作,也没有征税的工作权限,没有利用职务之便,不符合徇私舞弊不征、少征税款罪的主体要件,不构成徇私舞弊不征、少征税款罪。

例如,J省S县人民法院(2015)R刑初字第8号《刑事判决书》[①]中人民法院表述:"案发时,虽然被告人汪某的职务是S市国家税务局车辆购置税征收管理分局征收管理股副股长,但其业务工作岗位是征税大厅车辆异动岗,主要负责二手车辆档案的转进、转出及车辆档案的管理,不负责新车税款的征收,也没有新车征税的工作权限,没有利用职务之便;被告人将所收钱款全部退还三车主,没有非法占有的目

---

① 2017年11月28日摘自中国裁判文书网。

的,但徇私舞弊不征、少征税款罪属于渎职类犯罪,国家机关工作人员构成本罪必须是利用了职务上的便利,而被告人汪某没有利用职务之便,不符合本罪的犯罪主体,因此,其行为不构成徇私舞弊不征、少征税款罪。故公诉机关指控被告人汪某构成徇私舞弊不征、少征税款罪与法律不符,人民法院不予支持。"

(2) 行为人的工作内容并不是税务机关委托其代征税款的工作范围,行为人不具有代征税款的法定义务,主体不适格,不构成徇私舞弊不征、少征税款罪。

例如,L省高级人民法院(2009)L审刑提字第8号《刑事判决书》[①]中人民法院表述:"徇私舞弊不征、少征税款罪,是指税务机关的工作人员徇私舞弊,不征或者少征应征税款,致使国家税收遭受重大损失的行为。本罪的犯罪主体是特殊主体,应是税务机关从事税收征收管理工作的国家机关工作人员。戴某伟作为房产管理部门的工作人员,原审之所以认定其构成本罪,是基于税务机关委托其代征契税。从税务机关委托情况看,证人证实1998年8月之前,老边区地税局口头委托老边区房产管理处代征城区内房屋产权交易的契税。老边区地税局出具的书面《情况说明》证实,委托老边区房产管理处代征范围是,在老边区房产管理处办理的老边城区发生房屋产权交易行为的应征契税;委托老边区城建局村镇办公室代征范围是,在老边区农村发生房屋产权交易行为的应征契税。戴某伟案发当时任老边区房产管理处房管股股长,老边区房产管理处的职责是负责老边城区房产的管理等工作,不负责农村房产的管理工作。戴某伟当时受税务机关委托的应是代征老边区城区房产产权交易的契税。戴某伟受老边区房产处委派临时从事村镇房屋验证登记工作,在办理本案涉及的农村企业房屋产权变更登记时,不具有代征该笔农村房屋交易契税的法定义务。因此,戴某伟犯罪主体不适格,不构成本罪。"

2. 不符合主观方面要件

行为人没有授意具体的稽查人员不查或者隐匿涉税案件,其要求稽查人员给企业时间补票据、重新核算并不违反税务稽查工作的有关规定,不能简单地推断行为人有不征、少征税款的故意,不构成徇私舞弊不征、少征税款罪。

《中国审判案例要览(2004年刑事审判案例卷)》[②]于某义被控徇私舞弊不征税

---

① 2017年11月28日摘自法律教育网。

② 摘自国家法官学院,中国人民大学法学院.2005年06月.《中国审判案例要览(2004年刑事审判案例卷)》。

款宣告无罪案,H省A市人民法院(2003)A刑初字第37号《刑事判决书》;H市中级人民法院(2003)H刑终字第190号《刑事判决书》。人民法院认为"本案之中,于某义在房地产公司经理张滨祥请求其帮忙后,告诉具体稽查负责人萧某给企业时间补票据,重新核算。于某义的行为是否违反法律规定呢? 根据《税务稽查工作规程》(国家税务总局颁发)第三十八条第(一)项、第三十九条之规定,法规科在审理稽查案件时,对稽查人员提供的资料要确认违法事实是否清楚,证据是否确凿,数据是否准确。如果审理中发现事实不清,证据不足的情况,应当通知稽查人员予以增补。由此可以看出于某义让萧某给企业时间补票据、重新核算并不违反税务稽查工作的有关规定。税务司法鉴定也说明稽查报告多认定377万余元所得税,此份鉴定佐证了于某义让企业补票据,重新核算的正确性。虽然从2000年6月末至2002年9月案发时止,对远东公司涉税案的稽查一直没有结束,系办事作风问题,不构成犯罪。不能从这一客观事实简单地推断出于某义具有不征税款的间接故意。公诉机关的指控不成立"。

3. 不符合客观方面要件

(1) 行为人虽然有徇私舞弊,不征或者少征税款的行为,但在税务机关发现后,已依法征收并如数收归国库,国家税收并未因此遭受重大损失,不构成徇私舞弊不征少征税款罪。

例如,S省S县人民法院(2014)S刑初字第800号《刑事判决书》[①]人民法院认为:"对公诉机关指控三被告人构成徇私舞弊不征、少征税款罪的事实,经查,徇私舞弊不征、少征税款罪是一种结果犯罪,根据《中华人民共和国税收征收管理法》的规定,税款缴纳采取'申报纳税'制度,虽三被告人在担任D镇税务所领导期间收受了阳塔小组的贿款后,二被告人当时也少征阳塔小组税款,但该税款的结果一直处于待定状态,也意味国家税收是否发生损失的结果也处于待定状态。加之三被告人于2013年7月11日至9月17日先后调离S县D镇税务所,阳塔小组是在公诉机关对受贿立案后,D税务所新任领导找到阳塔组领导要求缴纳税款,该小组在渎职侵权局立案前已补缴了全部税款的行为使此种现实的损害事实并未发生,未造成国家税收损失,依据刑法四百零四条客观构成要件'不征、少征应征税款的行为必须致使国家税收遭受重大损失。即税务机关工作人员虽然有徇私舞弊,不征或者少征税款的行为,但并未因此而使国家税收遭受重大损失,便不构成犯罪,致使国家税收遭受重

---

① 2017年11月28日摘自中国裁判文书网。

大损失,应该是指行为人徇私舞弊,不征或者少征税款,由于主客观原因,国家无法再予以征收。如果行为人不征或少征的应征税款,税务机关发现后,依法征收并如数收归国库,那么则不能认为行为人不征或少征的应征税款已致使国家税收遭受重大损失,从而不认为成立犯罪。'故公诉机关指控三被告人犯徇私舞弊不征、少征税款罪不能成立。"

(2) 行为人虽然实施了不征、少征税款的行为,但根据欠税单位的经济状况,尚可补征,被告人不征、少征税款的行为并未致使国家的税款无法征收而实际造成损失,不构成徇私舞弊不征少征税款罪。

《刑事审判参考指导案例第 257 号》(2003 年第 4 辑·总第 33 辑)Z 省 J 县人民法院(2010)J 刑初字第 152 号《刑事判决书》①人民法院认为:"被告人蒙某身为国家税务工作人员,利用职务上的便利,向欠税单位索取财物,故意不征欠税单位应缴税款数额近 10 万元。此笔税款虽然至今尚未补征入库,但根据欠税单位的经济状况,尚可补征,被告人蒙某不征税款的行为并未致使国家的税款无法征收而实际造成损失。徇私舞弊不征、少征税款罪的构成要件之一是行为人的行为致使国家的税收造成重大损失。因此,被告人蒙某的行为不构成徇私舞弊不征、少征税款罪。公诉机关指控被告人蒙某犯徇私舞弊不征、少征税款罪不成立。"

4. 不征少征税款的金额未达到刑事立案的标准

(1) 现行立案标准。根据《最高人民检察院关于渎职侵权犯罪案件立案标准的规定》,徇私舞弊不征、少征税款致使国家税收损失累计达 10 万元以上的,应予立案追诉。行为人有徇私舞弊的行为,但涉税金额未达到追诉标准,不符合最高人民检察院对渎职犯罪规定的立案标准,行为人不构成徇私舞弊不征少征税款罪。

例如,S 省 Y 市中级人民法院刑事判决书(2001)Y 刑终字第 8 号《刑事判决书》②人民法院认为:"原审法院认定上诉人何某松徇私舞弊不征税款,造成国家税款 10 万元损失,属事实不清,证据不足,根据《税收征管法》的有关规定,咨询费不等于应征税款,故原审以稽查分局所收取的 10 万元咨询费即认定为应征税款不当,检察机关与上诉人所提'原判认定应纳税款为 10 万元的事实错误'的抗诉、上诉理由成立,二审应予支持。检察机关所提'应纳税款应是审计报告所确认的 735 201.12'的

---

① 2017 年 11 月 28 日摘自《刑事审判参考指导案例第 257 号》(2003 年第 4 辑·总第 33 辑)。
② 2017 年 11 月 28 日摘自 110 裁判案例网。

抗诉理由,因该审计报告是 S 雅诚会计师事务所根据检察机关提供的经营部在 Y 利丰信用社银行对账单,存取款传票以及经营部财务负责人李某在事隔 3 年后回忆指认作出,无销售财务账相佐证,只能反映该经营部的资金流动情况,而不能客观真实反映经营部的销售情况,故该审计报告不能作为定案的依据,检察机关所提'造成税收损失 70 余万元'的抗诉理由,不能成立。本案现有证据不能证明何某松当时就明知经营部偷税金额 70 余万元,只能证明何某松明知经营部有 40 余万元营业额涉嫌偷税后,决定收取 10 万元咨询费,而没有对经营部进一步查处,有舞弊行为。根据税法计算,40 余万元营业额的涉税金额只有 4 万～5 万元,该数额不符合最高人民检察院对渎职犯罪规定的立案标准。上诉人何某松的行为与徇私舞弊不征税款罪的犯罪构成要件不符。根据本案的事实和情节,经人民法院审判委员会讨论决定,依照《中华人民共和国刑事诉讼法》第一百八十九条第(三)项、第一百六十二条第(三)项之规定,判决如下:一、撤销 Y 市 Y 区人民法院(2000)Y 初字第 82 号刑事判决;二、上诉人(原审被告人)何某松无罪。"

(2) 从旧兼从轻原则的适用。根据从旧兼从轻原则,对于新的司法解释实施前发生的行为,行为时已有相关司法解释,依照行为时的司法解释办理,但适用新的司法解释对犯罪嫌疑人、被告人有利的,适用新的司法解释。如 2013 年新施行的司法解释规定了"致使国家遭受重大损失"的标准为 30 万元,适用原来的立案标准 10 万元依据不足,不构成徇私舞弊不征少征税款罪。

例如,A 省 C 市中级人民法院(2015)C 刑终字第 210 号《刑事判决书》[①]中人民法院认为:"经查,陈某在收受孙某甲 20 000 元贿赂后,少征明光市石坝镇小红山采石场税款 233 842.08 元的事实是客观存在的。《中华人民共和国刑法》第 404 条规定:税务机关的工作人员徇私舞弊,不征或者少征应征税款,致使国家税收遭受重大损失的,处五年以下有期徒刑或者拘役。对于'重大损失'如何认定?《最高人民法院、最高人民检察院关于办理渎职刑事案件适用法律若干问题的解释(一)》第一条中对滥用职权、玩忽职守犯罪'致使公共财产、国家和人民利益遭受重大损失'作了明确规定,该规定的立案标准为 30 万元。第二条也明确载明:国家机关工作人员实施滥用职权或者玩忽职守行为,触犯刑法分则第 398 条至第 419 条规定的,依照该规定定罪处罚。明确了第 404 条的徇私舞弊少征税款罪属适用该规定的罪名范围之内。且法律亦没有对徇私舞弊少征税款罪入罪标准作出特别规定,故徇私舞弊少

---

① 2017 年 11 月 28 日摘自中国裁判文书网。

征税款罪立案标准应适用 30 万元的规定。而检察机关援引最高人民检察院〔2006〕2 号《关于渎职侵权犯罪案件立案标准的规定》10 万元的立案标准认定陈某的行为构成徇私舞弊少征税款罪,依据不足,故不应以徇私舞弊少征税款罪对被告人陈某追诉。故对陈某及其辩护人提出的部分意见及来安县人民法院认为陈某少征税款数额未达到该立案标准,不应以徇私舞弊少征税款罪对被告人陈某追诉的意见,人民法院予以支持。C 市人民检察院抗诉认为的陈某构成徇私舞弊少征税款罪的意见,与法律规定不符,人民法院不予支持。"

(七) 证据不足

证据不足以证明行为人主观上明知纳税人少交应交税款而徇私舞弊,指控的证据不足,行为人不构成徇私舞弊不征、少征税款罪。

例如,A 省 F 县人民法院(2013)F 刑初字第 239 号《刑事判决书》[①]人民法院认为:"对公诉机关指控被告人犯徇私舞弊少征税款罪,因公诉机关提供的证据不足以证明被告人明知三家企业少交应交税款而徇私舞弊,造成企业少缴纳税款,故其指控的证据不足,指控的犯罪不能成立。对被告人及辩护人关于不构成徇私舞弊少征税款罪的意见,人民法院予以采纳。"

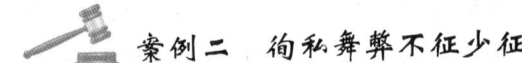 **案例二　徇私舞弊不征少征城镇土地使用税、房产税税款案**

本案例是税收管理员在日常征管工作中,徇私舞弊不征少征城镇土地使用税、房产税税款案。房产税、城镇土地使用税是地方税种。因为私情、人情而磨不开"面子",导致国家税款流失就是徇私舞弊。徇私舞弊不征少征税款导致税款流失 10 万元以上,就会被立案侦查。本案给出的启示不容忽视。

一、案例概览

(一) 案情[②]

2011 年 7 月至今,田某某在担任 Q 县地方税务局 P 税务所所长期间,多次接受本所管理纳税户 Q 县汇鑫水泥粉磨有限公司和 Q 县富源化工原料有限公司两家纳税企业法人(以下简称两家企业)的吃请,徇私舞弊,未依法征收两家企业应当缴纳的城镇土地使用税和房产税,2012 年至 2014 年累计金额达 284 040.66 元,致使国

---

① 2017 年 11 月 28 日摘自中国裁判文书网。
② 同上。

家利益遭受重大损失。

另查明,Q县汇鑫水泥粉磨有限公司现已缴纳城镇土地使用费 136 099.08 元、房产税 5 273.89 元。Q县富源化工原料有限公司已缴纳城镇土地使用税 11 033 元。

田某某主动到 Q 县人民检察院反渎局投案自首,如实供述了其徇私舞弊不征税款的犯罪事实。

（二）人民检察院观点①

Q 县人民检察院指控认为,田某某的行为构成徇私舞弊不征税款罪,应依照《刑法》第四百零四之规定予以判处。

（三）被告人观点②

田某某对 Q 县人民检察院指控的犯罪事实无异议。

（四）人民法院裁判观点③

田某某作为税务机关的工作人员,徇私舞弊不征应征税款,致使国家税收遭受重大损失,其行为构成徇私舞弊不征税款罪。Q 县人民检察院指控的犯罪事实和罪名成立,本院予以支持。田某某主动投案并如实供述其犯罪事实,是自首,可以从轻处罚。田某某犯罪情节轻微不需要判处刑罚。依照《刑法》第四百零四条、第六十七条第一款、第三十七条之规定,判决田某某犯徇私舞弊不征税款罪,免予刑事处罚。

二、案例解析

从法律规定看,徇私舞弊不征税款罪是指税务机关的工作人员徇私舞弊,不征少征应征税款,致使国家税收遭受重大损失的行为。

（一）徇私舞弊不征少征税款罪的立案条件

根据《最高人民检察院关于渎职侵权犯罪案件立案标准的规定》渎职犯罪案件第十四条徇私舞弊不征、少征税款案规定,涉嫌下列情形之一的,检察院应予立案:①徇私舞弊不征、少征应征税款,致使国家税收损失累计达 10 万元以上的。②上级主管部门工作人员指使税务机关工作人员徇私舞弊不征、少征应征税款,致使国家

---

① 2017 年 11 月 25 日摘自中国裁判文书网。
② 同上。
③ 2017 年 2 月 20 日摘自中国裁判文书网。

税收损失累计达 10 万元以上的。③徇私舞弊不征、少征应征税款不满 10 万元,但具有索取或者收受贿赂或者其他恶劣情节的。④其他致使国家税收遭受重大损失的情形。

本案田某某徇私舞弊未依法征收两家企业应当缴纳的城镇土地使用税和房产税,2012 年至 2014 年累计金额达 284 040.66 元,符合人民检察院的立案条件。

(二) 徇私舞弊不征少征税款罪的量刑规定

《刑法》第四百零四条规定:"税务机关的工作人员徇私舞弊,不征或者少征应征税款,致使国家税收遭受重大损失的,处五年以下有期徒刑或者拘役;造成特别重大损失的,处五年以上有期徒刑。"根据《刑法》第三十七条规定,对于犯罪情节轻微不需要判处刑罚的,可以免予刑事处罚。本税案鉴于田某某主动投案并如实供述其犯罪事实,是自首,可以从轻处罚。人民法院认为田某某犯罪情节轻微不需要判处刑罚,判处田某某犯徇私舞弊不征税款罪,免予刑事处罚。

(三) 徇私舞弊不征少征税款罪常与受贿罪并发

税务干部徇私舞弊不征、少征税款通常与受贿罪并发。例如,J 省 N 市中级人民法院(2015)N 刑二终字第 180 号《刑事裁定书》①中,2011 年至 2014 年间,被告人刘某平利用其担任 X 县地方税务局 Z 中心税务所副所长的职务便利,明知 X 县德云石料有限责任公司、J 市聚亿建材有限责任公司、X 县西村乡康某乙石料厂少缴税款,不采取其他有效措施避免税款流失,给国家矿产资源税收造成 107.626 785 万元的损失,并非法收受 4 个负责人的购物卡、现金共计 15 000 元。

个别税务干部利用手中职权,用应征税款与纳税人进行交易,非法获取利益。防范该类案件的发生,关键还是区分征纳双方的权利义务关系,严格约束税务干部的税收征管职权,尤其是税款核定、评估、稽查等依职权的征税权必须扎牢内部控制之网。

由于徇私舞弊不征少征税款罪这种规避纳税行为的"双赢"性决定了这类犯罪隐藏的很深,很难被发现,这使部分税务工作人员出现侥幸心理,同时也出现心理变化,导致自己从小利小惠到一发不可收拾。税务工作人员本应该从一开始工作就对其岗位职责与风险有高度的警觉意识,部分税务工作人员却"无知无畏",把危险与责任抛之脑后,"义无反顾"跳进深渊。中国人重人情,讲面子,而人情化和关系网很容易使人丧失原则。本案税务干部正是在碍于情面,从不要伤了和气而帮点小忙的

① 2017 年 11 月 25 日摘自中国裁判文书网。

心态下开始,接受感恩,一直到难以拒绝对方的请求,而又继续帮忙。在这种"施恩与回报"的人之常情中,走向了犯罪的深渊。

(四)正确理解"徇私"的内涵

《全国人民法院审理经济犯罪案件工作座谈会纪要》说明关于徇私舞弊型渎职犯罪的"徇私"应理解为徇个人私情、私利。

"徇私",就是指为了私利或私情而做不合法的事。一般认为,徇私情,是指徇亲情、友情或者其他私情,如不正当男女关系之情等。徇私利,主要表现为徇钱、物之利以及钱物以外的其他财产性利益,如提供旅游、车辆、住房等,或者表现为其他非财产性利益,如提干、安排工作等,也有的是趋炎附势,或者隐瞒掩饰非法活动等。实践中,私情中"情"的含义相当广泛,无法给予确切含义,从类型上可分为喜怒哀乐等,从社会属性上可分为亲情、友情、爱情、乡情等,无论从什么角度分,外延都是相当广泛,根据上述对私利、私情的理解,税务律师认为是无法用列举的方法确定其范围的,只能根据具体案情,通过行为人的客观行为表现,综合分析判断其内心特征。

(五)擅自决定缓征税款给国家造成了损失仍然属于不征少征应征税款行为

缓征税款,是指行为人对业已到期的税款故意不征,拖延入库时间,或者编造理由,擅自作出违法延缓征收的决定。收税过程中,对于有特殊困难,不能按期缴纳税款的,经省、自治区、直辖市税务机关批准,可以延期缴纳税款,但最长不得超过3个月。对于缓征税款的行为,有时从主观上来看,很难作出是徇私情或徇私利的判断,如有些税务机关,在本年度已完成了税收任务,为了在下一年度能保证完成税收任务,对于一些税源大户,采取缓征税款的行为。从客观上看,行为人并没有实施不征或少征税款的行为,而是实施了对税款征缴的拖延。但如果税务人员出于私利或私情,对纳税人作出缓征税款的行为,给国家税收造成了重大损失,如纳税人过期拒绝缴纳或无能力缴纳,通过税务机关无法追回,其行为就应认定为不征、少征应征税款的行为。

(六)认真质证司法鉴定意见

司法实践中,已经引入第三方鉴定机构对税款损失数额进行司法鉴定,作为被告人或者辩护人要认真、善于对司法鉴定进行质证。

根据《税收征收管理法》第五条规定,计算税额属于税务机关依法执行职务行为,税务机关认定的税款数额具有法律效力,即使是司法机关也应该支持税务机关依法执行职务,任何部门、单位和个人作出的与税收法律、行政法规相抵触的决定一律无效。

因此,若第三方机构(如会计师事务所、税务师税务师等)出具的结论与税务机构认定的税款结论不一致的情况下,如果以第三方机构出具的结论为准则是对立法精神的否定。

实践中,应征税款流程一般为:纳税人进行纳税申报;再由税务机关根据纳税人的申报确定税额并进行税款征收。因此,应征税款并非纳税人申报的税款数额,而是税务机关审核后确定的税款数额,即使现实中纳税人对于重大纳税事项聘请第三方机构出具报告,或者是司法机构聘请第三方机构出具报告,该第三方机构计算的税款数额在未经税务机关审核认定前也不属于应征税款,不具有法律效力,其作为证据使用亦存在法律瑕疵。

按照相关法律规定,税务机关征收税款的行为属于可诉的行政行为,纳税人对税务机关确定的税款数额不服可以提起税务行政诉讼。如前所诉,税务机关计算税额属于依法执行职务行为,如果纳税人对应征税款不服提起行政诉讼的,被告只能是税务机构,因此,税务机关必将坚持按照税法规定来自行计算确定纳税人的应征税款数额,而不是直接认可委托的第三方机构计算的税款数额。

(七) 区分徇私舞弊不征少征税款罪与其他涉税犯罪的界限

1. 徇私舞弊不征少征税款罪与玩忽职守罪的界限

税务人员在税收征管中玩忽职守,严重不负责任,不征、少征应征税款,造成国家税收遭受重大损失的,应按刑法第三百九十七条玩忽职守罪追究刑事责任。从犯罪的主观要件来分析,玩忽职守是过失犯罪,徇私舞弊不征少征税款罪是故意犯罪。

2. 徇私舞弊不征少征税款罪与逃避追缴欠税罪的界限

如果税务人员与逃避追缴欠税的犯罪分子相勾结,不征、少征应征税款,应按照刑法总则中共同犯罪的规定处罚:税务机关的工作人员,与逃税者无共谋构成徇私舞弊不征、少征税款罪;税务机关的工作人员,与逃税者有共谋,相互勾结,不征或者少征应征税款的,触犯徇私舞弊不征、少征税款罪与逃税罪的共犯,系想象竞合,应当择一重罪处罚。

3. 徇私舞弊不征少征税款罪与逃税罪的界限

逃税罪,是指纳税人采取伪造、变造、隐匿、擅自销毁账簿、记账凭证,在账簿上多列支出或者不列、少列收入,经税务机关通知申报而拒不申报或者进行虚假的纳悦申报的手段,不缴或者少缴应缴税款,偷税数额达到一定程度或因偷税被税务机关给予二次行政处罚又偷税的行为。一般而言,它与本罪在犯罪主体、犯罪的客观表现、犯罪的主观方面等内容上,都有着很大的区别。但当出现偷税罪的共犯时,则有可能造成相互混淆的现象。税务机关的工作人员,如果与逃税人相互勾结,故意不履行其依法征税的职责,不征或少征应征税款的,应该将其作为偷税罪的从犯来论处。但如果行为人知道了某人在偷税,出于某种私利,而佯装不知,对偷税犯罪行为采取放任的态度,并因此不征少征应征税款,致使国家税收遭受重大损失的,只能认定构成本罪。

如果税务人员与逃税、逃避欠税的犯罪人勾结,而不征少征应征税款,应当按照刑法共同犯罪的规定处罚。

4. 收受纳税人财物的处罚

如果税务人员利用职务上的便利,索取、收受纳税人财物,构成犯罪,不征少征应征税款,致使国家税收遭受重大损失,应当以受贿、徇私舞弊不征少征税款罪依照刑法规定的数罪并罚的规定处罚。

 链接 《最高人民法院 最高人民检察院关于办理职务犯罪案件严格适用缓刑、免予刑事处罚若干问题的意见》(法发〔2012〕17号)

为进一步规范贪污贿赂、渎职等职务犯罪案件缓刑、免予刑事处罚的适用,确保办理职务犯罪案件的法律效果和社会效果,根据刑法有关规定并结合司法工作实际,就职务犯罪案件缓刑、免予刑事处罚的具体适用问题,提出以下意见:

一、严格掌握职务犯罪案件缓刑、免予刑事处罚的适用。职务犯罪案件的刑罚适用直接关系反腐败工作的实际效果。人民法院、人民检察院要深刻认识职务犯罪的严重社会危害性,正确贯彻宽严相济刑事政策,充分发挥刑罚的惩治和预防功能。要在全面把握犯罪事实和量刑情节的基础上严格依照刑法规定的条件适用缓刑、免予刑事处罚,既要考虑从宽情节,又要考虑从严情节;既要做到刑罚与犯罪相当,又要做到刑罚执行方式与犯罪相当,切实避免缓刑、免予刑事处罚不当适用造成的消极影响。

二、具有下列情形之一的职务犯罪分子,一般不适用缓刑或者免予刑事处罚:

(1) 不如实供述罪行的。

(2) 不予退缴赃款赃物或者将赃款赃物用于非法活动的。

（3）属于共同犯罪中情节严重的主犯的。

（4）犯有数个职务犯罪依法实行并罚或者以一罪处理的。

（5）曾因职务违纪违法行为受过行政处分的。

（6）犯罪涉及的财物属于救灾、抢险、防汛、优抚、扶贫、移民、救济、防疫等特定款物的。

（7）受贿犯罪中具有索贿情节的。

（8）渎职犯罪中徇私舞弊情节或者滥用职权情节恶劣的。

（9）其他不应适用缓刑、免予刑事处罚的情形。

三、不具有本意见第二条规定的情形，全部退缴赃款赃物，依法判处 3 年有期徒刑以下刑罚，符合刑法规定的缓刑适用条件的贪污、受贿犯罪分子，可以适用缓刑；符合刑法第三百八十三条第一款第（三）项的规定，依法不需要判处刑罚的，可以免予刑事处罚。

不具有本意见第二条所列情形，挪用公款进行营利活动或者超过 3 个月未还构成犯罪，一审宣判前已将公款归还，依法判处 3 年有期徒刑以下刑罚，符合刑法规定的缓刑适用条件的，可以适用缓刑；在案发前已归还，情节轻微，不需要判处刑罚的，可以免予刑事处罚。

四、人民法院审理职务犯罪案件时应当注意听取检察机关、被告人、辩护人提出的量刑意见，分析影响性案件案发前后的社会反映，必要时可以征求案件查办等机关的意见。对于情节恶劣、社会反映强烈的职务犯罪案件，不得适用缓刑、免予刑事处罚。

五、对于具有本意见第二条规定的情形之一，但根据全案事实和量刑情节，检察机关认为确有必要适用缓刑或者免予刑事处罚并据此提出量刑建议的，应经检察委员会讨论决定；审理法院认为确有必要适用缓刑或者免予刑事处罚的，应经审判委员会讨论决定。

第三节 税务干部徇私舞弊不征少征税款罪大数据分析报告

本报告通过对中国裁判文书网数据库的搜索，选取 2013 年至 2017 年共 5 年间全国范围内税务干部涉及徇私舞弊不征少征税款罪的有效裁判文书（检索截止日期

2017年12月15日；不排除部分类似案件未上传到数据库），进行分类、整理、分析，总结出徇私舞弊不征少征税款案件的基本状况，形成大数据报告。2017年数据应该与实际数据相比有一定的差距，因为在检索时有部分案件还未审结或还未上传。

希望通过分析和研究，展现全国税务干部涉及徇私舞弊不征少征税款罪的基本情况、判决要点、律师辩护效果等数据总结，为税务干部防控徇私舞弊不征少征税款刑事风险提供指导和法律服务。

一、整体分析

（一）基本情况分析

1. 总体情况

在2013年至2017年税务干部涉及徇私舞弊不征少征税款罪的裁判案件中，2013年审理2件，占比4%；2014年审理16件，占比31.4%；2015年审理11件，占比21.6%；2016年审理14件，占比27.4%；2017年审理8件，占比15.6%。裁判文书如图3-1所示。

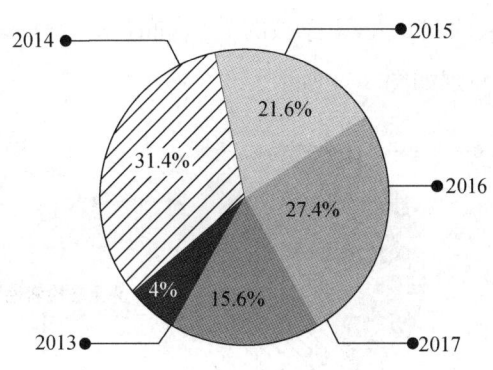

图3-1　裁判文书

从各省级行政区域的情况来看，税务干部涉及徇私舞弊不征少征税款罪刑事案件，其中江苏省11件、河南省6件、四川省5件、山东省3件、安徽省3件、重庆市3件、贵州省2件、浙江省2件、辽宁省2件、湖北省2件、河北省2件、上海市2件、江西省1件、黑龙江省1件、湖南省1件、广东省1件、陕西省1件、宁夏回族自治区1件、广西壮族自治区1件、北京市1件。

2. 审理法院情况

由基层人民法院一审审理的34件，由中级人民法院二审审理的17件。审理法院级别如图3-2所示。

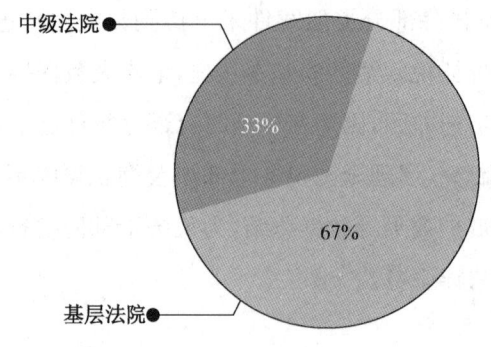

图 3-2　审理法院级别

3. 涉及徇私舞弊的裁判案件

在 2013 年至 2017 年税务干部涉及徇私舞弊不征少征税款罪的裁判案件中,二审既上诉又抗诉的案件 1 件,最终依法改判为不构成徇私舞弊不征少征税款罪。

4. 犯罪主体的性别构成

在裁判文书中,有 21 人无法检索犯罪主体的性别。

在可以有效检索犯罪主体性别的裁判文书中,有男性被告人的共 34 人,占总数的 81%;有女性被告人的共 6 人,占总数的 7%;同时,有女性被告人的案件均为共同犯罪案件。犯罪主体性别如图 3-3 所示。

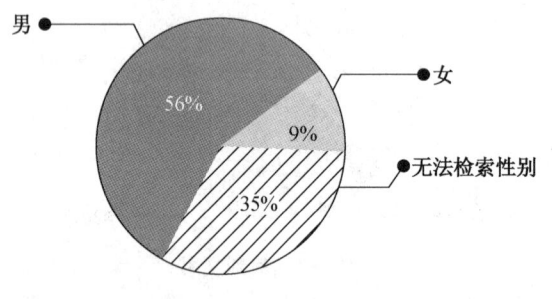

图 3-3　犯罪主体性别

5. 犯罪主体所属税务机关

在裁判文书中,有 3 人无法检索犯罪主体所属税务机关。

在可以有效检索犯罪主体所属税务机关的裁判文书中,涉及地方税务局税务干部的共 43 人,占总数的 74%;涉及国家税务局税务干部的共 15 人,占总数的 26%。所属税务机关如图 3-4 所示。

6. 犯罪主体的职务构成

在裁判文书中,涉及市级税务机关股长 1 人、科员 1 人;市级税务机关分局(稽查局、税务所)局长 2 人、所长 2 人、副所长 1 人、副股长 1 人、科长 4 人、主任科员 2

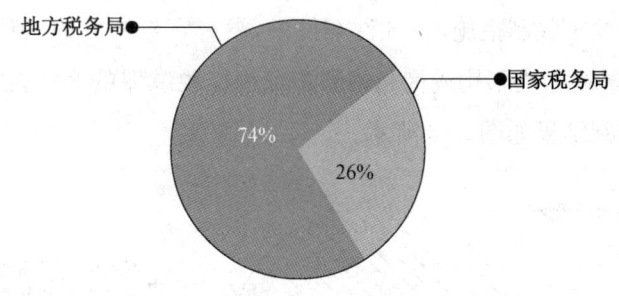

图 3-4 所属税务机关

人、科员 9 人、协税员 4 人;区(县)级税务机关所长 1 人、副所长 2 人、副股长 2 人、科长 1 人、副科长 1 人、主任科员 1 人、科员 1 人、税收管理员 1 人、协税员 1 人;区(县)级税务机关分局(稽查局、税务所)局长 4 人、所长 3 人、副所长 3 人、股长 1 人、税收管理员 1 人、外聘人员 1 人;9 人在区(县)级税务机关及区(县)级税务机关分局任职,无法检索具体职务。

(二)影响量刑的情节分析

1. 自首、坦白情节

涉及自首的 23 件,占总数的 45%。如实供述、坦白的 25 件,占总数的 49%。认定具有自首情节的 13 件,具有坦白情节的 25 件。

2. 立功情节

涉及立功的 4 件,人民法院最终认定 2 件具有立功情节。

3. 共同犯罪案件

认定为共同犯罪案件的 6 件,占总数的 12%;其中认定从犯的 2 件。

(三)采取的强制措施情况

存在被逮捕情况的 43 件,占总数的 69%;被取保候审的 18 件,占总数的 29%,采取取保候审措施后又实施逮捕的有 5 件;被监视居住的 1 件,占总数的 2%。采取强制措施如图 3-5 所示。

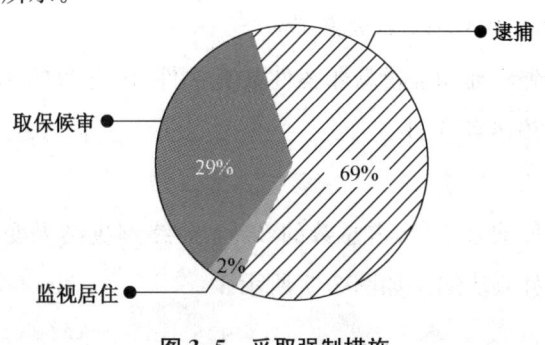

图 3-5 采取强制措施

被采取取保候审强制措施的 18 件案件中,没有宣告缓刑的;免予刑事处罚的 4 件,占比 22%。最终判决不构成徇私舞弊不征少征税款罪的 2 件,占比 11%。被取保候审措施的裁判结果如图 3-6 所示。

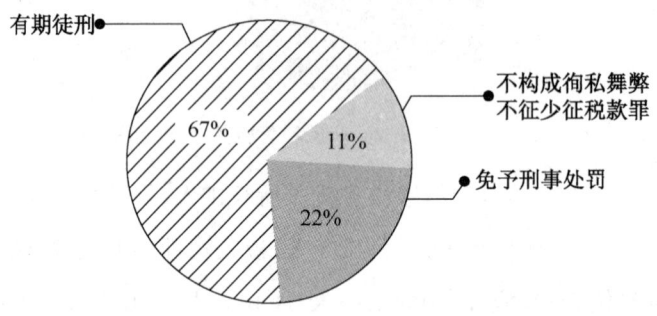

图 3-6　被取保候审措施的裁判结果

注:本报告涉及的判决结果仅统计徇私舞弊不征少征税款罪审判结果,不统计涉及数罪并罚后的判决执行结果。

二、一审案件判决结果分析

1. 有期徒刑

判处有期徒刑案件共有 40 件,占总数的 70%。其中判处不满 1 年(包括 1 年)有期徒刑的 9 件,判处不满 3 年(包括 3 年)有期徒刑的 17 件,判处三年以上有期徒刑 14 件。

2. 宣告缓刑

最终宣告缓刑的 0 件。

3. 免予刑事处罚

免予刑事处罚案件共有 8 件,占总数的 14%。其中,2013 年 1 件,2014 年 1 件,2015 年 1 件,2016 年 1 件,2017 年 4 件,各年度基本持平。

4. 不构成徇私舞弊不征少征税款罪

不构成徇私舞弊不征少征税款罪案件共有 7 件,占总数的 13%。其中,2014 年 1 件,2015 年 5 件,2016 年 1 件。

5. 变更罪名

变更罪名的案件共有 2 件,占总数的 3%。最终判决结果变更为税务干部犯滥用职权罪。一审案件判决结果如图 3-7 所示。

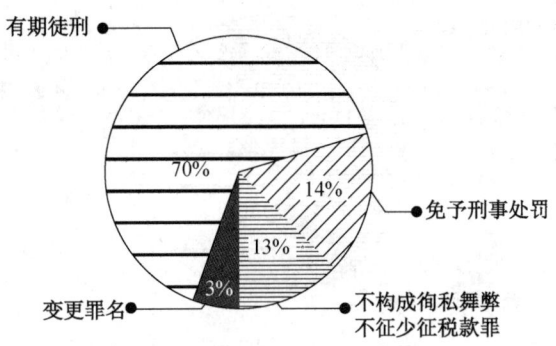

图 3-7　一审案件判决结果

三、二审案件判决结果分析

在 2013 年至 2017 年税务干部涉及徇私舞弊不征少征税款罪的二审案件共计 17 件,其中 2014 年 5 件;2015 年 4 件;2016 年 6 件;2017 年 3 件。

1. 维持一审判决

在 2013 年至 2017 年税务干部涉及徇私舞弊不征少征税款罪的裁判案件中,二审法院维持(包括部分维持)一审判决的 8 件,占二审案件的 47.1%。其中,2014 年维持一审判决的 4 件,维持率为 80%;2015 年维持一审判决的 1 件,维持率为 25%;2016 年维持一审判决的 2 件,维持率为 33.3%;2017 年维持一审判决的 1 件,维持率为 33.3%。

2. 改判

在 2013 年至 2017 年税务干部涉及徇私舞弊不征少征税款罪的裁判案件中,二审法院改判的 5 件,占二审案件的 29.4%。其中 2014 件 1 件,改判率为 20%;2015 年改判案件 1 件,改判率为 25%;2016 年 2 件,改判率为 33.3%;2017 年改判案件 1 件,改判率为 33.3%。

3. 裁定发回重审

在 2013 年至 2017 年税务干部涉及徇私舞弊不征少征税款罪的裁判案件中,二审法院裁定发回重审的 1 件,占二审案件的 5.9%。2016 年发回重审案件 1 件,发回重审率为 16.7%。

4. 裁定撤诉

裁定撤回上诉案件 3 件,占二审案件的 17.6%。2016 年 1 件,2017 年 2 件。二审案件判决结果如图 3-8 所示。

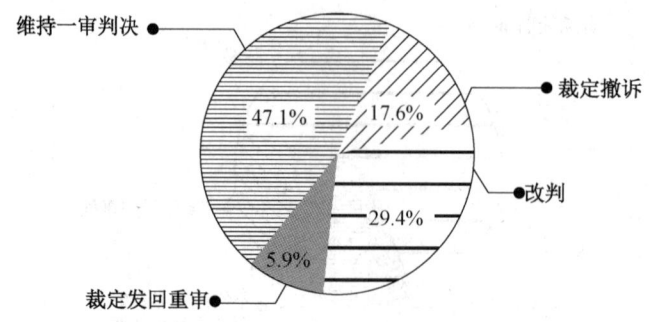

图 3-8　二审案件判决结果

四、律师辩护情况分析

1. 一审总体辩护情况

在一审 34 份裁判文书中,有辩护人的总计 30 件,参与辩护率为 88.2%。

2013 年有辩护人 2 件,参与辩护率为 100%;2014 年有辩护人为 9 件,参与辩护率为 81.8%;2015 年有辩护人为 7 件,参与辩护率为 87.5%;2016 年有辩护人为 7 件,参与辩护率为 87.5%;2017 年有辩护人为 5 件,参与辩护率为 100%。可见,大多数当事人在一审时会聘请律师进行刑事诉讼。

2. 二审总体辩护情况

在二审 17 份裁判文书中,有辩护人的总计 14 件,辩护率为 96%,2014 年有辩护案件为 4 件,辩护率为 80%;2015 年有辩护案件为 2 件,辩护率为 100%;2016 年有辩护案件为 5 件,辩护率为 83.3%。2017 年 1 件,但其余 2 件为上诉人撤诉案件。说明当事人越来越重视聘请律师进行辩护。

3. 二审辩护效果对比

二审判决改判、发回重审案件均有律师参与辩护。

4. 辩护人辩护意见采纳情况统计

辩护人辩护意见采纳情况统计如表 3-1 所示。

表 3-1　辩护人辩护意见采纳情况统计

辩护意见	出现情况(件)	采纳情况(件)
未造成实际损失	5	3
与损失无因果关系	3	0

（续表）

辩护意见	出现情况（件）	采纳情况（件）
税款数额有误	9	5
证言矛盾应不予采信	1	0
不能作为证据使用	2	0
证据不足	3	0
与受贿罪法条竞合	3	0
不存在不征、少征税款的主观故意	5	0
没有利用职务上的便利	1	0
自首	21	11
如实供述、坦白	16	16
立功情节	4	2
从轻减轻	21	21
缓刑	1	0
从犯	2	2
不构成涉及徇私舞弊不征少征税款罪	16	2

五、分析结论

通过对 2013 年至 2017 年共 5 年的税务干部涉及徇私舞弊不征少征税款罪刑事案件各项数据进行归纳、对比、分析可以看出，在税务干部涉徇私舞弊不征少征税款罪刑事案件中，律师参与辩护率远远高于刑事案件整体辩护率。

第四章 税务干部徇私舞弊发售发票风险案

第一节 税务干部徇私舞弊发售发票罪的基本理论

税务机关对发票的管理是一项十分重要的工作。1994 年,我国实行了税收体制改革,较大特点就是可以凭借增值税专用发票票面注明的税款直接抵扣税款。它不但是商品交换中的一种商事凭证和财会收支、会计核算的法定凭证,而且是增值税的扣税凭证,是记录销货方进项税额的主要依据,是购货方据以抵扣税款的证明。因此,为了防止国家巨额税款流失,国家对税务机关在发售发票、抵扣税款、出口退税工作中,要求其工作人员建立了以增值税为主题的流转税制度,对发票的管理显得尤为重要。这中间,工作人员要严格依法办事,保证国家财政收入不受侵犯。但是,一些税务机关工作人员置国家利用于不顾,违背自己的职责,徇私舞弊,致使国家利益遭受了重大损失。对于此类案件,以前实践中往往以玩忽职守罪论定和处理。修订后的刑法规定了此类案件以"徇私舞弊"来论处,并完善了刑法,以更有效地惩治这种犯罪行为。

一、税务干部徇私舞弊发售发票罪的概念

徇私舞弊发售发票罪是指税务机关的工作人员违反法律、行政法规的规定,在办理发售发票工作中,徇私舞弊,致使国家利益遭受重大损失的行为。

二、税务干部徇私舞弊发售发票罪的刑法规定

《刑法》第四百零五条第一款规定,税务机关的工作人员违反法律、行政法规的规定,在办理发售发票工作中,徇私舞弊,致使国家利益遭受重大损失的,处 5 年以下有期徒刑或者拘役;致使国家利益遭受特别重大损失的,处 5 年以上有期徒刑。

这里的造成特别重大损失,是指给国家税收遭受特别重大损失。

三、税务干部徇私舞弊发售发票罪的犯罪构成

(一)本罪的客体特征

本罪侵犯的客体为国家的税收管理秩序。

(二)本罪的客观要件

本罪的客观要件表现为违背法律、行政法规的规定,在办理发售发票、抵扣税款、出口退税工作中,徇私舞弊,致使国家利益遭受重大损失的行为。

首先,行为人违反了相应的法律、行政法规的规定。它主要是指违反《税收征管法》及其实施细则、《发票管理办法》及其实施细则以及其他相关行政法规等。这是成立本罪的前提条件。

其次,必须是在发售发票、抵扣税款、出口退税工作中徇私舞弊的行为。即国家税务机关工作人员为谋取私利,故意违背事实和上述法律、行政法规的规定,非法出售发票、抵扣税款和办理出口退税。

最后,其徇私舞弊行为致使国家利益遭受重大损失。其行为和严重危害结果之间具有直接的因果关系。行为人实施了徇私舞弊行为,但并未造成重大损失的,亦不构成此罪。此处的"重大损失"也可认为是 5 万元以上。

(三)本罪的主体特征

本罪的犯罪主体是特殊主体。它具体是指在税务机关中负责发售发票、抵扣税款和出口退税的工作人员。

(四)本罪的主观要件

本罪的主观要件是故意,包括直接故意和间接故意,即行为人明违办理发售发票、抵扣税款、出口退税会导致国家利益遭受重大损失,却徇私舞弊,希望或放任这种结果的发生。其犯罪动机如何,不影响本罪的构成。

第二节　税务干部徇私舞弊发售发票案例解析

 **案例　徇私舞弊发售增值税专用发票案**

本案例是税收管理员徇私舞弊发售增值税专用发票案。在营改增之前,地方税

管理机关的税务干部也会成为本罪的犯罪主体;在营改增之后,本罪是中央税管理机关税务干部的专有罪名,将来国地税合并之后,就是税务干部的专有罪名。现在解析这个罪名涉及的案例,对国地税合并之后的税务干部有指导意义。

一、案例概览

(一)案情[①]

2011年11月份,李某一和林某(均另案处理)为通过虚开增值税专用发票牟取非法利益,在Q市注册成立了Q市恒昌药材有限公司(以下简称恒昌公司),李某一任法定代表人,林某任监事,该公司于2011年11月4日进行了税务登记,同月25日被Q区国税局认定为增值税一般纳税人。2011年12月至2012年5月期间,黄某成作为Q区国家税务局税源管理股工作人员,在担任恒昌公司的税收管理员期间,负责调查核实该公司的生产经营情况、进行日常税收管理和增值税专用发票定额核定等工作职责。在明知该公司不具备生产经营条件,无真实货物交易的情况下,为谋取个人非法利益,在该公司申请、增加领购增值税专用发票过程中,违反有关税务文件的规定,没有认真履行职责,违规办理、审核增值税专用发票给该公司。2011年12月22日至2012年10月18日,恒昌公司利用从Q区国税局领购的增值税专用发票,先后向AF安瑞药业有限公司,AF新特药业有限公司,J源生狼和医药有限公司等三家受票公司虚开增值税专用发票共511份。至案发时,3家受票公司利用虚开的增值税专用发票实际申报认证抵扣510份,抵扣税款人民币8 622 214.77元,直接造成国家经济损失共计人民币8 622 214.77元。破案后,3家受票企业已全部补缴了税款共计人民币863.92万元。

(二)一审法院裁判观点[②]

黄某成身为税务机关工作人员,在担任恒昌公司税收管理员期间,明知该公司成立的目的是套取增值税专用发票出售牟利,为谋取非法利益,不依法履行职责,违规发售增值税专用发票给该公司,造成国家税收损失共计人民币8 622 214.77元,致使国家利益遭受特别重大的损失,其行为触犯了《刑法》第四百零五条第一款的规定,构成徇私舞弊发售发票罪。黄某成在违规办理增值税专用发票给恒昌公司的过程中,收受林某送给的好处费共计人民币546 000元,其行为触犯了《刑法》第三百八

---

① 2017年12月11日摘自中国裁判文书网。

② 同上。

十五条第一款的规定,构成受贿罪。黄某成一人犯数罪,依法应对其数罪并罚。黄某成归案后,对其受贿的主要犯罪事实能如实供述,自愿认罪,其家属代其退出赃款人民币 100 000 元,有一定的悔罪表现,依法可以对其犯受贿罪从轻处罚;其归案后,三家涉案受票企业已补缴了全部的税款,依法可以对其犯徇私舞弊发售发票罪酌情从轻处罚。黄某成有立功表现,依法可从轻处罚。由于黄某成对其徇私舞弊发售发票犯罪行为予以否认,且归案后仅退出赃款人民币 100 000 元,对余下赃款的去向拒不交代,亦没有积极配合追缴工作,一审根据其犯罪的事实、犯罪的性质、犯罪的情节对社会的危害程度及悔罪表现,依法对其所处刑罚并无不当。一审人民法院判决:①黄某成犯徇私舞弊发售发票罪,判处有期徒刑 5 年 6 个月;犯受贿罪,判处有期徒刑 3 年 6 个月,并处罚金人民币 200 000 元,总和刑期九年,并处罚金人民币 200 000 元,决定执行有期徒刑 8 年,并处罚金人民币 200 000 元。②追缴被告人黄某成的违法所得人民币 546 000 元,没收上缴国库(被告人黄某成已退出人民币 100 000 元,现存于 L 县人民检察院)。

(三) 人民检察院观点①

本案证据表明,黄某成身为国家税务机关工作人员,明知李某一、林某等人成立恒昌公司是为多开增值税发票出售牟利,仍然为了得到好处费而积极为李某一等人虚开增值税发票提供便利,造成国家税款损失 8 622 214.77 元,收取李某一等人送的好处费 546 000 元的犯罪事实清楚,证据确实充分。黄某成事前与李某一、林某同谋,为谋取非法利益,不依法履行职责,明知恒昌公司并无实际经营药材业务,仍违规发售增值税专用发票给该公司造成国家损失,其主观上具有徇私舞弊、受贿的故意,客观上实施了徇私舞弊发售发票以及受贿的行为,构成徇私舞弊发售发票罪、受贿罪,依法应数罪并罚。一审认定的事实清楚,证据充分,量刑适当。

(四) 被告人及辩护律师观点②

黄某成对一审认定其犯受贿罪无异议,但认为对其犯受贿罪量刑过重。对一审认定其犯徇私舞弊发售发票罪提出异议,认为一审认定其犯徇私舞弊发售发票罪不当。理由是:其没有发售增值税专用发票的权利,没有明知恒昌公司是三无企业,在属行职务过程中,没有舞弊行为,调查是公开的,程序是合法的,没有隐瞒和包庇行为,两次调查都是由两个以上工作人员去调查,也出具了调查报告。同时,其的立功

---

① 2017 年 12 月 11 日摘自中国裁判文书网。
② 同上。

表现,应当认定为重大立功表现,请求二审人民法院给予减轻处罚。

其辩护人也提出相同的辩护意见,同时还辩称恒昌公司是经工商部门调查批准准予成立的,公司成立后办理税务登记,税务局提供增值税发票,是经过一系列申报、审批手续后才能到 Q 市国税局申领增值税发票,造成国家税款损失是经过一系列的过程才导致的,是一果多因。本案中黄某成虽在履行职务当中没有认真履行职责,违规发售发票,但这只是其中的一个环节,要黄某成负全责是不恰当的。在本案中,黄某成的目的只是得到非法利益,但是实施过程中,触犯了两个罪名存在牵连犯罪的情况,应是择一重罪处罚,而不是数罪并罚。一审定罪失当,量刑过重。黄某成对其所犯的受贿罪如实供述有悔罪表现,且有重大立功表现,请求二审法院依法改判。

(五) 二审法院裁判观点[①]

黄某成提起上诉,二审人民法院审理后维持了一审判决。

二、案例解析

(一) 徇私舞弊发售发票必须承担法律责任

徇私舞弊发售发票罪是指税务机关的工作人员违反法律、行政法规的规定,在办理发售发票工作中,徇私舞弊,致使国家利益遭受重大损失的行为。发票,是指在购销商品、提供或者接受服务以及从事其他经营活动中,开具、收取的收付款凭证。发售发票,是指主管税务机关根据已依法办理税务登记的单位或个人提出的领购发票申请向其出售发票的活动。

又根据《最高人民检察院关于渎职侵权犯罪案件立案标准的规定》渎职犯罪案件第十五规定涉嫌徇私舞弊,致使国家税收损失累计达 10 万元以上情形的,应予立案。本税案中税务机关税收管理员黄某成为谋取个人非法利益违规办理、审核增值税专用发给恒昌公司,侵犯了税收征管秩序,致使国家利益损失 8 622 214.77 元。符合徇私舞弊发售发票罪的构成要件与检察院立案条件。

据上可见徇私舞弊发售发票罪认定标准:①必须具有违反法律、行政法规规定的行为。②必须具有为徇私情私利,对明知不符合条件的单位或者个人发售发票的行为。③致使国家税收遭受重大损失。

黄某成作为一个税务工作者,在刚被调到 Q 区国税局税源管理股工作岗位不久

---

① 2017 年 12 月 11 日摘自中国裁判文书网。

就涉及如此严重的犯罪,而且没有任何的忌惮之心,实在匪夷所思。对于他自身而言,不仅丢掉公职,在自己的生命历程上留下了如此污点。由此看来,税务工作人员的日常培训,仅仅了解业务知识是远远不够的,必须深入开展税务工作人员的廉政风险防范教育。

(二) 注意本罪与其他罪名的区分

1. 与玩忽职守罪的区别

(1) 如果是税务机关的工作人员在发售发票工作中由于疏忽大意,严重不负责(过失),致使国家利益遭受损失的,应按玩忽职守罪追究其刑事责任。

(2) 如果税务工作人员事先与非法购买增值税专用发票的行为人通谋,则应按照共同犯罪定罪处罚。

(3) 税务机关工作人员在办理发售发票工作中接受贿赂而实施本罪的,如果受贿行为构成犯罪的,应当按照处理牵连犯的原则从一重罪处罚。

2. 与徇私舞弊不征少征税款罪的区别

徇私舞弊发售发票罪与徇私舞弊不征少征税款罪相比,在主体、客观方面均有相同或相似之处,但在客观及主观方面上则有明显的差别。两者在客观方面的区别主要表现为:

(1) 两者虽都发生在税收征管领域,但发生的具体阶段不同。徇私舞弊不征、少征税款罪往往直接发生在税务机关的工作人员在征收税收的过程中,或者应当履行征收税收职责而故意不履行。徇私舞弊发售发票则往往发生在征收税收之前。

(2) 行为的具体方式不同,徇私舞弊不征、少征税款罪的舞弊方式往往表现为不作为,即行为人为徇私情私利而故意不履行其应当履行的职责,也可以表现为不正确履行其职责。徇私舞弊发售发票罪则往往表现为作为,即行为人为徇私情私利,故意通过其积极的行为去违法发售发票。

3. 与非法出售增值税专用发票罪的区别

徇私舞弊发售发票、抵扣税款、出口退税罪是指税务机关工作人员违反法律、行政法规的规定,在办理发售发票工作中,徇私舞弊,致使国家利益遭受重大损失的行为。所谓"发售发票",是指税务机关根据依法办理税务登记的单位和个人的发票领购簿,向其分发销售发票的活动。根据《发票管理办法》的规定,依法办理税务登记的单位和个人,在领取税务登记证件后,向主管税务机关申请领购发票。申请领购发票的单位和个人应当提出购票申请,提供经办人身份证明、税务登记证件或者其他有关证明,以及财务印章或者发票专用章的印模,经主管税务机关审核后,发给发票领购簿。领购发票的单位和个人凭发票领购簿核准的种类、数量以及购票方式，向主管税务机关领购发票。需要临时使用发票的单位和个人，可以直接向税务机关申请办理。临时到本省、自治区、直辖市以外从事经营活动的单位或者个人，应当凭所在地税务机关的证明，向经营地税务机关申请领购经营地的发票。税务机关对外省、自治区、直辖市来本辖区从事临时经营活动的单位和个人申请领购发票的，可以要求其提供保证人或者根据所领购发票的票面限额及数量缴纳不超过1万元的保证金，并限期缴销发票。很显然，如果发票申领人未按照规定申领发票而税务人员明知其违规但仍发售发票的，则属于违规发售发票。这是一般发票的领购，如果是增值税专用发票，还有特殊规定。例如，增值税专用发票不是任何人都能领购的。根据《增值税专用发票使用管理规定》，增值税专用发票仅限于增值税一般纳税人领购使用，增值税小规模纳税人及非增值税纳税人不得领购使用专用发票。增值税一般纳税人应持税务登记证（副本）、发票领购簿、财务专用章或发票专用章、税务代码章、购票人员身份证及税务机关指定的其他证件或资料，到指定的专用发票供应处领购专用发票。在领购专用发票时，纳税人须依照有关规定加盖有关专用印章，交税务机关查验后，方可办理领购手续。如果税务人员徇私舞弊，明知增值税专用发票申领人不是增值税一般纳税人而仍发售发票的，或者明知领购人手续不全而仍发售发票，就属于徇私舞弊发售发票。一般来说，徇私舞弊发售发票，是指行为人屈从私情、私利，故意不认真审查领购发票单位或者个人的主体资格，给不具备领购发票法定条件、不具备购票资格的单位和个人发售了发票，或者发售发票的单位或个人虽然具备领购发票的资格，但行为人没有按照规定以及发票领购簿核准的种类、数量及购票方式，向申请人发售发票。

实践中，两罪混淆的情况主要是税务机关工作人员在发售发票中违反法律、法规规定向不合格的纳税人或其他人发售发票的行为如何定性的问题。有人认为，税务机关及其工作人员，无论基于何种动机和目的，非法发售增值税专用发票达到法定标准均应以非法出售增值税专用发票罪定罪处罚。同一观点者认为，本罪的主体，具体来说，可以分为合法拥有增值税专用发票者、非法拥有增值税专用发票者以及负责发售增值税专用发票的税务部门及其工作人员三种。也有人认为，构成非法出售增值税专用发票罪的主体原则上包括有权出售的单位主体及其工作人员，也包括无权出售主体的单位或自然人，即税务机关及其工作人员应包括在其中。但是，在具体构罪中，这种犯罪主体未必均在非法发售增值税发票活动中均成立本罪。因为在我国刑法规范的税收犯罪中，除了一般规定税务机关及其工作人员非法出售增值税发票成立非法出售增值税专用发票罪外,还特别对税务机关人员另行设置了税收职务犯罪,即《刑法》第四百零五条规定的徇私舞弊罪。这一规定属于税收职务犯罪的特别法,因此,在《刑法》第二百零七条与四百零五条竞合的情况下,必然优先于普通法,故非法出售增值税发票的行为未必均成立非法出售增值税专用发票罪,而是要注意刑法是否对某种特殊身份主体作了单独定罪的规定。

 链接　《最高人民检察院关于渎职侵权犯罪案件立案标准的规定》

《最高人民检察院关于渎职侵权犯罪案件立案标准的规定》第十五条规定,徇私舞弊发售发票罪是指税务机关工作人员违反法律、行政法规的规定,在办理发售发票工作中徇私舞弊,致使国家利益遭受重大损失的行为。

涉嫌下列情形之一的,应予立案:

(1)徇私舞弊,致使国家税收损失累计达10万元以上的。

(2)徇私舞弊,致使国家税收损失累计不满10万元,但发售增值税专用发票25份以上或者其他发票50份以上或者增值税专用发票与其他发票合计50份以上,或者具有索取、收受贿赂或者其他恶劣情节的。

(3)其他致使国家利益遭受重大损失的情形。

第五章　税务干部徇私舞弊抵扣税款风险案

第一节　徇私舞弊抵扣税款罪的基本理论

一、徇私舞弊抵扣税款罪的概念

徇私舞弊抵扣税款罪是指税务机关的工作人员违反法律、行政法规的规定，在办理抵扣税款工作中，徇私舞弊，致使国家利益遭受重大损失的行为。

二、徇私舞弊抵扣税款罪的刑法规定

《刑法》第四百零五条第一款规定，税务机关的工作人员违反法律、行政法规的规定，在办理抵扣税款工作中，徇私舞弊，致使国家利益遭受重大损失的，处5年以下有期徒刑或者拘役；致使国家利益遭受特别重大损失的，处5年以上有期徒刑。这里的造成特别重大损失，是指给国家税收造成特别重大损失。

三、徇私舞弊抵扣税款罪的犯罪构成

（一）犯罪的客体要件

本罪所侵犯的客体是税务机关的正常工作秩序。徇私舞弊行为使国家税收法律、法规的顺利实施受到严重干扰，损害了国家税务机关的威信。

抵扣税款是指凭发票抵扣税款制度，发票上所注明的税款是唯一可以抵扣的税款。增值税专用发票就是以商品和劳动增值额为征税对象，并具有抵扣税款功能的专门用于增值税的收付款凭证。此外，具有同增值税专用发票相同功能，可以抵扣税款的普通发票有农业产品收购发票、废旧物品收购发票、运输发票等。

（二）犯罪的客观要件

本罪在客观方面表现为违反法律、行政法规的规定，在抵扣税款工作中徇私舞弊，致使国家利益遭受重大损失的行为。具体表现为在抵扣税款工作中由于税务机关工作人员徇私舞弊，致使不应抵扣的国家税款被非法抵扣等。

（三）犯罪的主体要件

徇私舞弊抵扣税款罪的主体是特殊主体，只有税务机关的工作人员才能成为本罪的主体，其他自然人均不能成为本罪的主体，单位也不能构成本罪的主体。肖某系国家税务局工作人员，符合本罪主体要件。

（四）犯罪的主观要件

徇私舞弊抵扣税款罪在主观方面表现为故意，即行为人明知自己在办理抵扣税款工作中的徇私舞弊行为是违反有关法律规定的，明知自己行为可能致使国家利益遭受损失，而对这种后果的发生持希望或者放任的态度。至于行为人的犯罪动机可能是多种多样的，动机如何对本罪构成没有影响，可以在量刑时作为因素之一予以考虑。

第二节 税务干部徇私舞弊抵扣税款案例解析

 **案例 徇私舞弊抵扣增值税进项税税款案**

本案例是税收管理员徇私舞弊认证抵扣增值税进项税税款案例。进项税的抵扣是增值税管理的一个重要环节，不容忽视，否则会侵害纳税人的权益，或者会导致国家税款流失，因此必须依法进行，不能徇私舞弊。本罪在国地税合并之前，是国税干部的专有罪名；国地税合并之后，是税务干部可能犯的罪名。

一、案例概览

（一）案情①

2003 年 12 月至 2004 年 9 月，肖某在 L 市市区国家税务局某分局任职期间，接受王某甲的拜托，多次接受通力公司相关人员宴请、财物，在通力公司申报纳税时，不依法履行审查职责，违反规定进行发票认证，致使通力公司让他人为自己虚开的

---

① 2017 年 12 月 14 日摘自中国裁判文书网。

105 份废旧物资销售统一发票,虚开金额 45 328 178.79 元,虚开税款 4 532 817.88 元,全部认证抵扣,造成国家税款流失。在通力公司案发后,税务机关于 2004 年 12 月至 2005 年追缴税款 4 046 273 元,至本案立案时共计造成国家税款损失 486 544.88 元。案发后,肖某将收受财物退回。2014 年 2 月 21 日肖某自动到侦查机关投案,如实供述了犯罪事实。

(二) 一审法院裁判观点①

肖某违反法律规定,在办理抵扣税款工作中,徇私舞弊致使国家利益遭受重大损失,情节特别严重,其行为已构成徇私舞弊抵扣税款罪。肖某案发后能主动退回赃款,对肖某依法应当减轻处罚。一审法院依照《刑法》第四百零五条第一款、第二十五条第一款、第二十七条、第六十一条、第六十七条第一款、第七十二条第一款、第七十三条第二和第三款之规定,判决肖某犯徇私舞弊抵扣税款罪判处有期徒刑 1 年,缓刑 2 年。

(三) 人民检察院观点②

增值税专用发票虽然加盖财务专用章并不违反相关规定,但是通力公司申报的其他进项发票均加盖了发票专用章,肖某应当意识到本案中的增值税专用发票未加盖发票专用章存在异常,且在案证实显示,肖某已经意识到该异常情况,并且向通力公司会计提出相关发票不能抵扣,只是碍于王某甲的关系并接受通力公司宴请、购物卡后,对其发现异常的发票违规予以抵扣,属于徇私舞弊抵扣税款。

通力公司虽不生产经营,但取得进项税发票是其对外虚开增值税专用发票的条件,若涉案发票不予抵扣,则通力公司就会减少对外开具相应税额的增值税专用发票或者多缴纳相应的税款,故肖某抵扣税款的行为,给国家税款造成了实际损失,另外通力公司上缴的税款,是销项税额减去进项税额,肖某为通力公司抵扣的税额已在应税额中扣除,故通力公司上缴的税款数额不应在造成的税款损失中扣除。

(四) 被告人及辩护律师观点③

(1) 肖某虽然发现了通力公司部分增值税专用发票未加盖发票专用章,但该部分发票都加盖了财物专用章,该情形不属于异常,可以申报抵扣,其在王某甲的相邀

---

① 2017 年 12 月 14 日摘自中国裁判文书网。

② 同上。

③ 肖某及辩护律师观点于 2017 年 12 月 14 日摘自中国裁判文书网,广西壮族自治区钦州市中级人民法院 (2016) 桂 07 刑终 114 号《刑事判决书》;网址:http://wenshu. court. gov. cn/content/content? DocID=56e01604-bf0c-4c8c-a811-d2363aefc47e。

下一块吃饭,只是同事间的一种正常交往,在抵扣税款时没有意识到其行为会造成国家损失,且通力公司没有进行生产经营,没有纳税义务,在抵扣税款环节不会造成国家税收损失,不应认定其给国家税收造成了损失,其不构成徇私舞弊抵扣税款罪。

(2) 通力公司上缴的 310 938.63 税款,应从一审判决认定的其造成国家税收损失的数额 662 926.74 元中扣除。

(3) 本案立案前税务机关追缴的 4 046 273 元税款应从损失数额中扣除。

(4) 一审量刑重,应免予刑事处罚。

(五) 二审法院裁判观点①

1995 年,国家税务总局《增值税专用发票及其他计税、扣税凭证稽核检查办法(试行)》第三条中规定:进项凭证检查要点包括检查进项凭证的真伪、进项凭证内容是否属实、项目是否填写齐全、进项税额的计算是否正确等。第四条中规定:进项凭证检查方法包括进项凭证与相关付款凭证或账簿对照核实;进项凭证与相关的进货核实;发现异常的进项凭证或涉嫌与对方销项凭证不符的,可采取传真机传递方式,委托销货方所在地税务机关配合查实。2004 年 2 月 1 日起执行的国家税务局国税函〔2004〕128 号《关于加强海关进口增值税专用缴款书和废旧物资发票管理有关问题的通知》附件 2《废旧物资发票稽核办法》第三条规定:"增值税一般纳税人取得所有需抵扣增值税进项税额的废旧物资发票,应根据相关废旧物资发票逐票填写《废旧物资发票抵扣清单》(以下简称《废旧物资抵扣清单》),在进行增值税纳税申报时随同纳税申报表一并报送。在 2 月份申报时纳税人只报送《废旧物资抵扣清单》纸质资料(在 2 月份申报期内未能报送《清单》的,可在当月申报期后补报),从 3 月份申报开始纳税人除报送《废旧物资抵扣清单》纸质资料外,还需同时报送载有《废旧物资抵扣清单》电子数据的软盘(或其他储存介质)。未单独报送《废旧物资抵扣清单》纸质资料的,其进项税额不得抵扣。如果纳税人未按照规定要求填写《废旧物资抵扣清单》的,该张凭证不得抵扣进项税额。"本案中,在案事实证据足以认定肖某在对通力公司发票进行抵扣时,未采用检查进项凭证与相关付款凭证或账簿对照核实、进项凭证与相关的进货核实、是否有废旧物资发票抵扣清单等方法进程检查,造成通力公司抵扣 4 532 817.88 元税款的事实。

肖某在侦查阶段供认因王某甲让其关照通力公司,在对通力公司资料审查时不严,且在对通力公司抵扣税款过程中,发现通力公司用于抵扣税款的发票存在未加

---

① 2017 年 12 月 14 日摘自中国裁判文书网。

盖发票专用章、票面金额不正确等异常情况，因王某甲打招呼而让通力公司顺利抵扣，并在事后通过王某甲接受通力公司宴请以及购物卡的事实，该供述有通力公司抵扣的发票予以佐证，足以认定肖某接受王某甲宴请并非正常的人情往来，系徇私舞弊抵扣税款的行为。

通力公司让他人为自己虚开废旧物资销售统一发票，系为了弥补进项发票的不足，掩盖其为他人虚开增值税专用发票的犯罪事实，不交、少交税款，从而达到非法牟利的目的，通力公司抵扣税款的数额越少，其应当缴纳的税款就越多，给国家造成的损失就越少，即实际抵扣的税款数额与给国家造成的税款损失具有直接的因果关系，这与通力公司期间上缴的销项税额减去进行税额后的应纳税额 310 938.03 元无关，肖某徇私舞弊抵扣的共计 4 532 817.88 元税款应当认定为其造成国家税收损失的数额，扣除本案立案前追回的 4 046 273 元税款，本案确已造成国家税款损失的数额为 486 544.88 元。因此，肖某及其辩护人所提"没有造成国家税款损失，不构成徇私舞弊抵扣税款罪；通力公司上缴的税款数额应从犯罪数额中扣除"的相应上诉理由和辩护意见不成立，二审法院不予采纳，所提"本案立案前税务机关追缴的 4 046 273 元税款应从损失数额中扣除"的上诉理由和辩护意见成立，二审法院予以采纳。

肖某身为国家税务机关工作人员，违反法律、行政法规的规定，在办理抵扣税款工作中，徇私舞弊，致使国家利益遭受重大损失，其行为已构成徇私舞弊抵扣税款罪；肖某犯罪后自动投案，如实供述犯罪事实，系自首，且主动退回赃款，综合考虑其犯罪的事实和情节，可对其免予刑事处罚。原审判决认定肖某犯徇私舞弊抵扣税款罪造成的损失数额不正确，二审法院判决：①维持山东省 L 市 D 区人民法院（2014）LD 刑初字第 287 号刑事判决第五项的定罪部分。即肖某犯徇私舞弊抵扣税款罪。②撤销山东省 L 市 D 区人民法院（2014）LD 刑初字第 287 号刑事判决第五项的量刑部分。即以肖某犯徇私舞弊抵扣税款罪，判处有期徒刑 1 年，缓刑 2 年。③肖某（原审肖某）肖某犯徇私舞弊抵扣税款罪，免予刑事处罚。

二、案例解析

（一）了解本罪的相关规定

徇私舞弊抵扣税款罪是指税务机关的工作人员违反法律、行政法规的规定，在办理抵扣税款工作中，徇私舞弊，致使国家利益遭受重大损失的行为。

我国对发票实行严格的管理制度，在一系列的法律、行政法规中都有规定，税务机关都有一整套的工作纪律和规章制度，以及工作人员的职责和权利、义务，只有违反了法律、行政法规、工作纪律和规章制度的行为,才能成为徇私舞弊行为。"违反法律行政法规规定"是指违反《税收征收管理法》《发票管理办法》《增值税暂行条例》等法律、行政法规关于税款抵扣制度的规定。

(二) 了解增值税专用发票的相关规定

为了加强税收管理,尽量防止税收流失,以保障国家财政收入,国家对某些税种或纳税人实行在购进货物或接受服务时就予以纳税的纳税办法。代扣代缴人代扣税款后,应当向扣税对象即购进货物时就已纳税的纳税人开具批发扣税的专用发票。专用发票设有扣税专栏,列明销售总额、适用税率和代扣税额等内容。其中,一联交给扣税的对象作为完税凭证;一联作为单位记账凭证和汇兑缴纳税款的依据,一联则转给税务机关作为掌握分户扣税情况和查账的根据。此种扣税发票,包括增值税专用发票,都应视为税收票证。扣税的对象即在购货时就已纳税的人时已扣缴的税款可以凭此种抵扣税款的发票,从每月应纳税收款总额中抵扣。

根据我国有关法律、法规的规定,增值税专用发票作为抵扣税款凭证必须符合下列条件:①购货方必须是享有税款抵扣权的增值税一般纳税人。②开具的增值税专用发票必须真实、正确、完整、有效,如有下列情形之一,不得作为进项税额的抵扣凭证:字迹不清、涂改以及项目填写不齐全的;票物不符、票面金额与实际收取的金额不符或者票面各项内容有误的;单联开具或上下联金额、增值税额等内容不一致的;发票联或抵扣联未加盖财务专用章的;只取得发票联或抵扣联的;未按规定时限开具专用发票的;伪造的专用发票。下列项目的进项税额不得从销项税额中抵扣:购进固定资产;用于非应税项目的购进货物或者应税劳务;用于免税项目的购进货物或者应税劳务;用于集体福利或个人消费的购进货物或者应税劳务;非正常损失的购进货物;等等。

税务机关中主管抵扣税款的工作人员,应当认真履行自己的职责,就纳税人提供的证明真伪,抵扣税款的数额,是否属于应当抵扣的税种、货物内容进行仔细详尽的审查。不应当抵扣的税款而抵扣,以及应少抵扣的而多抵扣,从而致使税收遭受重大损失的,就应依本罪定罪科刑。

(三) 本案的启示

本案中,在案证据显示,通力公司在进行税款抵扣时,账目空白,仅有废旧物资发票,没有废旧物资发票抵扣清单以及其他凭证,明显不符合规定,肖某在对通力公司发票进行抵扣时,未采用检查进项凭证与相关付款凭证或账簿对照核实、进项凭证与相关的进货核实、是否有废旧物资发票抵扣清单等方法进程检查,造成通力公司抵扣 4 532 817.88 元税款。应依徇私舞弊抵扣税款罪定罪科刑。

本案中肖某不严格审查通力公司资料,在对通力公司抵扣税款过程中,发现通力公司用于抵扣税款的发票存在未加盖发票专用章、票面金额不正确等异常情况,却因关照而让通力公司顺利抵扣,并在事后通过王某甲接受通力公司宴请以及购物卡,系徇私舞弊抵扣税款的行为。

需要注意,如果是税务机关的工作人员在抵扣税款工作中由于疏忽大意,严重不负责,致使国家利益遭受损失的,应按照《刑法》第三百九十七条规定的玩忽职守罪追究刑事责任。如税务工作人员事先与偷税、非法购买增值税专用发票、骗取出口退税分子通谋,应按照共同犯罪定罪处罚。

(四) 把握区分罪与非罪的界限

徇私舞弊抵扣税款行为,只有使国家利益遭受重大损失才有可能构成本罪。如果仅有徇私舞弊的行为,但没有造成国家利益的实际损失,或者虽然造成了损失,但没有达到重大损失的程度,也只是一般的违法行为,而不能以本罪论处。何谓国家利益损失重大,其标准应是多方面的,如严重影响税收秩序,致使税务机关的正常活动处于极为混乱的状态中,造成恶劣的影响等。

本案中,肖某及其辩护人认为肖某没有造成国家税款损失,不构成徇私舞弊抵扣税款罪。税务律师认为,通力公司实际抵扣的税款数额与给国家造成的税款损失具有直接的因果关系,肖某徇私舞弊抵扣的共计 4 532 817.88 元税款应当认定为其造成国家税收损失的数额,扣除本案立案前追回的 4 046 273 元税款,本案确已造成国家税款损失的数额为 486 544.88 元。因此,本案中肖某构成徇私舞弊抵扣税款罪。

(五) 区分本罪与其他罪名

1. 与玩忽职守罪的区别

如果是税务机关的工作人员在抵扣税款工作中由于疏忽大意,严重不负责(过失),致使国家利益遭受损失的,应按玩忽职守罪追究其刑事责任。

2. 与徇私舞弊不征少征税款罪的区别

两罪在主体、客观方面均有相同或相似之处,但在客观及主观方面上则有明显的差别。两者在客观方面的区别主要表现为:①两者虽都发生在税收征管领域,但发生的具体阶段不同。徇私舞弊不征、少征税款罪往往直接发生在税务机关的工作人员在征收税收的过程中,或者应当履行征收税收职责而故意不履行。徇私舞弊抵扣税款的行为可以发生在征收过程中。②行为的具体方式不同,徇私舞弊不征、少征税款罪的舞弊方式往往表现为不作为,即行为人为徇私情私利而故意不履行其应当履行的职责,也可以表现为不正确履行其职责。徇私舞弊抵扣税款罪则往往表现为作为,即行为人为徇私情私利,故意通过其积极的行为去违法抵扣税款。

（六）注意相关刑法规定

(1) 如果税务工作人员事先与逃避缴纳税款的行为人通谋,则应按照共同犯罪定罪处罚。

(2) 如果查明税务机关工作人员与其他犯罪分子有欺骗的共同故意,在办理抵扣税款工作中帮助骗取抵扣税款的,可构成诈骗罪的共犯,按照共同犯罪定罪处罚,而不再按本罪处罚。

(3) 税务机关工作人员在办理抵扣税款工作中接受贿赂而实施本罪的,如果受贿行为构成犯罪的,应当按照处理牵连犯的原则从一重罪处罚。

 链接　《最高人民检察院关于人民检察院直接受理立案侦查案件立案标准的规定(试行)》(高检发释字〔1999〕2号)

渎职犯罪案件

徇私舞弊发售发票、抵扣税款、出口退税案(第四百零五条第一款)。

徇私舞弊发售发票、抵扣税款、出口退税罪是指税务机关工作人员违反法律、行政法规的规定,在办理发售发票、抵扣税款、出口退税工作中徇私舞弊,致使国家利益遭受重大损失的行为。

涉嫌下列情形之一的,应予立案:

(1) 为徇私情私利,违反法律、行政法规的规定,伪造材料,隐瞒情况,弄虚作假,对不应发售的发票予以发售,对不应抵扣的税款予以抵扣,对不应给予出口退税的给予退税,或者擅自决定发售不应发售的发票、抵扣不应抵扣的税款、给予出口退税,致使国家税收损失累计达 10 万元以上的。

(2) 徇私舞弊,致使国家税收损失累计不满 10 万元,但具有索取、收受贿赂或者其他恶劣情节的。

第六章 税务干部徇私舞弊出口退税风险案

第一节 徇私舞弊出口退税罪的基本理论

一、徇私舞弊出口退税罪的概念

徇私舞弊出口退税罪是指税务机关的工作人员违反法律、行政法规的规定,在办理出口退税工作中,徇私舞弊,致使国家利益遭受重大损失的行为。

二、徇私舞弊出口退税罪的刑法规定

《刑法》第四百零五条第一款规定,税务机关的工作人员违反法律、行政法规的规定,在办理出口退税工作中,徇私舞弊,致使国家利益遭受重大损失的,处5年以下有期徒刑或者拘役;致使国家利益遭受特别重大损失的,处5年以上有期徒刑。这里的造成特别重大损失,是指给国家税收遭受特别重大损失。

三、徇私舞弊出口退税罪的犯罪构成

(一)犯罪的客体要件

本罪所侵犯的客体是税务机关的正常工作秩序。徇私舞弊行为使国家税收法律、法规的顺利实施受到严重干扰,损害了国家税务机关的威信。

(二)犯罪的客观要件

本罪在客观方面表现为违反法律、行政法规的规定,在出口退税工作中徇私舞弊,致使国家利益遭受重大损失的行为。

(三)犯罪的主体要件

徇私舞弊出口退税罪的主体是特殊主体,只有税务机关的工作人员才能成为本

罪的主体,其他自然人均不能成为本罪的主体,单位也不能构成本罪的主体。

（四）犯罪的主观要件

徇私舞弊出口退税罪在主观方面表现为故意,即行为人明知自己在办理出口退税工作中的徇私舞弊行为是违反有关法律规定的,明知自己行为可能致使国家利益遭受损失,而对这种后果的发生持希望或者放任的态度。至于行为人的犯罪动机可能是多种多样的,动机如何对本罪构成没有影响,可以在量刑时作为因素之一予以考虑。

第二节 税务干部徇私舞弊出口退税案例解析

 **案例　徇私舞弊出口退税案**

本案例是税收管理员徇私舞弊出口退税案例。徇私舞弊出口退税罪是国地税合并之前的国家税务局税务干部的专有罪名,合并之后是税务干部的专有罪名,无疑对合并之前的地方税局税务干部增加了压力。在此解析本罪涉及的案例,有现实意义。

一、案例概览

（一）案情①

吴某信在担任 A 省 L 市国家税务局进出口税收管理科副科长(主持工作)、科长期间,负责对全市外贸型出口企业的出口退税申报进行审核,对全市生产型出口企业的出口退税进行复核。吴某信在收受姜某甲、姜某乙给予的钱财后,对 A 省庆发集团下属的 A 省强发贸易有限公司(以下简称"强发公司")、A 省宏发工艺品有限公司(以下简称"宏发公司")出口退税申报过程中出现的诸多问题放任不管,隐瞒情况,致使两公司骗取出口退税。经吴某信审核,强发公司骗取国家出口退税款1 087.084 2万元,经吴某信复核,宏发公司骗取国家出口退税款 100.207 2 万元。

2015 年 9 月 21 日,吴某信经检察机关传唤到案。案发后,吴某信近亲属代为退出赃款 80 万元。L 市 J 区人民法院在审理期间,吴某信近亲属又代为退缴赃款109.169 2万元。

---

① 2017 年 12 月 17 日摘自中国裁判文书网。

(二)一审法院裁判观点[①]

吴某信身为税务机关的工作人员,利用职务上的便利,收受贿赂,为他人谋取利益,其行为构成受贿罪;其违反规定,在办理出口退税工作中,徇私舞弊,致使国家利益遭受特别重大损失,其行为又构成徇私舞弊出口退税罪,应当数罪并罚。吴某信归案后如实供述受贿罪行,全部退赃、缴纳罚金,确有悔罪表现,可对其受贿犯罪从轻处罚。吴某信有立功表现,可对其所犯受贿罪、徇私舞弊出口退税罪从轻处罚。据此,依照《刑法》第三百八十五条第一款,第三百八十六条,第三百八十三条第一款第二项、第二款、第三款,第四百零五条第一款,第六十九条第一款、第三款,第六十八条,第五十二条,第五十三条,第六十四条,《最高人民法院 最高人民检察院关于办理贪污贿赂刑事案件适用法律若干问题的解释》第二条第一款、第十九条第一款,《最高人民法院关于处理自首和立功具体应用法律若干问题的解释》第五条之规定判决:吴某信犯受贿罪,判处有期徒刑5年6个月,并处罚金58万元;犯徇私舞弊出口退税罪,判处有期徒刑7年,决定执行有期徒刑11年,并处罚金58万元。

(三)人民检察院观点[②]

吴某信系国家税务机关工作人员,违反法律、行政法规的规定,在办理出口退税工作中,徇私舞弊,致使国家利益遭受重大损失,已构成徇私舞弊出口退税罪。

(四)被告人及辩护律师观点[③]

一审判决认定吴某信徇私舞弊出口退税罪事实不清、证据不足;吴某信对受贿部分,主动交代,这一部分与检察机关立案的徇私舞弊出口退税罪不属于同一罪名,应当认定为自首;吴某信全部退赃、缴纳罚金且有立功表现,但在量刑时未能充分体现。综上,吴某信认为一审判决量刑过重,要求二审法院查明事实,依法予以改判。

(五)二审法院裁判观点[④]

吴某信身为国家税务机关的工作人员,利用职务上的便利,收受他人财物,数额巨大,为他人谋取利益,其行为构成受贿罪;其违反规定,在办理出口退税工作中,徇私舞弊,致使国家利益遭受特别重大损失,其行为又构成徇私舞弊出口退税罪。吴某信犯有数罪,依法应当数罪并罚。吴某信归案后如实供述受贿罪行,全部退赃、缴纳罚金,确有悔罪表现,可对其所犯受贿罪从轻处罚;其有立功表现,可对其所犯受贿罪、徇私舞弊出口退税罪从轻处罚。吴某信全部退赃、缴纳罚金且有立功表现,原

---

① 2017年12月17日摘自中国裁判文书网。
②③④ 同上。

判已作认定,并在量刑时充分予以体现,故吴某信及其辩护人要求改判的上诉理由和辩护意见,不能成立,人民法院不予采纳。原判事实清楚,定罪准确,量刑适当。审判程序合法。据此,依照《刑事诉讼法》第二百二十五条第一款第一项之规定,二审法院裁定驳回上诉,维持原判。

二、案例解析

(一) 出口退税管理制度比较严格

出口退税是指税务机关依法向出口商品的生产或经营单位退还该商品在生产、流通环节已征收的增值税和消费税。国家制定这一税收政策的目的,是为了鼓励出口贸易,增强我国出口产品在国际市场上的竞争力。

我国对发票实行严格的管理制度,在一系列的法律、行政法规中都有规定,税务机关都有一整套的工作纪律和规章制度,以及工作人员的职责和权利、义务,只有违反了法律、行政法规、工作纪律和规章制度的行为,才能成为徇私舞弊行为。"违反法律行政法规规定"是指违反《税收征收管理法》《发票管理办法》《增值税暂行条例》等法律、行政法规关于出口退税制度的规定。

在出口退税工作中的徇私舞弊,指由于税务机关的工作人员的疏忽,致使骗取出口退税行为得逞的行为。

退还出口货物的增值税、消费税应当符合下列条件:①退税的主体仅限于具有出口经营权的企业以及其他特准退税企业。后者包括对外承包工程公司,对外承接修理修配业务的企业,外轮供应公司、远洋运输供应公司,利用国际金融组织或外国政府贷款采取国际招标方式销售机电产品、建筑材料而中标的企业,在国内采购货物而运往境外作为国外投资的企业等。非上述单位,就不能申请退税,否则即属违法,骗取出口退税的,则可构成骗取出口退税罪。②必须是依法可以作为退税对象的货物才能予以退税,否则,即使是上述企业也不能申请退税,税务机关也不得批准退税。③所退还的税收应是退税主体已经缴纳的增值税、消费税等税收,非上述税种不能成为出口退税的退税项目。

主管出口退税的税务机关在接到上述有关必备的出口退税的证明文件及资料后,应当认真审查核实,看申请退税人是否属于退税主体,即是否属于法律规定的可以退税的企业;货物是否已经报关并且在财务上作了销售处理;所提供的证明材料是否完整、真实、可靠;企业应退税款数额的计算是否正确等等。如果徇私舞弊,滥用职权,不正确履行职责,造成国家税收重大流失的,就应当依本罪定罪。

(二) 出口退税的立案标准

徇私舞弊出口退税行为,只有使国家利益遭受重大损失才有可能构成本罪。如果仅有徇私舞弊的行为,但没有造成国家利益的实际损失,或者虽然造成了损失,但没有达到重大损失的程度,也只是一般的违法行为,而不能以本罪论处。何谓国家利益损失重大,其标准应是多方面的,如严重影响税收秩序,致使税务机关的正常活动处于极为混乱的状态中,造成恶劣的影响等。

根据 1999 年 9 月 16 日最高人民检察院发布施行的《最高人民检察院关于人民检察院直接受理立案侦查案件立案标准的规定(试行)》的规定,涉嫌下列情形之一的、应予立案:①为徇私情、私利,违反法律、行政法规的规定,伪造材料,隐瞒情况,弄虚作假,对不应抵扣的税款予以抵扣,或者擅自决定抵扣不应抵扣的税款,致使国家税收损失累计达 10 万元以上的。②徇私舞弊,致使国家税收损失累计不满 10 万元,但具有索取、收受贿赂或者其他恶劣情节的。

(三) 本案的启示

本案中,强发公司和宏发公司都是国税部门重点关注并预警的企业,且两公司的出口口岸也是国税部门严格监管的口岸。两公司申报出口退税出现很多疑点,吴某信徇私舞弊,并收受贿赂,放任不管,仍审核签批,给予出口退税,致使国家利益遭受特别重大损失,其行为符合徇私舞弊出口退税罪的构成要件。

(四) 本罪与其他罪名的区别

1. 与诈骗罪、骗取国家出口退税款罪、偷税罪等犯罪的区别

如果是税务机关的工作人员在出口退税工作中由于疏忽大意,严重不负责,致使国家利益遭受损失的,应按照《刑法》第三百九十七条规定的玩忽职守罪追究刑事责任。如税务工作人员事先与偷税、非法购买增值税专用发票、骗取出口退税分子通谋,应按照共同犯罪定罪处罚。

行为人和办理出口退税工作中的徇私舞弊行为,往往会在实际上为他人实施诈骗、骗取国家出口退税款、偷税票等犯罪起到帮助作用,因此,必须注意划清本罪与这些犯罪的界限,其关键在于查明行为人主观上是否与这些犯罪分子具有共同的犯罪故意。如果查明行为人主观上与诈骗、骗取国家出口退税款等犯罪分子具有共同犯罪的故意而相互勾结,那么,其在客观上所实施的非法办理出口退税行为就属于诈骗、骗取国家出口退税款等犯罪的帮助犯,应当以这些犯罪的共犯定罪处罚,而不再按本罪处罚。

2. 与徇私舞弊不征少征税款罪的区别

徇私舞弊出口退税罪与徇私舞弊不征、少征税款罪相比,在主体、客观方面均有相同或相似之处,但在客观及主观方面上则有明显的差别。两者在客观方面的区别主要表现为:①两者虽都发生在税收征管领域,但发生的具体阶段不同。徇私舞弊不征、少征税款罪往往直接发生在税务机关的工作人员在征收税收的过程中,或者应当履行征收税收职责而故意不履行。徇私舞弊出口退税又往往发生在征收税收之后。②行为的具体方式不同,徇私舞弊不征、少征税款罪的舞弊方式往往表现为不作为,即行为人为徇私情私利而故意不履行其应当履行的职责,也可以表现为不正确履行其职责。徇私舞弊出口退税罪则往往表现为作为,即行为人为徇私情私利,故意通过其积极的行为去违法发售发票、抵扣税款或办理出口退税。

(五)区分罪与非罪的界限

认定徇私舞弊出口退税罪与非罪的界限,除认真把握法律对本罪主体、主观方面、客观方面的规定外,还要注意查明是否致使国家利益遭受重大损失。只有致使国家利益遭受重大损失的行为,才构成本罪。对于虽违法办理了发售发票、出口退税、出口退税,但被及时发现,没有造成损失的,不以犯罪论处,而应由有关主管部门依法追究其行政责任。

如果查明税务机关工作人员与其他犯罪分子有欺骗的共同故意,在办理出口退税中帮助骗取出口退税的,可构成诈骗罪或者骗取出口退税罪的共犯,按照共同犯罪定罪处罚。而不再按本罪处罚。

 链接　如何进行刑事申诉

申诉权是我国《宪法》赋予公民的一项基本权利。它是指公民对于任何国家机关和国家机关工作人员的违法失职致使侵害其合法权益的公务处理行为,有向国家机关提出申诉、请求重新处理的权利。刑事申诉则是这种申诉权在刑事诉讼中的具体体现。

(一)申诉的时效

申诉最迟应在被告人刑罚执行完毕后2年内向人民法院提出。但具有下列情形之一的,刑事案件申诉人超过2年提出申诉,人民法院应当受理。

(1)可能对原审被告人宣告无罪的。

(2)原审被告人在规定的期限内向人民法院提出申诉,人民法院未受理的。

（3）属于疑难、复杂、重大案件的。

（二）申诉的主体

我国《刑事诉讼法》第二百零三条规定："当事人及其法定代理人、近亲属，对已经发生法律效力的判决、裁定，可以向人民法院或者人民检察院提出申诉，但是不能停止判决、裁定的执行。"申诉的主体只能是当事人及其法定代理人、近亲属。近亲属是指：夫、妻、父、母、同胞的兄弟姐妹。需要注意的是，申诉不同于上诉，上诉是近亲属只有在被告人同意的情况下才可以上诉，但是对于申诉近亲属却有独立的申诉权，近亲属进行申诉时无需被告人的同意。

（三）申诉的管辖

对生效的刑事判决不服的申诉由人民法院和人民检察院管辖，即不服生效的刑事判决可以向人民法院提出，也可以向人民检察院提出。人民检察院对当事人不服人民法院已经发生法律效力的刑事判决、裁定的申诉，按照法律规定和业务分工，由控告申诉部门受理。申诉案件的受理范围如下：

（1）刑事检察部门管辖不服人民法院一审判决、裁定尚未执行的申诉。

（2）监所检察部门管辖被告人及其家属不服人民法院发生法律效力且尚在执行中的刑事判决、裁定的申诉。

（3）控告申诉检察部门管辖不服人民法院已执行完毕的刑事判决、裁定的申诉以及被害人和其他公民不服人民法院发生法律效力且尚在执行中的刑事判决、裁定的申诉。

（四）申诉的形式要件

（1）要有对于生效的刑事判决不服而申诉的申诉书。

（2）有该生效的刑事判决书及其相关的生效的法律文书。

（3）要有证明申诉的相关证据。

（a）证明原判决或者裁定认定的事实确有错误的新证据，新证据是指审判时未收集到的足以影响定案量刑的证据。

（b）证明据以定案量刑的证据不确实、不充分或者证明案件事实的主要证据之间存在矛盾的证据。

（c）证明原判决、裁定适用法律确有错误的证据。

（d）证明审判人员在审理该案件时，有贪污受贿、徇私舞弊、枉法裁判行为的证据。

(e) 证明审判程序不合法,影响案件公证判决、裁定的证据。

(4) 详细补充解释。在上述(b)中的"据以定罪量刑的证据不确实、不充分"是指:①作为原判决、裁定依据的主要证据是虚假的。②认定案件的主要事实的间接证据不能形成完整的证据链。③未被采信的证据足以推翻原定罪量刑的。④证明作为原判决、裁定主要定案依据的国家行政机关的具体行为被依法变更或撤销的证据。

(b) 中的"证明案件事实的主要证据之间存在矛盾"是指:①据以认定被告人或被告单位主体资格的证据相矛盾。②据以认定案件事实存在的证据相矛盾。③据以认定被告人或被告单位行为性质的证据相矛盾。

在上述(c)中"适用法律确有错误"是指:①引用的法律条文错误。②适用了失效的法律。③违反法律关于溯及力的规定。

在上述(e)中"程序不合法"是指:①审判组织不合法的。②证据取得不合法或主要证据未经质证的。③剥夺或限制当事人法定诉讼权利的。④依法应当公开开庭审理而没有公开开庭审理的。⑤其他严重违反法定程序情况的。

(5) 口头提出申诉的情形。对口头提出申诉,本人书写确有困难的,接待人员应制作笔录,并有申诉人签名或盖章。人民检察院收到刑事申诉后,应填《刑事申诉处理登记表》,并对申诉材料及时进行审查应分别予以处理:

(a) 对不属于本院管辖的刑事申诉,应在3日内移送有管辖权的人民检察院或有关部门处理,并通知申诉人。

(b) 对认为需要立案复查的刑事申诉,承办人应制作《刑事申诉提请立案复查报告》,报部门负责人、主管检察长审批后进行复查。

(c) 对不需要立案复查的刑事申诉,应制作《刑事申诉不立案复查通知书》,经部门负责人批准,在10日内通知申诉人。

(五) 人民检察院复查

人民检察院复查刑事申诉案件,必须由2名以上检察人员进行。对决定立案复查的刑事申诉,应对申诉材料和案卷进行全面审查,并制作《阅卷笔录》。复查应从以下六个方面进行审查:

(1) 申诉人是否提出足以改变原处理结果的新的事实或证。

(2) 原认定的事实是否清楚,证据是否确实、充分。

(3) 原案应当认定的犯罪事实有无遗漏。

（4）适用法律是否正确。

（5）处罚是否适当。

（6）有无违反案件管辖权限及其他严重违反诉讼程序的情况。

经审查认为原案事实不清，证据不足时，应订出调查计划，进行补充调查。在调查取证时，可以询问原案被告人、被害人和证人，并制作《刑事申诉复查笔录》，经被调查人确认无误后，由其签名或盖章。复查刑事申诉案件，可以对与犯罪有关的场所、物品、人体、尸体等勘验、检查、笔录和鉴定结论进行复核，也可以对专门性问题进行鉴定或补充鉴定。

（六）申诉案件复查终结

刑事申诉案件复查终结，承办人应制作《刑事申诉复查终结报告》，其结案标准是：

（1）原认定的事实、证据和适用法律等情况已经审查清楚。

（2）申诉人提出的新的事实、证据已经调查清楚。

（3）对事实不清、证据不足等问题，已经作了必要的补充调查。

（4）提出了复查结论性意见。

人民检察院对复查终结的刑事申诉案件，经主管业务部门集体讨论，报主管部门负责人、检察长审批或提交检察委员会讨论作出复查决定。经复查认为，原处理决定、判决或裁定正确的，予以维持。具有下列情形之一的，应依法予以纠正或提起抗诉：

（1）事实不清、证据不确实、不充分。

（2）认定的主要犯罪事实有误。

（3）定性错误。

（4）处理决定不当或量刑畸轻畸重。

人民检察院对人民法院发生法律效力的刑事判决、裁定，经复查不需要提请抗诉的；应制作《刑事申诉案件复查通知书》，并在 10 日内通知申诉人、原案被告人和有关部门。

第三节　税务干部徇私舞弊发售发票、抵扣税款、出口退税罪大数据分析报告

本报告通过对中国裁判文书网数据库的搜索，选取 2012 年至 2017 年共 6 年间

全国范围内税务干部涉及徇私舞弊发售发票、抵扣税款、出口退税罪的有效裁判文书(检索截止日期 2017 年 12 月 25 日;不排除部分类似案件未上传到数据库)进行分类、整理、分析,总结出徇私舞弊发售发票、抵扣税款、出口退税案件的基本状况,形成大数据报告。2017 年数据应该与实际数据相比有一定的差距,因为在检索时有部分案件还未审结或还未上传。

希望通过分析和研究,展现全国税务干部涉及徇私舞弊发售发票、抵扣税款、出口退税罪的基本情况、判决要点、律师辩护效果等数据总结,为税务干部防控徇私舞弊发售发票、抵扣税款、出口退税刑事案件提供指导和法律服务。

一、整体分析

(一)基本情况分析

1. 总体情况

在 2012 年至 2017 年税务干部涉及徇私舞弊发售发票、抵扣税款、出口退税罪的 19 件裁判案件中,涉及徇私舞弊发售发票罪 12 件,占比 63.2%;涉及徇私舞弊抵扣税款罪 3 件,占比 15.8%;涉及徇私舞弊出口退税罪 4 件,占比 21%。涉及罪名如图 6-1 所示。

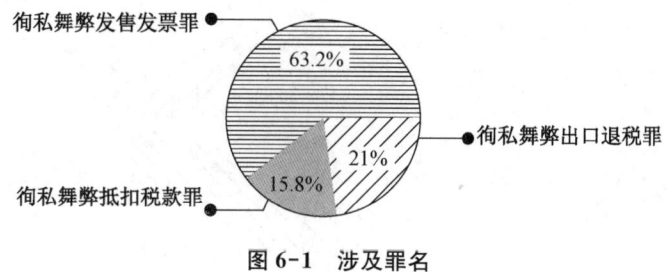

图 6-1　涉及罪名

2012 年审理 2 件,占比 10.5%,其中 1 件徇私舞弊发售发票案、1 件徇私舞弊出口退税案。

2014 年审理 12 件,占比 63.2%,其中 9 件徇私舞弊发售发票案、1 件徇私舞弊抵扣税款案、2 件徇私舞弊出口退税案。

2015 年审理 2 件,占比 10.5%,1 件徇私舞弊发售发票案、1 件徇私舞弊抵扣税款案。

2016 年审理 2 件,占比 10.5%,1 件徇私舞弊发售发票案、1 件徇私舞弊抵扣税款案。

2017年审理1件,占比5.3%,1件徇私舞弊出口退税案。裁判文书如图6-2所示。

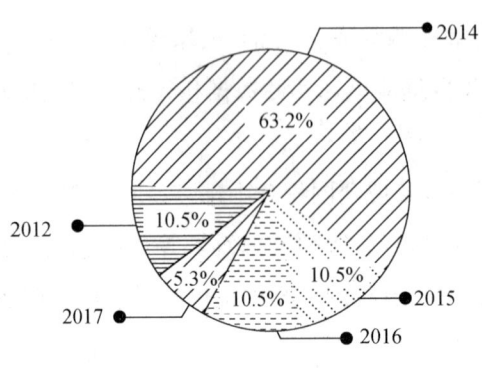

图6-2 裁判文书

从各省级行政区域的情况来看,税务干部涉及徇私舞弊发售发票、抵扣税款、出口退税罪刑事案件,其中河南省7件、安徽省3件、浙江省2件、山东省2件、贵州省1件、吉林省1件、新疆维吾尔自治区1件、广西壮族自治区1件、广东省1件。

2. 审理法院情况

由基层人民法院一审审理的12件,由中级人民法院二审审理的7件。审理法院级别如图6-3所示。

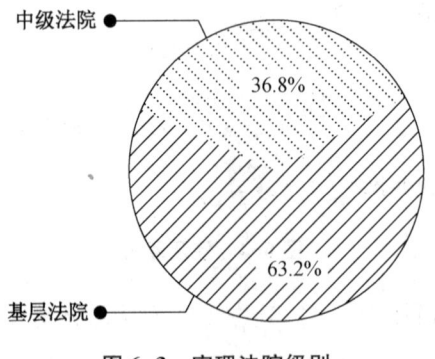

图6-3 审理法院级别

3. 抗诉案件

在2012年至2017年税务干部涉及徇私舞弊发售发票、抵扣税款、出口退税罪的裁判案件中,没有抗诉的案件。

4. 犯罪主体的性别构成

在裁判文书中,有3人无法检索犯罪主体的性别。

在可以有效检索犯罪主体性别的裁判文书中,有男性被告人的共15人,占总数的 88.2%；有女性被告人的共 2 人，占总数的 11.8%。犯罪主体性别如图 6-4 所示。

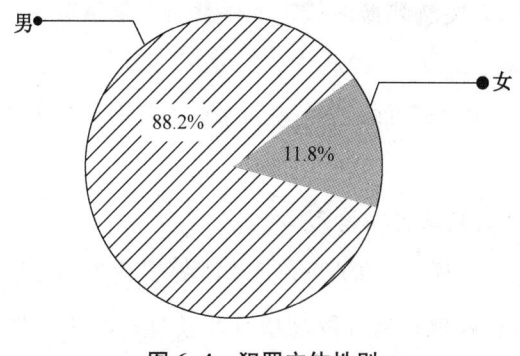

图 6-4　犯罪主体性别

5. 犯罪主体所属税务机关

在裁判文书中，有 2 人无法检索犯罪主体所属税务机关。

在可以有效检索犯罪主体所属税务机关的裁判文书中，涉及地方税务局税务干部的共 3 人，占总数的 17.6%；涉及国家税务局税务干部的共 14 人，占总数的 82.4%。所属税务机关如图 6-5 所示。

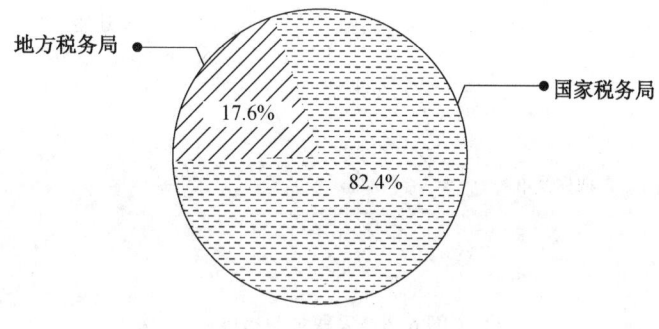

图 6-5　所属税务机关

6. 犯罪主体的职务构成

在裁判文书中，涉及市级税务机关副局长 2 人、科长 1 人；区(县)级税务机关税收管理员 3 人；区(县)级税务机关分局(稽查局、税务所)负责人 1 人、所长 1 人、副所长 1 人、税收管理员 1 人、科员 2 人、外聘人员 2 人。

6 人在区(县)级税务机关及区(县)级税务机关分局任职，无法检索具体职务。

(二)影响量刑的情节分析

1. 自首、坦白情节

涉及自首的 4 件，占总数的 21%。如实供述、坦白的 5 件，占总数的 26%。认定具有自首情节的 4 件，具有坦白情节的 5 件。

2. 立功情节

涉及立功的 3 件, 人民法院最终认定 3 件具有立功情节。

3. 共同犯罪案件

认定为共同犯罪案件的 2 件, 占总数的 10.5%, 人民法院分别认定了共同犯罪的主次责任。

4. 造成税收损失数额及挽回情形

在 2012 年至 2017 年税务干部涉及徇私舞弊发售发票、抵扣税款、出口退税罪的 19 件裁判案件中, 造成税收损失数额在万元并自首的免予刑事处罚; 造成税收损失数额在 10 万元以上百万元以下的, 处以有期徒刑, 存在挽回情形的有缓刑情况; 造成税收损失数额在百万以上的, 处以有期徒刑, 存在挽回情形的亦判处有期徒刑。

(三) 采取的强制措施情况

存在被逮捕情况的 11 件, 占总数的 58%, 采取取保候审措施后又实施逮捕的有 2 件, 采取监视居住措施后又实施逮捕的有 2 件; 被取保候审的 8 件, 占总数的 42%。采取强制措施如图 6-6 所示。

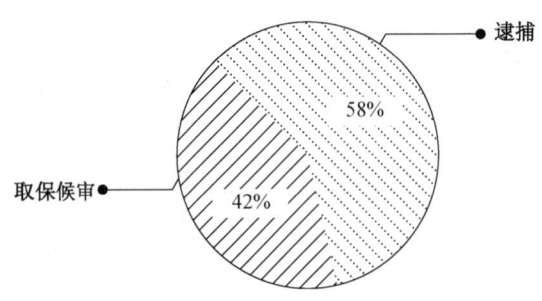

图 6-6 采取强制措施

被采取取保候审强制措施的 8 件案件中, 宣告缓刑的 3 件, 占比 37.5%; 免予刑事处罚的 2 件, 占比 25%; 没有判决不构成徇私舞弊发售发票、抵扣税款、出口退税罪的。被取保候审措施的裁判结果如图 6-7 所示。

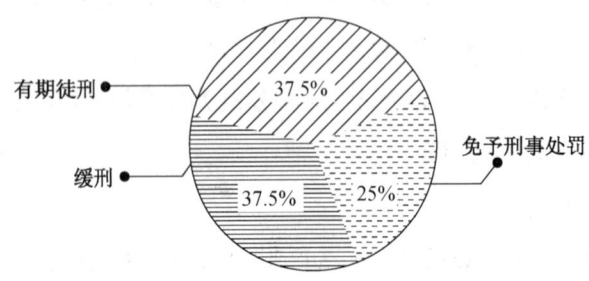

图 6-7 被取保候审措施的裁判结果

注：本报告涉及的判决结果仅统计徇私舞弊发售发票、抵扣税款、出口退税罪审判结果，不统计涉及数罪并罚后的判决执行结果。

二、一审案件判决结果分析

1. 有期徒刑

判处有期徒刑案件共有 6 件，占总数的 43%。其中判处不满一年有期徒刑的 1 件，判处 1 年以上（包括 1 年）不满 3 年有期徒刑的 2 件，判处 3 年以上（包括 3 年）10 年以下有期徒刑 3 件。

2. 宣告缓刑

判处宣告缓刑的 3 件，占总数的 21.4%。均出现在 2014 年。

3. 免予刑事处罚

免予刑事处罚案件共有 2 件，占总数的 14.3%。其中，2012 年 1 件，2014 年 1 件。

4. 不构成徇私舞弊发售发票、抵扣税款、出口退税罪

有 2 件不构成徇私舞弊发售发票、抵扣税款罪案件，占总数的 14.3%，出现在 2012 年、2014 年。没有不构成徇私舞弊出口退税罪的案件。

5. 变更罪名

变更罪名的案件共有 1 件，占总数的 7%，出现在 2014 年。最终判决结果变更为犯滥用职权罪。

6. 人民检察院撤诉

没有人民检察院撤诉的案件。一审案件判决结果如图 6-8 所示。

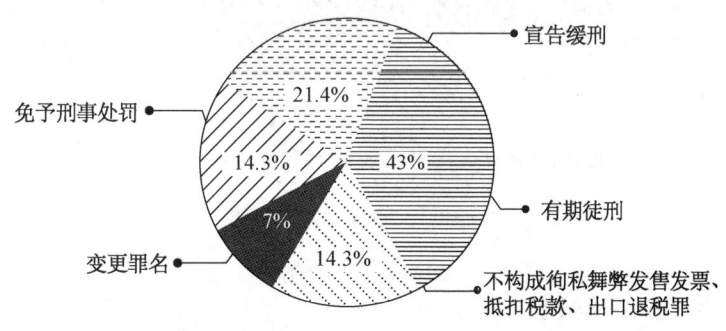

图 6-8　一审案件判决结果

三、二审案件判决结果分析

在 2012 年至 2017 年税务干部涉及徇私舞弊发售发票、抵扣税款、出口退税罪

的二审案件共计 7 件,其中 2014 年 3 件;2015 年 1 件;2016 年 2 件;2017 年 1 件。

1. 维持一审判决

在 2012 年至 2017 年税务干部涉及徇私舞弊发售发票、抵扣税款、出口退税罪的裁判案件中,二审法院维持(包括部分维持)一审判决的 4 件,占二审案件的57.1%。其中,2014 年维持一审判决的 2 件,维持率为 66.7%;2016 年维持一审判决的 1 件,维持率为 50%;2017 年维持一审判决的 1 件,维持率为 100%。

2. 改判

在 2012 年至 2017 年税务干部涉及徇私舞弊发售发票、抵扣税款、出口退税罪的裁判案件中,二审法院改判的 2 件,占二审案件的 28.6%。其中 2014 年改判案件1 件,改判率为 66.7%;2016 年 1 件,改判率为 100%。

3. 裁定发回重审

在 2012 年至 2017 年税务干部涉及徇私舞弊发售发票、抵扣税款、出口退税罪的裁判案件中,二审法院裁定发回重审的 1 件,占二审案件的 14.3%,出现在2015 年。

4. 撤回上诉

在 2012 年至 2017 年税务干部涉及徇私舞弊发售发票、抵扣税款、出口退税罪的裁判案件中,没有撤回上诉的案件。二审案件判决结果如图 6-9 所示。

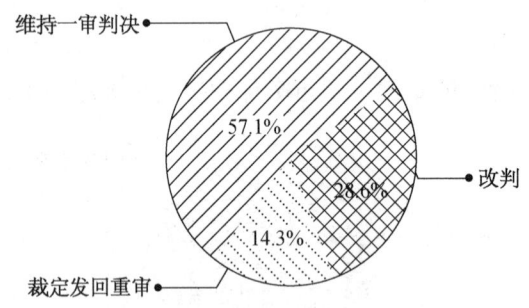

图 6-9 二审案件判决结果

四、律师辩护情况分析

1. 一审总体辩护情况

在一审 12 份文书中,有辩护人的 10 件,参与辩护率为 83.3%。2012 年有辩护人的 1 件,参与辩护率为 50%;2014 年有辩护人为 7 件,参与辩护率为 77.8%;2015年有辩护人为 1 件,参与辩护率为 100%。可见绝大多数当事人在一审时会聘请律师进行刑事诉讼。

2. 二审总体辩护情况

在二审 7 份裁判文书中,有辩护人的 7 件,参与辩护率为 100%,其中 2014 年有辩护案件为 4 件,辩护率为 100%;2015 年有辩护人为 1 件,参与辩护率为 100%;2016 年有辩护人为 2 件,参与辩护率为 100%;2017 年有辩护人 1 件,参与辩护率为 100%。可见相较一审,二审参与辩护率较高。也说明当事人越来越重视聘请律师进行辩护。

3. 二审辩护效果对比

二审判决改判、裁定发回重审的案件中,均有律师参与辩护,这也体现了律师辩护具有良好的效果。

4. 辩护人辩护意见采纳情况统计

辩护人辩护意见采纳情况如表 6-1 所示。

表 6-1　辩护人辩护意见采纳情况统计

辩护意见	出现情况(件)	采纳情况(件)
事实不清、证据不足	2	0
对鉴定评估报告有异议	1	0
没有管理和发售发票的职务便利,不构成发售发票的主体	1	0
多种原因共同造成国家税收损失的后果	1	0
没有造成国家税款损失	2	0
对造成国家税款损失不存在必然的因果关系	1	1(部分事实采纳)
不构成徇私舞弊发售发票、抵扣税款、出口退税罪	10	3(1 件为部分事实采纳)
损失数额计算有误	2	0
损失已部分或全部挽回	5	5
没有徇私舞弊的故意	1	0
同一个行为不能定两个罪名	1	0
应定性为玩忽职守罪	1	0
自首	3	3
立功	3	3

（续表）

辩护意见	出现情况（件）	采纳情况（件）
如实供述	4	4
从犯	2	2
建议免予刑事处罚	1	1
建议适用缓刑	1	1

五、分析结论

通过对 2012 年至 2017 年共 6 年的税务干部涉及徇私舞弊发售发票、抵扣税款、出口退税罪刑事案件各项数据进行归纳、对比、分析可以看出，在税务干部涉及徇私舞弊发售发票、抵扣税款、出口退税罪刑事案件中，律师参与辩护率远远高于刑事案件整体辩护率。

第七章 税务干部徇私舞弊不移交刑事案件风险案

第一节 徇私舞弊不移交刑事案件罪的基本理论

一、徇私舞弊不移交刑事案件罪的概念

徇私舞弊不移交刑事案件罪,是指行政执法人员徇私舞弊,对依法应当移交司法机关追究刑事责任的不移交,情节严重的行为。

二、徇私舞弊不移交刑事案件罪的刑法规定

《刑法》第四百零二条规定,行政执法人员徇私舞弊,对依法应当移交司法机关追究刑事责任的不移交,情节严重的,处 3 年以下有期徒刑或者拘役;造成严重后果的,处 3 年以上 7 年以下有期徒刑。

三、徇私舞弊不移交刑事案件罪的犯罪构成

(一) 犯罪的主体要件

徇私不移交刑事案件的主体是特殊主体,其范围主要限于行政执法人员。所谓行政执法人员即代表国家行政机关依法行政,并具有行政处罚权的人员。但就具体司法实践看,目前对于徇私不移交刑事案件犯罪主体身份的认识是:本罪的犯罪主体为特殊主体,即行政执法人员,指在国家工商、公安、税务、海关、检疫等国家行政机关中依法行使行政职权的公务人员。

(二) 犯罪的客体要件

徇私不移交刑事案件罪的客体是国家行政机关的正常活动以及其他有关国家机关的正常管理活动。徇私舞弊行为使国家法律、法令的顺利实施受到严重干扰,

损害了国家机关特别是司法机关的威信。尤其是行政执法机关工作人员徇私舞弊行为会严重损害国家和人民群众利益或者侵犯公民的合法人身权利、民主权利和其他合法权益，在群众中造成恶劣的社会影响，影响国家机关的正常活动。

（三）犯罪的主观方面

徇私不移交刑事犯罪的主观方面是故意，即在行政执法过程中，明知其执法对象的行为已经构成犯罪，应该将案件移交司法机关追究刑事责任，却有意不予移交。分析此类犯罪的主观特征要把握的一点是"明知"的界限问题，该犯罪嫌疑人所持心理态度是希望和放任危害结果的发生，过失不构成本罪。但是反观上文引述的"明知"认识论，司法实践中往往存在对嫌疑人主观上是否"明知"无法判断的问题。此类犯罪中的主观"明知"不同于普通刑事犯罪中的"明知"要求，如伤害、杀人、放火等，其"明知"依据来源于日常生活实践，一般在认定上，只要达到刑事责任年龄，具有刑事责任能力，即可视为"明知"，从而认定犯罪嫌疑人的主观态度，定罪处罚。而徇私不移交刑事案件罪中所涉及的"明知"要求，来源于对刑法知识的掌握，其中包括对刑法法理、证据、情节要求的专业性掌握。相对于行政执法，以上内容并非是以具体的规范形式要求行政执法人员所必须熟知和掌握，因此在司法实践中在犯罪嫌疑人主观"明知"的证据使用上，只能认为该工作人员多年从事此项工作，有关条款应内容当熟知。应当查明行为人不移交案件是因为徇私舞弊而故意不移交还是因为行为人的认识不清、工作作风拖拉、粗心大意或案件的界限比较模糊而对案件性质不同看法而造成的。只有行为人徇私舞弊明知案件已经构成犯罪，为了使有关人员逃避刑事制裁而故意不移送的才构成犯罪。

（四）犯罪的客观方面

徇私不移交刑事案件罪客观方面表现为利用行政执法的职权舞弊枉法，对依法应当移交司法机关追究刑事责任的案件不移交，情节严重的行为。行政执法人员徇私舞弊行为首先必须是利用职务之便进行的。所谓"利用职务之便"是指利用职权或者与职权有关的便利条件。"职权"是指本人职务范围内的权利；"与职务有关的便利条件"是指虽然不是直接利用职权，但是利用了本人的职权或地位形成的便利条件。本罪的成立必须是以行为人负有法定移交义务为前提，徇私不移交刑事案件罪主要是防止行政执法人员将本部门的刑事案件做行政处理。所以对于行政执法人员实施包庇、窝藏犯罪行为，非该行政执法人员职务范围内或者利用了职务的便利条件，不能以此罪名认定，如发生在税务机关内部的伤害、杀人、盗窃等案件。

第二节　税务干部徇私舞弊不移交刑事案件案例解析

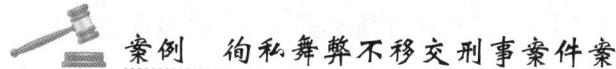

案例　徇私舞弊不移交刑事案件案

本案例是地方税管理机关在对本单位发生的刑事案件,徇私舞弊没有依法移交的案例。在司法实践中,税务机关移交的刑事案件基本上是纳税人、扣缴义务人的涉税刑事犯罪案件,由此对这部分案例可能比较熟悉,但是对本单位发生的刑事案件,如何处理可能就比较生疏,故此选择解析的本案例具有典型性。

一、案例概览

(一) 案情①

刘某某于 2006 年 12 月 21 日至 2012 年 12 月 19 日任 Y 县地方税务局(以下简称县地税局)局长。杨某某于 2009 年 3 月 23 日至 2013 年 10 月 10 日任县地税局纪检组长,协助局长分管监察室。县地税局纪检组由市地税局派驻,纪检组长由市地税局任命。县地税局监察室是内设机构,监察室主任由市地税局任命,监察室受县地税局纪检组和市地税局监察室的领导,业务受县纪委、县监察局和市地税局监察室指导。县地税局纪检组长、监察人员、派驻纪检监察员、监察员都属于纪检监察人员,领取纪检监察人员办案补贴。负责党风廉政建设和反腐败工作、调查处理违法违纪案件是县地税局监察室的职责之一。

2011 年上半年,县地税局计财股长戴某某、分管计财工作的副局长许某到时任县地税局局长的刘某某的办公室,向刘某某报告了经清查后发现县地税局党政办主任郑某在本单位报销经费时存在虚报、冒领问题。经刘某某及县地税局分管党政办的机关党委书记许某某查看郑某的报账票据后,也认为存在虚报的金额。刘某某决定找郑某核实后再做处理。于是,刘某某电话通知郑某到其办公室查问,郑某向刘某某承认其利用报销账务机会贪污了公款 10 万元至 20 万元的事实,并作了检讨。

随后,刘某某召集时任县地税局纪检组长并分管监察工作的杨某某及副局长许某到其办公室开会研究对郑某贪污行为的处理。经研究,并由刘某某为主决定:责令郑某退缴贪污的公款至纪委的廉政账户;由杨某某、县地税局分管党建工作的机

---

① 2017 年 12 月 20 日摘自中国裁判文书网。

关党委书记许某某分别对郑某谈话教育、督促缴款。

同时刘某某因认为如果将郑某贪污公款的行为报告给有关机关,本单位在市局的考评考核中会受到很大影响,将影响到本单位的整体形象,以及其个人在上级领导和群众中的形象,加之为了"保护"干部,还提议对郑某贪污公款的事不向市地税局和司法机关等有关机关报告,仅作本单位内部处理。对此,杨某某未提出不同意见,其余人最后亦未提出不同意见。

会后,杨某某及许某某分别对郑某进行了谈话教育,并督促郑某将贪污的公款及时退缴。2011年7月28日、29日及8月1日,郑某分三次共计向Y县纪委廉政账户退缴了其贪污的公款17万元,并将缴款票据交由了刘某某查阅,并按刘某某的安排将其缴款事宜让杨某某亦得到了知晓。其后,作为分管纪检、监察工作的杨某某自己认为了不影响单位形象;又考虑到其是刘某某提拔起来的干部,为了维护刘某某的个人形象;加之郑某已将贪污的公款退缴,其便未对郑某的行为再作处理。后由刘某某提议,县地税局党组决定将郑某调离了县地税局党建办,调整至县地税局第三税务所工作。2015年1月22日,Y县人民检察院对郑某涉嫌贪污一案立案侦查。

2012年5月20日,县地税局第六税务所所长陈甲在工作中发现本单位征税大厅税收征管员林某某存在截留税款问题,便请计财股长戴某某核查。经戴某某安排核查,林某某采用"头大尾小"的手段虚开税票,截留税款39万元。于是,戴某某将此事电话报告了在外培训学习的局长刘某某。刘某某电话批示,叫戴某某将此事向在单位主持工作的杨某某报告。接着,戴某某将此事向杨某某作了报告。随后,杨某某又将此事电话报告了刘某某。刘某某电话批示,将税款及时追回,其他问题等其回单位后再作处理。于是,在杨某某的安排下,由戴某某督促林某某于次日将其截留的税款39万元予以了补交入库。

数日后,刘某某回到县地税局,杨某某到刘某某的办公室,问刘某某如何处理林某某截留税款一事。刘某某认为林某某已将截留的税款补齐;若将此事报告有关机关会影响到本单位及其个人的形象,以及其往市地税局的调动;加之林某某离异,一个人带子女,情况比较特殊,这次是初犯,便叫杨某某对林某某作谈话教育,作单位内部处理,不再对林某某作其他处理。杨某某基于其已向刘某某汇报,刘某某也表达了意见,没有安排纪检监察将林某某贪污税款的情况移送司法机关;税款已全部追回;为了"保护"干部,"维护"单位整体形象,便同意了刘某某提出的处理意见。其后,杨某某按刘某某的安排对林某某进行了谈话教育,刘某某对林某某所在第一税务所的所长唐某亦进行了问责谈话。除此之外,刘某某、杨某某未再对林某某贪污一事作其他处理。

2012年12月,县地税局第一税务所所长唐某在工作中发现林某某在2011年3月截留税款10万元,便督促林某某于2012年12月25日将款予以了补齐入库。其后,唐某到时任纪检组长的杨某某的办公室,向杨某某报告了林某某截留税款10万元一事。杨某某认为税款已追回,没有造成损失,为了"保护"干部,"维护"本单位整体形象,便未对此事作出处理。2015年2月4日,Y县人民检察院对林某某涉嫌贪污一案立案侦查。2015年1月5日,县地税局出文对林某某作出了行政开除处分的决定。

2015年1月12日,刘某某主动到Y县人民检察院投案,如实供述了自己的犯罪事实。

(二) 人民检察院观点[①]

刘某某、杨某某作为行政执法部门的主管领导,徇私舞弊,对依法应当移交司法机关追究刑事责任的案件阻止移交,情节严重,其行为已触犯《刑法》第四百零二条,应当以徇私舞弊不移交刑事案件罪追究其刑事责任。刘某某自动投案、如实供述自己的罪行,系自首,根据《刑法》第六十七条第一款之规定,可以从轻处罚。杨某某到案后如实供述自己的罪行,系坦白,根据《刑法》第六十七条第三款之规定,可以从轻处罚。

(三) 被告人观点[②]

1. 刘某某观点

刘某某称对指控的基本事实无异议。当时其任局长,主持全面工作,其考虑经济损失已追回,而且同情郑某和林某某,同时考虑单位的形象就没有移交司法机关。当时处理确有不当,现在追悔莫及,请求从宽处罚。其辩护人的辩护意见是:刘某某的行为不符合徇私舞弊不移交刑事案件罪的构成要件,依法不构成犯罪。其理由是:①刘某某不是行政执法人员,不符合本罪主体要件。②刘某某不负有直接将刑事案件移送司法机关的义务。③刘某某无徇私舞弊不移交刑事案件的主观故意。④对郑某、林某某作内部处理,刘某某主观上未徇私情、私利,客观上也未从中获取任何利益。人民检察院以本罪提起公诉,是对本罪主体范围的任意扩大解释,即将

---

① 2017年12月20日摘自中国裁判文书网。
② 同上。

行政机关的内设监察室等同于监察机关、将行政执法人员等同于一般国家机关工作人员,这有悖罪刑法定原则,刘某某的行为不构成徇私舞弊不移交刑事案件罪,不应受到刑罚处罚。

2. 杨某某观点

杨某某称,对指控的基本事实无异议。但其没有移交刑事案件是因为听从了单位领导即本案刘某某的安排,其没有为个人利益考虑。其发现林某某、郑某的事情后向单位相关人员进行了汇报,不存在阻止移交的问题。其辩护人的辩护意见是:杨某某的行为不构成徇私舞弊不移交刑事案件罪,不构成犯罪。其理由是:①杨某某系行政执法部门的领导成员之一,本案中他不是行政执法人员,案涉两名贪污犯罪嫌疑人系单位内部职工,不是杨某某的行政执法相对人,故杨某某不具备该罪主体要件。②杨某某在本案中并未徇私舞弊,同样不符合该罪的构成要件。③杨某某在本案中主观上没有徇私舞弊不移交刑事案件的故意。④杨某某并不存在对林某某、郑某两案件拒不移交,更不存在阻止移交的情形。按照内部工作常规,作为单位纪检组长对重大案件只是向党组报告,杨某某除向党组书记报告之外,并无移交刑事案件的职责。在本案中没有人决定要移交,故杨某某不存在拒不移交和阻止移交的情形。杨某某平时工作较好,在林某某、郑某这两件事上处理虽有不妥之处,但其行性质尚不构成犯罪。

(四) 人民法院裁判观点①

1. 刘某某、杨某某的行为不构成徇私舞弊不移交刑事案件罪

徇私舞弊不移交刑事案件罪的犯罪主体是行政执法人员这一特殊主体,其特殊性是其具有行政执法权,构成本罪与其履行行政执法权有关,应当是在行政执法过程中发现相对人被行政执法调查的行为可能涉嫌犯罪,因而需要移送司法机关追究相对人的刑事责任,防止以行政处罚代替刑事处罚,反映的是行政主体与行政相对人之间的外部行政管理关系;同时,国家和省的有关规定对行政执法人员有通过考试合格才能发给行政执法证的要求,对行政执法有只能由行政执法机关及执法人员行使、执法必须两人以上并出示行政执法证等程序性要求。在任何机关单位都有可能出现内部人员在履职过程贪污挪用公款的现象,任何机关单位都应对其党纪政纪处分,对已涉嫌犯罪都有移送司法机关的责任,这并不是行政执法机关特有的行政执法行为,而是任何单位都有权办理的内部管理行为,因此刘某某、杨某某发现本局

---

① 2017 年 12 月 20 日摘自中国裁判文书网。

内部工作人员林某某、郑某在履职过程中有涉嫌贪污犯罪行为后仅作内部处理而不移送司法机关的行为不是发生在税务执法过程中,二被告人的行为不构成徇私舞弊不移交刑事案件罪。

2. 二被告人的行为不构成玩忽职守或者滥用职权等其他犯罪

任何机关单位对内部人员在履职过程贪污挪用公款涉嫌犯罪的行为都有移送司法机关的责任,而本案二被告人采用大事化小仅作内部处理的行为是玩忽职守或者滥用职权的行为,是否构成玩忽职守罪或滥用职权罪须看其是否造成严重后果。具体讲,本案二被告人行为后果是否给国家造成了重大经济损失或恶劣社会影响。按照《刑法》第三百九十七条第一款和《最高人民法院　最高人民检察院关于办理渎职刑事案件适用法律若干问题的解(一)》第一条、第八条规定,渎职犯罪的经济损失,是指渎职犯罪或者与渎职犯罪相关联的犯罪立案时已经实际造成的财产损失。本案中,二被告人当时发现的郑某、林某某贪污的本案所涉公款无论在郑某、林某某因贪污或者在二被告人因本案立案追究前均业已如数退缴入库,即给国家造成的经济损失在立案前已经挽回;被告人将该事件作内部处理并未在社会上流传,现有证据也未证明有恶劣社会影响,故二被告人的行为从危害后果考量,不构成玩忽职守罪或者滥用职权罪。

综上,本案案件事实清楚,证据确实、充分,依据法律应当认定刘某某、杨某某无罪。人民检察院关于刘某某、杨某某有罪的指控不能成立,不予支持。对刘某某、杨某某的辩护人关于刘某某、杨某某无罪的辩护意见中与人民法院查明的事实、认为的理由的相同部分,予以采纳。人民法院依照《刑事诉讼法》第一百九十五条第二项的规定,判决刘某某无罪,杨某某无罪。

二、案例解析

(一) 本罪的特点

根据我国《刑法》第四百零二条规定,徇私舞弊不移交刑事案件罪是指行政执法人员徇私舞弊,对依法应当移交司法机关追究刑事责任的不移交,情节严重的行为。

刑法将徇私舞弊不移交刑事案件罪的犯罪对象特定化,严格划定了构成要件的范围,是为了突出保护该犯罪对象所反映的特定的社会关系。因此,完整而准确地把握本罪犯罪对象的内涵,对于该罪的认定及其量刑具有重要的作用。

(1) 本罪的犯罪对象是"刑事案件"还是"犯罪嫌疑人"。有人认为,徇私舞弊不移交刑事案件罪的犯罪对象是依法应当移交司法机关追究刑事责任的犯罪嫌疑人,理由是:《刑法》第四百零二条对该罪的犯罪对象表述为"依法应当移交司法机关追究刑事责任的",对该条文的理解应为,能够被追究刑事责任的,只能是人,即犯罪嫌疑人,而不可能是物,即不可能是刑事案件。

笔者认为,徇私舞弊不移交刑事案件的犯罪对象应该是刑事案件,而不是犯罪嫌疑人。理由如下:

(a) 仅仅依据《刑法》第四百零二条的规定,不能理解为该罪的犯罪对象是犯罪嫌疑人,"依法应当移交司法机关追究刑事责任的",并非只能修饰犯罪嫌疑人,同样也可以认为应当移交的是刑事案件。

(b) 将本罪的犯罪对象理解为犯罪嫌疑人是不妥的。刑事案件的立案条件是有犯罪事实,需要追究刑事责任,这一点,行政执法人员一般不难判断,但行政执法活动不拥有刑事侦查的手段,因此行政执法过程中很难保证查到犯罪嫌疑人。要求行政执法人员在移交刑事案件时一并移交犯罪嫌疑人是不切实际的。

(c) 行政执法人员构成本罪的主要表现是,对行政执法过程中查办的案件,明知构成犯罪而降格处理,以罚代刑,甚至放纵犯罪分子,其所针对的对象是案件情节、危害程度、侵犯客体等。由此可见,行政执法人员徇私舞弊所针对的应是案件本身,其不移交的也应是其所查办的案件。

(2) 本罪立案时对"刑事案件"的证据要求。刑事案件在立案时,只需要有证据证明发生了犯罪事实而又需要追究刑事责任。因此,本罪在立案时对犯罪对象的要求,只需要有证据能够证明犯罪对象中社会危害性较大,仅凭行政法规已不能调整,应当移交司法机关追究刑事责任,而无需证明该案件的确切危害程度、罪名及犯罪嫌疑人等。

(3) 本罪对刑事案件范围的界定。徇私舞弊不移交刑事案件罪的犯罪对象必须具备一定的条件。首先,必须是应当移交的刑事案件。刑事案件可分为公诉案件和自诉案件。虽然自诉案件也需要由司法机关追究刑事责任,但它又不同于公诉案件,受害人掌握着诉权,对于是否追究被告人的刑事责任具有自主选择的权利,不属于应当移交的范围,因此刑事自诉案件没有移交的不能构成本罪。其次,必须是行政执法人员在执行行政法规过程中发现的刑事案件。纪检工作人员在对违法违纪的人员进行查处时,由于是在执行党的纪律,即使发现该案已构成犯罪而不移送,也不构成本罪。如果构成包庇罪的,可按包庇罪予以定罪处罚。

(二) 刑法对不移交的认定

本罪的犯罪对象是依法应当移交司法机关追究刑事责任的案件。因为刑事案件总是体现为一定的证据材料或诉讼文书,尤其是司法机关未立案时,行政机关发现的是涉嫌犯罪事实,只是如此。认定不移交,首先必须明确应当移交的内容。其主要依据是国务院《行政执法机关移送涉嫌犯罪案件的规定》和最高人民检察院、公安部、监察部等四部门颁布的《关于在行政执法中及时移送涉嫌犯罪案件的意见》。而这部分又与其职责相联系。行政机关在作出行政处罚之后、移送公安机关之前,要将《行政处罚决定书》副本抄送同级公安机关和检察院接受审查,并根据后者的要求移送;现场查获的涉案货值或者案件明显达到刑事追诉标准、涉嫌犯罪的,应当立即移送公安机关查处;向公安机关移送案件时,应当制作《涉嫌犯罪案件移送书》,同时附调查报告、涉案物品清单、有关检验报告或鉴定结论及其他涉嫌犯罪的材料。可见移交的最早时间是行政机关所查处的案件明显已涉嫌刑事犯罪之时。

(三) 本案被告人的行为构成徇私舞弊不移交刑事案件罪

所谓应当移交而不移交是指行政执法人员在履行职责的过程中,明知他人的违法行为已经构成犯罪,应当移交司法机关追究其刑事责任,但为了私情而不移交有关司法机关,或予以隐瞒、掩盖或进行行政处罚了事。本案刘某某、杨某某发现本局内部工作人员林某某、郑某在履职过程中有涉嫌贪污犯罪行为后仅作内部处理而不移送司法机关的行为不是发生在税务执法过程中,即行政执法人员不是在履行职责的过程中,所有本税案二被告人的行为不构成徇私舞弊不移交刑事案件罪。并非行政执法人员对所有发现的案件不移交的,都构成本罪,只有对因触犯他所执行的法律、法规而构成犯罪的案件不移交的,才构成本罪。在这种情况下,行政执法人员才负有移送义务,移送这种案件,是其执法职责范围内的事情。如果是其他案件,因其并无移送义务,所以不构成本罪。

同时,单就行为而言,是该为则不为,属于纯正的不作为。另外本罪属于情节犯,即不但要有应当移交不移交的行为,而且还必须达到情节严重程度,否则,即使有应当移交不移交的行为,也不能构成本罪。

(四) "情节严重"的认定

(1) 不移交行为只有情节严重的,才能构成犯罪。"情节严重"可以从以下几个方面来认定:

(a) 不移交的刑事案件是否属于重大案件,从涉案数额、社会影响等方面,结合案件具体情况予以分析。

(b) 多起应该移交司法机关追究刑事责任的不移交的。

(c) 多次应移交的刑事案件而拒不移交的,社会影响恶劣。

（d）经领导或者上级机关责令改正或者司法机关提出意见后仍然拒不移交的。

（e）收受贿赂对应当移交司法机关追究刑事责任的案件而不移交的以罚代刑，造成恶劣的社会影响的。

（f）主管领导指使下级工作人员对应当移交司法机关追究刑事责任的不移交，以罚代刑。

（g）因不移交刑事案件，涉案当事人继续犯罪的造成严重后果的。

（h）出于卑劣动机不移交应当移交刑事案件的。

（2）"情节严重"可以参照 1999 年 9 月 l6 日最高人民检察院发布施行的《关于人民检察院直接受理立案侦查案件立案标准的规定（试行）》的规定，涉嫌下列情形之一的，应予立案：

（a）对依法可能判处 3 年以上有期徒刑、无期徒刑、死刑的犯罪案件不移交的。

（b）3 次以上不移交犯罪案件，或者一次不移交犯罪案件涉及 3 名以上犯罪嫌疑人的。

（c）司法机关发现并提出意见后，无正当理由仍然不予移交的。

（d）以罚代刑违法犯罪活动的；放纵犯罪嫌疑人，致使犯罪嫌疑人继续进行违法犯罪活动的。

（e）行政执法部门主管领导阻止移交的。

（f）隐瞒、毁灭证据，伪造材料，改变刑事案件性质的。

（g）直接负责的主管人员和其他直接责任人员为牟取本单位私利而不移交刑事案件，情节严重的。

（h）其他情节严重的情形。

（五）与徇私枉法罪的区别

徇私枉法罪是指司法工作人员徇私枉法，徇情枉法，对明知是无罪的人而使其受追诉，对明知是有罪的人而故意包庇不使其受追诉，或者在刑事审判活动中故意违背事实和法律作枉法裁判的行为。

徇私不移交刑事案件罪与徇私枉法罪在主观上都是故意，动机一般是徇私利、徇私情。客观上都有使犯罪嫌疑人逃脱刑事制裁的可能。两者在司法实践容易混淆，他们之间的主要区别是：

（1）犯罪主体不同，徇私不移交刑事案件罪的主体只能是行政机关的执法人员，而徇私枉法罪的主体是司法工作人员。即公安机关、国家安全机关、检察机关和审判机关的侦查人员、检察人员、审判人员及其主管人员。

（2）犯罪的客观方面的表现形式不同。徇私不移交刑事案件罪在主观明知构成犯罪的情况下，徇私情、徇私利，故意把应当移交司法机关追究刑事责任的案件不移交。而徇私枉法罪在客观方面则表现在三个方面：即对明知无罪的人使其受追诉，对明知有罪的人使其不受追诉。或者故意违背事实与法律作枉法裁判。

（3）犯罪发生的时间不同。徇私舞弊不移交刑事案件罪只能发生在行政执法过程中，而徇私枉法罪都是发生在司法工作履行侦查、检察、审判职责过程中。

（4）两罪对犯罪情节的要求不同。徇私不移交刑事案件罪要求必须是情节严重才能构成犯罪，而徇私枉法罪的成立不以情节为构成要件，犯罪情节轻重是量刑的标准。

（六）与包庇罪的区别

徇私不移交刑事案件罪与包庇罪最根本的区别有两点：

（1）犯罪的主体不同，前者是特殊主体必须是行政执法人员，包庇罪是一般即可构成。

（2）客观方面两者的表现差异就在犯罪行为是不是与自身所有行政职权有直接关系，如果是因职权或者职权便利而实施不移交行为，应以徇私不移交刑事案件罪处罚。如果隐瞒包庇行为与自身的行政职权没有关联，就应以包庇罪论处。

（七）与受贿罪的关系

行政执法人员徇私舞弊，对依法应当移交司法机关追究刑事责任的案件不移交，同时又因此而收受他人贿赂，则构成徇私舞弊不移交刑事案件罪和受贿罪这两个罪。司法实践中的争议主要是本罪与受贿罪两罪并罚，还是按其中一个较重的罪处罚。一种观点认为，该两罪之间存在方法行为与结果行为之间的牵连关系，对于牵连犯的处罚，法学界存在以一重罪处罚说、并罚说和折中说三种观点。修订后《刑法》第三百九十九条第三款明确规定："司法工作人员贪赃枉法，有前两款行为的，同时又构成本法第三百八十五条规定之罪的，依照处罚较重的规定定罪处罚。"即实行从一重罪处罚。事实上，徇私舞弊不移交刑事案件罪而且受贿的，也是贪赃枉法行为，因而完全可以而且也应当比照该条规定而实行从一重罪处罚。

另一种观点认为，第三百九十九条第三款的规定只对第三百九十九条规定的两种犯罪（即"徇私枉法罪"和"枉法裁判罪"）适用。徇私枉法不移交刑事案件罪中的徇私，是不移交刑事案件这一客观特征的内心起因，并未作为本罪的客观特征。如果徇私利数额较大，又单独构成受贿罪，只能说行为人又具备了受贿罪的构成要件，而并未具备徇私舞弊不移交刑事案件罪主观故意中的徇私的动因，因而应当两罪并罚。税务律师觉得前一种观点可取。

 链接　涉嫌税收刑事犯罪案件的移送标准

　　税务机关在查处税收违法行为时,会涉及对涉嫌税收刑事犯罪的处理。根据相关规定,如果税收行为涉嫌刑事犯罪,税务机关就要根据情况决定移交公安机关处理,但是在税收实践中,部分税务机关对于移交的标准等问题不甚明了,现简单归纳如下,以期对税务机关处理涉嫌税收刑事犯罪时有所助益。

　　(一) 依据

　　1. 税收征管层面

　　(1)《中华人民共和国税收征收管理法》第七十七条。

　　(2)《重大税务案件审理办法》(国家税务总局令第 34 号)第十一条。

　　(3)《税务稽查工作规程》(国税发〔2009〕157 号)第六十条。

　　2. 刑法层面

　　《中华人民共和国刑法》第二百零一条至第二百一十二条。

　　3. 刑事诉讼法层面

　　《中华人民共和国刑事诉讼法》第一百零八条。

　　4. 国务院层面

　　《行政执法机关移送涉嫌犯罪案件的规定》第三条、第五条。

　　5. 公安机关层面

　　(1)《最高人民检察院　公安部关于公安机关管辖的刑事案件立案追诉标准的规定(二)》(公通字〔2010〕23 号)第八条、第五十七条至第六十八条。

　　(2)《最高人民检察院　公安部关于公安机关管辖的刑事案件立案追诉标准的规定(二)的补充规定》(公通字〔2011〕47 号)第二条、第三条。

　　6. 司法解释层面

　　(1)《最高人民法院关于审理骗取出口退税刑事案件具体应用法律若干问题的解释》(法释〔2002〕30 号)第一条至第三条、第九条。

　　(2)《最高人民法院关于审理偷税抗税刑事案件具体应用法律若干问题的解释》(法释〔2002〕33 号)第二条、第三条。

　　(3)《最高人民法院关于如何适用法发〔1996〕30 号司法解释数额标准问题的电话答复》(法研〔2014〕179 号)。

（二）移送标准

1. 逃税案件移送标准

逃避缴纳税款，涉嫌下列情形之一的，应予移送：

（1）纳税人采取欺骗、隐瞒手段进行虚假纳税申报或者不申报，逃避缴纳税款，数额在 5 万元以上并且占各税种应纳税总额 10% 以上，经税务机关依法下达追缴通知后，不补缴应纳税款、不缴纳滞纳金或者不接受行政处罚的。

（2）纳税人 5 年内因逃避缴纳税款受过刑事处罚或者被税务机关给予 2 次以上行政处罚，又逃避缴纳税款，数额在 5 万元以上并且占各税种应纳税总额 10% 以上的。

（3）扣缴义务人采取欺骗、隐瞒手段，不缴或者少缴已扣、已收税款，数额在 5 万元以上的。

纳税人在公安机关立案后再补缴应纳税款、缴纳滞纳金或者接受行政处罚的，不影响刑事责任的追究。

对于逃税，实行"单罚制"。

2. 逃避追缴欠税案件移送标准

纳税人欠缴应纳税款，采取转移或者隐匿财产的手段，致使税务机关无法追缴欠缴的税款，数额在 1 万元以上的，应予移送。

3. 骗取出口退税案件移送标准

以假报出口或者其他欺骗手段，骗取国家出口退税款，数额在 5 万元以上的，应予移送。

4. 抗税案件移送标准

以暴力、威胁方法拒不缴纳税款，涉嫌下列情形之一的，应予移送：

（1）造成税务工作人员轻微伤以上的。

（2）以给税务工作人员及其亲友的生命、健康、财产等造成损害为威胁，抗拒缴纳税款的。

（3）聚众抗拒缴纳税款的。

（4）以其他暴力、威胁方法拒不缴纳税款的。

5. 虚开增值税专用发票、用于骗取出口退税、抵扣税款发票案件移送标准

虚开增值税专用发票或者虚开用于骗取出口退税、抵扣税款的其他发票，虚开的税款数额在 1 万元以上或者致使国家税款被骗数额在 5 000 元以上的，应予移送。

但是要注意新规定对数额的变化。

6. 虚开发票案件移送标准

虚开《中华人民共和国刑法》第二百零五条规定以外的其他发票,涉嫌下列情形之一的,应予移送:

(1) 虚开发票100份以上或者虚开金额累计在40万元以上的。

(2) 虽未达到上述数额标准,但5年内因虚开发票行为受过行政处罚2次以上,又虚开发票的。

(3) 其他情节严重的情形。

7. 伪造、出售伪造的增值税专用发票案件移送标准

伪造或者出售伪造增值税专用发票25份以上或者票面额累计在10万元以上的,应予移送。

8. 非法出售增值税专用发票案件移送标准

非法出售增值税专用发票25份以上或者票面额累计在10万元以上的,应予移送。

9. 非法购买增值税专用发票、购买伪造的增值税专用发票案件移送标准

非法购买增值税专用发票或者购买伪造的增值税专用发票25份以上或者票面额累计在10万元以上的,应予移送。

10. 非法制造、出售非法制造的用于骗取出口退税、抵扣税款发票案件移送标准

伪造、擅自制造或者出售伪造、擅自制造的可以用于骗取出口退税、抵扣税款的非增值税专用发票50份以上或者票面额累计在20万元以上的,应予移送。

11. 非法制造、出售非法制造的发票案件移送标准

伪造、擅自制造或者出售伪造、擅自制造的不具有骗取出口退税、抵扣税款功能的普通发票100份以上或者票面额累计在40万元以上的,应予移送。

12. 非法出售用于骗取出口退税、抵扣税款发票案件移送标准

非法出售可以用于骗取出口退税、抵扣税款的非增值税专用发票50份以上或者票面额累计在20万元以上的,应予移送。

13. 非法出售发票案件移送标准

非法出售普通发票100份以上或者票面额累计在40万元以上的,应予移送。

14. 持有伪造的发票案件移送标准

明知是伪造的发票而持有,具有下列情形之一的,应予移送:

(1) 持有伪造的增值税专用发票50份以上或者票面额累计在20万元以上的。

（2）持有伪造的可以用于骗取出口退税、抵扣税款的其他发票100份以上或者票面额累计在40万元以上的。

（3）持有伪造的除上述两项规定以外的其他发票200份以上或者票面额累计在80万元以上的。

下　编

——— 税务干部贪污贿赂风险案例解析 ———

　　本部分解析的是税务干部或者受托的外聘人员、协税员利用职务之便贪污贿赂的案例。涉及的罪名主要包括贪污罪、受贿罪、挪用公款罪、巨额财产来源不明罪。这些罪名可能涉及税务机关的特殊岗位，例如办公室、财务室，但是也会涉及税收征管、税收执法岗位。本部分的解析方法同上编一样，先对罪名进行基本的理论梳理，之后选取公开的既往司法判例，从案例以及案例涉及的风险角度进行深度剖析，以期对税务干部防控本部分涉及的刑事风险有所助益。

第八章　税务干部受贿风险案

第一节　受贿罪的基本理论

一、受贿罪的概念

受贿罪是指国家工作人员，利用职务上的便利，索取他人财物，或者非法收受他人财物并为他人谋取利益的行为。

国家工作人员利用本人职权或者地位形成的便利条件，通过其他国家工作人员职务上的行为，为请托人谋取不正当利益，索取请托人财物或者收受请托人财物的，以受贿论处。

二、受贿罪的刑法规定

《刑法》第三百八十五条规定，国家工作人员利用职务上的便利，索取他人财物的，或者非法收受他人财物，为他人谋取利益的，是受贿罪。

三、受贿罪的犯罪构成

（一）客体要件

本罪侵犯的客体，是复杂客体。其中，次要客体是国家工作人员职务行为的廉洁性；主要客体是国家机关、国有公司、企事业单位、人民团体的正常管理活动。

本罪的犯罪对象是财物。但不应狭隘地理解为现金、具体物品，而应看其是否含有财产或其他利益成分。这种利益既可以当即实现，也可以在将来实现。因此，作为受贿罪犯罪对象的财物，必须是具有物质性利益的，并以客观形态存在的一切财物，包括：货币、有价证券、商品等。另外，对受贿人而言，其所追逐的利益的着眼点，既可以是该财物的价值，也可以是该财物的使用价值。所以，受贿罪中的贿赂、财物,从一定意义上说,属于商品范畴。

(二) 主体要件

本罪的主体是特殊主体,即国家工作人员,另据《刑法》第九十三条规定,国家工作人员包括当然的国家工作人员,即在国家机关中从事公务的人员;拟定的国家工作人员,即国有公司、企事业单位、人民团体中从事公务的人员和国家机关,国有公司、企事业单位委派到非国有公司、企事业单位、社会团体从事公务的人员,以及其他依照法律从事公务的人员。其中第二款是对国家工作人员在经济往来中违反国家规定收受各种名义的回扣、手续费归个人所有的和以受贿论处的规定。这种发生在经济往来活动中的受贿,理论界称为经济受贿。本款所称违反国家规定是指违反全国人大及其常委会制定的法律和决定,国务院制定的行政法规和行政措施、发布的决定和命令中关于在经济往来中禁止收受回扣和各种名义的手续费的规定。前者如《中华人民共和国反不正当竞争法》,后者如国务院办公厅1986年6月5日发出的《国务院办公厅关于严禁在社会经济活动中牟取非法利益的通知》。其主要内容包括:在经济交往、商品交易中,如果需要给买方优惠,可以采取明示方式给对方价格折扣,不能采取回扣或者各种名义的手续费的方式,经营者给予对方折扣的,必须如实入账。所谓折扣,即商品购销中的让利,是指经营者在销售商品时,以明示并如实入账的方式给予对方的价格优惠,包括支付价款时对价款总额按一定比例予以退还的形式。所谓明示和入账,是指根据合同约定的金额和支付方式,在依法设立的反映其生产经营活动或者行政事业经营收入的财务账上按照财务会计制度规定明确如实记载。回扣是指经营者销售商品在账外暗中以现金、实物或者其他方式退给对方单位或者个人的一定比例的商品价款。所谓账外暗中,是指未在依法设立的反映其生产经营活动或者行政事业经费收支的财务账上按照财物会计制度规定明确如实记载,包括不记入财务账、转入其他财务账或者做假账等。在经济交往中,在账外暗中给予对方单位或者个人回扣的,以行贿论;对方单位或者个人在暗中收受回扣的,以受贿论。手续费是指在经济活动中,除回扣以外,违反国家规定支付给有关公务人员的各种名义的钱或物,如佣金、信息费、顾问费、劳务费、辛苦费、好处费。根据这些规定,收受回扣或者各种名义的手续费归个人所有的,应以受贿论处。

(三) 主观要件

受贿罪在主观方面是由故意构成,只有行为人是出于故意所实施的受贿犯罪行为才构成受贿罪,过失行为不构成本罪。如果国家工作人员为他人谋利益,而无受贿意图,后者以酬谢名义将财物送至其家中,而前者并不知情,不能以受贿论处。在实践中,行为人往往以各种巧妙手法掩盖其真实的犯罪目的,因而必须深入地加以分析判断。如在实践中,有的国家工作人员利用职务上的便利,为他人谋利益,收受财物,只象征性地付少量现金,实际上是掩盖受贿行为的一种手段,对之应当以受贿论处。对这种案件受贿金额的计算,应当以行贿人购买物品实际支付的金额扣除受贿人已付的现金额来计算。

(四) 客观要件

本罪在客观方面表现为行为人具有利用职务上的便利,向他人索取财物,或者收受他人财物并为他人谋取利益的行为。

第二节 税务干部受贿案例解析

 **案例一 税收管理员受贿案**

基层税务机关的税收管理员,直接与管户见面,"打交道",难免有一些"人情",但是要处理好"人情",而不能相反,更不能犯罪。本案例折射出了个别基层税务机关税收管理员的执法风险现状。

一、案例概览

(一) 案情[①]

2003 年至 2011 年间,邱某藏先后担任 S 市国家税务局 X 税务分局、Y 税务分局税收管理员。其间,邱某藏利用调查核实管户生产经营、财务核算情况、核实管户申报纳税情况、对所管企业的税源监控、税款催报催缴及负责免抵退税申报审核工作等职务之便,先后多次收受辖区管户相关人员贿送的现金共计人民币 138 000 元,并为其谋取利益。

(二) 一审法院裁判观点[②]

邱某藏身为国家工作人员,利用职务上的便利,多次非法收受他人财物共计人民币 138 000 元,数额较大,并为他人谋取利益,其行为已构成受贿罪。邱某藏在看守所羁押期间意图对其收受蔡某钱款的事实进行串供,不具有认罪悔罪表现,量刑

---

① 2017 年 1 月 2 日摘自中国裁判文书网。
② 同上。

时酌情予以考虑。据此,一审法院依法作出判决:邱某藏犯受贿罪,判处有期徒刑 2 年 4 个月,并处罚金人民币 15 万元。

(三) 人民检察院观点①

(1) 本案发回重审后,一审已组织庭前会议对非法证据进行调查,庭审期间控辩双方也就此问题进行举证、质证以及辩论,邱某藏提出一审未启动非法证据排除程序,与事实不符。

(2) 邱某藏辩称所有自我交代材料均形成于 7 月 24 日,但其在第一次的庭审中供称书写时间为第 35、第 36 小时,尚在合法传唤时间内,因此其辩解自相矛盾,辩称倒签时间无线索或依据,不足以采信,本案系邱某藏先作出有罪供述后侦查机关才对证人进行取证,且其供述得到证人证言的证实,属于先供后证。

(3) 邱某藏辩称受到刑讯逼供、疲劳审讯,但检察机关已提供相关证据证实取证行为的合法性,邱某藏手臂内侧瘀伤并非刑讯逼供形成,且邱某藏对该伤情的供述前后矛盾,甚至之前庭审的供述无法说清形成时间,足以证明邱某藏未被刑讯逼供、受到难以忍受的痛苦而违心供述,其对是否获得休息同样供述不一,但讯问笔录的时间体现并未连续疲劳审讯,目前没有证据或线索证实存在疲劳审讯,因此在邱某藏被合法传唤期间所作的自我交代材料不属于非法证据,可以作为定案依据。

(4) 根据《最高人民法院关于适用〈中华人民共和国刑事诉讼法〉的解释》第七十八条规定,经人民法院通知,证人没有正当理由拒绝出庭或者出庭后拒绝作证,法庭对其证言的真实性无法确认的,该证人证言不得作为定案的根据。因此,证人经通知没有到庭,但真实性可以确认的,可以作为定案依据,本案未到庭证人证言与邱某藏供述等证据能相互印证,足以采信,且侦查机关已经再次向龚某核实,辩护人提交的证据材料不足以否定龚某的证言。

(5) 邱某藏供称当场收下款项而事后退还的部分,行贿受贿双方就收受贿赂的事实证供一致,但邱某藏关于事后及时退还的辩解得不到行贿人的印证,且无其他证据证实,故一审认定邱某藏收受陈某、邱某各 1 万元并无不当。

(6) 追诉时效应以立案时为准,本案于 2014 年 7 月 23 日立案,认定邱某藏收受他人贿赂 13.8 万元,依当时刑法规定,受贿 10 万元以上应处 10 年以上有期徒刑,追诉时效为 15 年,故本案未超过追诉时效。

----

① 2017 年 1 月 2 日摘自中国裁判文书网。

（四）被告人及辩护人观点[①]

1. 被告人观点

（1）全部有罪供述与自我交代材料是侦查机关通过刑讯逼供、疲劳审讯等非法取证手段获得，是非法证据，不得作为定案依据，自书材料均是2014年7月24日一次性写成，并按侦查人员的要求将其中7份的时间倒签为7月23日；2014年8月13日S市人民检察院监察部门询问其时，未解释何为刑讯逼供，其亦不懂何为刑讯逼供，但其明确表示"办案人员有不文明行为"即指受到刑讯逼供、疲劳审讯；全程录音录像可证明侦查机关的非法取证行为，侦查机关却始终未能提供。

（2）一审认定其收受李某、董某贿赂的证人龚某、蔡某均未出庭作证，其证言不能采信；其虽然收受陈某、邱某各一次贿赂，但事后均及时退还，一审对其供述当场拒收的部分不予认定，对其供述事后退还的部分却要求其举证，明显不合逻辑，且一审未通知二行贿人到庭作证，其证言不能采信；辩护人提供的龚某的证言及相关书证，足以证实龚某没有管理企业且不认识邱某藏，不可能行贿邱某藏，龚某向侦查机关所作证言不合常理。

（3）其收受蔡某1万元贿赂发生于2006年，已经超过追诉时效。

（4）一审未依法启动非法证据排除程序，程序违法。综上，请求二审改判其无罪。

2. 辩护人观点

其辩护人提出基本相同的辩护意见，并认为：

（1）邱某藏在2014年7月22日17时至7月24日16时50分接受询问、传唤期间，未作任何询问、讯问笔录，侦查机关亦未按照一审法院要求提供该期间的全程录音录像，无法证明自我交代材料的形成时间以及不存在刑讯逼供、疲劳审讯等非法取证行为，依法应当排除全部自我交代材料。

（2）陈某的S市冠宏染整印花有限公司不在邱某藏的管辖范围内，其作证称为该公司税收事由行贿邱某藏与事实不符，证供双方对此说法一致，明显存在侦查人员指证行为；邱某藏虽意图对收受蔡某1贿赂进行串供，但在之后的诉讼活动中均对此如实供述，不应作为从重处罚的情节。综上，请求二审改判邱某藏无罪。

[①] 邱某藏及辩护人观点于2017年1月2日摘自中国裁判文书网。

（五）二审法院裁判观点①

邱某藏身为国家工作人员，利用职务上的便利，多次非法收受他人财物共计人民币 3.5 万元，数额较大，并为他人谋取利益，其行为已构成受贿罪。一审认定邱某藏收受蔡某等人的贿赂共计人民币 3.5 万元的事实清楚，证据充分，定罪准确，审判程序合法，但认定邱某藏收受陈某 2 等人贿赂共计人民币 10.3 万元的事实，证据不足，不予认定。基于上述原因，一审对邱某藏的量刑偏重，追缴违法所得有误，人民法院予以纠正。据此，依照《刑法》第三百八十五条第一款、第三百八十六条、第三百八十三条第一款第（一）项及第二款、第九十三条第一款、第六十四条，《刑事诉讼法》第二百二十五条第一款第（三）项，以及《最高人民法院　最高人民检察院关于办理贪污贿赂刑事案件适用法律若干问题的解释》第一条第一款、第十九条第一款之规定，判决：①撤销 F 省 S 市人民法院(2016)M0581 刑初 185 号刑事判决。②邱某藏犯受贿罪，判处有期徒刑 1 年，并处罚金人民币 10 万元。

二、案例解析

（一）邱某藏收受董某 2 万元的事实认定问题

经证人董某的证言证实其于 2008 年春节前与其妻子蔡某一起到 S 市国税局宿舍邱某藏家中，贿送给邱某藏人民币 5 000 元，该证言得到证人蔡某证言的印证，且证人证言之间在行贿的时间、地点、包装等细节基本吻合，故虽然没有邱某藏的供述，亦能认定该笔受贿事实。但董某关于其还向邱某藏行贿 1.5 万元的证言，未能得到其他证据印证，对该部分事实人民法院不予认定。

（二）本案没有经超过追诉时效

对于人民法院正在审理的贪污贿赂案件，应当依据司法机关立案侦查时的法律规定认定追诉时效。邱某藏的受贿数额为人民币 3.5 万元，最后一笔受贿时间为 2008 年，本案的立案时间为 2014 年 7 月 23 日，按照当时刑法的规定，应当在有期徒刑 1 年以上 7 年以下量刑，根据《刑法》第八十七条之规定，法定刑最高为 5 年以上不满 10 年有期徒刑的，追诉时效为 10 年。故本案未超过追诉时效。

（三）理解利用职务之便刑法内涵

（1）利用职务之便的情形。利用职务之便有以下两种情况：

第一，利用职务上的便利。职权是指国家机关及其公职人员依法作出一定行为

---

① 人民法院裁判观点于 2017 年 1 月 2 日摘自中国裁判文书网。

的资格,是权力的特殊表现形式。具体是指利用本人职务范围内的权力,也即利用本人在职务上直接处理某项事务的权利。利用职权为他人谋取利益而收受他人财物,是典型的受贿行为。在司法实践中,大量受贿罪是利用职权的便利条件构成的。例如,负责掌管物资调拨、分配、销售、采购的人,利用其调拨权、分配权、销售采购权,满足行贿人的愿望,而收受财物。

第二,利用与职务有关的便利条件。利用与职务有关的便利,即不是直接利用职权,而是利用本人的职权或地位形成的便利条件,而本人从中向请托人索取或存非法收受财物的行为。实践中,利用第三者职务上的便利,主要有以下三种情况:一是亲属关系;二是私人关系;三是职务关系。至于前两种情况,利用的主要是血缘与感情的关系,与本人职务无关。对于单纯利用亲友关系,为请托人办事,从中收受财物的,不应以受贿论处。在第三种情况下,则与本人职务有一定关联。受贿人利用第三者的职务之便受贿,必须具备以下两个条件:其一,利用第三者的职务之便,必须以自己的职务为基础或者利用了与本人职务活动有紧密联系的身份便利。其二,是受贿人从中周旋使他人获得利益。根据司法实践,利用与职务有关的便利条件,一般发生在职务上存在制约或者相互影响关系的场合。

(2)利用职务之便的客观表现。有以下两种具体表现形式:

第一,行为人利用职务上的便利,向他人索取财物。索贿是受贿人以公开或暗示的方法,主动向行贿人索取贿赂,有的甚至是公然以要挟的方式,迫使当事人行贿。鉴于索贿情况突出,主观恶性更严重,情节更恶劣,社会危害性相对于收受贿赂更为严重。因此,《刑法》明确规定,索贿的从重处罚。因被勒索给予国家工作人员以财物,没有获得不正当利益的,不是行贿。索取他人财物的不论是否为他人谋取利益,均可构成受贿罪。

第二,行为人利用职务上的便利,收受他人贿赂而为他人谋取利益的行为。收受贿赂,一般是行贿人以各种方式主动进行收买腐蚀,受贿人一般是被动接受他人财物或者是接受他人允诺给予财物,而为行贿人谋取利益。

(四)了解"利用职务上的便利"的司法认定

《刑法》第三百八十五条第一款规定的"利用职务上的便利",既包括利用本人职务上主管、负责、承办某项公共事务的职权,也包括利用职务上有隶属、制约关系的其他国家工作人员的职权。担任单位领导职务的国家工作人员通过不属自己主管的下级部门的国家工作人员的职务为他人谋取利益的,应当认定为"利用职务上的便利"为他人谋取利益。

"利用职务上的便利"是受贿类犯罪在客观方面的重要构成要件之一。司法实务中理解把握受贿类犯罪的职务要件的内涵和外延,对准确理解受贿类犯罪有非常重要的意义。

1. 受贿罪的职务要件

受贿罪要求利用职务上的便利。根据《全国法院审理经济犯罪案件工作座谈会纪要》的规定,《刑法》第三百八十五条第一款规定的"利用职务上的便利",既包括利用本人职务上主管、负责、承办某项公共事务的职权,也包括利用职务上有隶属、制约关系的其他国家工作人员的职权。担任单位领导职务的国家工作人员通过不属于自己主管的下级部门的国家工作人员的职务为他人谋取利益的,应当认定为"利用职务上的便利"为他人谋取利益。

2. 斡旋受贿的职务要件

斡旋受贿要求利用本人职权或者地位形成的便利条件,通过其他国家工作人员职务上的行为为他人谋利。根据《全国法院审理经济犯罪案件工作座谈会纪要》的规定,《刑法》第三百八十八条规定的"利用本人职权或者地位形成的便利条件",是指行为人与被其利用的国家工作人员之间在职务上虽然没有隶属、制约关系,但是行为人利用了本人职权或者地位产生的影响和一定的工作联系,如单位内不同部门的国家工作人员之间、上下级单位没有职务上隶属、制约关系的国家工作人员之间、有工作联系的不同单位的国家工作人员之间等。

虽然斡旋受贿按照受贿罪定罪处罚,但两者之间有很大区别,普通受贿利用的是职务上的便利,而斡旋受贿利用的是本人职权或者地位形成的便利条件。普通受贿中为他人谋取的可以是不正当利益,也可以是正当利益,而斡旋受贿中为他人谋取的是不正当利益。谋取的是正当利益,则不构成犯罪;但如果谋取的是不正当利益,则属于斡旋受贿,构成受贿罪。

3. 利用影响力受贿罪的职务要件

在利用影响力受贿罪中,存在以下三种情形:

国家工作人员的近亲属或者其他与该国家工作人员关系密切的人,通过该国家工作人员职务上的行为,为请托人谋取不正当利益而索贿或者受贿的,在这种情形中,职务要件是通过该国家工作人员职务上的行为,利用的是该国家工作人员职务上的便利。

国家工作人员的近亲属或者其他与该国家工作人员关系密切的人,利用该国家工作人员职权或者地位形成的便利条件,通过其他国家工作人员职务上的行为,为请托人谋取不正当利益而索贿或者受贿的,在这种情形中,职务要件是利用该国家工作人员职权或者地位形成的便利条件,实现为他人谋利的途径是通过其他国家工作人员职务上的行为。

离职的国家工作人员或者其近亲属以及其他与其关系密切的人,利用该离职的国家工作人员原职权或者地位形成的便利条件,通过其他国家工作人员职务上的行为,为请托人谋取不正当利益而索贿或者受贿的,在这种情形中,职务要件是利用该离职国家工作人员原来职权或者地位形成的便利条件,实现为他人谋利的途径是通过其他国家工作人员职务上的行为。

4. 与"工作上的便利"的区别

受贿罪利用"职务上的便利"不包括"工作上的便利",两者在本质上是不同的。"工作上的便利"是行为人在履职过程中产生的便利条件,与职权没有内在联系,比如因工作而熟悉环境、认识熟人、听到消息等。因此,准确地区分"职务上的便利"与"工作上的便利"是正确区分受贿类犯罪与非罪界限的一个关键因素。

(五)了解"为他人谋取利益"的司法认定

为他人谋取利益包括承诺、实施和实现三个阶段的行为。只要具有其中一个阶段的行为,如国家工作人员收受他人财物时,根据他人提出的具体请托事项,承诺为他人谋取利益的,就具备了为他人谋取利益的要件。明知他人有具体请托事项而收受其财物的,视为承诺为他人谋取利益。

(六)了解"利用职权或地位形成的便利条件"的司法认定

《刑法》第三百八十八条规定的"利用本人职权或者地位形成的便利条件",是指行为人与被其利用的国家工作人员之间在职务上虽然没有隶属、制约关系,但是行为人利用了本人职权或者地位产生的影响和一定的工作联系,如单位内不同部门的国家工作人员之间、上下级单位没有职务上隶属、制约关系的国家工作人员之间、有工作联系的不同单位的国家工作人员之间等。

(七)贿赂对象不仅仅限于钱款

贿赂对象涉及:财物和回扣、手续费,回扣和手续费也可以统称为财物。所以,从贿赂对象入手,主要是审查财物的范围,如果接受或者给予的财物不是法律规定的对象,则可能无罪。

1. 货币

这是贿赂犯罪中常见的财物之一。所谓"货币",本质上是所有者之间关于交换权的契约,也就是我们所称的"金钱"。根据不同的分类标准,可以分为纸币和硬币,也可以分为现金和储蓄货币,还可以分为本国货币和外国货币。不管是哪一种类型,只要是货币,都属于贿赂犯罪中"财物"的范围。需要说明的是,对于外国货币,一般行贿或者受贿时中国外汇交易中心或者中国人民银行授权机构公布的人民币对该货币的中间价折合成人民币计算犯罪数额;中国外汇交易中心或者中国人民银行授权机构未公布汇率中间价的外币按照行贿或者受贿时境内银行人民币对该货币的中间价折算成人民币,或者按照该货币在境内银行、国际外汇市场对美元汇率与人民币对美元汇率中间价进行套算。

2. 物品

在社会生活中,物品的范围非常宽泛,它是一种客观存在的有形的实体,通常可以折算为货币或者需要支付货币才能取得。物品具备有效价格证明的,犯罪数额按照有效价格证明认定;不具备有效价格证明的或者根据价格证明认定数额明显不合理的,按照有关规定委托估价机构估价认定。因此,在代理这类案件时,辩护律师一定要注意审查估价方面的鉴定意见,通过推翻鉴定意见或者重新鉴定将鉴定价格降低,从而达到降低犯罪数额的目的。

3. 财产性利益

2008 年两高《关于办理商业贿赂刑事案件适用法律若干问题的意见》中就明确规定:"商业贿赂中的财物,既包括金钱和实物,也包括可以用金钱计算数额的财产性利益,如提供房屋装修、含有金额的会员卡、代币卡(券)、旅游费用等。具体数额以实际支付的资费为准。"

2016 年两高《关于办理贪污贿赂刑事案件适用法律若干问题解释》也进一步明确了"财物"的范围包括财产性利益,还对"财产性利益"的范围进行了界定,包括:

(1)可以折算为货币的物质利益。这些物质利益是可以直接折算为货币的,犯罪的数额以折算出的货币计算。例如房屋装修、债务免除等。

(2)需要支付货币的其他利益。这些利益虽然不能直接折算为货币,但需要支付货币才能取得,仍然属于财产性利益,犯罪数额以实际支付或者应当支付的数额计算。例如会员服务、旅游等。

(八)了解特殊形式受贿的司法处理

1. 对离职国家工作人员收受财物行为的处理

参照《最高人民法院关于国家工作人员利用职务上的便利为他人谋取利益离退休后收受财物行为如何处理问题的批复》规定的精神,国家工作人员利用职务上的便利为请托人谋取利益,并与请托人事先约定,在其离职后收受请托人财物,构成犯罪的,以受贿罪定罪处罚。

司法实践中处理此类案件时,要注意考虑以下问题:

(1) 已离(退)休的国家工作人员,只有利用本人原有职权或地位形成的便利,通过在职的国家工作人员职务上的行为,为请托人谋取利益,而本人从中向请托人索取或非法向请托人索取或非法收受财物的行为,才能以受贿罪论处。因此,已离(退)休国家工作人员构成受贿罪的受贿行为,必须是:利用了本人原有职权或地位形成的便利条件;这种便利条件,必须是通过在职的国家工作人员具体完成的。这种便利条件与在职的国家工作人员的便利条件,是相互包容的、依存的。为请托人谋取利益。至于该利益是正当的,还是不正当的,以及是否真正谋取到了利益,均不影响受贿行为的成立。本人从中向请托人索取或非法收受财物。其中,所索取或非法收受财物的价值或使用价值,必须达到5 000元起点。至于本人从中索取或非法收受到的财物,是否真正归本人所有了,并不影响受贿行为的成立。

(2) 为请托人谋取利益如系行为人不违背原职务的行为,则不论何种原因受贿未遂,均不宜追究离(退)休人员的受贿责任;为请托人谋取利益如系行为人违背原职务之行为,则不论何种原因受贿未遂,也应追究离(退)休人员的受贿责任。

(3) 请托人给予行为人的贿赂,应当是离(退)休人员所要求互相约定的财物。如有不同,行为人收受后,或请托人未按约定的期限给付行为人贿赂的,均不影响受贿罪的成立。

(4) 行为人在职期间为请托人谋取利益,但未向请托人要求或约定贿赂,而请托人在行为人离(退)休后出于感谢给予财物的,一般该离(退)休人员不构成受贿罪。但是,如果行为人违背原职务为请托人谋取利益,且明知请托人是因此而给予数额较大财物的,则不因为行为人的离(退)休,而影响其构成受贿罪。

(5) 对于离(退)休人员被重新聘用,并依法从事公务中而为的受贿行为,应按受贿罪论处。

(6) 对于在职时受贿,而离职后为请托人谋利,或者在职时为请托人谋利,而离职后索取、接受财物的,应按受贿罪论处。

2. 对共同受贿的处理

根据《刑法》关于共同犯罪的规定,非国家工作人员与国家工作人员勾结,伙同受贿的,应当以受贿罪的共犯追究刑事责任。非国家工作人员是否构成受贿罪共犯,取决于双方有无共同受贿的故意和行为。国家工作人员的近亲属向国家工作人员代为转达请托事项,收受请托人财物并告知该国家工作人员,或者国家工作人员明知其近亲属收受了他人财物,仍按照近亲属的要求利用职权为他人谋取利益的,对该国家工作人员应认定为受贿罪,其近亲属以受贿罪共犯论处。近亲属以外的其他人与国家工作人员通谋,由国家工作人员利用职务上的便利为请托人谋取利益,收受请托人财物后双方共同占有的,构成受贿罪共犯。国家工作人员利用职务上的便利为他人谋取利益,并指定他人将财物送给其他人,构成犯罪的,应以受贿罪定罪处罚。

《最高人民法院关于印发〈全国法院审理经济犯罪案件工作座谈会纪要〉的通知》(2003年11月13日最高人民法院文件法〔2003〕167号发布)关于受贿罪第五项共同受贿犯罪的认定:"根据刑法关于共同犯罪的规定,非国家工作人员与国家工作人员勾结,伙同受贿的,应当以受贿罪的共犯追究刑事责任。非国家工作人员是否构成受贿罪共犯,取决于双方有无共同受贿的故意和行为。国家工作人员的近亲属向国家工作人员代为转达请托事项,收受请托人财物并告知该国家工作人员,或者国家工作人员明知其近亲属收受了他人财物,仍按照近亲属的要求利用职权为他人谋取利益的,对该国家工作人员应认定为受贿罪,其近亲属以受贿罪共犯论处。近亲属以外的其他人与国家工作人员通谋,由国家工作人员利用职务上的便利为请托人谋取利益,收受请托人财物后双方共同占有的,构成受贿罪共犯。国家工作人员利用职务上的便利为他人谋取利益,并指定他人将财物送给其他人,构成犯罪的,应以受贿罪定罪处罚。"

3. 对以借款为名索取或者非法收受财物的处理

国家工作人员利用职务上的便利,以借为名向他人索取财物,或者非法收受财物为他人谋取利益的,应当认定为受贿。具体认定时,不能仅仅看是否有书面借款手续,应当根据以下因素综合判定:①有无正当、合理的借款事由。②款项的去向。③双方平时关系如何、有无经济往来。④出借方是否要求国家工作人员利用职务上的便利为其谋取利益。⑤借款后是否有归还的意思表示及行为。⑥是否有归还的能力。⑦未归还的原因。司法实践中一般考虑以下问题:

(1)从审查双方主体之间的真实关系,看行贿受贿的客观基础。正常的民间借贷关系没有职务上的内在必然联系,双方主体之间除了情感上的依托关系外并不存在某种依赖关系,一般来讲双方结识时间长、交往多,互相了解、信任,关系融洽,有正当的书面手续。而借贷形式的行贿受贿则围绕着行贿人谋取的利益与受贿人利用职务便利而进行的权钱交易,这样双方主体之间必然存在某种特殊联系,这种联系,以职权为媒介表现为仅仅在工作关系上有一面之交,缺乏借贷关系赖以存在的信任基础,又没有任何借贷手续。这种既无信任基础又无借贷手续的不正常现象正是行贿受贿的典型表现。因此,只要认真审查分析双方主体间的真实关系,仍然可以摸到定性的脉络,找到行贿受贿的客观基础,

(2)从审查借贷关系产生的时间、原因是否自然看与行贿之间的内在联系。借贷关系的成立没有时间上的限制,原因是真实自然的,它的形成完全取决于当事人之间的借贷契机,契机是以真实、合理、可信的事由而产生的,没有时间上的特定性,原因往往表现在一方经济拮据需借钱,另一方经济宽裕,有能力出借。而借贷形式的行贿则不同,它具有时间上的限制性和原因上的虚假性。利用借贷关系行贿所产生的时间是以行贿人为实现某种目的为中心,或在其前,或在其后,而行贿方利益的实现也必然要见之于客观,在原因上又往往会出现反常现象,行贿方无钱出借却要四处奔波筹措资金出借,受贿方经济宽裕无需借钱却堂而皇之借钱,借来的钱不用于生活急需,而是将借款存入银行或用于高消费又无偿还能力,这就给我们展示了一条明晰的犯罪因果链,使我们在行贿人谋取利益的时间与借贷关系成立的时间比较中,对产生借贷关系事由和原因的分析中,找出行贿受贿之间的内在联系。

(3)从审查借贷双方的意愿上,看行贿的本质,民法上的借贷关系是一打当事人自愿将自己所有的金钱出借给对方当事人,对方当事人经过一定时间归还本金并支付一定数额利息或作礼仪性酬谢的民事法律行为。这种关系的确定完全出于双方当事人的自愿,是一种互助互济的行为,不附加与借贷无关的其他条件,一般借贷数额不大,时间较短,如果是大数额借款,洽谈时一定会明确还款时间,对拖欠时间较长,或逾期不归还的,出借人也会主动催还。而借贷形式的行贿受贿双方存在着直接的依附于受贿人的职权而违心出借,时间无限期,数额较大,受贿人一权在握,以借入为名收受贿赂,并为出借者谋取利益,这种非自愿的借贷关系从本质上区别于民法意义上的借贷关系。

(4)从审查借贷关系的产生是否给第三人带来损失,看行贿受贿的必然结果。合法的借贷关系是一种民事法律行为,它以不损害他人利益为前提条件,事实上,正常的民事借贷关系不存在损害第三人利益的情况,而借贷形式的行贿受贿是通过出借人的出借(行贿)和借入人的借款(受贿)来实现不可告人的目的,这种行为的实现必然会给第三人带来损害,或者使企业经济利益受损或者扰乱国家的经济秩序,这些损失是因受贿人接受贿赂造成的,因而损失的产生与这种借贷有着直接的因果关系,也是行贿受贿的必然结果。

综上所述,对以下借贷应以受贿论处:①借款方式是利用职务便利,为出借人谋

取利益的国家工作人员或者其他从事公务的人员。②借款人经济条件好,无需借款,虚构借款事由的。③借款金额大,时间超过一定期限或不确定期限的。④借款不留凭证的。⑤借款后有能力、有机会偿还而不予偿还的。⑥借款人借款后又收受出借人贿赂钱财的。

4. 对以股票名义受贿的处理

在办理涉及股票的受贿案件时,应当注意:①国家工作人员利用职务上的便利,索取或非法收受股票,没有支付股本金,为他人谋取利益,构成受贿罪的,其受贿数额按照收受股票时的实际价格计算。②行为人支付股本金而购买较有可能升值的股票,由于不是无偿收受请托人财物,不以受贿罪论处。③股票已上市且已升值,行为人仅支付股本金,其"购买"股票时的实际价格与股本金的差价部分应认定为受贿。

5. 对国家工作人员任职前受贿的处理

根据《刑法》规定,受贿罪的主体必须是国家工作人员。因此,对于国家工作人员取得国家工作人员身份或取得现有职权之前而为的受贿行为,要严格把握。具体来说:

(1) 要严格把握任职前与任职后的界限。即要以行为人受聘用、委托或被任命之日起为标准区分。即行为人受聘用、委托或被任命之日以前而为的受贿行为,属于任职前的受贿行为;而行为人受聘用、委托或被任命之日(包括当日)以后而为的受贿行为,属于任职后的受贿行为。

(2) 是否依法追究行为人任职前而为的受贿行为,要严格把握,区别对待。关键是看受贿行为与行为人任职之间是否存在内在的联系。如果存在,则应认定为受贿罪;如果不存在,则不宜按受贿罪论处。具体来说:第一,行为人与请托人之间有许诺,但行为人收受贿赂后,在任职后并没有履行职前许诺的,则不构成受贿罪,但可以构成敲诈勒索罪或诈骗罪;但是,如果行为人收受贿赂后,在任职后履行了职前许诺即为请托人谋取其欲谋取的利益,则应以受贿罪论处。第二,行为人与请托人之间有了承诺,但当行为人任职后没有按照职前承诺的内容为请托人谋取其欲谋取的利益,而为请托人谋取了其他利益的,则不影响行为人受贿罪的成立。第三,行为人与请托人之间的承诺,行为人任职后应主动履行承诺,但因客观原因未能使为请托人谋取的利益实现的,亦不影响行为人受贿罪的成立。

6. 对国家工作人员亲属受贿的处理

根据《刑法》规定,受贿罪的主体只能是国家工作人员。但是,在特殊情况下,国家工作人员的亲属,可以成为受贿罪的对象。

7. 受贿与正常馈赠的区别

界定受贿与正常馈赠的界限,除正确把握受贿罪构成要件之外,还应注意以下问题:

(1)从双方的关系看,双方是同学、同乡、亲友及其他私人关系,还是有利害关系的当事人与主管人的关系。正常馈赠一般发生在有密切关系的个人之间,这种密切关系往往由来已久,且在馈赠发生之后仍保持和发展这种关系;而贿赂则是发生在有利害关系的当事人与主管人之间,双方的利害关系是由于国家工作人员的特定身份而临时产生,且随贿赂目的得逞后而逐渐淡化。

(2)从行为的动机来看,正常馈赠是行为人基于亲情、友情而无偿将财物送与他人;而贿赂则是行贿人为使他人利用职务之便为自己谋取利益而将财物给予他人,

(3)从行为的方式来看,正常馈赠一般是公开进行,为他人知悉;而贿赂则总是秘密进行,行为的双方都采取各种手段掩盖、隐匿、毁灭可能被查获的罪证,

(4)从行为的时间上看,馈赠发生的时间一般确定;而贿赂则必然发生在行贿人有求受贿人利用职务为其谋取利益之时。

(5)从行为的标的物来看,正常馈赠的财物一般为私人财物;而用于贿赂的财物,既可能是国家、集体的,也可能是私人的,且标的物价值一般较大。

8. 受贿既遂与未遂的区别

根据《刑法》第二十条至第二十四条规定,区分受贿罪既遂与未遂的标准应从贿赂是否到手为界。其理由是:

(1)受贿犯罪可分承诺受贿、接受贿赂、行为人谋取了某种利益三个阶段。承诺属犯意表示,为行贿人谋取利益是受贿的交换条件,唯有接受并拿到贿赂,才是受贿人追求的直接结果。因此,受贿人收受了贿赂,即意味着实现了犯罪的目的,从而构成犯罪既遂。

(2)根据《刑法》规定,受贿罪犯罪构成只需要一个行为、一种故意则为齐备,即有利用职务之便收受贿赂的行为和相应的故意。至于行为人为他人谋取利益是否成功,不影响法定的构成要件,因而也不影响受贿既遂的成立。

(3)以贿赂是否到手作为区分受贿罪既遂与未遂的标准,同样适用于索取贿赂的情况。索贿而未得到贿赂,仍然说明行为人没有达到犯罪的目的,符合《刑法》关于未遂的法定要件。认为一经实施索贿行为就构成受贿既遂的观点,是缺乏理论依据的。

9. 对以婚丧嫁娶为名受贿的处理

审查具有一定职务的国家工作人员,利用婚丧嫁娶收取财物,是否利用了自己职务上的便利,应重点把握以下三点:

(1) 查清送财物的人与收受财物的人的关系。如果双方是领导与被领导的关系,下级给上级送,那么婚丧嫁娶收受财物的行为就有可能是受贿行为。

(2) 查明送财物的目的、动机。非亲非故的人送财物的目的、动机是为了从收受财物的国家工作人员中得到某种利益,在婚丧嫁娶之时送礼仅是借口,实则是行贿。

(3) 查明收财物人为送财物人谋取的利益。可采用超前延伸审查和置后延伸审查的办法。

10. 对以压岁钱为名受贿的处理

这类案件一般考虑以下几点:

(1) 从给压岁钱的人与收受压岁钱小孩的父母关系来分析。以给压岁钱为名,实则行贿的人与收受压岁钱小孩的父母,多是领导与被领导关系,下级给上级领导的儿女压岁钱或给掌握某种权力的人的子女压岁钱,给压岁钱的人与收受压岁钱小孩的父母不是亲友关系,平时关系一般。

(2) 从给压岁钱的数额来分析。以给压岁钱为名的行贿受贿,其数额少则几百,多则几千。

(3) 从给压岁钱的目的和动机来分析。以给压岁钱为名的行贿受贿,其给压岁钱的目的和动机是为了从收压岁钱的小孩的父母手中取得某种利益。

11. 以打麻将为名受贿案件的认定

(1) 从行贿受贿双方构成看。被点炮方多是掌管某种实权的国家工作人员;点炮方都是有求于执掌某种权利的人。

(2) 从打麻将的目的、动机看。双方以娱乐为名,意在实现行贿受贿的目的。

(3) 从输赢钱的来源及金额看。输钱方的钱多源于输方单位的公款,输赢的金额都在成百上千元。

(九) 把握受贿罪与贪污罪的界限

受贿罪与贪污罪的相同点是:犯罪主体都是国家工作人员,主观方面都是直接故意,客观方面都是利用职务上的便利。但是,两者又有如下区别:

(1) 侵犯客体不同。受贿罪侵犯的直接客体是国家机关的正常活动,贪污罪侵犯的直接客体是公共财产的所有权。

(2) 侵犯对象不同,受贿罪侵犯的对象是公私财物,贪污罪侵犯的对象是公共财物。

(3) 客观方面的犯罪手段不同。受贿罪是采取为他人谋利益的手段,非法索取、收受他人财物;贪污罪是采取侵吞、窃取、骗取等手段,非法占有自己主管、经营、经手的公共财物。

(4) 主观方面的犯罪目的不同。受贿罪是为了取得他人或单位的公共财物;贪污罪是为了非法占有公共财物。

(十) 正确理解受贿罪中的"及时退交"

《最高人民法院 最高人民检察院关于办理受贿刑事案件适用法律若干问题的意见》(法发〔2007〕22号,以下简称《意见》)第九条第一款规定:"国家工作人员收受请托人财物后及时退还或者上交的,不是受贿。"符合不是受贿的退交行为应具备的条件:

(1) 主观上不存在受贿故意。司法解释是对刑法有关条文立法含义的解释,应当与刑法的立法本意保持一致而不能相背离。因此,《意见》第九条第一款对收受财物及时退还行为的有关规定,也应当遵从刑法有关受贿罪的犯罪构成要件。因而《意见》第九条第一款规定的收受财物及时退还行为,主要是指客观上虽然收受了他人财物,但行为人主观上并无受贿故意且主动及时地退交所收财物的一类行为。此种行为因行为人主观上没有接受和非法占有请托人财物的故意,在犯罪客体上也没有侵犯国家工作人员职务的廉洁性,故其行为不符合受贿罪的主观要件和客体要件,不构成受贿罪。

(2) 客观上存在合理的阻却事由。收受财物的行为人主观上不具有受贿故意而客观上却收受了请托人的财物,那么就需要客观上存在一些合理的阻却事由,从而使这一情况得以发生。根据司法实践中的情况,这些阻却事由一般包括以下几种:

一是请托人强行留置给付财物,国家工作人员虽明确拒绝但是无法当场拒收的。二是请托人将大额财物伪装成价值十分微小的普通礼品,足以让人误以为是无法构成受贿的情况。三是请托人在交付财物时,国家工作人员内心拒绝,但是因为某些原因不能当场拒绝或是不便拒绝的,国家工作人员在事后能够及时退还或是上交的,可以证明其没有受贿的故意。四是请托人通过邮寄等方式直接将财物送达国家工作人员,国家工作人员被动接受的情况。五是请托人在国家工作人员不知情的情况下,将财物交给国家工作人员的家属等有特殊关系的人,国家工作人员知道后及时将财务退交的,也属于受贿罪构成的阻却事由。

(3) 存在实际的退交行为。国家工作人员在不具有受贿故意的情况下收受了请托人的财物,必须同时具有实际的退交行为,才能认为不构成受贿。但在收受财物后,客观上并未实施退交行为,则应当认定为其在收受财物后产生了受贿的故意,应当构成受贿罪。同时,退交的时间应当是"及时"的,只有及时退交,才能充分证明收受财物的国家工作人员在主观上不具有受贿的故意。

 链接 几个典型受贿案件的警示和分析

案例一:王××受贿罪

【案情简介】

王××,男,194×年×月出生,汉族,大专文化,原系××组副书记、副局长,住××室。王录全 1996 至 1999 年任×市党组书记、局长,2000 年至 2006 年任×地税局党组副书记、副局长。

在 1996 年 7 月至 2005 年年底,王××在分别担任×市地方税务局党组书记、局长、自治区地方税务党组副书记、副局长期间,先后多次利用职务之便,收受或索取他人贿赂共计 793 645.78 元人民币、7 000 美元、1 000 欧元,并为他人谋取利益,其行为已构成受贿罪,

经法院审判,王××犯受贿罪,判处有期徒刑 11 年,剥夺政治权利 2 年,犯罪所得 793 645.78 元人民币、7 000 美元、1 000 欧元依法追缴,上缴国库。

【案件警示】

王××在分别担任×市地方税务局党组书记、局长、自治区地方税务党组副书记、副局长期间,先后多次利用职务之便,收受或索取他人贿赂共计 793 645.78 元人民币、7 000 美元、1 000 欧元,并为他人谋取利益,其行为已构成受贿罪。王×××作为税务机关的主要负责人,多次利用职务之便,收受下属有关单位人员的钱财。其中的警示是,有些人认为,为他人谋取利益是受贿罪的客观要件,如果国家工作人员收受财物但事实上并没有为他人谋取利益的,则不成立受贿罪。同时认为,为他人谋取的利益是否已经实现,不影响受贿罪的成立。1989 年《最高人民法院 最高人民检察院关于执行〈关于惩治贪污罪贿赂罪的补充规定〉若干问题的解答》也指出:非法收受他人财物,同时具有为他人谋取利益的,才能构成受贿罪。为他人谋取的利益是否正当,为他人谋取的利益是否实现,不影响受贿罪的成立。因此,我们认为,为他人谋取利益仍然是受贿罪的客观要件,其内容是许诺为他人谋取利益。国家工作人员在非法收受他人财物之前或者之后许诺为他人谋取利益,就在客观上形

成了以权换利的约定,同时使人们产生以下认识:国家工作人员的职务行为是可以收买的,只要给予财物,就可以使国家工作人员为自己谋取各种利益。这本身就使职务行为的不可收买性受到了侵犯。这样理解,也符合刑法的规定:为他人谋取利益的许诺本身是一种行为,故符合刑法将其规定为客观要件的表述;为他人谋取利益只要求是一种许诺,不要求有谋取利益的实际行为与结果;为他人谋取利益只是一种许诺,故只要收受了财物就是受贿既遂,而不是待实际上为他人谋取利益之后才是既遂。

为他人谋取利益的许诺本身是一种行为。许诺既可以是明示的,也可以是暗示的。当他人主动行贿并提出为其谋取利益的要求后,国家工作人员虽没明确答复办理,但只要不予拒绝,就应当认为是一种暗示的许诺。许诺既可以直接对行贿人许诺,也可以通过第三者对行贿人许诺。许诺既可以是真实的,也可以是虚假的。虚假许诺,是指国家工作人员具有为他人谋取利益的职权或者职务条件,在他人有求于自己的职务行为时,并不打算为他人谋取利益,却又承诺为他人谋取利益。但虚假承诺构成受贿罪是有条件的:其一,一般只能在收受财物后作虚假承诺;其二,许诺的内容与国家工作人员的职务有关联;其二,因为许诺而在客观上形成了为他人谋取利益的约定。受贿呈现常态化。

在本案中,王××的很多下属单位人员给王××送上礼金,有5 000元或10 000元也有数万,有的在他工作时间在办公室,有的甚至在他学习期间,我们认为这些都不是所谓的"正常馈赠"。"正常馈赠"指的是双方之间基于相互的信任,而在一定的特殊的时间、地点,为了维护友谊、亲情等的继续维系,一方交给对方一定的财物。这种财物与请托事项,与接受财物的国家工作人员的职务、职权没有关系。比如,父亲赠予儿子财物、亲属给与后辈财物、同学、战友生病的支助等等,这些送礼的行为与国家工作人员的身份没有关系,更与职务行为无关,只是个人的情感所至,多发生在亲属、亲密朋友之间,当然不构成受贿罪,也谈不上犯罪。但本案中给王全录送上礼金的都是其部下,大多是税务机关的干部,还有都是下属各单位的负责人,根据他们自己的交代也是为了得到王××工作上的关照,这种情况无疑属于受贿罪。

案例二:洪××受贿罪

【案情简介】

洪××,男,1954年9月20日生,汉族,大专文化,N市J区地方税务局局长。

×秀,女,1962年6月13日生,汉族,高中文化,N金典装饰工程有限公司N分公司负责人。

经法院审理查明,2002 年下半年至 2003 年下半年,洪××为 N 金典装饰工程有限公司为承接 N 市 J 地方税务局办公楼基建工程内装饰项目提供帮助,×秀先后两次收受该公司 30 万元,2005 年春节前,×秀先后 5 次收受 N 金典装饰工程有限公司 40 万元,2005 年年底至 2006 年,由于洪××的帮助,2006 年×秀又分三次收受共计人民币 100 万元。经查,洪××、×秀为情人关系,两人供认不讳,并有证人证言相佐证,足以认定。

经法院审判,洪××犯受贿罪,判处有期徒刑 14 年,×秀犯受贿罪,判处有期徒刑 14 年。

【案件警示】

一些国家工作人员,尤其是一些职务较高的国家工作人员利用职务上的便利为请托人谋取利益,往往不是其本人亲自收受请托人财物,而是指使、授意请托人与特定关系人以买卖房屋、汽车等物品及其他一些交易方式进行交易,有关财物也由特定关系人收取。这类行为,虽然表面上国家工作人员本人没有获得财物,但实质上行贿人的指向是很明确的,最后送给特定关系人完全是根据国家工作人员的意思,是国家工作人员对于财物的处置行为所致,同样可以认定国家工作人员获得了财物,故应以受贿论处。

《最高人民法院　最高人民检察院关于印发〈关于办理受贿刑事案件适用法律若干问题的意见〉的通知》规定:国家工作人员利用职务上的便利为请托人谋取利益,授意请托人以本意见所列形式,将有关财物给予特定关系人的,以受贿论处。本意见所称"特定关系人",是指与国家工作人员有近亲属、情妇(夫)以及其他共同利益关系的人。

我们发现在很多经济犯罪中,犯罪人除了在经济上贪得无厌,在生活上也是十分奢靡,往往有不正当的男女关系,本案中也不例外。

关于洪××、×秀是否构成受贿罪的问题。经查,首先,洪××、×秀对情人关系的事实供认不讳,具有证人证言相佐证,足以认定。因此,两人之间具有特定共同利益关系。其次,洪××、×秀有共谋为请托人谋取利益的行为。×秀向洪××转达请托人的具体牟利事项及给予其好处费的意思后,洪××表示同意为请托人牟利并实际实施了相关行为,此时,两人之间已完成请托人谋利和非法收受他人财物的合意,具有共同受贿的故意。第三,洪××、×秀有为请托人谋取利益并收受贿赂的行为,洪××与请托人之间权钱交易的意思联络时通过×秀的相互转达而完成。本案中,两人经通谋后有着明确目的的分工,即由洪××利用职务之便利为请托人谋利,由×秀与请托人联系并非法收受请托人财物。虽然直接收受请托人财物的是×秀,但是洪××在利用职务便利为他人谋取利益后,明知却默认×秀收受请托人财物,实质是其对受贿财产的处分,应认定系与×秀共同收受、占有。第四,就行、受贿的对应性而言,请托人请×秀在地税局工程项目上提供帮助,并承诺给予×秀好处费时,就知道×秀不是国家工作人员,而是需要找相关的国家工作人员提供帮助,故请托人具有行会的故意后请托人给予×秀好处费的行为,亦系谋取利益后给予相关为其谋取利益人好处费的行贿行为,之与请托人是否明知具体为其谋取利益的是谁以及欠款被谁占有等,不影响行、受贿对应关系的成立。这些分析说明,×秀所收受的钱款的性质不是劳动报酬或劳务费而是贿赂款。所以,洪××、×秀既有共同受贿的故意,又有共同受贿的行为,符合共同受贿的犯罪构成要件。本案是两高院《最高人民法院最高人民检察院关于印发〈关于办理受贿刑事案件适用法律若干问题的意见〉的通知》实施以后税务系统第一起以"特定关系人"受贿而定罪的案例,具有特别典型的警示作用。

案例三:×亦×受贿罪

【案情简介】

×亦×,女,19×年×月×日生,汉族,大学文化,原×市国家税务局副局长。

2005年1月25日,大×公司向×区国家税务局申请免征2005年度企业所得税128.7万元,该局请示×市国家税务局未获及时批复。大×公司指派公司员工×明办理免税事宜。2005年6月,×明经他人引荐认识了时任×市国家税务局副局长的×亦×,×明请托×亦×为大×公司办理免税提供帮助,并承诺事成后予以感谢。此后,×亦×召集×市国家税务局所得税管理处的×宪、李××等人研究免征大×公司所得税事宜,×亦×决定同意免征该公司的2005年度企业所得税128.7万元,并于同年8月31日签发了大×公司免税批复文件。2005年9月7日,为感谢×亦×的帮忙,×明在×亦×的办公室送给×亦×10万元人民币。

重庆市第一中级人民法院审理重庆市人民检察有第一分院指控原审被告人×亦×犯受贿罪一案,于2008年4月2日作出刑事判决,原审被告人×亦×不服,提出上诉。重庆是高级人民法院于2008年4月28日受理后,依法组成合议庭,于2008年7月7日依法公开开庭审理了本案。并于2008年10月22日作出终审裁决:驳回上诉,维持原判。

【案件警示】

大×公司是2004年与南京×传媒合资成立的。2005年初,经申请,×区国税局向市国税局请示免征大×公司 2005 年度企业所得税,市国税局没有批复。公司多次开会,决定委托×明找市国税局有关人员协调,同意事情办下来后可以给 10 万元感谢费。经人介绍认识市国税局的×亦×局长后,将公司申请免税的事情向×亦×作了反映,希望×亦×帮忙,承诺事后会表示感谢。免税手续批下来后,公司财务将 10 万元打入×明岳母××钰在交通银行开设的一个银行卡上,×明将 10 万元取出后在×亦×办公室送给了×亦×。

出生于 1951 年的×亦×是国税局副厅级的高级干部,年龄已近 60,本来已快退休,可以安享晚年,和儿孙共享天伦之乐,但她却在此案中贪图区区 10 万元,而走上了犯罪道路,其实她是怀着一种侥幸心理,认为不会被发现,再不捞,可能就没有机会了,其实据有关同志反映,×亦×平时的表现还是不错的,对自己要求还比较严格,谁也想不到她竟因此一失足而成千古恨。

有人把在政治领域里年龄接近退休却走上犯罪道路的现象称为"59 岁现象"又称"最后捞一把"现象,是指领导干部在即将离退休前夕,认为"有权不用,过期作废",大肆贪污受贿的现象。之所以会出现这种现象主要基于以下三种心态的作祟:首先,存在着"权力即是金钱"的心理;其次,"有权不用,过期作废";再次,一存有侥幸心理。即:只要屁股擦干净,退休后就基本上不会出事。我们结合本案分析可以看出,所谓"59 岁现象",就是一些接近离退休年龄的领导干部,感觉自己掌握的权力即将到期,放松了对自己的要求,认为辛苦了一辈子,要抓紧手中快要"作废"的权力猛捞一把,结果走上违法犯罪的邪路。本案中的黄某如此,许多落马高官也是如此。这些领导干部在很长一段时间里都是兢兢业业,到头来却晚节不保,这是很可惜的一件事情。"59 岁现象",根本要害是"权为己用",但根本原因是"权力能够为己所用",那么,权力为什么能够"为己所用"才是最值得我们反思的问题。因此,"59 岁现象"虽关乎年龄,但年龄只是个浅层次的原因,深层次的原因是可以呼风唤雨的权力,是支配权力的随便,是权力与责任的极不对等,是制度和制度执行有太多的漏洞。如果不是这样,就不会在人们对"59 岁现象"遍寻药方之时,贪污犯罪年轻化的现象却闯入我们视野,并呈现出愈演愈烈的势头。

案件四:陈××受贿罪
【案情简介】

陈××,男,19××年×月生,汉族,大专文化,原系×省地方税务局副局长。

严××,(系陈××的妻子)女,19××年×月生,汉族,高中文化,系×旅游总公司退休职工。

严××,(系严××的胞弟)男,19××年×月生,汉族,初中文化,无业。

经审理查明,被告人陈××于1944年10月至2009年1月任×省地方税务局副局长,在1998年9月至2006年10月同时兼×地方税务局副局长、党组书记,其间,陈××利用职务之便,单独或伙同妻子严××、妻弟严××共谋收受他人财物,为他人谋取利益,其中,被告人陈××收受他人财物数额共计522万元人民币、13.5万美元;被告人严××参与收受他人财物数额共计432万元人民币、10万美元;被告人严××参与收受他人财物数额共计301万元人民币。其中,2004年年初,×地方税务局计划为该局安装一套"信息化大集中软件系统",×公司欲承领该业务。为方便受贿,陈××将其妻弟严××安排到该公司工作,专司该项目的双方沟通工作,但不领取公司的工资。该公司预算该项目的工程款额约为1 200万元人民币后,为了得到巨额好处,陈××表示可以将工程合同款额确定在1 600万元人民币左右,并在其家里与严××共同让严××向××公司负责人孙×索要500万元人民币好处费。后来孙×从中分6次共将265万元人民币交由严××送给了陈××和严××,严××从中分给严××30万元人民币。

经法院审判,陈××犯受贿罪,判处有期徒刑15年,严××(系陈××妻子)犯受贿罪,判处有期徒刑12年,严××(系严××的胞弟)犯受贿罪,判处有期徒刑11年。

【案件警示】

在本案中有一个重要的特点,陈××利用他的妻子和妻弟收受他人贿赂,构成了受贿罪的共同犯罪,陈××企图掩人耳目,让他的妻弟到向他行贿的公司工作,妄想以合法的名义,来掩盖其受贿的共同犯罪,结果是搬起石头砸自己的脚,使自己和亲友走上了犯罪道路,受到了法律的严惩。虽然妻子和其亲友一般不能单独构成受贿罪的主体,但可以构成受贿罪的共犯。

本案的一个重要警示就是,本想利用妻子和亲友来掩盖其受贿的犯罪行为,但在不知不觉中却把妻子和亲友拉进了犯罪的泥潭,其教训十分深刻。根据我们的研究发现,单独受贿案件与共同受贿案件相比,有如下特点:①主体身份的特殊性。受贿罪的主体必须是国家工作人员;而共同受贿罪的主体则不一定全部都是国家工作人员。在共同受贿人当中,必须有一个是国家工作人员,其他共同受贿人则可以是该国家工作人员的配偶、亲属或朋友等非国家工作人员。②犯罪主体的反侦查意识强。犯罪嫌疑人多是具有多年业务经验的人,一般在本行业内具有一定的身份地位。所以为了避免身败名裂,这些犯罪嫌疑人在受贿之前就和共同受贿人商量好如何收受财物才安全,万一东窗事发应如何应付调查,如何规避法律、逃脱法律制裁等,反侦查意识极强。③犯罪手段日趋多样性。不少犯罪嫌疑人研究各种纪实案例,掌握多种受贿手段,并不断苦心钻研更"安全"的受贿方法,在合法外衣的包装下完成肮脏的交易。这对侦查人员的侦查工作是个极大的考验。④共同受贿案件日趋隐蔽化。出于对自身利益的考虑,行贿方必须将行贿行为隐蔽化,让被行贿人放心收下贿赂,才能达到利用受贿人手中权力获取利益的目的;而受贿人出于对自身安全的考虑,必然要求行贿人的行为要"神不知鬼不觉",并且要尽可能地进行合法化包装,将行贿受贿行为演化成正当经济往来或者其他合法行为,共同受贿的出现就是在这种思想的驱使下产生的。由于不是直接送给国家工作人员财物,那么该国家工作人员为他谋取利益也就不是为了得到好处;国家工作人员的配偶收受财物也不是为了给他人谋利益,只是和送钱物的人有着良好的私人关系罢了。这样,本来十分清晰的行贿受贿关系就被隐藏了。⑤犯罪数额的递增性。现阶段被查处的共同受贿案件只是实际发生案件的"冰山一角",侥幸心理的驱使,再加上配偶、亲友等从旁协助,使犯罪分子更加有恃无恐地索贿受贿,已出现犯罪数额越来越大的趋势。

【法律链接】

(1)《中华人民共和国刑法》第三百八十五条国家工作人员利用职务上的便利,索取他人财物的,或者非法收受他人财物,为他人谋取利益的,是受贿罪。

国家工作人员在经济往来中,违反国家规定,收受各种名义的回扣、手续费,归个人所有的,以受贿论处。

第三百八十六条　对犯受贿罪的,根据受贿所得数额及情节,依照刑法第三百八十三条的规定处罚。索贿的从重处罚。

第三百八十七条　国家机关、国有公司、企业、事业单位、人民团体,索取、非法收受他人财物,为他人谋取利益,情节严重的,对单位判处罚金,并对其直接负责的主管人员和其他直接责任人员,处5年以下有期徒刑或者拘役。

前款所列单位,在经济往来中,在账外暗中收受各种名义的回扣、手续费的,以受贿论,依照前款的规定处罚。

第三百八十八条　国家工作人员利用本人职权或者地位形成的便利条件,通过其他国家工作人员职务上的行为,为请托人谋取不正当利益,索取请托人财物或者收受请托人财物的,以受贿论处。

国家工作人员的近亲属或者其他与该国家工作人员关系密切的人,通过该国家工作人员职务上的行为,或者利用该国家工作人员职权或者地位形成的便利条件,通过其他国家工作人员职务上的行为,为请托人谋取不正当利益,索取请托人财物或者收受请托人财物,数额较大或者有其他较重情节的,处 3 年以下有期徒刑或者拘役,并处罚金;数额巨大或者有其他严重情节的,处 3 年以上 7 年以下有期徒刑,并处罚金;数额特别巨大或者有其他特别严重情节的,处 7 年以上有期徒刑,并处罚金或者没收财产。

离职的国家工作人员或者其近亲属以及其他与其关系密切的人,利用该离职的国家工作人员原职权或者地位形成的便利条件实施前款行为的,依照前款的规定定罪处罚。

(2)《最高人民检察院关于人民检察院直接受理立案侦查案件立案标准的规定(试行)》(1999 年 8 月 6 最高人民检察院第九届检察委员会第四十一次会议通过)。

(3)受贿案(第三百八十五条、第三百八十六条、第三百八十八条、第一百六十三条第三款,第一百八十四条第二款)。

受贿罪是指国家工作人员利用职务上的便利,索取他人财物的,或者非法权受他人财物,为他人谋取利益的行为。

"利用职务上的便利",是指利用单人职务范围内的权力,即自己职务上主管、负责或者承办某项公共事务的职权及其所形成的便利条件。

索取他人财物的,不论是否"为他人谋取利益",均可构成受贿罪,非法收受他人财物的,必须同时具备"为他人谋取利益"的条件,才能构成受贿罪,但是为他人谋取的利益是否正当,为他人谋取的利益是否实现,不影响受贿罪的认定。

国家工作人员在经济往来中,违反国家规定,收受各种名义的回扣、手续费,归个人所有的,以受贿罪追究刑事责任。

国有公司、企业中从事公务的人员和国有公司、企业委派到非国有公司、企业从事公务的人员利用职务上的便利,索取他人财物或者非法收受他人财物,为他人谋取利益,或者在经济往来中,违反国家规定,收受各种名义的回扣、手续费,归个人所有的,以受贿罪追究刑事责任。

国有金融机构工作人员和国有金融机构委派到非国有金融机构从事公务的人员在金融业务活动中索取他人财物或者非法收受他人财物,为他人谋取利益的,或者违反国家规定,收受各种名义,的回扣、手续费归个人所有的,以受贿罪追究刑事责任。

国家工作人员利用本人职权或者地位形成的便利条件,通过其他国家工作人员职务上的行为,为请托人谋取不正当利益,索取请托人财物或者收受请托人财物的,以受贿罪追究刑事责任。

涉嫌下列情形之一的,应予立案:

① 个人受贿数额在 5 000 元以上的。

② 个人受贿数额不满 5 000 元,但具有下列情形之一的。

a. 因受贿行为而使国家或者社会利益遭受重大损失的。

b. 故意刁难、要挟有关单位、个人,造成恶劣影响的。

c. 强行索取财物的。

 **案例二　非国家工作人员受贿案**

本案例是地方税管理机关的协税员在管理地方税过程中,利用职务之便的受贿案例。协税员在税收征管过程中受贿,折射出税务机关的管理不力。全国税务系统协税员、外聘人员出现的问题已经不再是少数,已经引起税务机关的重视。对协税员的管理需要研究,需要加强。

一、案例概览

(一) 案情[①]

李某、曾某系 S 市 F 区地税局征收科协税员,何某是李某的高中同学。2010 年,S 市购房政策发生变化,明确在本市暂时实行限定居民家庭购房套数政策,暂停无法提供在本市 1 年以上纳税证明或社会保险缴纳证明的非本市户籍居民在本市购房,对能够提供上述证明的非本市户籍居民家庭,限购 1 套住房。2012 年 7 月开始,李某与何某合谋,何某作为中介寻找并联系不符合购房政策但想在 S 市购房的人,以办理"三无人员过户费"的名义,收受每单 4 万元不等的好处费,并以设立联名账户的方式监管好处费,待房产顺利过户后再解款分赃;何某取得购房者信息后交给李某,李某通过自己或将上述信息转交曾某,由曾某在 S 市地税征收系统中操作,为购房者违规补录虚假的纳税信息,以便购房者取得完税证明后进行房产交易;李某并事前告知曾某其每单收取好处费 2 万元,房产交易成功后每单给付曾某 1 万元。2012 年 7 月 20 日至 10 月 25 日,李某、曾某分别或共同为陈某、田某华、章某、詹某、林某、唐某早等 12 人补录了虚假纳税信息,其中曾某参与了 7 人的虚假纳税信息补录。李某、曾某的上述行为致使陈某、章某、詹某、林某、唐某早等人利用虚假的完税

---

① 2017 年 1 月 22 日摘自中国裁判文书网。

证明办理了房产过户备案登记,规避 S 市限制购房制度,影响了国家房地产宏观调控政策的实施,造成严重的社会影响。经查,何某与购房者或中介人员开立的联名账户中存款共计 390010 元。

2013 年 4 月 23 日,李某被抓获归案。2013 年 4 月 24 日,曾某被抓获归案。2013 年 10 月 23 日,何某被抓获归案。案发后,曾某向侦查部门退赃 7 万元,何某向侦查部门退赃 3 万元。

(二)人民检察院观点①

人民检察院分别向人民法院提交《量刑建议书》,建议对李某以受贿罪判处 10 年以上有期徒刑,以滥用职权罪判处 2 年以下有期徒刑或者拘役;对何某以受贿罪判处 10 年以上有期徒刑;被对曾某以受贿罪判处 2 年 6 个月至 5 年有期徒刑,以滥用职权罪判处 1 年 6 个月以下有期徒刑或者拘役。

(三)被告人及辩护律师观点②

1. 李某及辩护律师观点

(1)李某的观点。李某认为补录 13 个月的纳税记录才能算一单,而其仅为章某、唐某早、李某豪做了三单,同时李某是按每人 1 万元来收取费用的,起诉书上写的联名账户李某并不知情,账户上的 39 万元与其无关,不能作为李某的受贿金额,李某不知道何某收取其他客户的具体金额。李某在侦查阶段中供述的 16 万元是侦查人员将曾某所说的金额记在了其笔录上。

李某认为参与此事是因为何某求其帮忙,而非李某与何某合谋;同时,李某未指使曾某做任何事情,何某和曾某之间的约定李某并不知情。至于何某要李某带报酬给曾某是因为其与何某同住,顺便拿给曾某。

李某对滥用职权罪有异议。李某认为其并非国家工作人员,并非公务员,只是临时工,无任何职权,其账户和密码可以操作此事。

李某提出 2013 年 4 月 24 日凌晨、4 月 25 日凌晨其遭到殴打、辱骂,属于刑讯逼供,其部分口供不属实。

李某对起诉的金额有异议。人民法院、人民检察院出具的房产登记信息只有 5 人,但是另外有 7 个人的信息没有出具。

(2)李某辩护律师观点。第一,李某有罪,但是具体收受金额建议以李某的陈述

---

① 2017 年 1 月 22 日摘自中国裁判文书网。
② 同上。

去调查。有一部分是补录了几个月，没有补录到 12 个月，事情没办好，所以办事的人就不需要给钱。另外，有一些人过了 60 岁或者不满 18 岁，按照当时的政策不能买房，但是当时电脑里录入了他们的信息，这种情况下他们也不会给钱。还有一些比如二套房，的确存在一些人有记录，但是没有给钱给被告人。具体多少人通过行贿拿到了纳税记录，请法院酌情认定。

第二，虽然转账记录里有大额的款项出现，但是多次笔录里被告人都供述只是收 1 万元或者及千元，有些超过 1 万元或者 2 万元的部分是中介在外面向客户要的，这部分李某是没有犯罪故意的，因此每单应该按照 1 万元不超过 2 万元计算比较合理。

第三，证据存在瑕疵，比如每个行贿人笔录后面都有 90% 高度雷同，属于诱供。

第四，目前定罪的证据只有被告人的供述相对真实，但是依据法律规定，只有供述没有其他证据不能定罪。

第五，本案取证过程存在瑕疵。

综上，建议人民法院根据最新的司法解释，对被告人作出罪当其罚的判决。

2. 何某及辩护律师观点

(1) 何某对指控受贿罪无异议。

(2) 何某辩护律师观点。

第一，关于人民检察院指控的犯罪数额，从提供的证据来看，与何某共同设立联名账户的人员和李某、曾某违规补录纳税信息人员不一致，即无法证明何某收取的款项就是参与到李某、曾某补录纳税信息收取的好处费或者是分配的赃款。

第二，何某是做房产中介，兼职网上购物，有自己的收入，而且作为房产中介可能有些是不需要进入公司账户，收取的是中介的佣金。何某收取的是中介佣金还是好处费掺杂在一起，无法分清。

3. 曾某及辩护律师观点

(1) 曾某在指控的犯罪事实无异议，其并表示认罪。

(2) 曾某辩护律师观点。

第一，在本案重审审理期间，关于贪污贿赂的司法解释已经实施，本案应当适用新的司法解释，依据新的司法解释规定，曾某受贿数额 7 万元，基准量刑应当是在有期徒刑 1 年左右。

第二，曾某在本案中具有从犯、坦白、退赃、悔罪等从轻情节，应在 1 年以下量刑。

第三,曾某因本案已被羁押1年多,希望人民法院尽快对其作出公正判决。

(四)人民法院裁判观点[①]

本案包含李某、何某共同受贿及李某、曾某、何某共同受贿的事实。上述两种犯罪模式中,三被告人各有分工,形成犯罪链条,所起作用相当,人民法院对此不予区分主、从犯。购房者及房产中介作为行贿人,其明知何某的身份,并对于何某收取贿款后的分配具有盖然性认识;同时,考虑到三被告人罪刑相适应的问题,人民法院认为应以三被告人分别所收贿款作为其犯罪金额。

关于李某、曾某的犯罪金额,其二人在侦查阶段及庭审过程中均供称自己每单收受金额为1万元左右,同时,李某称其与曾某共计补录成功十几单,收到16万元左右,曾某则称其补录成功7单,收到7万元左右。根据S市F区地方税务局出具的补录明细数据,两人共计补录12单,其中曾某参与补录7单。上述记录与曾某供述完全一致,与李某供述基本一致,可相互印证,人民法院据此确认李某犯罪金额为12万元,曾某犯罪金额为7万元。

关于何某的犯罪金额,从已查明事实可知,直接收受贿赂及分配贿款者系何某,而相应贿款从联名账户中支取后在李某、何某之间及3被告人之间的分配仅有3被告人的口供在卷为证。首先,何某称其每单仅收取数千元好处费,据上述供述推算的金额与其银行账户中短时间内非法所得的金额相差巨大,人民法院对此不予采信。其次,何某辩称联名账户中的款项包含了中介所得,就生活经验而言无法排除此种可能性。再次,李某、曾某补录的12单虚假纳税证明中,根据相应证人证言及银行流水可证明何某因陈某、田某华、章某、詹某、林某五人补录虚假纳税证明之事与相应人员开立了联名账户,金额共计为195 000元;李某、曾某补录的唐某早等七人,无证据显示何某因此与他人开立了联名账户,即无充分证据证明何某参与了上述7单犯罪事实。据此,人民法院根据现有证据,依疑罪从轻原则,结合李某关于3人基本均分赃款的供述确定何某的犯罪金额为5万元。

人民法院认为,李某身为国家工作人员,利用职务便利,为谋取非法利益,为请托人虚开个人完税证明,或利用其本人职权、地位形成的便利条件,通过曾某职务上的行为,为请托人谋取不正当利益,共计收受他人财物12万元,其行为已构成受贿罪。曾某身为国家工作人员,利用职务便利,为谋取非法利益,为他人虚开个人完税证明,收受他人财物7万元,其行为已构成受贿罪。李某、曾某为谋取非法利益,滥

用职权为他人虚开个人完税证明,影响了国家税收制度及房地产宏观调控政策的实施,亦对税务机关的声誉造成了不良影响,社会影响极其恶劣,其两人已构成滥用职权罪。何某与国家工作人员通谋,共同利用国家工作人员职务上的便利为请托人谋取利益,收受他人财物5万元,其行为亦已构成受贿罪。人民检察院指控的罪名均成立。本案系共同犯罪,李某、何某、曾某在共同犯罪中分工明确,相互配合,作用相当,人民法院不予区分主从犯。分别考虑三被告人的犯罪情节、犯罪金额、认罪态度、社会危害性及退赃情况等,依据《刑法》三百八十五条、第三百八十八条、第三百九十七条第一款、第三百八十六条、第三百八十三条、第二十五条、第六十九条、《最高人民法院　最高人民检察院关于办理贪污贿赂刑事案件适用法律若干问题的解释》之规定,判决:①李某犯受贿罪,判处有期徒刑2年8个月,并处没收财产人民币10万元;犯滥用职权罪,判处有期徒刑10个月,数罪并罚决定执行有期徒刑3年,并处没收财产人民币10万元。②曾某犯受贿罪,判处有期徒刑2年7个月,并处没收财产人民币5万元;犯滥用职权罪,判处有期徒刑10个月,数罪并罚决定执行有期徒刑2年8个月,并处没收财产人民币5万元。③何某犯受贿罪,判处有期徒刑2年6个月零4天,并处没收财产人民币5万元。

二、案例解析

(一) 充分认识刑讯逼供

关于本案李某是否被刑讯逼供,人民法院认为人民检察院提交了2013年4月25日及2013年4月27日(入所后)的讯问同步录像。上述录像显示的讯问阶段并不存在刑讯逼供问题,李某在对笔录进行签名确认前并曾详细阅读;李某的多份供述内容稳定、前后一致;同时,李某的体检结果显示其入所时并无伤情,其辩护人提交的信件无法证明李某胸部有伤或该伤情系因刑讯逼供造成,故人民法院对李某关于其被刑讯逼供的辩解不予采信。

实践中,如果出现刑讯逼供等非法证据该从哪些方面进行排查呢?

1. 嫌疑人供述、控告材料

由嫌疑人供述后提交人民法院,提供其遭受刑讯逼供、疲劳审讯的具体时间、地点、人员、方式等。

2. 提讯证

是否有被提外讯的情况;提讯证记载的指认现场时间长短,有无以指认现场名义而进行的被外提讯;提讯证记载的提讯时间和讯问笔录时间是否一致;提讯证证实有提讯,但公诉机关没有移送相应讯问笔录的。实践中部分案件材料中附有提讯证;部分案件材料中没有提讯证的,可向人民检察院、人民法院申请调取。

3. 录音录像

可向人民法院申请查看全程同步录音录像。审查录音录像是否有剪辑、是否全程不间断;录音录像起止时间与讯问笔录起止时间是否一致、同步;录音录像是否有声音;录音录像中嫌疑人的精神状况,有无被打瞌睡、神志不清等情形;录音录像中嫌疑人有无声称遭受刑讯逼供、疲劳审讯;录音录像中有无反映侦查人员的暴力取证、诱供、骗供;录音录像中反映的手铐、审讯椅等械具使用是否合法,有无人为铐紧手铐压迫手腕、审讯椅上设置束缚带;录音录像和笔录内容是否一致。

4. 指定监视居住签到表

可通过人民法院向执行指定监视居住的公安机关调取监视居住签到表。对比嫌疑人被出入指定监视居住点的时间,分析在办案单位讯问时有无疲劳审讯;对比办案人员出入指定监视居住点的时间,分析在指定监视居住点有无疲劳审讯。

5. 嫌疑人衣物痕迹、日记等

嫌疑人衣物若留下痕迹或者有曾遭受刑讯逼供的详细记录经过并自行保存的,庭前或当庭提交人民法院。

6. 入所体检表

可申请人民法院向看守所调取嫌疑人入所体检表,看其进入看守所时是否有伤痕。

7. 就医记录、医生证言

可由律师依职权调取或申请人民法院调取就医记录、医生证言等材料,看嫌疑人被送看守所之前有无因刑讯逼供被送就诊。

8. 同监舍在押人员证言

可申请人民法院通知证人出庭作证或调查核实形成书面证言,或者将同监室在押人员形成书面证言提交人民法院。看嫌疑人进入看守所时是否有伤,在舍房内的身体和精神状况。

9. 看守所监控录像

可申请人民法院调取看守所监控录像,看嫌疑人在监控录像下身体精神情况。

10. 伤痕拍照

辩护律师第一次会见嫌疑人时,嫌疑人身上仍有伤痕时,律师要求看守所或驻所检察室拍照留存。再通过人民法院向看守所或驻所检察室调取。

（二）劳务派遣人员也可以成为受贿犯罪的主体

李某、曾某两人虽为劳务派遣人员，但其两人在 F 区地方税务局担任协税员，从事辅导报税、补录明细、纳税申报、代开发票等工作，上述工作系与职权相联系的公共事务管理活动，并非不具备职权内容的劳务活动或技术服务工作，故两被告人属于虽未列入国家机关人员编制但在国家机关中从事公务的人员，依法可认定为国家机关工作人员。

本案中，李某、曾某为谋取非法利益，滥用职权为他人虚开个人完税证明，使不符合购房条件的人员获得购房资格，影响了国家税收制度及房地产宏观调控政策的实施，亦对税务机关的声誉造成了不良影响，社会影响极其恶劣，故两被告人已构成滥用职权罪。根据《关于办理渎职刑事案件适用法律若干问题的解释（一）》的规定，国家机关工作人员实施渎职犯罪并收受贿赂，同时构成受贿罪的，除刑法另有规定外，以渎职罪和受贿罪数罪并罚。

《最高人民法院关于印发〈全国法院审理经济犯罪案件工作座谈会纪要〉的通知》（2003 年 11 月 13 日最高人民法院文件法〔2003〕167 号发布），关于受贿罪第五项共同受贿犯罪的认定："根据刑法关于共同犯罪的规定，非国家工作人员与国家工作人员勾结，伙同受贿的，应当以受贿罪的共犯追究刑事责任。非国家工作人员是否构成受贿罪共犯，取决于双方有无共同受贿的故意和行为。国家工作人员的近亲属向国家工作人员代为转达请托事项，收受请托人财物并告知该国家工作人员，或者国家工作人员明知其近亲属收受了他人财物，仍按照近亲属的要求利用职权为他人谋取利益的，对该国家工作人员应认定为受贿罪，其近亲属以受贿罪共犯论处。近亲属以外的其他人与国家工作人员通谋，由国家工作人员利用职务上的便利为请托人谋取利益，收受请托人财物后双方共同占有的，构成受贿罪共犯。国家工作人员利用职务上的便利为他人谋取利益，并指定他人将财物送给其他人，构成犯罪的，应以受贿罪定罪处罚。"

根据《最高人民法院　最高人民检察院关于印发〈关于办理商业贿赂刑事案件适用法律若干问题的意见〉的通知》（法发〔2008〕33 号）规定，非国家工作人员与国家工作人员通谋，共同收受他人财物，构成共同犯罪的，根据双方利用职务便利的具体情形分别定罪追究刑事责任：

（1）利用国家工作人员的职务便利为他人谋取利益的，以受贿罪追究刑事责任。

（2）利用非国家工作人员的职务便利为他人谋取利益的，以非国家工作人员受贿罪追究刑事责任。

(3) 分别利用各自的职务便利为他人谋取利益的,按照主犯的犯罪性质追究刑事责任,不能分清主从犯的,可以受贿罪追究刑事责任。

(三) 对何某罪名的分析

何某非国家工作人员,非国家工作人员是否构成受贿罪共犯取决于双方有无共同受贿的故意和行为。根据李某、何某的供述,其两人属同学、朋友关系,并同居一处,其两人的犯罪模式表现为何某负责对外承诺为他人谋取利益,收受、管理、分配财物及传递购房者的相关信息等;李某则负责利用职权,或利用其本人职权、地位形成的便利条件通过他人虚开完税证明,完成请托事项。

从主观方面而言,李某、何某虽均称对方系犯意提起者,但两被告人供述一方面可以证明两被告人已达成共同故意。从客观方面而言,上述两被告人虽各有分工,但其行为间紧密联系,形成了指向一致的整体。本案李某、何某虽非近亲属等关系,但其两人里应外合,合作实现权钱交易,达到共同占有好处费的目的,体现了两人利益上的共同性,属于特定关系人中有其他共同利益关系的人。综上,何某构成受贿罪。

(四) 了解税务干部不构成受贿罪的司法裁判

1. 事实不清、证据不足,不能认定为受贿

例如,H省G县人民法院(2016)E1022刑初138号《刑事判决书》[①]中人民法院表述:"本院认为,被告人段某利用职务之便,收受他人钱物10 000元,尚未达到数额较大的起点,其行为不构成受贿罪。对被告人段某及其辩护人提出的以50 000元的价格将99 030万元的房屋低价卖给被告人段某,同时实际购房人陈某某与段某亦非'特定关系人',两人系买卖关系,不应认定为受贿的意见。经查,2013年7月1日桑某某与陈某某之女陈某乙签订了商品房买卖合同,合同约定价款99 030元;证人马某某、饶某某亦证实直接或间接向被告人段某催讨过余款;桑某某证实自己曾经要老婆找段某讨过10万元;被告人段某当庭供述与桑某某只是购房款没有结清。因此,桑某某对实际购房者依照合同约定尚有民事追偿的权利;公诉机关提交的证据中也没有证实'特定关系人'陈某某与被告人段某通谋并共同占有该房产,亦无被告人段某从中谋取利益的证据,从查明的事实看,被告人段某受陈某某委托代为向桑某某购房,房产部门出具的该小区其他购房合同显示房价均在10万元左右,被告人段某代陈某某购买的房子合同约定价格为99 030元,也没有明显低于市场价格;虽

---

① 2017年1月22日摘自中国裁判文书网。

被告人段某在侦查机关做过有罪供述,但被告人段某与桑某某均供述两人系买卖关系,现有证据不能证实被告人段某的行为构成受贿罪。本院(2015)鄂公安刑初字第00294号刑事判决书对桑某某向被告人段某行贿10万元的指控,以事实不清、证据不足不予认定。现公诉机关指控被告人段某受贿49 030元的事实不清、证据不足,不能认定其受贿。依照《中华人民共和国刑事诉讼法》第一百九十五条第(三)项之规定,判决被告人段某无罪。"

2. 没有个人占有或用于个人开支不构成受贿的情形

例如,H省T县人民法院(2016)E1222刑初67号《刑事判决书》[①]中人民法院表述:"对于起诉指控受贿罪中被告人在装卸公司报销1万元发票的事实,经查,该笔款项被告人黄明华并没有个人占有或用于个人开支,而是用于了沙堆镇罗塘村3组鱼塘挖深,并有沙堆镇罗塘村委会的证明证实,鱼塘虽然是由当地村民卢某5承包,但当地村组10多户农户的农田灌溉也来自该鱼塘,这10多户农户也是实际受益人。卢某5称与被告人是口头协议合伙经营该鱼塘,被告人负责饲养的鸡、猪销售后的提成,两个无利害关系人对卢某5与被告人是否合伙经营所作证言与卢某5的证言不能互相印证,现有证据不能证明被告人与卢某5是合伙关系及被告人在鱼塘中有受益,故对该笔钱款不认定为受贿款。被告人及辩护人辩称指控受贿第二、第三、第四、第五笔,均是在上班时间之外帮他们单位修电脑、办事给的加班费和劳务费,不应认定为受贿的辩护意见与庭审查明的事实及相关法律规定不符,本院不予支持。但是,其受贿金额为6 000元,达不到法定追诉标准,不能认定为犯罪。对公诉机关指控被告人黄明华犯受贿罪的指控,本院不予支持。"

3. 数额未达到标准不构成受贿

例如,P市X区人民法院X刑初字第277号《刑事判决书》[②]中人民法院表述:"被告人吴某在担任P市X区国家税务局法规科科长期间,利用职务上的便利,非法收受他人给予的好处费人民币10 000元,因数额未达到《最高人民法院、最高人民检察院关于办理贪污贿赂刑事案件适用法律若干问题的解释》中规定的数额较大的标准,且无其他较重情节中规定的情形,不构成受贿罪。"

4. 仅有传来证据不构成受贿

例如,S市J区人民法院(2015)Z刑初字第982号《刑事判决书》[③]中人民法院表述:"关于受贿的指控,本院认为,目前指认何某某收受潘某某贿赂的直接证据仅有证人潘某某的证言,吴某某、陈某某等人虽证实听说潘某某认识何某某并向其行贿,但均为传来证据,难以达到充分印证何某某受贿的证据规格,亦难以证实潘某某行贿的具体数额;被告人何某某的工作手册上'潘某某(朋友)'的字迹,亦不能排除系何某某在听取案情介绍时记录所留,以此认定何某某认识潘某某并接受贿赂,证据尚不充分。故对受贿一节事实,本院不予认定。"

5. 不符合受贿罪的构成要件

例如,S省L市中级人民法院(2016)J10刑终393号《刑事判决书》[①]中人民法院表述:"关于上诉人赵某峰的上诉理由及其辩护人的辩护意见,经查:关于上诉人赵某峰及其辩护人称上诉人赵某峰不构成受贿罪的上诉理由和辩护意见。经查,上诉人赵某峰的供述,证人武某某、薛某某的证言,证实涉案的金通公司在办理工商登记手续时需要提供经营场所,代理人薛某某向上诉人赵某峰进行询问,该赵提议将其家中闲置的房屋租赁给金通公司,并让薛某某询问白某某如果愿意,可与其妻武某某联系。后经过薛某某联系,上诉人赵某峰之妻武某某与白某某经过协商,同意每年支付租金3万元租赁该房屋,双方于2011年11月23日签订了房屋租赁协议,白某某支付给武某某3万元。虽然金通公司未实际使用该房屋,但房屋是白某某自愿租赁,价格也是双方经过协商确定的,上诉人赵某峰并未强迫金通公司租赁该房屋,也缺乏证据证实其所收取的租金明显高于市场价格。据此,上诉人赵某峰通过其妻子武某某收取白某某3万元的行为,不符合受贿罪的构成要件。上诉人赵某峰及其辩护人该上诉理由和辩护意见,应予以采纳。"

6. 已过追诉期终止审理

例如,C市D区人民法院(2015)Z法刑初字第414号《刑事裁定书》[②]中人民法院表述:"本院认为,被告人覃某东身为国家工作人员,利用职务上的便利,于2008年底或2009年初收受他人现金7万元的事实成立。但根据最高人民法院、最高人民检察院《关于办理贪污贿赂刑事案件适用法律若干问题的解释》第一条第一款的规定,受贿金额在3万元以上不满20万元的,应当认定为数额较大,在3年以下有期徒刑或拘役对其量刑。同时,《刑法》第八十七条规定,法定最高刑为不满5年有期徒刑的,经过5年不再追诉。本案中,覃某东收受他人贿赂的时间在2008年年底或

① 2017年1月22日摘自中国裁判文书网。
② 同上。

2009年年初,而侦查机关对覃某东涉嫌受贿一案是在2015年4月16日进行立案侦查,已过5年的追诉期。故本院对覃某东涉嫌受贿一案依法不再进行审理。据此,根据《中华人民共和国刑事诉讼法》第十五条第一款第二项、《中华人民共和国刑法》第八十七条第一款第一项、最高人民法院关于适用《中华人民共和国刑事诉讼法》的解释第二百四十一条第一款第八项、最高人民法院、最高人民检察院《关于办理贪污贿赂刑事案件适用法律若干问题的解释》第一条第一款之规定,裁定如下:本案终止审理。"

(五) 把握受贿罪不起诉的情形

1. 积极退清受贿赃款

公检公诉刑不诉(2015)1号《决定不起诉决定书》:"本院认为,犯罪嫌疑人褚某某实施了《中华人民共和国刑法》第三百八十五条规定的行为,但犯罪情节轻微,且案发后积极退清全部赃款,不需要判处刑罚。依据《中华人民共和国刑事诉讼法》第一百七十三条第二款的规定,决定对褚某某不起诉。"

例如,G检公诉刑不诉(2015)4号《决定不起诉决定书》:"本院认为,犯罪嫌疑人王某甲实施了《中华人民共和国刑法》第三百八十五条规定的行为,但犯罪情节轻微,且积极退清全部赃款,不需要判处刑罚。依据《中华人民共和国刑事诉讼法》第一百七十三条第二款的规定,决定对王某甲不起诉。"

2. 受贿后自首

例如,E公检刑不诉(2017)13号《决定不起诉决定书》:"本院认为,被不起诉人毛某某在担任G县某所某期间,利用职务便利,为他人谋取利益,非法收受他人财物,其行为已触犯《中华人民共和国刑法》第三百八十五条之规定,构成受贿罪。鉴于其犯罪情节轻微,且主动投案自首,且全部退赃,认罪态度较好,根据《中华人民共和国刑事诉讼法》第一百七十三条第二款的规定,决定对毛某某不起诉。"

例如,J检刑不诉(2018)1号《决定不起诉决定书》:"本院认为,被不起诉人宋某某实施了《中华人民共和国刑法》第三百八十五条第一款规定的行为,但犯罪情节轻微,且具有自首、真诚悔罪、积极退赃等情节,根据《中华人民共和国刑法》第三十七条的规定,不需要判处刑罚。依据《中华人民共和国刑事诉讼法》第一百七十三条第二款的规定,决定对宋某某不起诉。"

例如,F检公诉刑不诉(2017)12号《决定不起诉决定书》:"本院认为,被不起诉人刘某某实施了《中华人民共和国刑法》第三百八十五条第一款的行为,案发后,刘某某主动到检察机关接受调查并如实供述了犯罪事实,具有《中华人民共和国刑法》第六十七条第一款规定之情节,系自首,可以免除处罚。依据《中华人民共和国刑事诉讼法》第一百七十三条第二款的规定,决定对刘某某不起诉。"

3. 数额不大且初次受贿

例如,J检公诉刑不诉(2017)13号《决定不起诉决定书》:"2015年,被不起诉人乔某某利用其担任J某学校某学院,从事国培教育管理工作的职务便利,先后2次收受国培教育住宿承接单位J市某公司某宾馆的贿赂共计38 000元。

本院认为,乔某某实施了《中华人民共和国刑法》第三百八十五条第一款、三百八十三条第一款第一项规定的行为,但犯罪情节轻微,系初犯,根据《中华人民共和国刑法》第三十七条的规定,不需要判处刑罚。依据《中华人民共和国刑事诉讼法》第一百七十三条第二款的规定,决定对乔某某不起诉。"

4. 系受贿共同犯罪中的从犯

例如,W检刑不诉(2016)15号《决定不起诉决定书》:"本院认为,卢某某实施了《中华人民共和国刑法》第三百八十五条规定的行为,但在该起受贿中系从犯,其有认罪悔罪表现,其犯罪情节轻微,根据《中华人民共和国刑法》第三十七条的规定,可以免除刑罚。依据《中华人民共和国刑事诉讼法》第一百七十三条第二款的规定,决定对卢某某不起诉。"

5. 从存疑不起诉案例归纳无罪辩点

例如,H检公诉刑不诉(2018)7号《决定不起诉决定书》:"经本院审查并退回补充侦查,本院仍然认为本院反贪污贿赂局认定的犯罪事实不清、证据不足,不符合起诉条件。《人民检察院刑事诉讼规则(试行)》第四百零三条第二款的规定,决定对杨某某不起诉。"

例如,Y检刑不诉(2017)1号《决定不起诉决定书》:"经审查,本院认为L自治县人民检察院认定被不起诉人周某涉嫌受贿罪的犯罪事实不清、证据不足,不符合起诉条件。依照《中华人民共和国刑事诉讼法》第一百七十一条的规定,决定对周某某不起诉。"

例如,T二检刑不诉(2017)17号《决定不起诉决定书》:"经本院审查并两次退回侦查部门补充侦查,仍然没有其他证据证明龚某某收受何某某13万元贿赂的犯罪事实,现有证据认定龚某某受贿的犯罪事实不清、证据不足,不符合起诉条件。依据《中华人民共和国刑事诉讼法》第一百七十一条第四款之规定,决定对龚某某不起诉。"

6. 仅有行贿人立案前的证词，没有进行证据转换，不能作为证据使用，在案证据不足以证明受贿事实

例如，D检公诉刑不诉（2018）3号《决定不起诉决定书》："经本院审查并先后两次退回补充侦查，N县人民检察院认定被不起诉人胡某某受贿49 560元的犯罪事实只有一份行贿人立案前的证词，没有进行证据转换，不能作为证据使用，证实胡某某受贿49 560元的犯罪事实仍未达到证据确实充分的标准，不符合起诉条件。依据《中华人民共和国刑事诉讼法》第一百七十一条第四款的规定，决定对胡某某不起诉。"

7. 在案证据不能证明行为人的受贿数额，达到一般条件下受贿罪3万元的追诉标准

例如，S检公诉刑不诉（2017）14号《决定不起诉决定书》："经本院审查并二次退回侦查部门补充侦查，本院仍然认为侦查部门认定的第七、第八、第九起犯罪事实不清、证据不足，而其余犯罪事实涉案金额只有2.5万元，故全案不符合起诉条件。依照《中华人民共和国刑事诉讼法》第一百七十一条第四款的规定，决定对田某某不起诉。"

例如，X检公诉刑不诉（2017）12号《决定不起诉决定书》："本院认为，犯罪嫌疑人归某收受陈某5万元一事，虽有归某在卷供述和中间人常某的证言，但得不到行贿人陈某的指证，现归某辩解该5万元已退还行贿人陈某，因找不到行贿人陈某，无法查证其辩解是否属实，行、受贿犯罪的证据不足，其他证据不能有力的佐证该行、受贿5万元犯罪事实的存在，认定该5万元受贿的基本事实不清，证据不足，经补充侦查，仍没有查清该5万元行、受贿犯罪事实，目前该案只能认定犯罪嫌疑人归某收受学生奶经销商李某现金18 213元的事实，达不到立案标准，不符合起诉条件。依照《中华人民共和国刑事诉讼法》第一百七十一条第四款的规定，决定对归某不起诉。"

8. 在案证据不能证明行为人具有受贿犯罪的主观故意

例如，H检诉刑不诉（2018）7号《决定不起诉决定书》："经本院审查并退回补充侦查，本院仍然认为本院反贪局认定的犯罪事实不清、证据不足。被不起诉人沈某某具有收受他人财物，为他人谋取利益的犯受贿罪的客观要件，但不具有犯受贿罪的主观故意，不符合起诉条件。依照《中华人民共和国刑事诉讼法》第一百七十一条第四款的规定，决定对沈某某不起诉。"

9. 法定不起诉案例

《刑事诉讼法》第一百七十三条第一款规定"犯罪嫌疑人没有犯罪事实的，或者

有本法第 15 条规定的情形之一的,人民检察院应当作出不起诉决定。"

《刑事诉讼法》第 15 条规定:"有下列情形之一的,不追究刑事责任,已经追究的,应当撤销案件,或者不起诉,或者终止审理,或者宣告无罪:

（一）情节显著轻微、危害不大,不认为是犯罪的;

（二）犯罪已过追诉时效期限的;

（三）经特赦令免除刑罚的;

（四）依照刑法告诉才处理的犯罪,没有告诉或者撤回告诉的;

（五）犯罪嫌疑人、被告人死亡的;

（六）其他法律规定免予追究刑事责任的。"

（1）犯罪嫌疑人死亡的。

例如,Y 镇检刑不诉(2017)39 号《决定不起诉决定书》:"本院认为,被不起诉人康某某已因病死亡,依法不需要追究其刑事责任,依照《中华人民共和国刑事诉讼法》第十五条第(五)项和第一百七十三条第一款的规定,决定对康某某不起诉。"

（2）涉案行为经过认定不属于犯罪行为,行为人没有犯罪事实的。

例如,L 检公诉刑不诉(2016)3 号《决定不起诉决定书》:"本院认为,张某某的上述行为不构成犯罪,依照《中华人民共和国刑事诉讼法》第一百七十三条第一款的规定,决定对张某某不起诉。"

（3）犯罪行为已超过法定追诉时限。

例如,G 检诉刑不诉(2017)51 号《决定不起诉决定书》:"经审查并退回补充侦查,本院认为,被不起诉人薛某某身为事业单位中从事公务的人员,利用职务上的便利,非法收受他人所送财物共计人民币 9 万元,为他人谋取利益,其行为触犯了《中华人民共和国刑法》第三百八十五条、第三百八十六条、第三百八十三条第一款第(一)项和第二款的规定,犯罪事实清楚,证据确实充分,应当以受贿罪追究其刑事责任,其法定刑为 3 年以下有期徒刑或者拘役,并处罚金。根据《中华人民共和国刑法》第八十七条第一款第(一)项、第八十九条的规定,被不起诉人薛某某受贿犯罪行为因经过追诉期限而不再追诉。"

综上,较多的人民检察院不起诉案例数额在 20 万元以下,因具备其他从轻、减轻、免予处罚的情节,而适用不起诉。自首和积极退赃是最为重要的两个不起诉情节。积极配合检察机关查明案情,特别是退出赃款,是检察院作出不起诉决定的重要考量。

其中有一例数额达到近 50 万元:Y 检刑不诉(2017)103 号《决定不起诉决定

书》："2013年3、4月份，被不起诉人吴某某主动退赃到廉政账户49.5万元。其到案后主动交代自己的犯罪事实，并退交了余下9 000余元赃款。"

 链接　税务机关劳务派遣人员受贿案件汇总

最高人民法院《全国法院审理经济犯罪案件座谈会纪要》规定：刑法中所称的国家机关工作人员，是指在国家机关中从事公务的人员，包括在各级国家权力机关、行政机关、司法机关和军事机关中从事公务的人员。根据有关立法解释的规定，在依照法律、法规规定行使国家行政管理职权的组织中从事公务的人员，或者在受国家机关委托代表国家行使职权的组织中从事公务的人员，或者虽未列入国家机关人员编制但在国家机关中从事公务的人员，视为国家机关工作人员。据上，国家机关中的劳务派遣人员，也可以构成受贿罪的主体。税务局劳务派遣人员受贿裁判案例：

1. 乔某受贿、滥用职权案

乔某，女，1990年1月2日出生于S省L市，汉族，中共党员，原L市地方税务局兰山区分局直属征收局工作人员（聘用）。

受贿金额：3.5万元。

裁判结果：判处有期徒刑3年，缓刑4年。

裁判日期：2017年6月30日。

2. 路某受贿案

路某，女，1983年6月6日出生，于2010年11月经B文者汇中劳务管理顾问服务有限责任公司派遣至B市C区地方税务局第二税务所工作，2011年6月至2014年7月在B市C区地方税务局第六税务所担任协税员岗位工作。

受贿金额：指控300余万元，自称100余万元。

裁判结果：判处有期徒刑13年，并处罚金人民币50万元。

裁判日期：2017年3月29日。

3. 方某受贿案

方某，2010年12月7日至2014年12月6日由G省人才派遣股份有限公司派遣至L市地方税务局专业化分局报税大厅，从事前台受理工作。

受贿金额：6.5万元。

裁判结果：判处有期徒刑10个月，缓刑1年，罚金10万元。

裁判日期：2016年8月25日。

4. 鲁某珍受贿案

鲁某珍,2010年12月起被G省人才派遣股份有限公司派遣至L市地方税务局从事征收员工作。2014年6月,被告人鲁某珍辞职。

受贿金额:55万元。

裁判结果:判处有期徒刑3年6个月,罚金200 000元。

裁判日期:2016年8月24日。

5. 王某受贿案

王某,2010年11月起被G省人才派遣股份有限公司派遣至某某地方税务局从事助征工作。2014年8月,被告人王某辞职。

受贿金额:6万元。

裁判结果:判处有期徒刑10个月,缓刑1年,罚金10万元。

裁判日期:2016年8月4日。

6. 樊某受贿案

樊某,受聘于C市西部人力资源管理有限公司,2011年5月被派遣到C市J区地方税务局房地产交易征收税务所工作。

受贿金额:58.49万元。

裁判结果:判处有期徒刑3年。

裁判日期:2016年7月10日。

7. 李某等受贿案

被告人李某,户籍地址G省S市F区,原S市F区地方税务局征收科协税员,住S市龙华新区。

曾某,户籍地址G省S市L区洪湖,原S市F区地方税务局征收科协税员,住S市L区。

受贿金额:李某39万元,曾某7万元。

裁判结果:判处李某有期徒刑10年6个月,并处没收财产人民币10万元;曾某有期徒刑2年7个月,并处没收财产人民币5万元。

裁判日期:2016年6月17日。

8. 孙某源受贿案

孙某源,案发时系S市B区地方税务局协税员,户籍地S市N区,暂住S市。

受贿金额:9万余元。

裁判结果:判处有期徒刑5年。

裁判日期:2015 年 5 月 15 日。

9. 王某受贿案

王某,C 市 S 区地方税务局协税员,住 C 市 S 区。

受贿金额:58.06 万元。

裁判结果:判处有期徒刑 7 年 10 个月,并处没收财产 4 万元。

裁判日期:2015 年 4 月 15 日。

10. 陈某祥受贿案

陈某祥,男,1982 年 1 月 2 日出生,汉族,文化程度大学专科,系原 G 市 L 区地方税务局协税员,户籍地为 G 省 G 市 L 区,住 G 省 F 市 N 区。

受贿金额:286.55 万元。

裁判结果:判处有期徒刑 8 年,并处没收财产 30 万元。

裁判日期:2014 年 12 月 18 日。

第三节　税务干部受贿罪大数据分析报告

本报告通过对中国裁判文书网数据库的搜索,选取 2013 年至 2017 年共 5 年间全国范围内税务干部涉及受贿罪的有效裁判文书(检索截止日期 2017 年 12 月 31 日;不排除部分类似案件未上传到数据库),进行分类、整理、分析,总结出受贿案件的基本状况,形成大数据报告。2017 年数据应该与实际数据相比有一定的差距,因为在检索时有部分案件还未审结或还未上传。

希望通过分析和研究,展现全国税务干部涉及受贿罪的基本情况、判决要点、律师辩护效果等数据总结,为税务干部防控受贿刑事案件风险提供指导和法律服务。

一、整体分析

(一) 基本情况分析

1. 总体情况

在 2013 年至 2017 年税务干部涉及受贿罪的 417 件裁判案件中,2013 年审理 34 件,占比 8.2%;2014 年审理 133 件,占比 31.9%;2015 年审理 46 件,占比 11%;2016 年审理 148 件,占比 35.5%;2017 年审理 56 件,占比 13.4%。截制文书如图 8-1 所示。

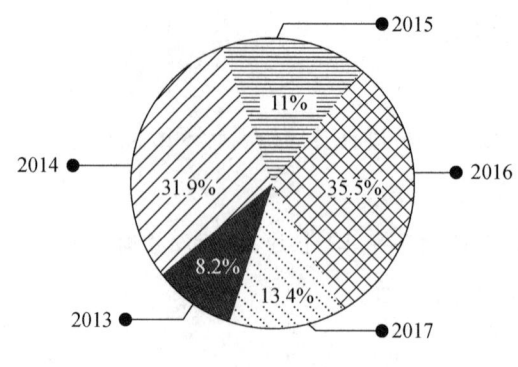

图 8-1 裁判文书

从各省级行政区域的情况来看,税务干部涉及受贿罪刑事案件,其中安徽省 44 件、广东省 42 件、河南省 37 件、四川省 38 件、江苏省 33 件、山东省 33 件、浙江省 29 件、湖北省 26 件、湖南省 20 件、福建省 19 件、甘肃省 17 件、河北省 17 件、辽宁省 14 件、重庆市 10 件、吉林省 11 件、黑龙江省 8 件、山西省 7 件、上海市 7 件、广西壮族自治区 6 件、贵州省 5 件、江西省 4 件、陕西省 4 件、天津市 3 件、宁夏回族自治区 3 件、北京市 1 件、内蒙古自治区 1 件、新疆维吾尔自治区 1 件、云南省 1 件、青海省 1 件。

2. 审理法院情况

由基层人民法院一审审理的 265 件,由中级人民法院一审审理的 13 件;由中级人民法院二审审理的 130 件,由高级人民法院二审审理 7 件;由基层人民法院再审审理的 2 件。审理法院级别如图 8-2 所示。

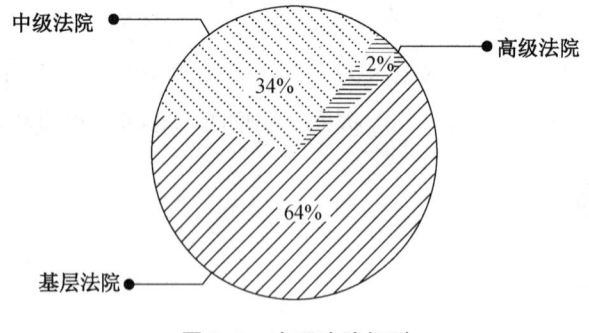

图 8-2 审理法院级别

3. 抗诉案件

在 2013 年至 2017 年税务干部涉及受贿罪的裁判案件中,二审抗诉案件 16 件,其中仅抗诉未上诉案件 2 件;抗诉案件中撤销原判发回重审 2 件,人民检察院撤回抗诉 2 件,加重处罚 1 件。

4. 犯罪主体的性别构成

在裁判文书中,有 133 人无法检索犯罪主体的性别。

在可以有效检索犯罪主体性别的裁判文书中,有男性被告人的共 259 人,占总数的 85%;有女性被告人的共 46 人,占总数的 15%。犯罪主体性别如图 8-3 所示。

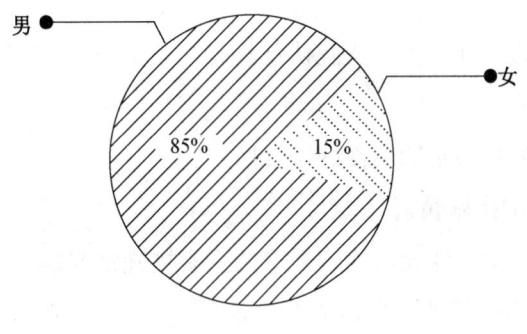

图 8-3　犯罪主体性别

5. 犯罪主体所属税务机关

在裁判文书中,有 29 人无法检索犯罪主体所属税务机关。

在可以有效检索犯罪主体所属税务机关的裁判文书中,涉及地方税务局税务干部的共 222 人,占总数的 54.3%;涉及国家税务局税务干部的共 187 人,占总数的 45.7%。所属税务机关如图 8-4 所示。

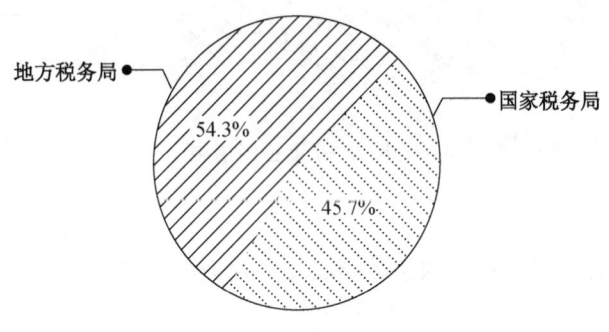

图 8-4　所属税务机关

6. 犯罪主体的职务构成

在可以有效检索犯罪主体职务的裁判文书中,涉及省级税务机关及其分局(稽查局、税务所)税务干部涉及受贿罪 23 件,占比 7.7%;市级税务机关及其分局(稽查局、税务所)税务干部涉及受贿罪 89 件,占比 29.8%;区(县)级税务机关及其分局(稽查局、税务所)税务干部涉及受贿罪 187 件,占比 62.5%。

(二) 影响量刑的情节分析

1. 自首、坦白情节

涉及自首情节的 202 件,人民法院认定具有自首情节的 120 件;涉及坦白情节的 107 件,认定具有坦白情节的 102 件。

2. 立功情节

涉及立功情节的 54 件,人民法院认定具有立功情节的 33 件。

3. 共同犯罪案件

人民法院认定为共同犯罪案件的 15 件。

(三) 采取的强制措施情况

在裁判文书中,有 21 件无法检索采取的强制措施情况。

在可以有效检索采取强制措施情况的裁判文书中,存在被逮捕情况的 270 件,占总数的 64.7%;被取保候审的 135 件,占总数的 32.4%,被监视居住的有 12 件,占总数的 2.9%。采取强制措施如图 8-5 所示。

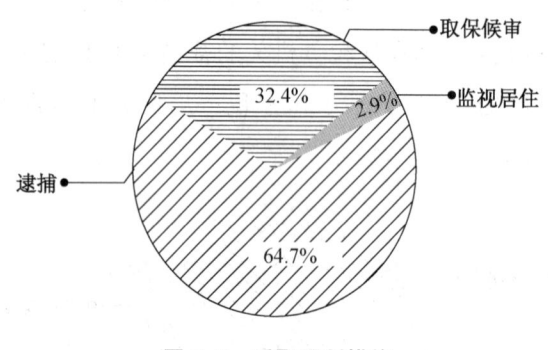

图 8-5 采取强制措施

(四) 受贿的形式

(1) 受贿罪的基本形式分为索贿与收受贿赂,在裁判案件中,出现索贿的情形有 27 件,占总数的 6.5%。

现实中,索贿作为受贿的一种方式,一般表现为以下几种情况:乘他人要求自己通过执行或不执行职务行为为其谋取利益(正当的或不正当的),主动以明示或者暗示的方式要求对方提供财物;乘他人要求自己利用职权、地位形成的便利条件,通过其他国家工作人员的职务行为为其谋取利益,主动向他人要求财物,并且明示或暗示,不送财物就会不帮忙;凭借本人的职权对他人利益直接制约关系,主动向他人索取财物,并且明示或者暗示,如果满足其要求,可以利用职权为其谋取利益,否则,将利用职权给他人制造麻烦或使其遭受某种损失;凭借本人的职权对他人利益的直接制约关系,主动向他人索取财物,但并未明示或暗示将要利用职务为对方谋取利益,也未明示或者暗示如遭拒绝将要利用职权给对方造成损失。

索取贿赂和收受贿赂,虽然都是受贿罪的客观表现形式,但两者犯罪手段相异,社会危害性也有所不同,无论是主观罪过还是客观危害,索取贿赂都要比收受贿赂严重,所以我国《刑法》第三百八十六条规定:"对犯受贿罪的,根据受贿所得数额及情节,依照本法第三百八十三条的规定处罚。索贿的从重处罚。"

(2) 受贿罪的表现形式有多种,具体分析如下:

(a) 出现以现金方式的329件。

(b) 出现以购物卡方式的105件。

(c) 出现以银行转账方式的12件。

(d) 其他对象的案件有82件,分别是旅游费、黄金手镯、吊坠、项链、工艺品,和田玉、水晶饰品,手表,青铜工艺品,裸钻,手机,香烟,水产品,服饰,纪念币,酒,车库,房屋,加油卡,皮包,车,字画古董,消费券,笔记本电脑,电视机,照相机,邮票,洗浴卡、餐饮卡、烟、茶叶等。

二、一审案件判决结果分析

1. 有期徒刑

判处有期徒刑案件共有215件,占总数的70%。其中判处不满1年(包括1年)有期徒刑的18件,判处1年以上5年(包括5年)以下有期徒刑的96件;判处5年以上10年(包括10年)以下有期徒刑的53件;判处10年以上有期徒刑的48件。

2. 宣告缓刑

判处宣告缓刑的58件,占总数的18.9%。2013年7件,2014年12件,2015年2件,2016年23件,2017年14件。绝大多数案件均存在退赃的情形。

3. 免予刑事处罚

免予刑事处罚案件共有27件,占总数的8.8%。2013年4件,2014年6件,2015年4件,2016年3件,2017年10件。100%的案件均存在退赃的情形。

4. 不构成受贿罪

不构成受贿罪的案件7件,占总数的2.3%。2016年4件,2017年3件。

5. 变更罪名

没有出现变更罪名的案件。

6. 人民检察院撤诉

没有出现人民检察院撤诉的案件。一审案件判决结果如图 8-6 所示。

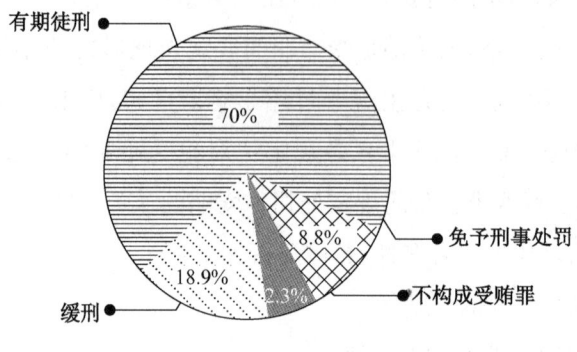

图 8-6　一审案件判决结果

三、二审案件判决结果分析

在 2013 年至 2017 年税务干部涉及受贿罪的二审案件中,2013 年 4 件;2014 年 43 件;2015 年 27 件;2016 年 50 件;2017 年 33 件。

1. 维持一审判决

在 2013 年至 2017 年税务干部涉及受贿罪的裁判案件中,二审法院维持(包括部分维持)一审判决的 89 件,占二审案件的 77.4%。其中,2013 年维持一审判决的 2 件,维持率为 50%;2014 年维持一审判决的 38 件,维持率为 88.4%;2015 年维持一审判决的 19 件,维持率为 70.4%;2016 年维持一审判决的 19 件,维持率为 38%;2017 年维持一审判决的 11 件,维持率为 33.3%。

2. 改判

在 2013 年至 2017 年税务干部涉及受贿罪的裁判案件中,二审法院改判的 6 件,占二审案件的 5.2%。其中 2013 年改判案件 1 件,改判率为 25%;2014 年改判案件 4 件,改判率为 9.3%;2015 年改判案件 5 件,改判率为 18.5%;2016 年改判案件 24 件,改判率为 48%;2017 年改判案件 6 件,改判率为 18.2%。

3. 裁定发回重审

在 2013 年至 2017 年税务干部涉及受贿罪的裁判案件中,二审法院裁定发回重审的 13 件,占二审案件的 11.3%。其中 2015 年裁定发回重审 2 件,发回重审率为 7.4%;2016 年裁定发回重审 6 件,发回重审率为 12%;2017 年裁定发回重审 5 件,发回重审率为 15.2%。

4. 撤回抗诉

裁定撤回抗诉案件 5 件,人民法院裁定准予撤回,占二审案件的 4.4%。其中 2013 年撤回抗诉案件 1 件,撤回抗诉率为 25%;2014 年撤回抗诉案件 1 件,撤回抗诉率为 2.3%;2015 年撤回抗诉案件 1 件,撤回抗诉率为 3.7%;2016 年撤回抗诉案件 1 件,撤回抗诉率为 2%;2017 年撤回抗诉案件 1 件,撤回抗诉率为 3%。

5. 撤回上诉

申请撤回上诉案件 2 件,人民法院裁定准予撤回,占二审案件的 1.7%,出现在 2017 年。二审案件判决结果如图 8-7 所示。

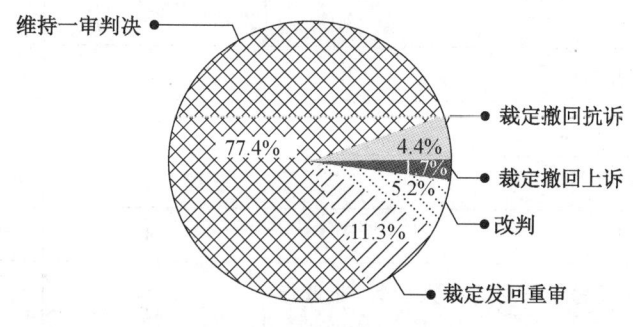

图 8-7 二审案件判决结果

四、律师辩护情况分析

1. 一审总体辩护情况

在一审 278 份文书中,有辩护人的 242 件,辩护率为 87%。

2013 年有辩护人 22 件,参与辩护率为 84.6%;2014 年有辩护人为 83 件,参与辩护率为 82.2%;2015 年有辩护人为 18 件,参与辩护率为 78.3%;2016 年有辩护人为 87 件,参与辩护率为 90.6%;2017 年有辩护人为 32 件,参与辩护率为 94.1%。可见大多数当事人在一审时会聘请律师进行刑事诉讼。

2. 二审总体辩护情况

在二审 137 份裁判文书中,有辩护人的 95 件,参与辩护率为 70%。其中 2013 年有辩护人 3 件,参与辩护率为 75%;2014 年有辩护人为 38 件,参与辩护率为 90.5%;2015 年有辩护人为 12 件,参与辩护率为 46.2%;2016 年有辩护人为 42 件,参与辩护率为 81%;2017 年有辩护人 12 件,参与辩护率为 60%。可见当事人越来越重视聘请律师进行辩护。

3. 辩护人辩护意见采纳情况统计

辩护人辩护意见采纳情况如表 8-1 所示。

表 8-1　辩护人辩护意见采纳情况统计

辩护意见	出现情况（件）	采纳情况（件）
事实不清、证据不足	52	17
非法证据应予以排除	17	1
不构成受贿罪	18	2
投资所得的回报	4	2
劳务性质所得	5	0
不具有非法占有的故意	2	0
朋友相互馈赠、礼尚往来	42	1
过节礼节性的拜访	1	0
没有实际占有使用	1	0
非亲密亲属关系，买房子系对方个人行为，非被告人买	1	0
含代购香烟款	1	0
鉴定价值过高	1	0
没有索贿	6	0
退出领导岗位后所收财物均不应属受贿	1	0
无职务便利，与被告人的职务没有关联性，不应以犯罪论处	65	1
请托事项不明确，没有为他人谋取利益	37	3
买房产系优惠打折	1	1
差价没有达到明显低于市场价格的标准	2	1
代为保管	1	0
及时退还	13	1
没有受贿故意或没有个人占有或用于个人开支	15	3
赃款去向没有查明或用于单位公事	4	3
款项数额错误	49	13
资金来源不清	2	0

（续表）

辩护意见	出现情况（件）	采纳情况（件）
属于借款、利息或买卖行为	19	3
属于利用影响力受贿	1	0
受贿金额尚达不到数额较大的标准	2	1
非共同犯罪	1	0
不适用"其他严重情节"	1	0
鉴定意见有多份或多份鉴定意见自相矛盾	2	0
主观恶性不大，且有悔罪表现	12	11
初犯	9	8
从犯	9	3
自首情节	202	120
赃款已部分或全部退缴	220	219
如实供述、坦白	107	102
立功	54	33
从轻减轻	44	41
建议适用缓刑	32	18
建议免予刑事处罚	32	18
不具有国家工作人员身份	11	0
购物卡内尚有余额或剩款项滞留在账户应扣除	2	0
车辆、房屋为借用	1	0

五、分析结论

通过对2013年至2017年共5年的税务干部涉及受贿罪刑事案件各项数据进行归纳、对比、分析可以看出，税务干部受贿罪刑事案件中，律师参与辩护率远远高于刑事案件整体辩护率。

第九章　税务干部行贿风险案

第一节　行贿罪的基本理论

一、行贿罪的概念

行贿罪是指为谋取不正当利益,给国家工作人员以财物(含在经济往来中,违反国家规定,给予国家工作人员以财物,数额较大,或者违反国家规定,给予国家工作人员以各种名义的回扣费、手续费)的行为。

二、行贿罪的刑法规定

《刑法》第三百九十条规定,对犯行贿罪的,处 5 年以下有期徒刑或者拘役,并处罚金;因行贿谋取不正当利益,情节严重的,或者使国家利益遭受重大损失的,处 5 年以上 10 年以下有期徒刑,并处罚金;情节特别严重的,或者使国家利益遭受特别重大损失的,处 10 年以上有期徒刑或者无期徒刑,并处罚金或者没收财产。

行贿人在被追诉前主动交代行贿行为的,可以从轻或者减轻处罚。其中,犯罪较轻的,对侦破重大案件起关键作用的,或者有重大立功表现的,可以减轻或者免除处罚。

三、行贿罪的犯罪构成

(一) 犯罪客体

行贿罪侵犯的客体是国家工作人员公务行为的廉洁性及职务行为的不可收买性。

(二) 犯罪客观方面

行贿罪在犯罪客观方面表现为:①为自己谋取不正当利益。②用钱财收买国家工作人员的职务行为。③违反国家规定,给国家工作人员以各种名义的回扣费、手续费。④数额较大。

(三)犯罪主体

行贿罪的犯罪主体是一般主体,即行为人是达到刑事责任年龄,具备刑事责任能力的自然人均能成为行贿罪的主体。行贿罪的主体也包括国家机关工作人员。

(四)犯罪的主观方面

行贿罪在犯罪主观方面表现为故意,并且具有谋取不正当利益的犯罪目的。根据 1999 年 3 月 4 日最高人民法院、最高人民检察院联合制发的通知,"谋取不正当利益",是指谋取违反法律、法规、国家政策和国务院各部门规章规定的利益,以及要求国家工作人员或者有关单位提供违反法律、法规、国家政策和国务院各部门规章规定的帮助或方便条件。根据这一司法解释的规定,不正当利益不仅指获得的利益本身不正当,而且要求国家工作人员违反法律、法规、规章规定而谋取的不确定利益,也属于不正当利益。这里所谓的不确定利益,是指需要通过竞争获得的利益。在这种情况下,利益是否正当取决于程序是否正当。因此,要求国家工作人员违反程序获取这种利益,就是一种不正当利益。

第二节 税务干部行贿案例解析

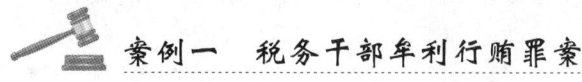 **案例一 税务干部牟利行贿罪案**

本案例是管理中央税的税务机关工作人员,为谋取私利行贿的案例。谋取利益的途径多种多样,通过本案例的手段获取利益,具有刑事责任风险。

一、案例概览

(一)案情①

赵某某系 A 省 S 县国税局工作人员,2009 年上半年赵某某为谋求时任 S 县县长张某某(另处)今后对其的照顾,于 2009 年 8 月、11 月份三次汇给张某某之女张某甲 20 万元,并告知张某某。2010 年,张某某安排 S 县县政府办公室出具"通知",抽调赵某某到 S 县驻 H 办,方便赵某某在 S 市照顾生病的哥哥并帮其打理生意,实际

---

① 2017 年 1 月 15 日摘自中国裁判文书网。

上赵某某未在该办事处工作过；2011年，张某某帮助赵某某的亲戚赵某甲从乡镇派出所调至S县公安局指挥中心工作；2012年，张某某安排S县县政府相关部门和人员在项目招投标过程中给予赵某某之妻参股的A佑逸管业有限公司特殊照顾。2013年，该公司产品顺利进入S县市场。

同时，2014年3月，张某某的堂弟张某乙被A省纪委调查，张某某担心收受中景润公司股份和王某方20万元一事败露，遂安排赵某某拿20万元给张某乙之妹张某丙，后赵某某同张某甲将20万元现金交给张某丙。A省纪委第一纪检监察室在查办原S县县委书记张某某受贿案期间，赵某某主动交代问题并检举揭发张某某涉嫌收受他人巨额贿赂，对张某某案的成功查办起到重要作用。

（二）一审法院裁判观点①

赵某某为谋求不正当利益给予国家工作人员20万元，其行为已构成行贿罪。赵某某有自首、立功情节，对其从轻处罚。依照《刑法》第三百八十九条第一款、第三百九十条第一和第二款、第六十七条第一款、第六十八条、第七十二条第一款、第七十三条第一和第三款，《最高人民法院最高人民检察院关于办理贪污贿赂刑事案件适用法律若干问题的解释》第七、第八条之规定，以行贿罪判处赵某某拘役6个月，缓刑8个月。

（三）人民检察院观点②

赵某某为谋求不正当利益给予国家工作人员20万元，其行为已构成行贿罪。

（四）被告人及辩护律师观点③

赵某某认为其系被索贿，具有自首、立功情节，具有见义勇为行为，应判处其免予刑事处罚。

其辩护人提出基本相同的辩护意见。

（五）二审法院裁判观点④

赵某某为谋求不正当利益给予国家工作人员20万元，其行为已构成行贿罪。对赵某某及其辩护人关于赵某某系被索贿的上诉理由、辩护意见。经查，赵某某的供述及证人张某某的证言等证据能够相互印证，证实赵某某因考虑到张某某的职权，想日后获得他的帮助，才给张某某之女张某甲20万元，且亦确实得到了张某某的帮助，故此上诉理由、辩护意见不能成立。一审在量刑时已综合考虑赵某某具有

---

① 2017年1月15日摘自中国裁判文书网。
②③④ 同上。

自首、立功等从轻处罚情节,并对其适用缓刑,量刑并无不妥,对赵某某及其辩护人关于赵某某系自首、立功并具有见义勇为行为,应免予刑事处罚的上诉理由、辩护意见不予支持。一审定罪准确,量刑适当,适用法律正确。审判程序合法。二审法院依照《刑事诉讼法》第二百二十五条第一款第(一)项之规定,裁定驳回上诉,维持一审。

二、案例解析

(一) 赵某某的行为构成犯罪

与受贿的形式相对应,行贿也分为两种情形:

(1) 行为人主动给予受贿人以财物。在这种情况下,无论行为人意图谋取的正当利益是否实现,均不影响行贿罪的成立。

(2) 行为人因国家工作人员索要而被动给予其财物。在这种情况下,如果行为人是因被国家工作人员勒索而被迫交付财物,只有在行为人获得不正当利益的情况下,才能构成行贿罪。如果没有获得不正当利益的,不是行贿。此外,根据《刑法》第三百八十九条第二款之规定,在经济往来中,违反国家规定,给予国家工作人员以财物,数额较大的,或者违反国家规定,给予国家工作人员以各种名义的回扣、手续费的,也应以行贿论处。这种特殊行贿行为,理论上也称为经济行贿罪。根据法律的规定,构成行贿罪没有财物数额方面的要求,但依据1999年8月6日最高人民检察院《关于人民检察院直接受理立案侦查案件立案标准的规定(试行)》,行贿行为涉嫌下列情形之一的,才能依法追究刑事责任:第一,行贿数额在1万元以上的;第二,行贿数额不满1万元。但具有下列情形之一的:为谋取非法利益而行贿的;向3人以上行贿的;向党政领导、司法工作人员、行政执法人员行贿的;致使国家或者社会利益遭受重大损失的。

本案中,赵某某对于自己行贿行为的目的、性质都十分清楚,为谋取不正当利益而仍给张某某之女张某甲20万元,且日后确实得到了张某某的"帮助",符合行贿罪的构成要件。

(二) 区分"为他人谋取利益"以及"正当利益"和"不正当利益"

准确地认定"为他人谋取利益"以及"正当利益"和"不正当利益"的含义,对犯罪的构成以及区分此罪与彼罪都具有关键意义。

1. 为他人谋取利益的认定

根据《全国法院审理经济犯罪案件工作座谈会纪要》的规定,为他人谋取利益包括承诺、实施和实现三个阶段的行为,只要具有其中一个阶段的行为,不管是根据他人的请托事项承诺为其谋取利益的,还是利用职务上的便利,实施为他人谋取利益的行为,还是利用职务便利,为他人实际谋取到了利益,均应认定为"为他人谋取利益"。

除此之外,两高《最高人民法院 最高人民检察院关于办理贪污贿赂刑事案件适用法律若干问题的解释》进一步细化了"为他人谋取利益"要件的情形,只要具有下列情形之一的,就应当认定为"为他人谋取利益":

(1) 实际或者承诺为他人谋取利益的。

(2) 明知他人有具体请托事项的。

(3) 履职时未被请托,但事后基于该履职事由收受他人财物的。

这些新的规定,辩护律师应当熟练,并根据法律和司法解释的不断变化,随时转变辩护思路和辩护策略,不能仅审查行贿人是否明确提出具体的请托事项,或者收受他人财物的时候有无被请托。

2. 感情投资

在以往的司法实践中,对于没有任何请托事项的"感情投资",律师通常会从"没有为他人谋取利益"的角度进行无罪辩护,这样的辩护在以前还存在一定的空间,但在2016年4月18日之后,则需要调整辩护思路。因为两高《最高人民法院 最高人民检察院关于办理贪污贿赂刑事案件适用法律若干问题的解释》对一些所谓的"感情投资"提出了明确的处理意见,即国家工作人员索取、收受具有上下级关系的下属或者具有行政管理关系的被管理人员的财物,价值3万元以上,可能影响职权行使的,则视为承诺为他人谋取利益,应当以受贿犯罪定罪处罚。换句话说,具有以上情形的,不管是否有请托事项,均视为承诺为他人谋取利益。所以辩护律师不能仅从有无请托事项人手,而是应当审查是否具有上下级关系或者是否具有行政管理关系,审查是否可能影响职权的行使。作为辩护律师,随着法律和司法解释的变更而转变思路是非常重要的。

3. 利益正当与否的标准

同为受贿类犯罪,收受或者索取型受贿中的"为他人谋取利益"不区分是正当利益还是不正当利益;而斡旋受贿和利用影响力受贿则要求为他人谋取的是不正当利益,如果为他人谋取的是正当利益,即使收受或者索取了他人财物,也不构成犯罪。对于行贿类犯罪,不管是行贿罪,对有影响力的人行贿罪,对非国家工作人员行贿罪,对外国公职人员、国际公共组织官员行贿罪,单位行贿罪,还是对单位行贿罪,都要求必须是"为谋取不正当利益",如果为了谋取正当利益而行贿的,则不构成行贿类犯罪中的任何一个罪名。

根据《最高人民法院　最高人民检察院关于在办理受贿犯罪大要案的同时要严肃查处严重行贿犯罪分子的通知》(1999 年 3 月 4 日实施)和《最高人民法院　最高人民检察院关于办理行贿刑事案件具体应用法律若干问题的解释》(2013 年 1 月 1 日实施)的规定,行贿犯罪中的"谋取不正当利益",是指行贿人谋取的利益违反法律、法规、规章、政策规定,或者要求国家工作人员违反法律、法规、规章、政策、行业规范的规定,为自己提供帮助或者方便条件。分析该规定可以看出"不正当利益"主要包括:

(1) 利益本身违法,即谋取违反法律、法规、规章、政策规定的利益,比如免除犯罪应当承担的刑事责任。

(2) 利益本身合法,但谋取利益的途径或手段违法,即要求国家工作人员提供违反法律、法规、规章、政策规定的帮助或方便条件。

(3) 违背公平、公正原则,在经济、组织人事管理等活动中,谋取竞争优势的,应当认定为"谋取不正当利益"。

对于不正当利益,还要特别注意审查是否存在为他人谋取职务提拔或者职务调整的情形,因为不论是他人谋取职务提拔、调整而受贿的,还是为了谋取职务提拔、调整而向他人行贿的,都属于从重处罚的情节,作为辩护律师,应当尽量排除这类情形。

(三) 把握行贿罪的司法认定

认定行贿罪,要注意以下两个问题:

(1) 行贿罪与馈赠礼物的界限。其关键还是看行为人在给予国家工作人员礼物时,主观上是否有利用国家工作人员职务上的便利,为自己谋取不正当利益的犯罪目的。

(2) 行贿罪与对公司、企业人员行贿罪的界限。两者的区别主要在于:

第一,犯罪主体不同。行贿罪只能由自然人实施;而对公司、企业人员行贿罪则既可以由自然人实施,也可以由单位实施。

第二,犯罪客体和对象不同。行贿罪侵犯的客体是公务行为的廉洁性,犯罪对象只限于国家工作人员;而对公司、企业人员行贿罪侵犯的客体主要是公司、企业的管理秩序,犯罪对象只能是公司、企业中除国家工作人员以外的工作人员。

(3) 因被勒索给予财物,没有获得不正当利益的,不是行贿;但国家工作人员的行为仍然是索取贿赂。

（4）为了谋取正当利益而给予国家工作人员以财物的，不是行贿；但国家工作人员接受财物的行为成立受贿罪。

（5）为了谋取不正当利益而给予国家工作人员以财物的，构成行贿罪；但国家工作人员没有接受贿赂的故意，立即将财物送交有关部门处理的，不构成受贿罪。

（四）了解行贿罪量刑标准

1. 量刑标准

根据《刑法》第三百九十条规定，对行贿罪的处罚有以下情形：

（1）对一般行贿罪，处 5 年以下有期徒刑或拘役，并处罚金。

（2）因行贿谋取不正当利益，情节严重的，或者使国家利益遭受重大损失的，处 5 年以上 10 年以下有期徒刑，并处罚金。

（3）情节特别严重的，处 10 年以上有期徒刑或者无期徒刑，并处罚金或者没收财产，关于情节严重、情节特别严重的标准，法律未作具体规定。从司法实践的情况来看，应该从行贿数额、手段、次数、人数、后果、犯罪后的表现等方面进行考察。一般是指为谋取个人非法利益，一贯行贿，屡教不改的；为推销伪劣产品而行贿造成严重后果的；为签订假合同，骗取财物而行贿的；为骗取国家出口退税而行贿的；行贿手段或结果又牵连其他多种罪行的；用国家文物行贿或者用优抚、救济、扶贫、教育等专项特定款物行贿以及用党费、团费行贿的；行贿数额巨大或特别巨大，致使国家利益遭受重大或者特别重大损失的；在司法机关追诉时，拒不交代罪行，伪造、隐匿、毁灭证据，与受贿人订立攻守同盟的等。

行贿人在被追诉前主动交代行贿行为的，可以从轻或者减轻处罚。这是对行贿人自首的特别规定。关于自首，本法第六十七条规定对于自首的犯罪分子，可以从轻或者减轻处罚。其中，犯罪较轻的，可以免除处罚。鉴于贿赂犯罪具有很大的隐蔽性，取证难度较大而行贿与受贿又是对应的，密切联系在一起的，行贿人主动交代行贿行为实际上是对于受贿人的揭发检举，属于立功表现，因此，为了分化瓦解犯罪分子，严厉打击受贿犯罪，落实惩办与宽大相结合的政策，本条第二款款规定，行贿人在被追诉前主动交代贿赂行为的，可以减轻或者免除处罚。这是对行贿人自首的特别规定，是对我国自首制度的重要补充。

2. 为谋取不正当利益

为谋取不正当利益是行贿类犯罪必要的谋利要件，如果是为了谋取正当利益而行贿的，不论是向谁行贿，均不构成行贿类犯罪。

对于行贿犯罪取得的不正当财产性利益,应当依照《刑法》第六十四条的规定予以追缴、责令退赔或者返还被害人。因行贿犯罪取得财产性利益以外的经营资格、资质或者职务晋升等其他不正当利益,建议有关部门依照相关规定予以处理。

对于谋取不正当利益,还要注意审查是否谋取职务提拔、调整等不正当利益,以及谋取不正当利益是否给国家和人民利益造成经济损失,如果存在这些情节,则可能从重处罚。

3. 被索贿的例外处理

对于受贿类犯罪,索贿的从重处罚,多次索贿的还将降低入刑的数额标准,比如一般情况下受贿3万元的才立案,但多次索贿数额达到1万元的即可追诉。可见,索贿对于受贿类犯罪而言是一种从重或者加重处罚的情节。

但对于行贿类犯罪而言,如果存在被索贿的情节,则存在出罪的可能性。行贿类犯罪要求必须为了谋取不正当利益,至于不正当利益是否实际取得,是不影响犯罪成立的。但是有一种情况例外,那就是行为人因被勒索给予财物,又没有获得不正当利益的,不是行贿。该规定虽然只规定在《刑法》第三百八十九条第三款行贿罪中,但其立法精神应当也适用于其他行贿类犯罪。

需要注意的是,不是所有被勒索给予财物的都不按行贿处理,如果行为人虽被勒索给予财物,但不正当利益最终也实现或者获取了,则仍旧构成行贿。

4. 给予财物的行为方式

行贿与受贿是对向犯,在实践中,受贿的形式多种多样,行贿的方式自然也是层出不穷,主要体现为以下方式:

(1) 直接给予钱物进行行贿。

(2) 以各种名义的回扣、手续费进行行贿。

(3) 以财产性利益进行行贿。

(4) 以借为名进行行贿。

(5) 以交易为名进行行贿。

(6) 以提供干股为名进行行贿。

(7) 以开办公司等合作投资名义进行行贿。

(8) 以受托投资证券、期货或者其他理财为名进行行贿。

(9) 以赌博形式进行行贿。

(10) 以给特定关系人挂名发放薪酬为名进行行贿。

(11) 以各种形式将有关财物给予特定关系人进行行贿。

5. 影响量刑的情节

根据刑法和司法解释的规定,对于行贿类的量刑,情节轻重至关重要,对各个挡位的量刑虽然都有数额上的标准,但如果具备法定的情节,数额标准则从宽把握,税务律师认为需要注意审查以下情节。

(1) 行贿对象的人数。在行贿类犯罪中,需要审查行贿对象的人数有多少,如果行为人向 3 人以上或者 3 个以上单位行贿的,相比于向 1 人(1 个单位)或者 2 人(2 个单位)行贿的,处罚要重,数额标准降低。

(2) 行贿对象的身份。行贿对象的身份不同,其负有的职责也不同,向具有特定职责的人员或者单位行贿,社会危害性可能更大。因此,司法解释规定,对于个人的,向负有食品、药品、安全生产、环境保护等监督管理职责的国家工作人员行贿,或者向司法工作人员行贿,处罚要重,数额标准降低。当然,前者要求实施非法活动,后者要求影响司法公正,这样的限定也为律师提供了一定辩护空间。对于单位的,向党政机关、司法机关、行政执法机关行贿,处罚要重,数额标准降低。

(3) 行贿款物的来源。在司法实践中,用以行贿的款物有的是合法收入,有的是违法所得,如果将违法所得用于行贿,处罚要重,数额标准降低。

(4) 谋取利益的范围。行贿类犯罪所要求谋取的都是不正当利益,但社会生活中不正当利益的范围也很宽泛,辩护律师要特别注意审查是否属于谋取职务提拔、调整的利益,如果属于,则处罚要重,数额标准降低。

(5) 经济损失的要求。为谋取不正当利益而行贿,有的没有造成经济损失,有的则造成了经济损失。造成经济损失达到 50 万元以上的,则处罚要重,数额标准降低。

(五) 侦查机关违反法定程序收集的被告人行贿罪的有罪供述依法应排除

(2015)T 刑初字第 101 号《刑事判决书》[①]人民法院表述:"检察机关违反了《中华人民共和国刑事诉讼法》第七十二条第三款、第七十三条之规定,对娄某某执行指定监视居住,其在指定监视居住期间供述了行贿金某某 1 万元的事实,该供述是违法执行监视居住期间证据,应当排除;金某某被羁押于看守所后证明了收受娄某某的事实后翻供,且证言的细节与娄某某在指定监视居住期间的供述不吻合,娄某某翻供后,证明其行贿事实的证据明显不足。故公诉机关指控娄某某犯行贿罪的证据不足,不予支持。"

---

① 2017 年 1 月 15 日摘自中国裁判文书网。

(六) 善于运用财产刑

在《刑法修正案(九)》实施之前,对于行贿类犯罪,只有对非国家工作人员行贿罪(数额巨大),对外国公职人员、国际公共组织官员行贿罪(数额巨大),行贿罪(情节特别严重的,或者使国家利益遭受特别重大损失的)在法定刑上附加了罚金或者没收财产的财产刑,除此以外的罪名以及该三项罪名的其他法定刑均无财产刑的规定。但2015年颁布的《刑法修正案(九)》加大了对行贿类犯罪的打击,使得每一个行贿类犯罪的每一个量刑档次中均附加了财产刑,包括罚金和没收财产。而对于这些行贿类犯罪中并处罚金的判罚标准,2016年两高《关于办理贪污贿赂刑事案件适用法律若干问题的解释》也作出了明确的规定,应当在10万元以上犯罪数额2倍以下判处罚金,这加大了经济处罚力度,也提高了犯罪的经济成本,这样的变化应当及时把握。

除了对行贿类犯罪加大了财产刑的运用,受贿类犯罪并处罚金的判罚标准也作了明确规定,尤其对受贿罪,还根据主刑的不同,分层次地规定了远重于其他犯罪的罚金刑判罚标准:一是对受贿罪判处3年以下有期徒刑以下刑罚的,应当判处10万元以上50万元以下的罚金;二是判处3年以上10年以下有期徒刑的,应当判处20万元以上犯罪数额2倍以下的罚金或者没收财产;三是判处10年以上有期徒刑或者无期徒刑的,应当判处50万元以上犯罪数额2倍以下的罚金或者没收财产。其他受贿类犯罪,还有介绍贿赂罪,与行贿类犯罪一样,并处罚金的,均在10万元以上犯罪数额2倍以下判处。

(七) 从无罪判例中找风险应对策略(不限于税务人员)

1. 无"谋取不正当利益"的主观故意不构成行贿罪

例如,(2015)J刑初字第83号《刑事判决书》[①]人民法院表述:"公诉机关指控被告人张某甲犯行贿罪的证据未达到确实、充分的证明标准,不能证明被告人张某甲送财物给张某乙系为谋取不正当利益,或者在经济往来中,违反国家规定,给予财物,数额较大或者违反国家规定,给予各种名义的回扣、手续费的事实,故公诉机关行贿罪的指控事实不清,证据不足,指控的罪名不能成立。"

2. 被索贿且未谋取不正当利益不构成行贿罪

例如,(2014)QN刑二终字第94号《刑事判决书》[②]人民法院表述:"一审认定赵某某程某某为获得审计报告向潘某江行贿8万元,仅有程某某供述,没有其他证据

---

① 2017年1月15日摘自中国裁判文书网。

② 同上。

印证;为获取审计报告,赵某某程某某送给审计人员吴某某 5 万元,系被索贿,但在案证据不能证明程某某是谋取了不正当利益,其行为不符合行贿罪的构成要件,一审认定赵某某程某某犯行贿罪的事实不清、证据不足。"

3. 行贿行为未达到法定数额与情节的依法不构成行贿罪

例如,(2015)Q 刑初字第 338 号《刑事判决书》[1]人民法院表述:"Q 县人民检察院指控被告人李某某行贿数额为 2 万元,根据 2016 年 4 月 18 日施行的《最高人民法院、最高人民检察院关于办理贪污贿赂刑事案件适用法律若干问题的解释》的规定,行贿罪定罪数额为 3 万元,被告人李某某的行为亦不符合该解释规定的构成行贿罪的其他情形,对起诉书关于被告人李某某构成行贿罪的指控,本院不予支持。"类似裁判判例如(2015)G 刑终字第 85 号《刑事判决书》。

4. 主客观均不符合行贿罪构成要件的无罪

例如,(2013)X 刑初字第 656 号《刑事判决书》[2]人民法院表述:"被告人周某某虽然实施了为了他人请托事项而向国家工作人员行贿的行为,但现有证据尚不足以证明'被告人周某某从受贿人处谋取的利益违反法律、法规、规章、政策规定',亦不足以证明被告人周某某实施了'要求国家工作人员违反法律、法规、规章、政策、行业规范的规定,为自己提供帮助或者便利条件的行为'。B 市 X 区人民检察院指控被告人周某某犯行贿罪的证据不足,指控的犯罪不能成立。"

5. 仅依据不能相互印证的言辞证据不能认定被告人构成行贿罪

例如,(2015)T 刑初字第 289 号《刑事判决书》[3]人民法院表述:"被告人的供述、证人杨某、毛某的陈述不能相互印证,公诉机关指控被告人行贿所提供的证据不符合刑事案件运用证据证明案件事实应达到事实清楚,证据确实、充分的证明标准,依据刑事证据规则,对起诉书指控陈某行贿的事实不予认定,公诉机关指控陈某犯行贿罪不能成立。"

类似的裁判案例还有(2013)Z 刑再终字第 0002 号《刑事判决书》、(2015)Z 刑初字第 00036 号《刑事判决书》。

 案例二 税务干部为职务晋升行贿案

本案例是基层地方税管理机关的负责人为谋求职务晋升行贿的案例。这样的

---

① 2017 年 1 月 15 日摘自中国裁判文书网。
②③ 同上。

案例在各行各业可能都存在,但是在新时代应该纯洁职务晋升的思想,通过自己在业务素质、职业素养、综合能力等方面展现自己,由此获取更高的职位。本案例对税务干部有警示意义。

一、案例概览

(一)案情①

2006 年 8 月至 2010 年 2 月,陶某华任 C 县地方税务局党组成员、书记、局长,2010 年 2 月至 2016 年 7 月任 Y 市地方税务局党组成员、书记、局长,2016 年 7 月至案发,任 G 市地方税务局开发区分局科员。

2007 年至 2012 年春节前夕,先后担任 C 县地方税务局局长、Y 市地方税务局局长的陶某华为了取得时任 G 市地方税务局局长张某对于工作上的支持以及对其职务上的调整,先后分 6 次以拜年的名义送给张某人民币共计 15 万元。

2014 年 12 月,陶某华在担任 Y 市地方税务局局长期间,为了取得时任 G 市地方税务局副局长丁某某对于工作上的支持以及对其职务上的调整,陶某华以丁某某之子结婚恭贺的名义送给其人民币 6 000 元。

2016 年 9 月 8 日 19 时许,陶某华主动打电话给检察机关侦查员要求交代自己的行贿问题。次日 9 时,陶某华到 Y 市人民检察院如实交代了自己涉嫌行贿的犯罪事实。

2015 年 8 月 25 日,D 市人民检察院在侦查原 G 市地方税务局局长张某受贿一案时,陶某华作为证人,在接受检察机关询问时将向张某行贿人民币共计 15 万元的事实全部予以了交代;2016 年 2 月 26 日,G 市人民检察院在侦查原 G 市地方税务局副局长丁某某受贿一案时,陶某华作为证人,在接受检察机关询问时将向丁某某行贿人民币共计 5.1 万元的事实全部予以了交代。

另,2008 年至 2009 年春节前夕,陶某华在担任 C 县地方税务局局长期间,经 C 县地方税务局党组研究决定,对相关部门进行春节慰问。为了取得时任 G 市地方税务局副局长丁某某对于 C 县地方税务局工作上的支持,C 县地方税务局采取从该局先领款后列支的方式,先后分 2 次以拜年名义送给丁某某人民币 8 000 元。

2010 年至 2013 年春节前夕,陶某华在担任 Y 市地方税务局局长期间,经 Y 市地方税务局党组研究决定,对相关部门进行春节慰问。为了取得时任 G 市地方税务局副局长丁某某对于 Y 市地方税务局工作上的支持,Y 市地方税务局采取从该局先

---

① 2017 年 1 月 22 日摘自中国裁判文书网。

领款后列支的方式,先后分 5 次以拜年、看望病人等名义送给丁某某人民币共计 3.7 万元。

(二) 人民检察院观点①

公诉机关认为,陶某华身为国家工作人员,利用本人职权形成的便利条件,通过其他国家工作人员职务上的行为,为他人谋取不正当利益,收受他人财物,数额巨大,同时还为谋取不正当利益,给予国家工作人员以财物,其行为触犯了《刑法》第三百八十八条、第三百八十九条第一款,应当以受贿罪、行贿罪追究其刑事责任。

(三) 被告人及辩护律师观点②

1. 陶某华观点

陶某华对人民检察院指控的犯行贿罪的罪名无异议,并当庭认罪。但行贿的犯罪事实中,其中涉案金额人民币 4.5 万元属单位行贿,应从行贿的犯罪金额中扣减;对人民检察院指控的犯贪污罪的罪名及犯罪事实均不能成立。

2. 辩护律师观点

辩护律师认为,关于送给丁某某的 5.1 万元认定陶某华行贿不当。其中 4.5 万元应认定是单位对丁某某的行贿,0.6 万元是礼尚往来资金,不宜认定行贿;陶某华没有非法占有公共财物的主观故意,送钱是经过班子成员集体研究决定,主观上没有非法占有的故意;其次,客观上陶某华未据为己有,现有证据已证实全部送给了丁某某,且与报账金额相符;再则,春节送礼为了融洽上下级单位的关系,为的是单位利益,并非个人利益,个人从未假借单位名义牟取个人利益,因此不构成贪污罪。陶某华具有自首、坦白以及其他可以从轻或减轻处罚的量刑情节。综上所述,建议给予陶某华免予刑事处罚。

(四) 人民法院裁判观点③

人民法院认为,人民检察院指控陶某华犯行贿罪的事实清楚,证据确实、充分,罪名成立,应予支持。人民检察院指控陶某华犯贪污罪的犯罪金额人民币 4.5 万元应属单位行贿的行为,且犯罪金额未达到立案调查的标准,因此,不能作犯罪处理。人民检察院指控陶某华犯贪污罪的证据不足,指控罪名不能成立。陶某华为了谋取不正当利益,给予国家工作人员财物,其行为已构成行贿罪。案发前,其主动到司法机关投案,如实供述其犯罪事实,其行为属自首,具有法定从轻或者减轻处罚情节。

---

① 2017 年 1 月 22 日摘自中国裁判文书网。
②③ 同上。

其在被追诉前主动交代了全部的行贿事实,具有刑法第三百九十条第二款规定的在被追诉前主动交代行贿犯罪情节,可以免除刑事处罚。人民检察院认为陶某华属自首,在追诉前主动交代行贿犯罪事实的公诉意见,经查属实,依法予以采纳。综合陶某华的犯罪事实、性质、情节、悔罪表现以及对社会的危害程度,陶某华属犯罪情节轻微,依法可以免予刑事处罚。经人民法院审判委员会讨论研究决定,依照《刑法》第三百八十九条第一款,第三百九十条,第六十七条第一款,第三十七条,《最高人民法院 最高人民检察院关于办理贪污贿赂刑事案件适用法律若干问题的解释》第七条第一款,《最高人民法院 最高人民检察院关于在办理受贿犯罪大要案的同时要严肃查处严重行贿犯罪分子的通知》第四条,《刑事诉讼法》第一百九十五条第三项之规定,判决陶某华犯行贿罪,免予刑事处罚。

二、案例解析

(一) 陶某华的行为不构成贪污罪

(1) 本案中,陶某华主观方面没有非法占有公共财物的故意。证人证言可以证实,陶某华在 C 县地方税务局及 Y 市地方税务局任局长期间,对 G 市地方税务局副局长丁某某进行春节慰问时,慰问送钱都是经过集体研究决定的,慰问送钱的目的都是为了本单位的工作得到上面领导的支持,融洽上下级单位的关系,目的是单位利益,并非个人利益,因此,陶某华主观上没有非法占有的故意。从客观方面看,陶某华事实上也未将 4.5 万元据为己有。通过证人证言及相关财务凭证证实显示,上述款项全部送给了丁某某,且陶某华未采取侵吞、骗取、窃取,虚构隐瞒事实真相的手段。据上,本案中陶某华的行为不构成犯贪污罪。

(2) 指控陶某华犯贪污罪涉及的 4.5 万元应属单位行贿的行为。指控陶某华犯贪污罪涉及的 4.5 万元系单位集体研究决定,目的是为了本单位谋取不正当利益,因此,系 C 县地方税务局和 Y 市地方税务局主观上具有行贿的直接故意。陶某华作为 C 县地方税务局和 Y 市地方税务局的局长,属单位的直接负责人,其根据单位集体研究的意见,实施了对 G 市地方税务局副局长丁某某送钱的行为,且行贿的款项分别在上述二单位列支报销,而所得利益属上述二单位所有。

综上所述,C 县地方税务局和 Y 市地方税务局的上述行为属单位行贿行为。根据最高人民检察院《关于人民检察院直接受理立案侦查案件立案标准的规定(试行)》的规定,单位行贿数额在 20 万元以上的,应予立案调查。直接负责的主管人员和其他直接责任人员将单位行贿所取得的非法利益中饱私囊,归个人所有的,根据本条规定,应对直接负责的主管人员和其他直接责任人员按照第三百八十九条、第三百九十条规定按个人行贿罪处罚。本案中,C县地方税务局和Y市地方税务局的行为虽然符合单位行贿的构成要件,但其犯罪金额未达到立案调查的标准,因此不作犯罪处理。而陶某华也未将单位行贿所取得的非法利益中饱私囊,归个人所有,不构成个人行贿。

(二) 陶某华结婚恭贺名义送的6 000元是否应认定为行贿

辩护人关于陶某华以丁某某之子结婚恭贺名义送给丁某某人民币6 000元属人情礼尚往来。

司法实践中审查具有一定职务的国家工作人员,利用婚丧嫁娶收取财物,是否利用了自己职务上的便利,一般重点审查以下三点:①查清送财物的人与收受财物的人的关系。如果双方是领导与被领导的关系,下级给上级送,那么婚丧嫁娶收受财物的行为就有可能是受贿行为。②查明送财物的目的、动机。非亲非故的人送财物的目的、动机是为了从收受财物的国家工作人员中得到某种利益,在婚丧嫁娶之时送礼仅是借口,实则是行贿。③查明收财物人为送财物人谋取的利益。可采用超前延伸审查和置后延伸审查的办法。

本案中陶某华与丁某某是被领导与领导的关系,陶某华送的礼金6 000元不符合当地风俗习惯,亦不符合本案的客观实际。结合证人证言、陶某华的供述可见,陶某华主观上具有行贿的直接故意,客观上实施了对丁某某送钱的行为。陶某华送的礼金6 000元并非人情礼尚往来的范畴,上述事实应属行贿。

(三) 影响本案量刑的情节

本案证据显示,2015年8月25日,D市人民检察院在侦查原G市地方税务局局长张某受贿一案时,陶某华作为证人,在接受检察机关询问时将向张某行贿人民币共计15万元的事实全部予以了交代。

2016年2月26日,G市人民检察院在侦查原G市地方税务局副局长丁某某受贿一案时,陶某华作为证人,在接受检察机关询问时将向丁某某行贿人民币共计5.1万元的事实全部予以了交代。

根据《刑法》第三百九十条第二款之规定:"行贿人在被追诉前主动交代行贿行为的,可以从轻或者减轻处罚,其中,犯罪较轻的,对侦破大案起关键作用的,或者有重大立功表现的,可以减轻或者免除处罚。"同时根据《最高人民法院 最高人民检察院关于在办理受贿犯罪大要案的同时要严肃查处严重行贿犯罪分子的通知》第四条规定:"在查处严重行贿、介绍贿赂犯罪案件中,既要坚持从严惩处的方针,又要注意体现政策。行贿人、介绍贿赂人具有刑法第三百九十条第二款、第三百九十条第二款规定的在被追诉前主动交代行贿、介绍贿赂犯罪情节的,依法分别可以减轻或者免除处罚;行贿人、介绍贿赂人在被追诉后如实交代行贿、介绍贿赂行为的,也可以酌情从轻处罚。"又根据最高人民法院、最高人民检察院《关于办理行贿刑事案件具体应用法律若干问题的解释》第十三条规定,刑法第三百九十条第二款规定的"被追诉前",是指检察机关对行贿人的行贿行为刑事立案前。

2016 年 9 月 13 日,Y 市人民检察院以陶某华涉嫌行贿罪决定刑事立案。据上述事实及相关法律规定,陶某华具有在被追诉前主动交代行贿的情节。

2016 年 9 月 8 日,陶某华主动打电话给 Y 市人民检察院侦查员要求交代自己的行贿问题。次日陶某华到 Y 市人民检察院如实交代了自己涉嫌行贿的犯罪事实。根据《中华人民共和国刑法》第六十七条第一款规定,陶某华的行为属自首。对于自首的犯罪分子,可以从轻或者减轻处罚。

根据上述影响量刑的情节,人民法院最终认为的犯罪行为属犯罪情节轻微,依照《刑法》第三十七条之规定,判决陶某华免予刑事处罚。

(四) 尽量争取罚金刑(财产刑)

尽量争取适用罚金刑(财产刑),不适用监禁刑。

1. 行贿罪已经增设罚金刑

例如,H 省 W 市中级人民法院(2016)E01 刑初 120 号《刑事判决书》①人民法院表述:"由于《中华人民共和国刑法修正案(九)》第四十五条对行贿罪增设了罚金刑,最高人民法院、最高人民检察院《关于办理贪污贿赂刑事案件适用法律若干问题的解释》第七条第一款提高了行贿罪入罪数额标准。本案中,万某汉的行贿行为发生于 2012 年,根据《刑法》的从旧兼从轻原则,对其不适用罚金刑,主刑应适用最高人民法院、最高人民检察院《关于办理贪污贿赂刑事案件适用法律若干问题的解释》的规定。"

2. 相关规定

《中华人民共和国刑法修正案(九)》第四十五条规定,将刑法第三百九十条修改为:"对犯行贿罪的,处 5 年以下有期徒刑或者拘役,并处罚金;因行贿谋取不正当利益,情节严重的,或者使国家利益遭受重大损失的,处 5 年以上 10 年以下有期徒刑,并处罚金;情节特别严重的,或者使国家利益遭受特别重大损失的,处 10 年以上有

① 2017 年 1 月 22 日摘自中国裁判文书网。

期徒刑或者无期徒刑,并处罚金或者没收财产。

行贿人在被追诉前主动交代行贿行为的,可以从轻或者减轻处罚。其中,犯罪较轻的,对侦破重大案件起关键作用的,或者有重大立功表现的,可以减轻或者免除处罚。"

最高人民法院、最高人民检察院《关于办理贪污贿赂刑事案件适用法律若干问题的解释》第七条:"为谋取不正当利益,向国家工作人员行贿,数额在 3 万元以上的,应当依照刑法第三百九十条的规定以行贿罪追究刑事责任。

行贿数额在 1 万元以上不满 3 万元,具有下列情形之一的,应当依照刑法第三百九十条的规定以行贿罪追究刑事责任:①向 3 人以上行贿的。②将违法所得用于行贿的。③通过行贿谋取职务提拔、调整的。④向负有食品、药品、安全生产、环境保护等监督管理职责的国家工作人员行贿,实施非法活动的。⑤向司法工作人员行贿,影响司法公正的。⑥造成经济损失数额在 50 万元以上不满 100 万元的。"

(五) 将单位行贿作为抗辩切入点

单位犯罪,对相关责任人的处理比较轻,但是要注意把握单位行贿的构成要件。

例如,H 省 W 市中级人民法院(2016)E01 刑终 23 号《刑事裁定书》[①]人民法院表述:"关于上诉人邓某平的辩护人提出邓某平构成单位行贿罪的辩护意见。经查,上诉人邓某平的行贿行为不是大信公司的决定或意志,不能代表单位,单位对此亦不知情,同时行贿款 85 万元来源于个人,并非大信公司,且行贿目的是为谋取个人不正当利益。最后上诉人也获得了 3 592 344.77 元的非法利益。因此,上诉人邓某平的行为不符合单位行贿罪的构成要件。其辩护人提出的该辩护意见不能成立。"

例如,G 省 F 市中级人民法院(2016)Y06 刑终 1306 号《刑事裁定书》[②]人民法院表述:关于上诉人关某荣及其辩护人提出关某荣为梁某 1 装修的是周转公房,不构成单位行贿罪的上诉意见和辩护意见,经查,根据涉案房产的交易资料证实,涉案房产最初是梁某 1 以其父亲名义购买所得,并非单位周转房,F 市地税局 2002 年 5 月 28 日购买涉案房产时,该房屋已经装修完毕,F 市地税局所支付的购房款已包含了装修款项。且证人梁某 1、陈某的证言均证实,关某荣在为梁某 1 装修房子时明知涉案房产是梁某 1 购买的私人房产。上诉人关某荣在侦查阶段稳定供称之所以用单位小金库的钱帮梁某 1 装修房子是为了与梁某 1 搞好关系,梁是上级领导,在以后

---

① 2017 年 1 月 22 日摘自中国裁判文书网。

② 同上。

的工作中肯定有所帮助和关照,由此可知关某荣主观上有行贿的意图。另外,属于 N 区地税局的领导班子成员且主管 N 区地税局"小金库"的,只有关某、陈某、廖某 2 三人,考虑到用于冲抵装修款的部分记账凭证上有廖某 2 的签名,故认定用"小金库"公款为梁某 1 装修是 N 区地税局的单位行为。N 地税局用"小金库"的公款为 F 市地税局局长梁某 1 私人的房产支出装修的款项,以便获得梁某 1 的帮助,可能影响其职权行使,属于谋取不正当利益的情形。上诉人关某荣作为 N 区地税局局长,是直接负责的主管人员,应当以单位行贿罪定罪处罚。

(六) 把握共同犯罪的认定

在共同犯罪中,争取从犯地位。

例如,H 省 W 市中级人民法院(2016)E01 刑终 23 号《刑事裁定书》[①]人民法院表述:"关于上诉人邓某平的辩护人提出邓某平起次要作用,系从犯的辩护意见。经查,两上诉人系夫妻关系,对行贿行为事前有通谋,事中有分工,且行贿款是由邓某平亲自交给受贿人。在共同犯罪中,上诉人邓某平并非起次要、辅助作用,不应认定为从犯。其辩护人提出的该辩护意见不能成立。"

(七) 合理运用刑事案件追诉时效的中断

1. 追诉时效的中断

追诉时效中断,是指在追诉时效进行期间,因发生法律规定的事由,使已经经过的时效期间归于失效,追诉期限从法律规定事由发生之日起重新开始计算的制度。追诉时效中断制度是为了防止犯罪人利用时效制度逃避罪责,继续犯罪而设立的。

我国《刑法》第八十九条第二款规定,在追诉期限内又犯罪的,前罪追诉的期限从犯后罪之日起计算。这一规定表明,我国追诉时效中断是以犯罪人在追诉期限内义犯罪为条件的,但不论新罪的性质和刑罚轻重。根据刑法的这一规定,追诉时效中断后时效起算的时间为"犯后罪之日"。所谓犯后罪之日,即后罪成立之日。

2. 追诉时效延长

追诉时效延长,是指在追诉时效进行期间,由于发生了法律规定的事由,致使追诉期限延伸的制度。

根据《刑法》第八十八条的规定,我国追诉时效延长分为两种情况:

(1) 在人民检察院、公安机关、国家安全机关立案侦查或在人民法院受理案件以后,犯罪人逃避侦查或者审判的,不受追诉期限的限制。在法定期限内,只要对犯罪

---

① 2017 年 1 月 22 日摘自中国裁判文书网。

案件开始立案、侦查或者受理起诉后,不论犯罪人逃避侦查或起诉的时间、状态持续多久,都可以对其进行追究。

(2) 被害人在追诉期限内提出控告,人民法院、人民检察院、公安机关应当立案而不予立案的,不受追诉期限的限制。

3. 行贿罪追诉时效中断的裁判案例

G省F市中级人民法院(2016)Y06 刑终 1306 号《刑事裁定书》①人民法院表述:"关于上诉人关某荣及其辩护人提出已经超过法定追诉时效的上诉意见和辩护意见……虽然单位行贿行为发生在 2001 年,但上诉人关某荣在追诉期间又犯受贿罪,前罪的追诉期限从犯后罪之日起计算,故单位行贿罪的追诉期限应从 2013 年起算,并未超过追诉时效。上述上诉意见理据不足,不予采纳。"

 链接 1　税务系统几个典型行贿案件的警示和分析

案例一:杨×旺、马××行贿罪

【案情简介】

杨×旺,男,1975 年 5 月出生,汉族,内蒙古乌拉特前旗人,初中文化。×国家税务局协税员(现该局司机)。

马××,男。1969 年 5 月出生,汉族,内蒙古乌拉特前旗人,初中文化,乌拉特前旗国家税务局税务稽查员。

经法院查明,在 2004 年 10 月至 15 月份期间,2 人通过本单位职工任××(已判刑)多次为他人开出工业统一发票共计 140 余万元,收取好处费 51 000 元,2 人将其中的 22 900 元送给任××作为好处费,马××从中分别分得赃款 10 100 元、杨×旺 18 000 元。2006 年 4 月 5 日。

内蒙古乌拉特前旗人民法院判决杨×旺犯行贿罪,判处有期徒刑 1 年,缓刑 1 年;马××犯行贿罪,判处有期徒刑 1 年,缓刑 1 年。

【案件警示】

被告人杨×旺、马××为谋取不正当利益,给予国家工作人员以财物,其行为已构成行贿罪。且系共同故意犯罪。被告人杨×旺犯罪后自动投案,如实供述了自己的犯罪事实,属自首,且退还了非法所得赃款,确有悔罪表现,可依法从轻处罚,被告

---

① 2017 年 1 月 22 日摘自中国裁判文书网。

人马××犯罪后如实供述了自己的犯罪事实,且退还了非法所得的赃款,有悔罪表现,可酌情从轻处罚。

当前税务系统职务犯罪有一个重要特点,就内外勾结损害国家利益。在很多案件当中,如果没有犯罪分子的内部配合,外部的犯罪分子往往很难得逞。在本案中,杨×旺、马××就是和外部的犯罪分子进行勾结,拉拢腐蚀税务干部,他们两人为了收受别人的好处费,而向国家工作人员行贿,贪图小利,罪有应得。作为一个在税务机关工作的人员,长期受党的教育和国家的培养,应该遵守国家法纪,和违法犯罪现象作斗争,但他们两人却见利忘义,唯利是图,为一己私利而损害国家利益。本案中值得警示的是,作为税务机关的工作人员,应该不断改造自己的世界观、人生观,不与社会上一些别有用心的人厮混,以防交友不慎,误入歧途,走上违法犯罪道路。

案例二:马××、赵××行贿罪

【案情简介】

赵××,男,1972年2月17日出生,汉族,初中文化,北京市×区地方税务局司机。

2004年1月间,北京市工商局执法检查大队在调查北京×科技投资有限公司虚假出资一案的过程中,发现该公司注册资金来源有问题,遂通知昌平工商局执照登记处暂缓发放营业执照。其后,为×科技投资有限公司发起人杨×林非法垫资的王×辉、李×梅、付×枝(另案处理)、马×琴(在逃)等人通过被告人赵××联系到被告人马××,由马××向负责审查该案的北京市工商局执法检查大队副队长王×(另案处理)疏通关系,以避免受到相应处罚。经法院审理查明,赵××为了给亲友谋取不正当利益,给予国家工作人员以财务,情节严重,其行为均已构成行贿罪,应予惩处。

赵××犯行贿罪,被法院判处有期徒刑2年。

【案件警示】

本案的焦点是关于赵××的行为是介绍贿赂还是行贿?介绍贿赂罪是指行为人在行贿人与受贿人之间进行引见、沟通和撮合,促使行贿与受贿得以实现,情节严重的行为。而本案证据显示,行贿人李×梅、王×辉、付×枝在找马××、赵××帮忙之前,已经明确具有了向王×行贿的主观故意;且在行贿过程中,李×梅、王×辉、付×枝与王×均没有任何接触,行贿时间及数额由马××、赵××确定,具体行贿行为亦由马××、赵××负责完成;马××、赵××明知李×梅、王×辉、付×枝等人行贿的目的是为了谋取不正当利益,仍出于亲友关系而积极予以协助。故两人在本案中所起的作用已经不是在行贿人之间牵线搭桥地介绍贿赂,而是积极参与向国家工作人员请托并交付钱财的行贿行为。

从本案的情况看来,赵××给人的感觉是个热心人,他的目的是帮助他的朋友逃避因为虚假注册资金而受到相应的处罚,向有关国家工作人员行贿。本案的警示就是不能单纯为了义气不讲原则,不辨是非,置国家大局于不顾,朋友之间讲义气固然重要,但更重要的是讲道德、讲原则、讲法律。一味地为了所谓的朋友义气,而置国家的法律于不顾,铤而走险,最终害人害己。

在本案中,赵××的行为应构成行贿罪的共同犯罪。本案中,赵××为了谋取逃避处罚的不正当利益而给予国家工作人员财物,其行为构成行贿罪不容置疑。介绍贿赂罪与行贿、受贿的帮助行为极为相似,但是它们之间又有着根本的区别,刑法之所以将其单独规定,就是由于介绍贿赂与行贿、受贿属于性质不同的行为,不能简单地将其作为行贿、受贿的共犯对待。

【法律链接】

(1)《中华人民共和国刑法》第三百八十九条　为谋取不正当利益,给予国家工作人员以财物的,是行贿罪。

在经济往来中,违反国家规定,给予国家工作人员以财物,数额较大的,或者违反国家规定,给予国家工作人员以各种名义的回扣、手续费的,以行贿论处。

因被勒索给予国家工作人员以财物,没有获得不正当利益的,不是行贿。

第三百九十条　对犯行贿罪的,处5年以下有期徒刑或者拘役;因行贿谋取不正当利益,情节严重的,或者使国家利益遭受重大损失的,处5年以上10年以下有期徒刑;情节特别严重的,处10年以上有期徒刑或者无期徒刑,可以并处没收财产。

行贿人在被追诉前主动交代行贿行为的,可以减轻处罚或者免除处罚。

第三百九十一条　为谋取不正当利益,给予国家机关、国有公司、企业、事业单位、人民团体以财物的,或者在经济往来中,违反国家规定,给予各种名义的回扣、手续费的,处3年以下有期徒刑或者拘役。

单位犯前款罪的,对单位判处罚金,并对其直接负责的主管人员和其他直接责任人员,依照前款的规定处罚。

(2)最高人民检察院《关于人民检察院直接受理立案侦查案件立案标准的规定(试行)》(1999年8月6最高人民检察院第九届检察委员会第四十一次会议通过)。

行贿罪是指为谋取不正当利益,给予国家工作人员以财物的行为。

在经济往来中,违反国家规定,给予国家工作人员以财物,数额较大的,或者违反国家规定,给予国家工作人员以各种名义的回扣、手续费的,以行贿罪追究刑事责任。

涉嫌下列情形之一的,应予立案:

(1) 行贿数额在 1 万元以上的。

(2) 行贿数额不满 1 万元,但具有下列情形之一的。

(a) 为谋取非法利益而行贿的。

(b) 向 3 人以上行贿的。

(c) 向党政领导、司法工作人员、行政执法人员行贿的。

(d) 致使国家或者社会利益遭受重大损失的。

因被勒索给予国家工作人员以财物,已获得不正当利益的,以行贿罪追究刑事责任。

 链接 2　行贿罪的立案标准

行贿具体分为对个人行贿罪、对单位行贿罪、单位行贿罪三种情况。

(一) 对个人行贿罪立案标准

《最高人民法院　最高人民检察院关于办理贪污贿赂刑事案件适用法律若干问题的解释》

(2016 年 3 月 28 日由最高人民法院审判委员会第 1680 次会议、2016 年 3 月 25 日由最高人民检察院第十二届检察委员会第 50 次会议通过,现予公布,自 2016 年 4 月 18 日起施行。)

第七条　为谋取不正当利益,向国家工作人员行贿,数额在 3 万元以上的,应当依照刑法第三百九十条的规定以行贿罪追究刑事责任。

行贿数额在 1 万元以上不满 3 万元,具有下列情形之一的,应当依照刑法第三百九十条的规定以行贿罪追究刑事责任:

(1) 向 3 人以上行贿的。

(2) 将违法所得用于行贿的。

(3) 通过行贿谋取职务提拔、调整的。

(4) 向负有食品、药品、安全生产、环境保护等监督管理职责的国家工作人员行贿,实施非法活动的。

(5) 向司法工作人员行贿,影响司法公正的。

（6）造成经济损失数额在 50 万元以上不满 100 万元的。

第八条　犯行贿罪，具有下列情形之一的，应当认定为刑法第三百九十条第一款规定的"情节严重"。

（1）行贿数额在 100 万元以上不满 500 万元的。

（2）行贿数额在 50 万元以上不满 100 万元，并具有本解释第七条第二款第一项至第五项规定的情形之一的。

（3）其他严重的情节。为谋取不正当利益，向国家工作人员行贿，造成经济损失数额在 100 万元以上不满 500 万元的，应当认定为刑法第三百九十条第一款规定的"使国家利益遭受重大损失"。

第九条　犯行贿罪，具有下列情形之一的，应当认定为刑法第三百九十条第一款规定的"情节特别严重"：

（1）行贿数额在 500 万元以上的。

（2）行贿数额在 250 万元以上不满 500 万元，并具有本解释第七条第二款第一项至第五项规定的情形之一的。

（3）其他特别严重的情节。为谋取不正当利益，向国家工作人员行贿，造成经济损失数额在 500 万元以上的，应当认定为刑法第三百九十条第一款规定的"使国家利益遭受特别重大损失"。

第十条　刑法第三百八十八条之一规定的利用影响力受贿罪的定罪量刑适用标准，参照本解释关于受贿罪的规定执行。

刑法第三百九十条之一规定的对有影响力的人行贿罪的定罪量刑适用标准，参照本解释关于行贿罪的规定执行。

单位对有影响力的人行贿数额在 20 万元以上的，应当依照刑法第三百九十条之一的规定以对有影响力的人行贿罪追究刑事责任。

（二）对单位行贿罪立案标准

对单位行贿涉嫌下列情节之一的，应予定罪：

（1）个人行贿数额在 10 万元以上、单位行贿数额在 20 万元以上的。

（2）个人行贿数额不满 10 万元、单位行贿数额在 10 万元以上不满 20 万元，但具有下列情形之一的：①为谋取非法利益而行贿的。②向 3 个以上单位行贿的。③向党政机关、司法机关、行政执法机关行贿的。④致使国家或者社会利益遭受重大损失的。

（三）单位行贿罪立案标准

单位行贿涉嫌下列情节之一的,应予定罪:

(1) 单位行贿数额在 20 万元以上的。

(2) 单位为谋取不正当利益而行贿,数额在 10 万元以上不满 20 万元,但具有下列情形之一的:①为谋取非法利益而行贿的。②向 3 人以上行贿的。③向党政领导、司法工作人员、行政执法人员行贿的。④致使国家或者社会利益遭受重大损失的。

 链接 3　区分行贿罪和单位行贿罪

（一）量刑幅度不同

《刑法》第三百九十条规定:"对犯行贿罪的,处 5 年以下有期徒刑或者拘役,并处罚金;因行贿谋取不正当利益,情节严重的,或者使国家利益遭受重大损失的,处 5 年以上 10 年以下有期徒刑,并处罚金;情节特别严重的,或者使国家利益遭受特别重大损失的,处 10 年以上有期徒刑或者无期徒刑,并处罚金或者没收财产。"

第三百九十三条:"单位为谋取不正当利益而行贿,或者违反国家规定,给予国家工作人员以回扣、手续费,情节严重的,对单位判处罚金,并对其直接负责的主管人员和其他直接责任人员,处五年以下有期徒刑或者拘役,并处罚金。因行贿取得的违法所得归个人所有的,依照本法第三百八十九条、第三百九十条的规定定罪处罚。"

通过上述对比,可以发现,行贿罪的量刑幅度包括三个:①5 年以下有期徒刑或者拘役。②5 年以上 10 年以下有期徒刑。③10 年以上有期徒刑或者无期徒刑。单位行贿罪的量刑幅度有且仅有一个:5 年以下有期徒刑或拘役。

（二）体现意志不同

行贿罪体现的是个人意志,而单位行贿罪则体现的是单位意志。作为犯罪主体的单位,是法律拟制主体,其自身在客观上不可能作出任何行为,故其所作的任何行为需要借助个人之力而付诸实际。当然,单位意志也并不必然要求一概由单位集体的决策机构进行讨论或者集体决策,而是在客观上能够体现出区别于个人意志的单位整体意思。司法实践中,以下几种情况往往被认定为单位意志:

（1）经单位研究决定的由有关人员实施的行贿行为。

（2）经单位主管人员批准，由有关人员实施的行贿行为。

（3）法定代表人或者其他企业高级管理人员以自己身份实施的行贿行为。

单位的整体利益不同于单位任一成员的个体利益，单位的共同目标就是实现单位的团体利益，因此单位共同目标的存在就表明单位具有独立于单位任一成员的意志，即单位具有独立的整体意志。此外，从单位意志形成过程来看，单位集体研究决定当然是形成单位意志的主要形式，但单位的负责人员也可以代表单位所形成的单位意志，即单位的负责人员行贿意志是为单位整体意志所支配的，在这种情况下，便可以认定是单位的意志，非个人意志。

（三）利益归属不同

单位行贿罪要求行贿人所谋取的不正当利益归属于单位；而行贿罪则要求不正当利益归属于个人。虽然，从某种程度上讲，几乎所有的行贿案件中，所谋取的不正当利益最终会归属于个人，然而不能以此否认利益归属不同对构成罪名的区分。《刑法》第三百九十三条在单位行贿罪的条款中规定："因行贿取得的违法所得归个人所有的，依照本法第三百八十九条、第三百九十条的规定定罪处罚。"这是立法机关对两罪之间准确而清晰的立法界分，这也成为判断行贿罪和单位行贿罪的重要标准之一。

不正当利益归属在不少情况下存在难以割裂的混同关系。司法实践中，企业人员行贿的目的往往是从企业获得更多的提成、奖金，而行贿的客观结果往往是即使企业获得了利益也使行贿人自己获得了好处，如果单位有内部约定的话，应视为单位行贿为宜。因为行贿人所获得的提成、奖金等利益本质上来源于单位利益，只有单位获得了更大的利益，行贿人理论上才能分得更多的奖金、提成，个人利益从属、决定于单位利益。在这种情况下，不宜以这种间接的利益获得为个人而否认单位行贿的性质。

第三节　税务干部行贿罪大数据分析报告

本报告通过对中国裁判文书网数据库的搜索，选取 2013 年 1 月 1 日至 2017 年 12 月 31 日共 5 年间全国范围内税务干部涉及行贿罪的有效裁判文书，进行分类、整理、分析，总结出税务干部行贿案件的基本状况，形成大数据报告。截止到 2017 年的裁判文书数据应该与实际数据相比有一定的差距，因为在检索时有部分案件还未审结或还未上传。

希望通过分析和研究,展现全国税务干部涉及行贿罪的基本情况、判决要点、律师辩护效果等数据,为税务干部分析、防控行贿刑事案件风险提供指导和法律服务。

一、整体分析

(一) 基本情况分析

1. 总体情况

在 2013 年至 2017 年税务干部涉及行贿罪的 21 件裁判案件中,2014 年审理 5 件,占比 23.8%;2015 年审理 2 件,占比 9.5%;2017 年审理 14 件,占比 66.7%。裁判文书如图 9-1 所示。

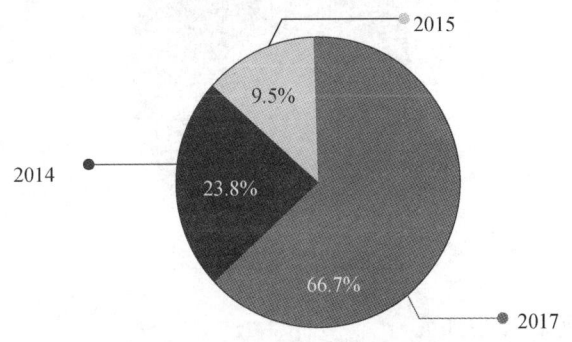

图 9-1　裁判文书

从各省级行政区域的情况来看,税务干部涉及行贿罪刑事案件中湖北省 6 件、甘肃省 2 件、河南省 2 件、四川省 2 件、广东省 2 件、安徽省 2 件、河北省 1 件、吉林省 1 件、重庆市 1 件、广西壮族自治区 1 件、上海市 1 件。

2. 审理法院情况

由基层人民法院一审审理的 9 件,由中级人民法院二审审理的 12 件。审理法院级别如图 9-2 所示。

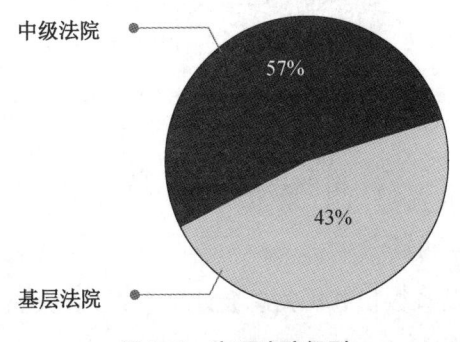

图 9-2　审理法院级别

3. 抗诉案件

在 2013 年至 2017 年税务干部涉及行贿罪的裁判案件中,2017 年二审有 1 件抗诉上诉案件,人民法院裁定撤销原判,发回重审。

4. 犯罪主体的性别构成

在裁判文书中,有 2 人无法检索犯罪主体的性别。

在可以有效检索犯罪主体性别的裁判文书中,有男性被告人的共 19 人,占总数的 100%;目前还没有女性被告人。犯罪主体性别如图 9-3 所示。

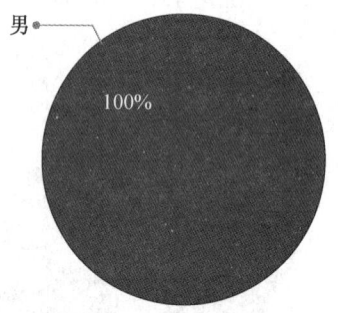

图 9-3　犯罪主体性别

5. 犯罪主体所属税务机关

在裁判文书中,有 2 人无法检索犯罪主体所属税务机关。

在可以有效检索犯罪主体所属税务机关的裁判文书中,涉及地方税务局税务干部的共 14 人,占总数的 73.7%;涉及国家税务局税务干部的共 5 人,占总数的 26.3%。所属税务机关如图 9-4 所示。

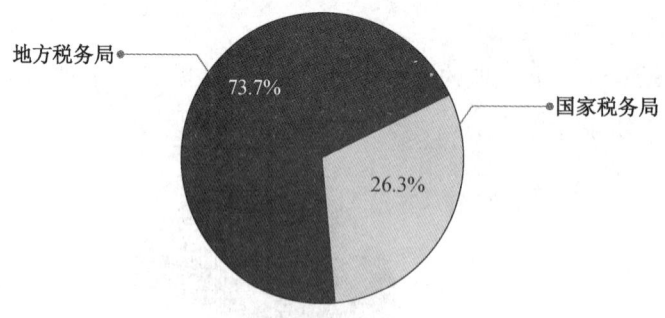

图 9-4　所属税务机关

6. 犯罪主体的职务构成

在裁判文书中,涉及省级税务机关总会计师 1 人;市级税务机关局长 2 人、处长 2 人;市级税务机关分局(稽查局、税务所)副局长 3 人、协税员 1 人;区(县)级税务机关局长 3 人、副局长 2 人、主任 3 人、外聘协税员 1 人；区(县)级税务机关分局(稽查局、税务所)所长 1 人。

1 人在市级税务机关分局任职，无法检索具体职务；1 人在区(县)级税务机关及区(县)级税务机关分局任职，无法检索具体职务。

(二) 影响量刑的情节分析

1. 自首、坦白情节

从总体上看，税务干部在被检察机关立案侦查后，均能在短时间内"交代""供述""自己的问题"。涉及自首的 9 件，占总数的 42.9％。如实供述、坦白的 4 件，占总数的 19％。认定具有自首情节的 5 件，具有坦白情节的 16 件。在上述认定自首、坦白的案件中，最终宣告缓刑的 1 件，被免予刑事处罚的 2 件。

2. 立功情节

被告人或者辩护人认为涉及立功的 2 件，人民法院最终不予认定。

3. 共同犯罪案件

人民法院认定为共同犯罪案件的 2 件，占总数的 9％；人民法院认定共同犯罪作用相当的 1 件，人民法院认定主次作用的 1 件。

(三) 采取的强制措施情况

被批准逮捕的 14 件，占总数 66.7％；被取保候审的 6 件，占总数的 28.6％；没有被采取监视居住的案件；有一件无法检索被采取强制措施的方式。采取强制措施如图 9-5 所示。

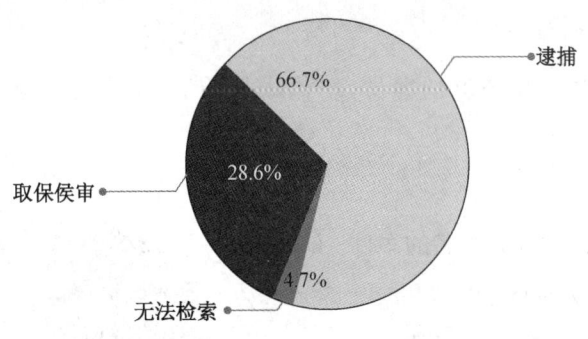

图 9-5　采取强制措施

被采取取保候审强制措施的 6 件案件中，宣告缓刑的 1 件，占比 16.7％；免予刑事处罚的 4 件，占比 66.7％；没有最终判决撤销原判发回重审或不构成行贿罪的案件。被取保候审措施的裁判结果如图 9-6 所示。

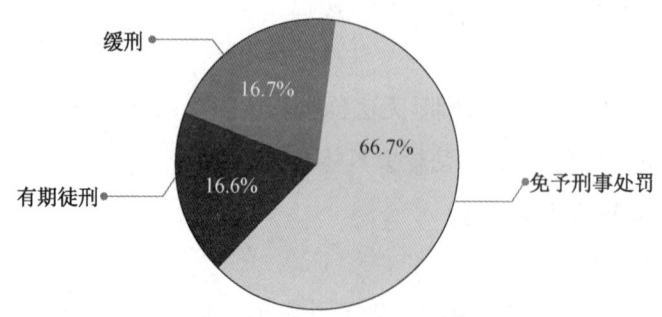

图 9-6　被取保候审措施的裁判结果

注：本报告涉及的判决结果仅统计行贿罪审判结果，不统计涉及数罪并罚后的判决执行结果。

二、一审案件判决结果分析

1. 有期徒刑

判处有期徒刑案件共有 4 件，占总数的 44.4%。其中判处不满 1 年(包括 1 年)有期徒刑的 2 件，判处 1 年以上 5 年(包括 5 年)以下有期徒刑的 1 件；判处 5 年以上 10 年(包括 10 年)以下有期徒刑的 1 件。

2. 宣告缓刑

判处有期徒刑宣告缓刑的 1 件，占总数的 11.2%。2017 年 1 件。

3. 免予刑事处罚

免予刑事处罚案件共有 4 件，占总数的 44.4%，其中，2014 年 2 件，2017 年 2 件。凡是判处有期徒刑宣告缓刑的案件均存在自首或如实供述的情形。

4. 不构成行贿罪

凡是公诉机关提起公诉的案件，均构成行贿罪，不存在行贿罪罪名不成立的案件。

5. 变更罪名

没有被人民法院变更罪名的案件。

6. 人民检察院撤诉

没有人民检察院撤诉的案件。

一审案件判决结果如图 9-7 所示。

三、二审案件判决结果分析

在 2013 年至 2017 年税务干部涉

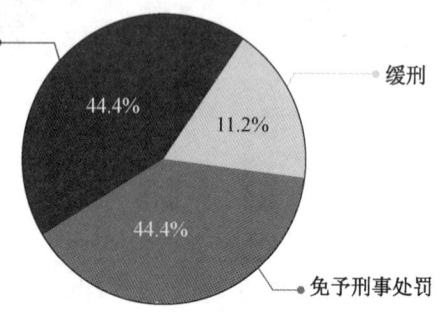

图 9-7　一审案件判决结果

及行贿罪的二审案件共计 12 件,其中 2014 年 2 件;2015 年 2 件;2017 年 8 件。

1. 维持一审判决

在 2013 年至 2017 年税务干部涉及行贿罪的裁判案件中,二审法院维持(包括部分维持)一审判决的 5 件,占二审案件的 41.7%,其中,2014 年维持一审判决的 1 件,维持率为 50%;2015 年维持一审判决的 1 件,维持率为 50%;2017 年维持一审判决的 3 件,维持率为 37.5%。

2. 改判

在 2013 年至 2017 年税务干部涉及行贿罪的裁判案件中,二审法院改判的 6 件,占二审案件的 50%,其中 2014 年改判案件 1 件,改判率为 50%;2015 年改判案件 1 件,改判率为 50%;2017 年改判案件 4 件,改判率为 50%。

3. 裁定发回重审

在 2013 年至 2017 年税务干部涉及行贿罪的裁判案件中,二审法院裁定发回重审的 1 件,占二审案件的 8.3%。出现在 2017 年,发回重审率为 12.5%。

4. 撤回抗诉

没有裁定撤回抗诉案件。二审案件判决结果如图 9-8 所示。

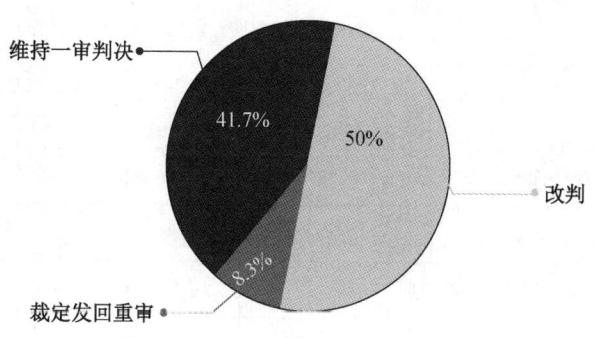

图 9-8　二审案件判决结果

四、律师辩护情况分析

1. 一审总体辩护情况

在一审 9 份裁判文书中,有辩护人的 7 件,参与辩护率为 77%,其中 2014 年有辩护人进行辩护的案件为 1 件,参与辩护率为 33.3%;2017 年有辩护人进行辩护的案件为 6 件,参与辩护率为 100%。可见,大多数当事人在一审时会聘请律师进行刑事诉讼。

2. 二审总体辩护情况

在二审 12 份裁判文书中,有辩护人的 12 件,参与辩护率为 100％,其中 2014 年有辩护人进行辩护的案件为 2 件,参与辩护率为 100％;2015 年有辩护人进行辩护的案件为 2 件,参与辩护率为 100％;2017 年有辩护人进行辩护的为 8 件,参与辩护率为 100％。可见,相较一审,辩护人参与二审辩护率较高,也说明当事人越来越重视聘请律师进行辩护。

3. 二审辩护效果对比

二审判决改判、发回重审案件共 7 件,分别是 2014 年 1 件、2017 年 6 件,其中有律师参与辩护的共计 5 件,占比 71.4％,这也体现了律师辩护具有良好的效果。

4. 辩护人辩护意见采纳情况统计

辩护人辩护意见采纳情况如表 9-1 所示。

表 9-1　辩护人辩护意见采纳情况统计

辩护意见	出现情况(件)	采纳情况(件)
事实不清、证据不足	1	1
应构成受贿罪共犯的意见	1	0
被索贿,不构成行贿罪	1	0
属于借款	1	0
行贿数额错误	1	1
未谋取不正当利益	1	1
违纪处理,不应作犯罪处理	1	0
亲戚关系	1	0
被追诉前主动交代行贿行为	2	1
礼尚往来	2	0
坦白、如实供述	3	2
自首	8	4
从轻减轻	5	5
立功	2	0
次要作用	1	0

五、分析结论

通过对 2013 年至 2017 年共 5 年的税务干部涉及行贿罪刑事案件各项数据进行归纳、对比、分析可以看出，在税务干部行贿罪刑事案件中，聘请律师参与辩护率远远高于刑事案件整体辩护率。

第十章 税务干部贪污风险案

第一节 贪污罪的基本理论

一、贪污罪的概念

贪污罪是指国家工作人员和受国家机关、国有公司、企业、事业单位、人民团体委托管理、经营国有财产的人员,利用职务上的便利,侵吞、骗取、窃取或者以其他手段非法占有公共财物的行为。可见,贪污罪最直接的表现形式就是将公款据为己有,采取的方式是利用职务之便侵吞、骗取、窃取,虚构隐瞒事实真相。

二、贪污罪的刑法规定

《刑法》第三百八十三条规定,对犯贪污罪的,根据情节轻重,分别依照下列规定处罚:

(1) 贪污数额较大或者有其他较重情节的,处 3 年以下有期徒刑或者拘役,并处罚金。

(2) 贪污数额巨大或者有其他严重情节的,处 3 年以上 10 年以下有期徒刑,并处罚金或者没收财产。

(3) 贪污数额特别巨大或者有其他特别严重情节的,处 10 年以上有期徒刑或者无期徒刑,并处罚金或者没收财产;数额特别巨大,并使国家和人民利益遭受特别重大损失的,处无期徒刑或者死刑,并处没收财产。

对多次贪污未经处理的,按照累计贪污数额处罚。

犯第一款罪,在提起公诉前如实供述自己罪行、真诚悔罪、积极退赃,避免、减少损害结果的发生,有第一项规定情形的,可以从轻、减轻或者免除处罚;有第二项、第三项规定情形的,可以从轻处罚。

犯第一款罪,有第三项规定情形被判处死刑缓期执行的,人民法院根据犯罪情节等情况可以同时决定在其死刑缓期执行 2 年期满依法减为无期徒刑后,终身监禁,不得减刑、假释。

三、贪污罪的犯罪构成

(一) 犯罪的主体要件

贪污罪的主体是国家工作人员或者受委托管理、经营国有财产的人员。因此,贪污罪的主体包括以下两种人。

1. 国家工作人员

国家工作人员的本质特征是从事公务。这里的从事公务是指代表国家机关、国有公司、企业、事业单位、人民团体等单位履行组织、领导、监督、具体负责某项工作等职责。

履行组织、领导、监督职责的人员通常担任一定职务,主管本单位或者本部门的工作,例如国有公司的董事、经理、监事等。履行具体负责某项工作职责的人员通常就某一方面或者某一项事务行使法律赋予或者国有单位授予的职权,例如国有公司、企业的会计、出纳、保管员等。

2. 受委托管理、经营国有财产的人员

从贪污罪的主体看,不仅仅是"国家工作人员",而且"受国有单位、人民团体委托的人员"也是该罪的主体。"受国有单位、人民团体委托的人员"作为犯罪主体,该规定在职务犯罪章节中,仅出现在贪污罪的规定中,而挪用公款、受贿等不是犯罪的主体。注意,受委托管理、经营国有财产的人员,不是国有单位委派到非国有单位的人员从事公务的人员,受委派从事公务的人员是刑法九十三条直接规定的"国家工作人员"范畴。

(二) 犯罪的客体要件

本罪侵犯的客体是复杂客体。既侵犯了公共财物的所有权,又侵犯了国家机关、国有企业事业单位的正常活动以及职务的廉洁性,但主要是侵犯了职务的廉洁性。在国有公司、企业中,具有国家工作人员身份的人,侵吞本公司、企业的财物,当然属于侵犯了公共财物的所有权。在中外合资和中外合作企业、股份制公司、企业中,中方和国有资产大都占控股地位或主导地位,其财产仍可视为公共财产,即使不占主导地位和控股地位,其中一部分财产仍属公共财产,因此,具有国家工作人员身份的人,利用职务的便利,侵吞上述公司、企业的财物,仍属于侵犯公共财产的所有权。

本罪的犯罪对象是公共财物或非国有单位的财物,其中,当然的国家工作人员而为的贪污罪的对象,是公共财物;拟定的国家工作人员中的受国家机关、国有公司、企业、事业单位、人民团体委托管理、经营国有财产的人员而为的贪污罪的对象,是公共(国有)财物;在国有单位从事公务的人员而为的贪污罪的对象是国有财产;受国有单位委派到非国有单位从事公务的人员而为的贪污罪的对象,是国有或非国有单位财物;勾结、伙同国家工作人员或受国家机关、国有公司、企业、事业单位和人民团体委托管理、经营国有财产的人员而为的贪污罪的对象,既可以是公共财物,也可以是国有财产。

因此,一般来说,贪污罪的对象是公共财物或非国有单位财物。所以,作为贪污罪客体物质表现有:一是公共财物;二是国有财物;三是非国有单位的财物。

(三) 犯罪的客观要件

客观方面表现为利用职务之便,侵吞、窃取、骗取或者以其他手段非法占有公共财物的行为。这是贪污罪区别于盗窃、诈骗、抢夺等侵犯财产罪的重要特征。

所谓利用职务上的便利,是指行为人利用其职责范围内主管、经手、管理公共财产的职权所形成的便利条件,假借执行职务的形式非法占有公共财物,而不是因工作关系或主体身份所带来的某些方便条件,如因工作关系而熟悉作案环境,凭借工作人员身份进出某些机关、单位的方便等。所谓主管,是指具有调拨、转移、使用或者以其他方式支配公共财产的职权,例如,厂长、经理等具有的一定范围内支配企业内部公共财产的权力;所谓经手,是指具有领取、支出等经办公共财物流转事务的权限;所谓管理是指具有监守或保管公共财物的职权,例如会计员、出纳员、保管员等具有监守和保管公共财物的职权。行为人如果利用职务上主管、经手、管理公共财物的便利,而攫取公共财物的,就可构成贪污罪。

(四) 犯罪的主观方面

贪污罪在主观方面必须出自直接故意,并具有非法占有公共财物的目的。过失不构成本罪。其故意的具体内容表现为行为人明知自己利用职务之便所实施的行为会发生非法占有公共(国有)财物或非国有单位财物的结果,并且希望这种结果的发生。犯罪的目的,是非法占有公共(国有)财物或非国有单位财物。

而非法占有公共(国有)财物或非国有单位财物的目的,既可以是行为人企图将公共(国有)财物或非国有单位财物永久地占为己有,也可以是行为人希望将公共(国有)财物或非国有单位财物非法获取后转送他人。另外,贪污罪不以特定的犯罪动机为其主观方面的必备要素,只要行为人故意实施了利用职务之便非法占有公共(国有)财物或非国有单位财物的行为,无论出于何种动机,均可构成贪污罪。

第二节 税务干部贪污案例解析

 **案例一 中央税管理机关税收管理员贪污税款风险案**

本案例是管理中央税的税务机关税收管理员,利用职务之便贪污税款的案例。全国税务系统贪污税款案件不多,但是敢于贪污税款,说明胆量不小,值得税务机关重视。当然,现行征管和税款入库体制的改善,已经有效地降低了税收管理员贪污税费款的发案率。

一、案例概览

(一)案情①

丛某东于 2003 年进入 W 市 H 区国家税务局城区税务分局,负责对个体商户征收税款。2013 年 5 月至 2014 年 11 月,其利用职务上的便利,违反国家政策规定的应纳税商户范围、征税数额标准,每月向不需要纳税的商户征税或超过应纳税数额对商户征税,累计多收取 W 侨乡家居广场有限公司 10 余家承包商户税款人民币194 045 元。其中丛某东将 2013 年 5 月至 2013 年 9 月多收取的税款人民币 66 210元据为己有,将 2013 年 10 月至 2014 年 11 月多收取的税款人民币 127 835 元通过操作计算机税收系统替其负责征税的"君诺电机""川洋水产"等 28 家商户交纳税款,并向其中的 8 家商户索取钱款或财物价值共计人民币 50 270 元。2015 年 1 月案发后,丛某东将多征收的税款退还给 W 侨乡家居广场有限公司 10 余家承包商户。综上,丛某东贪污税款共计人民币 194 045 元,其中既遂 116 480 元。

(二)人民检察院观点②

丛某东利用职务上的便利,非法占有公共财物,其行为构成贪污罪。同时提供丛某东的供述、自首报告、H 区国税局出具的相关问题调查表、侨乡家居广场相关纳税商户缴纳税款单据、丛某东商业银行卡交易明细、证人证言、户籍证明、职务证明

---

① 2017 年 1 月 27 日摘自中国裁判文书网。
② 同上。

等证据在案为证,请求人民法院依照《刑法》第三百八十二条第一款之规定处罚。

(三)被告人及辩护律师观点[①]

1. 丛某东观点

(1)对起诉书指控其不该收而收、应少收而多收的税款共计人民币 194 045 元的数额和事实有异议。丛某东认为其收的税都是该收的,国家规定只要经营收入达到规模以上就要收税,收税的程序是先办证后收税。有些商户为了逃避交税而故意不办证,丛某东认为其作为税管员就有职责对所辖区内那些恶意逃避交税的纳税户收税。

(2)对指控的数额有异议。指控的 194 045 元的数额是按照侨乡家居广场提供的代征税账目减去税务局出具的应缴税款计算的,丛某东认为侨乡家居广场的账目不准确,2013 年 5 月至 9 月也许侨乡家居广场的账目记录是真实的,但是没有相关证据证明侨乡广场代征收的税款都给了丛某东。例如,2013 年 10 月丛某东的卡上多了 12 000 元,但是侨乡广场的账上记载的 9 月份的税款是 16 470 元,相差 4 470 元,这就证明侨乡广场收的税款没有全部交给丛某东。

(3)丛某东认为其在自首报告中提到的涉案金额不应算数,表示当时如果不按照纪委的要求改,则不算其构成自首。丛某东的自首报告数额改动了四次,实际上丛某东退给商户的钱数远远超过了应该退的数额。

(4)对起诉书指控丛某东将 2013 年 5 月至 9 月多收的税款人民币 66 210 元据为己有有异议。丛某东认为这个数额也是根据侨乡广场的账目来的,但它的账目自相矛盾,丛某东在自首证明中所写的"我挪用了 7 万元、8 万元的税款"是为了配合纪委的工作,按照纳税户的口径改的,不算数。王某 1 接手侨乡家居广场任经理后,侨乡家居广场进行大规模装修,营业的商户很少,每个月不可能产生 1 万多元的税款。

(5)税收管理员的职责是每月 15 日督促自己所辖的商户按照商场的营业额交纳税款,每个月查税务系统里管理的商户是否扣税,如果发现商户税款账户余额不足,就打电话催他们往银行卡里存钱。商户交税分两种情况,一种是正常程序,即商户在税务局办税证、交税款、开税票,丛某东表示这些商户的税款不经过其手。还有一种情况不是正常程序,丛某东把没办理税证、不开税票的商户的税款收上后,用该笔钱款在税务系统的微机里给办证的商户交税,开出税票,再向这些商户要税款数额对应的现金。这些商户有的把钱给丛某东,有的丛某东还没来得及要。丛某东表

---

① 2017 年 1 月 27 日摘自中国裁判文书网。

示其向大概四个商户要了好处费,其中王某1有两笔,一次向丛某东的银行卡汇款12 000元,还有一次放茶叶盒里面1万元;和美家具给丛某东银行卡打了1万元;丛某东在川洋水产超市拿了大约1万元的海产品;在威联通讯拿了两部三星手机,大约五六千元。丛某东表示其利用了税管员的身份和侨乡家具广场财务方面的漏洞截留了税款,用别的商户的税款替有证的商户交税,再去向这些有证的商户要钱,其认为替商户交税款,商户给其好处费,应是受贿,而不是贪污。

(6) 丛某东表示自首报告里说退款21万元,其实实际挪用的税款没有这么多,一部分是商户要求退钱及索要精神损失费,丛某东表示其不得已多退了一些钱。所以说退回的这21万元不是其截用的全部税款。

2. 丛某东辩护律师观点

(1) 丛某东没有非法占有公共财物,其侵占的不是公共财产,国家税款没有流失,故丛某东不构成贪污罪。

(2) 丛某东庭审阶段供述改变,但只要是如实供述仍然可认定为自首。

(3) 丛某东超额退赔,主观恶性不大,依法可从轻减轻处罚。

(四)人民法院裁判观点①

本案中丛某东系一般税务行政管理人员,仅负责对纳税人的纳税情况进行检查、监督,不具有征收税款或者代征代缴税款的职责,其辩称作为税管员有职责对辖区内恶意逃避交税的商户收税,与事实不符,人民法院不予采纳;丛某东当庭举例辩称2013年10月侨乡广场代征税款16 470元,而交给他12 000元,以此证明侨乡广场账目不准确,经庭审查证,差额税款4 470元侨乡广场于下月补交,并有税票为证,故其该项辩解与事实不符,人民法院不予采纳;关于丛某东犯罪数额认定问题,人民法院认为其在自首报告中明确称2013年5月至9月王某1给其的款项中大约78万元被其挪用,结合证人王某1、丛某等的证言及侨乡家居广场税收明细可知该时间段丛某东收到税款共计66 210元,该笔税款未进入税收系统,故人民检察院指控其将该笔钱款据为己有与查证的事实相符,人民法院予以认定。丛某东辩称其未收到该笔钱款与查证事实不符,人民法院不予采纳。因丛某东归案后至一审判决前对此未能如实供述,故人民法院认为其该部分不能认定自首。

综上,人民法院认为,丛某东身为国家工作人员,利用职务上便利非法占有公共财物,数额较大,其行为已构成贪污罪。W市H区人民检察院指控丛某东犯贪污

---

① 2017年1月27日摘自中国裁判文书网。

罪,事实清楚,证据确实、充分,人民法院予以支持。对丛某东的自首部分,可依法从轻处罚;其积极退赃,可酌情从轻处罚。依照《刑法》第三百八十二条第一款、第三百八十三条第一款第(一)项与第二款、第五十二条、第五十三条、第六十七条第一款,以及《最高人民法院 最高人民检察院关于办理贪污贿赂刑事案件适用法律若干问题的解释》第一条第一款、第十九条第一款之规定,判决丛某东犯贪污罪,判处有期徒刑1年10个月,并处罚金人民币10万元。

二、案例解析

(一)翻供的风险后果

1. 一审期间翻供的处理

最高人民法院发布的《关于处理自首和立功具体应用法律若干问题的解释》规定:"犯罪嫌疑人自动投案并如实供述自己的罪行后又翻供的,不能认定为自首;但在一审判决前又能如实供述的,应当认定为自首。"本案丛某东在庭审中对部分事实翻供,经人民法院审查发现与事实不符,丛某东一审判决前对部分事实未能如实供述的,人民法院将对该部分事实不认定自首。

我们不提倡翻供,但是提醒"嫌疑人"在被侦查机关以及监察委员会第一次询问的时候,"想清楚"在回答询问,并且在签笔录的时候仔细阅读核对之后再签字按手印。

2. 一审构成自首二审翻供的处理

在司法实践中,还出现这样的情况:被告人在一审期间如实供述了罪行,或者一审期间虽有翻供,但在一审判决之前如实供述了罪行,被一审法院判决认定为自首,进入二审程序后,该被告人又翻供,在这种情形下能否认定自首?对这一问题,司法解释没有明确规定,目前实践中存在以下两种不同观点:

(1)被告人不应再认定为自首。理由是根据《刑法》第六十七条规定,成立一般自首有两个法定条件:①自动投案。②如实供述自己的罪行。二审被告人翻供,则不具备"如实供述自己的罪行"的法定条件,自然不能再认定为自首。

(2)被告人仍可以认定为自首。理由是根据《刑事诉讼法》第一百八十六条规定,二审应当就第一审判决认定的事实和适用法律进行全面审查,只要一审时被告人如实供述了自己的罪行,就应该认定自首。

3. 本书的观点

一审认定自首,二审翻供是否认定自首,应根据以下不同情况予以区别对待:

（1）应认定自首的情况。虽然二审时被告人翻供，在形式上已经丧失"如实供述自己的罪行"这一法定条件，不能完备成立自首必须具备的两个法定条件，但根据《刑事诉讼法》第一百八十六条规定，二审只是就一审判决认定的事实和适用法律进行全面审查。在被告人构成犯罪的前提下，只要一审时被告人如实供述了自己的罪行，就应该认定被告人成立自首。主要有以下四种情形：①根据《刑事诉讼法》第一百八十九条规定，如果二审认为原判决认定事实和适用法律正确、量刑适当，裁定驳回上诉或者抗诉、维持原判的，即使存在被告人在二审时翻供，也应认定被告人成立自首。②如果二审认为原判决认定事实无误，但适用法律有错误，仍应判决有罪的，或者量刑不当改判的，即使被告人在二审时翻供，也应认定被告人成立自首。③如果二审认为原判决事实不清楚或者证据不足，查清事实后仍改判有罪的，即使存在被告人在二审时翻供，也应认定被告人成立自首。④如果二审认为原判决事实不清楚或者证据不足，裁定撤销原判、发回原审法院重新审判，如果重审时被告人不再翻供，构成自首，因为重审是依照一审程序进行的，根据《最高人民法院关于处理自首和立功具体应用法律若干问题的解释》规定，被告人在一审判决前又能如实供述的，应当认定为自首。

（2）不应认定自首的情况。

第一，根据《刑事诉讼法》第一百八十九条规定，如果二审认为原判决认定事实没有错误，但适用法律有错误，改判无罪的，此种情形下，被告人连犯罪都不构成，自然就不存在成立自首的问题。

第二，如果二审认为原判决事实不清楚或者证据不足，查清事实后改判无罪的，同样也不存在构成自首的问题。

第三，如果二审认为原判决事实不清楚或者证据不足，裁定撤销原判、发回原审法院重新审判的，重审时，被告人仍然翻供的，无论判决被告人有罪还是无罪，被告人都不构成自首；如果重审判决有罪，由于重审是依照一审程序进行的，判决前翻供，不能完备成立自首的两个条件，不成立自首；如果重审判决无罪，就不存在是否成立自首的问题。

（二）与其他罪名的区分

1. 与滥用职权的区分

《刑法》第三百八十二条第三款规定："与前两款所列人员勾结，伙同贪污的，以共犯论处。"《最高人民法院关于审理贪污、职务侵占案件如何认定共同犯罪几个问题的解释》规定："行为人与国家工作人员勾结，利用国家工作人员的职务便利，共同侵吞、窃取、骗取或者以其他手段非法占有公共财物的,以贪污罪共犯论处。"虽然上述规定肯定了内外勾结型共同贪污,但何种情况下国家工作人员与他人的行为才属于"伙同贪污"或者"共同侵吞、窃取、骗取公共财物",刑法条文和司法解释并未进一步明确,需要司法机关的具体认定。

例如,D 市人民法院(2016)L1281 刑初 72 号《刑事判决书》[①]中人民法院表述:"对公诉机关认定被告人邓某某用公款为其哥哥邓某平、其外甥高某、朋友肖某某、卜某某结算车辆装修费用和物品及修理费用构成贪污罪的指控,因被告人的该行为属于滥用职权的行为,不符合贪污罪的构成要件,故对公诉机关对被告人的该指控意见不予支持,对辩护人的该辩护意见予以支持。"

2. 与私分国有资产罪的区分

(1)犯罪主观故意方面的区分。私分国有资产罪主观意志的外在形态是个体犯罪意志的结合,表现为一种群体犯罪意志,这种群体犯罪意志有时直接表现为单位的决策机构所做的犯罪决定,而贪污罪中的共同贪污主观意志的外在形态表现为自然人的个人犯罪意志,具有将公共财产非法据为己有的目的,犯罪动机主要是以权谋私。

(2)犯罪主体方面的区分。私分国有资产罪的犯罪主体是国家机关、国有公司、企业、事业单位、人民团体,且只能是单位,自然人自己不能单独的构成本罪的主体。虽然《刑法》三百九十六条之规定"对其主管人员和其他责任人员"判处有期徒刑或拘役,但这只是自然人对单位犯罪责任者的身份来承担刑事责任,而不是以犯罪主体的身份来承担刑事责任。共同贪污罪的犯罪主体均系身为国家工作人员的自然人,《刑法》第九十三条规定:"国家工作人员,是指国家机关中从事公务的人员。国有公司、企业、事业单位、人民团体中从事公务的人员和国家机关、国有公司、企业、事业单位委派到非国有公司、企业、事业单位、社会团体从事公务的人员,以及其他依照法律从事公务的人员,以国家工作人员论。"

(3)犯罪客观表现方面的区分。私分国有资产罪是以单位名义将国有资产私分给个人,犯罪意志具有整体性,一般是通过集体讨论、研究、决策,它体现的主要是单位的意志,受益主体一般是单位全体人员,同时在单位内部有一定程度的公开性、形式上的合法性,如作为员工工资、福利、奖金予以发放。相反,共同贪污行为实现方式是单位内个人或者几个人的自由意志,小范围的秘密进行,表现为非法占有的不

---

① 2017 年 1 月 27 日摘自中国裁判文书网。

公开,即所谓的"暗箱操作",一般是采取侵吞、骗取等非法手段。

(4) 犯罪目的方面的区分。私分国有资产罪是从贪污罪中分离后形成的一个独立罪名,它与共同贪污罪存在许多相似之处。但从本质上说,私分国有资产罪的特点是有权决定者利用职权便利非法为大家谋利益,即所谓"人人有份""人人均沾",并且自己获得的通常只是私分国有资产总额的一小部分,大家获得的,因人数较多,往往是私分国有资产的大部分。共同贪污罪的行为人目的是自己非法占有公共财物,将公共财物中饱私囊,并且在小范围内秘密进行。

(5) 裁判案例观点。N 自治区 C 市中级人民法院(2016)N04 刑终 255 号《刑事判决书》[①]中人民法院表述:"本院认为,上诉人周某东、赵某波、刘某云违法国家规定,以单位名义将国有资产集体私分给个人,数额较大,其行为均已构成私分国有资产罪。且系共同犯罪。上诉周某东、赵某波在工作中违反财务管理规定,超越职权套取公用经费用于非正常开支,致使公共财产遭受重大损失,其行为已构成滥用职权罪。上诉人周某东、赵某波一人犯数罪,应当数罪并罚。上诉人周某东、赵某波系坦白,可以从轻处罚。关于原审法院认定贪污部分,本院认为,上诉人发放 11 万元的意图及结合发放的时间、次数、数额,及上诉人各自的所得额,认定贪污的主观故意并不明显,应是违法国家规定,以单位名义将国有资产集体私分给个人,符合私分国有资产罪的构成要件。"

(三) 了解贪污罪的司法处理判例,应对法律风险

1. 主体身份的认定

例如,J 省宜兴市人民法院(2013)Y 刑二初字第 344 号《刑事判决书》[②]中人民法院表述:"辩护人提出被告人谈某平主体身份不符,其行为不构成贪污罪、挪用公款罪。本院认为,被告人谈某平虽系宜兴国税局的工作人员,但根据国税部门与地税部门签订的合作备忘录,被告人谈某平代征地税税款是履行工作职责的职务行为,其符合挪用公款罪的主体构成要件;辩护人提出其是代缴税款的行为,无证据证实,且与事实不符。此外,被告人谈某平将挪用的公款用于购买彩票,其目的是为了中奖,谋取利益,应属进行营利活动。综上,对辩护人提出的以上辩护意见均不予采纳。"

2. 刑事责任能力的鉴定与认定

例如,J 省 N 市中级人民法院(2014)T 中刑二终字第 143 号《刑事裁定书》[③]中

---

① 2017 年 1 月 27 日摘自中国裁判文书网。

②③ 同上。

人民法院表述:"本院认为,上诉人景国强在二审庭审中陈述上诉理由及回答问题思维连贯,思路清晰,对答应对切题,表现出较强的自我保护意识,不存在有××的症状,且原审对上诉人景国强在作案过程中是否有××委托有鉴定资质的鉴定部门作出司法鉴定,鉴定意见认为上诉人景国强作案时无××,具有完全刑事责任能力;目前系心境障碍(基本缓解),有受审能力。该结论与上诉人景国强在庭审中表现吻合。故上诉人景国强以其有××推翻其有罪供述并主张其无刑事责任能力的上诉理由与查证事实不符,本院不予采纳。

关于认定上诉人景国强具有刑事责任能力的鉴定意见是否合法问题。经查:南京脑科医院司法鉴定所出具有鉴定意见系有鉴定资质的鉴定机构依法作出,应予采纳。辩护人提出的应根据《××司法鉴定管理办法》由侦查机关向省、自治区、直辖市××司法鉴定委员会提出委托或申请,而不是侦查机关直接向鉴定机构委托的辩护意见,本院认为,本案司法鉴定意见虽由南京脑科医院司法鉴定所作出,但该鉴定意见最后附有××司法鉴定委员会出具的意见,指定该案××司法鉴定委员会刘某、吕某参加并有两位委员亲笔签名,已说明该鉴定意见××司法鉴定委员会委托并参与了鉴定过程,完全符合《××司法鉴定管理办法》的规定,故辩护人提出委托违反程序的意见与查证事实不符,据此提出重新鉴定的申请,本院不予采纳。"

3. 共同犯罪的认定

例如,J省N市中级人民法院(2014)T中刑二终字第143号《刑事裁定书》[1]中人民法院表述:"本案系上诉人景国强与另案处理的共同作案人庄某事先共同预谋,利用上诉人景国强的职务之便,共同截留车辆购置税并私分,属共同犯罪。上诉人景国强在共同犯罪中实得多少数额,仅系共同贪污既遂后的分赃问题。即便是上诉人景国强没有从庄某处取得钱款,亦应对其与庄某共同贪污393 330元数额共同承担刑事责任。故上诉人景国强提出的其没有从庄某处分得钱款、因而不构成贪污的上诉理由,与本案系共同犯罪应共同对贪污总额承担刑事责任的法律规定相悖,本院不予采纳。辩护人提出的因未有证据证明上诉人景国强从庄某处取得钱款因而认为原审认定贪污证据不足的辩护意见,本院亦不予采纳。"

4. 对于不能证明犯罪嫌疑人收取款项的认定

例如,D市人民法院(2016)L1281刑初72号《刑事判决书》[2]中人民法院表述:

---

① 2017年1月27日摘自中国裁判文书网。

② 同上。

"对公诉机关认定被告人邓某某指使办公室主任李某为其于2012年6月12日、2013年1月8日兑换4万美元归其个人所有,构成贪污罪的指控,因公诉机关仅提供了李某等兑换美元的证据以及李某证言(证实在兑换完美元后不是当天就是第二天就他自己拿着美金在邓某某办公室交给他的,没有别人在场),而被告人邓某某否认收到,公诉机关不能提供被告人邓某某收取的证据,证据之间不能形成完整的证据链条,未达到确实充分的程度,不能证明被告人邓某某非法占有了该4万美元,故对公诉机关对被告人的该指控意见不予支持,对辩护人的该辩护意见予以支持。"

5. 税款的时间节点是否影响该款性质的认定

例如,J省N市中级人民法院(2014)T中刑二终字第143号《刑事裁定书》[①]中人民法院表述:"上诉人景国强与另案处理的共同作案人庄某事先预谋共同贪污,故无论上诉人景国强是在庄某将应缴税款缴财政账户之前还是缴至财政账户之时被侵占,因该款始终处于上诉人景国强与庄某控制和监管之中,故侵占税款的时间节点不影响该款为公共财产的性质及贪污罪的认定。辩护人提出的原判定性不当的辩护意见,本院不予采纳"。

6. 贪污款项是否为公款的认定

例如,S省L市钢城区人民法院(2016)L1203刑初39号《刑事判决书》[②]中人民法院表述:"关于辩护人提出的本案涉及的L市地税局在钢都宾馆的小金库以及徐某新向各乡镇求援的资金不具有公款性质的意见,经查,L市地税局在钢都宾馆的小金库的资金来源是钢城区政府的财政公款,用于走访L市地税局,之后高某甲以L市地税局的名义存放在钢都宾馆用于处理费用,该部分资金的性质应为L市地税局的小金库,系公款,辩护人的上述意见应不予采信;关于徐某新对外单位的求援款项,经查,徐某新以钢城地税分局经费不足为由向各乡镇求援,各单位从单位公款中提取给徐某新并下账处理,虽徐某新求援该部分资金未入钢城地税分局账目,但也应属于公款,辩护人的上述意见不予采信。"

7. 关于扣押财产权属的认定

例如,J省N市中级人民法院(2014)T中刑二终字第143号《刑事裁定书》[③]中人民法院表述:"关于扣押财产是否属上诉人景×强钱款问题,经查:冻结款项虽在上诉人景×强女儿景某名下银行卡内,但上诉人景×强在原审庭审中表示该款为其

所有,自愿将此款作为退赃款。且侦查机关冻结上诉人景×强女儿景某名下银行卡内360 829.95元时,景某尚在高中求学,并无固定工作和稳定的经济来源,不具备拥有如此巨额钱款的能力,故上诉人景国强及其辩护人认为追缴上诉人女儿景某名下财产不当的上诉理由及辩护意见与查明事实不符,本院不予采纳。"

8. 追诉时效的认定

例如,J省T市中级人民法院(2015)T中刑二初字第7号《刑事判决书》[①]中人民法院表述:"关于辩护人提出'被告人赵某琴所犯贪污罪已过追诉实效'的辩护意见,经查,1999年9月9日T市财政局向T地方税务局开出3.3万元现金支票,被告人赵某琴取得该现金支票后未入账,次日其从本单位银行账户中提取现金3.3万元又未记账,同年9月13日其为掩盖侵吞公款3.3万元的事实,将T市财政局开给其单位的3.3万元现金支票转入本单位银行账户平账,至此其行为构成了贪污3.3万元的犯罪既遂;2009年9月8日,被告人赵某琴以明显低于市场的价格与T市鑫龙房地产开发有限公司签订购房合同,从而以交易形式收受谢某所送贿赂人民币100万元;上述事实有经庭审举证、质证的现金支票存根、记账凭证、银行账户明细和商品房买卖合同等书证,证人谢某等人的证言及被告人赵某琴在侦查阶段的供述等证据证实,足以认定,根据法律规定被告人赵某琴实施贪污犯罪的追诉实效为犯罪之日起十年,被告人赵某琴在该期限内又犯受贿罪,其贪污罪追诉的期限以犯受贿罪即2009年9月8日起计算,因此公诉机关起诉指控其所犯贪污罪行并未超过追诉实效,故对此辩护意见本院不予采纳。"

 链接　贪污贿赂罪的最新量刑规定

《最高人民法院　最高人民检察院关于办理贪污贿赂刑事案件适用法律若干问题的解释》

(2016年3月28日由最高人民法院审判委员会第1680次会议、2016年3月25日由最高人民检察院第十二届检察委员会第50次会议通过,自2016年4月18日起施行)

为依法惩治贪污贿赂犯罪活动,根据刑法有关规定,现就办理贪污贿赂刑事案件适用法律的若干问题解释如下:

---

① 2017年1月27日摘自中国裁判文书网。

第一条　贪污或者受贿数额在 3 万元以上不满 20 万元的,应当认定为刑法第三百八十三条第一款规定的"数额较大",依法判处 3 年以下有期徒刑或者拘役,并处罚金。贪污数额在 1 万元以上不满 3 万元,具有下列情形之一的,应当认定为刑法第三百八十三条第一款规定的"其他较重情节",依法判处 3 年以下有期徒刑或者拘役,并处罚金:

(1)贪污救灾、抢险、防汛、优抚、扶贫、移民、救济、防疫、社会捐助等特定款物的。

(2)曾因贪污、受贿、挪用公款受过党纪、行政处分的。

(3)曾因故意犯罪受过刑事追究的。

(4)赃款赃物用于非法活动的。

(5)拒不交代赃款赃物去向或者拒不配合追缴工作,致使无法追缴的。

(6)造成恶劣影响或者其他严重后果的。

受贿数额在 1 万元以上不满 3 万元,具有前款第二项至第六项规定的情形之一,或者具有下列情形之一的,应当认定为刑法第三百八十三条第一款规定的"其他较重情节",依法判处 3 年以下有期徒刑或者拘役,并处罚金:

(1)多次索贿的。

(2)为他人谋取不正当利益,致使公共财产、国家和人民利益遭受损失的。

(3)为他人谋取职务提拔、调整的。

第二条　贪污或者受贿数额在 20 万元以上不满 300 万元的,应当认定为刑法第三百八十三条第一款规定的"数额巨大",依法判处 3 年以上 10 年以下有期徒刑,并处罚金或者没收财产。

贪污数额在 10 万元以上不满 20 万元,具有本解释第一条第二款规定的情形之一的,应当认定为刑法第三百八十三条第一款规定的"其他严重情节",依法判处 3 年以上 10 年以下有期徒刑,并处罚金或者没收财产。

受贿数额在 10 万元以上不满 20 万元,具有本解释第一条第三款规定的情形之一的,应当认定为刑法第三百八十三条第一款规定的"其他严重情节",依法判处 3 年以上 10 年以下有期徒刑,并处罚金或者没收财产。

第三条　贪污或者受贿数额在 300 万元以上的,应当认定为刑法第三百八十三条第一款规定的"数额特别巨大",依法判处 10 年以上有期徒刑、无期徒刑或者死刑,并处罚金或者没收财产。

贪污数额在 150 万元以上不满 300 万元,具有本解释第一条第二款规定的情形之一的,应当认定为刑法第三百八十三条第一款规定的"其他特别严重情节",依法判处 10 年以上有期徒刑、无期徒刑或者死刑,并处罚金或者没收财产。

受贿数额在 150 万元以上不满 300 万元,具有本解释第一条第三款规定的情形之一的,应当认定为刑法第三百八十三条第一款规定的"其他特别严重情节",依法判处 10 年以上有期徒刑、无期徒刑或者死刑,并处罚金或者没收财产。

第四条 贪污、受贿数额特别巨大,犯罪情节特别严重、社会影响特别恶劣、给国家和人民利益造成特别重大损失的,可以判处死刑。

符合前款规定的情形,但具有自首,立功,如实供述自己罪行、真诚悔罪、积极退赃,或者避免、减少损害结果的发生等情节,不是必须立即执行的,可以判处死刑缓期 2 年执行。

符合第一款规定情形的,根据犯罪情节等情况可以判处死刑缓期 2 年执行,同时裁判决定在其死刑缓期执行 2 年期满依法减为无期徒刑后,终身监禁,不得减刑、假释。

第五条 挪用公款归个人使用,进行非法活动,数额在 3 万元以上的,应当依照刑法第三百八十四条的规定以挪用公款罪追究刑事责任;数额在 300 万元以上的,应当认定为刑法第三百八十四条第一款规定的"数额巨大"。具有下列情形之一的,应当认定为刑法第三百八十四条第一款规定的"情节严重":

(1) 挪用公款数额在 100 万元以上的。

(2) 挪用救灾、抢险、防汛、优抚、扶贫、移民、救济特定款物,数额在 50 万元以上不满 100 万元的。

(3) 挪用公款不退还,数额在 50 万元以上不满 100 万元的。

(4) 其他严重的情节。

第六条 挪用公款归个人使用,进行营利活动或者超过 3 个月未还,数额在 5 万元以上的,应当认定为刑法第三百八十四条第一款规定的"数额较大";数额在 500 万元以上的,应当认定为刑法第三百八十四条第一款规定的"数额巨大"。具有下列情形之一的,应当认定为刑法第三百八十四条第一款规定的"情节严重":

(1) 挪用公款数额在 200 万元以上的。

(2) 挪用救灾、抢险、防汛、优抚、扶贫、移民、救济特定款物,数额在 100 万元以上不满 200 万元的。

(3) 挪用公款不退还,数额在 100 万元以上不满 200 万元的。

(4) 其他严重的情节。

第七条　为谋取不正当利益,向国家工作人员行贿,数额在 3 万元以上的,应当依照刑法第三百九十条的规定以行贿罪追究刑事责任。

行贿数额在 1 万元以上不满 3 万元,具有下列情形之一的,应当依照刑法第三百九十条的规定以行贿罪追究刑事责任:

(1) 向 3 人以上行贿的。

(2) 将违法所得用于行贿的。

(3) 通过行贿谋取职务提拔、调整的。

(4) 向负有食品、药品、安全生产、环境保护等监督管理职责的国家工作人员行贿,实施非法活动的。

(5) 向司法工作人员行贿,影响司法公正的。

(6) 造成经济损失数额在 50 万元以上不满 100 万元的。

第八条　犯行贿罪,具有下列情形之一的,应当认定为刑法第三百九十条第一款规定的"情节严重":

(1) 行贿数额在 100 万元以上不满 500 万元的。

(2) 行贿数额在 50 万元以上不满 100 万元,并具有本解释第七条第二款第一项至第五项规定的情形之一的。

(3) 其他严重的情节。

为谋取不正当利益,向国家工作人员行贿,造成经济损失数额在 100 万元以上不满 500 万元的,应当认定为刑法第三百九十条第一款规定的"使国家利益遭受重大损失"。

第九条　犯行贿罪,具有下列情形之一的,应当认定为刑法第三百九十条第一款规定的"情节特别严重":

(1) 行贿数额在 500 万元以上的。

(2) 行贿数额在 200 万元以上不满 500 万元,并具有本解释第七条第二款第一项至第五项规定的情形之一的。

(3) 其他特别严重的情节。

为谋取不正当利益,向国家工作人员行贿,造成经济损失数额在 500 万元以上的,应当认定为刑法第三百九十条第一款规定的"使国家利益遭受特别重大损失"。

第十条　刑法第三百八十八条之一规定的利用影响力受贿罪的定罪量刑适用标准,参照本解释关于受贿罪的规定执行。

刑法第三百九十条之一规定的对有影响力的人行贿罪的定罪量刑适用标准,参照本解释关于行贿罪的规定执行。单位对有影响力的人行贿数额在 20 万元以上的,应当依照刑法第三百九十条之一的规定以对有影响力的人行贿罪追究刑事责任。

第十一条 刑法第一百六十三条规定的非国家工作人员受贿罪、第二百七十一条规定的职务侵占罪中的"数额较大""数额巨大"的数额起点,按照本解释关于受贿罪、贪污罪相对应的数额标准规定的 2 倍、5 倍执行。

刑法第二百七十二条规定的挪用资金罪中的"数额较大""数额巨大"以及"进行非法活动"情形的数额起点,按照本解释关于挪用公款罪"数额较大""情节严重"以及"进行非法活动"的数额标准规定的 2 倍执行。

刑法第一百六十四条第一款规定的对非国家工作人员行贿罪中的"数额较大""数额巨大"的数额起点,按照本解释第七条、第八条第一款关于行贿罪的数额标准规定的 2 倍执行。

第十二条 贿赂犯罪中的"财物",包括货币、物品和财产性利益。财产性利益包括可以折算为货币的物质利益如房屋装修、债务免除等,以及需要支付货币的其他利益如会员服务、旅游等。后者的犯罪数额,以实际支付或者应当支付的数额计算。

第十三条 具有下列情形之一的,应当认定为"为他人谋取利益",构成犯罪的,应当依照刑法关于受贿犯罪的规定定罪处罚:

(1) 实际或者承诺为他人谋取利益的。

(2) 明知他人有具体请托事项的。

(3) 履职时未被请托,但事后基于该履职事由收受他人财物的。

国家工作人员索取、收受具有上下级关系的下属或者具有行政管理关系的被管理人员的财物价值 3 万元以上,可能影响职权行使的,视为承诺为他人谋取利益。

第十四条 根据行贿犯罪的事实、情节,可能被判处 3 年有期徒刑以下刑罚的,可以认定为刑法第三百九十条第二款规定的"犯罪较轻"。

根据犯罪的事实、情节,已经或者可能被判处 10 年有期徒刑以上刑罚的,或者案件在本省、自治区、直辖市或者全国范围内有较大影响的,可以认定为刑法第三百九十条第二款规定的"重大案件"。

具有下列情形之一的,可以认定为刑法第三百九十条第二款规定的"对侦破重大案件起关键作用":

(1) 主动交代办案机关未掌握的重大案件线索的。

（2）主动交代的犯罪线索不属于重大案件的线索，但该线索对于重大案件侦破有重要作用的。

（3）主动交代行贿事实，对于重大案件的证据收集有重要作用的。

（4）主动交代行贿事实，对于重大案件的追逃、追赃有重要作用的。

第十五条　对多次受贿未经处理的，累计计算受贿数额。

国家工作人员利用职务上的便利为请托人谋取利益前后多次收受请托人财物，受请托之前收受的财物数额在 1 万元以上的，应当一并计入受贿数额。

第十六条　国家工作人员出于贪污、受贿的故意，非法占有公共财物、收受他人财物之后，将赃款赃物用于单位公务支出或者社会捐赠的，不影响贪污罪、受贿罪的认定，但量刑时可以酌情考虑。

特定关系人索取、收受他人财物，国家工作人员知道后未退还或者上交的，应当认定国家工作人员具有受贿故意。

第十七条　国家工作人员利用职务上的便利，收受他人财物，为他人谋取利益，同时构成受贿罪和刑法分则第三章第三节、第九章规定的渎职犯罪的，除刑法另有规定外，以受贿罪和渎职犯罪数罪并罚。

第十八条　贪污贿赂犯罪分子违法所得的一切财物，应当依照刑法第六十四条的规定予以追缴或者责令退赔，对被害人的合法财产应当及时返还。对尚未追缴到案或者尚未足额退赔的违法所得，应当继续追缴或者责令退赔。

第十九条　对贪污罪、受贿罪判处 3 年以下有期徒刑或者拘役的，应当并处 10 万元以上 50 万元以下的罚金；判处 3 年以上 10 年以下有期徒刑的，应当并处 20 万元以上犯罪数额 2 倍以下的罚金或者没收财产；判处 10 年以上有期徒刑或者无期徒刑的，应当并处 50 万元以上犯罪数额 2 倍以下的罚金或者没收财产。

对刑法规定并处罚金的其他贪污贿赂犯罪，应当在 10 万元以上犯罪数额 2 倍以下判处罚金。

第二十条　本解释自 2016 年 4 月 18 日起施行。最高人民法院、最高人民检察院此前发布的司法解释与本解释不一致的，以本解释为准。

案例二　地方税管理机关税费代征员贪污营业税风险案

本案例是地方税管理机关的税费代征员贪污营业税税款的案例。税务机关为解决人员不足的问题，通过外聘的方式引进人员，但是疏于对外聘人员的管理、教育,因此引发不少风险。在全国税务系统,外聘人员出问题的不是个案,本案例具有典型性。尽管已经营改增,不存在营业税,但是本案例对税务干部仍然有借鉴意义。

一、案例概览

(一)案情①

1998年至2012年1月,G县地方税务局L税务分局聘用李某为该局的税费代征员,派驻L镇村镇建设环保管理站代征农村建房营业税。2009年1月至2011年12月期间,李某利用监管漏洞,采用以收据代替正式税务发票的方式向L镇106户建房户收取了共计人民币102 035元建房营业税,2012年1月李某离职,上述款项未上缴G县地方税务局L税务分局,用于家庭开支。

2012年5月17日,李某在其丈夫主动到G县纪律检查委员会交代其在2009年至2011年期间以"房屋建设"的名义收取L镇建房户房屋契税并占为己有的事实,并退出其所得款项共计人民币175 230元。

(二)人民检察院观点②

李某身为G县地方税务局代征税款的工作人员,利用职务上便利,侵吞公共财物,其行为已触犯《中华人民共和国刑法》第三百八十二条之规定,其犯罪事实已经查清、证据确实充分,应当以贪污罪追究其刑事责任。李某系自首,根据《刑法》第六十七条第一款之规定,可以从轻、减轻处罚。根据《刑事诉讼法》第一百七十二条之规定,特提起公诉,请依法判处。

(三)被告人观点③

李某对起诉书指控的事实无异议。

(四)人民法院裁判观点④

李某系国家机关G县地方税务局L分局委派从事税款代征公务的人员,利用职务上便利,将自己主管、经手、管理的公共财物应上交而隐瞒不交,非法占为己有,其行为已触犯《刑法》第三百八十二条之规定,构成贪污罪。人民检察院指控李某犯贪污罪名成立。李某在未被办案机关掌握其犯罪事实的情况下主动向纪检机关投案,并如实交代其犯罪事实。根据《最高人民法院 最高人民检察院关于办理职务犯罪

---

① 2017年1月8日摘自中国裁判文书网。
②③④ 同上。

案件认定自首、立功等量刑情节若干问题的意见》第一款之规定，犯罪事实或者犯罪分子未被办案机关掌握，或者虽被掌握，但犯罪分子尚未被宣布采取调查措施或者强制措施时，向办案机关投案的，是自动投案。在此期间如实交代自己的主要犯罪事实的，应当认定为自首。根据《刑法》第六十七条第一款之规定，可以从轻或减轻处罚。案发后，李某退出了所得全部赃款人民币 102 350 元，有悔罪表现，可酌情对其从轻处罚。人民法院决定对其减轻处罚。对其辩护人提出的李某有自首情节，并积极退出所得赃款，有悔罪表现，请法庭对其从轻处罚的辩护意见予以采纳。为严肃国法，保护公共财产的所有权和国家的廉政建设制度，维护正常的社会秩序，打击刑事犯罪，根据李某的犯罪情节、社会危害性和悔罪表现，依照《刑法》第三百八十二条、第三百八十三条第一款第二项、第六十七条第一款、第六十四条的规定，判决李某犯贪污罪，判处有期徒刑 5 年。

二、案例解析

(一) 本案犯罪主体是否适格

1. 税款代征人员是否符合贪污罪的主体

贪污罪的主体是国家工作人员或者受委托管理、经营国有财产的人员。

根据《刑法》第九十三条，其他依照法律从事公务的人员，在一定条件下代表国家行使国家管理职能。根据 2000 年 4 月 29 日全国人大常委会关于《刑法》第九十三条第二款的立法解释：村民委员会等村基层组织人员协助人民政府从事下列行政管理工作，属于《刑法》第九十三条条第二款规定的"其他依照法律从事公务的人员"包括代征、代缴税款。

根据《刑法》及相关司法解释的规定，国家机关工作人员是指各级国家权力机关、行政机关、审判机关、检察机关和军事机关中从事公务的人员。或者虽未列入国家机关人员编制但在国家机关中从事公务的人员，视为国家机关工作人员。而代征员或助征员的工作职责包括出具个人所得税完税证明、开具发票、办理税务登记证等税务事项，其虽不是税务系统的正式在编人员，但实际从事上述公务，应视为国家机关工作人员，是职务犯罪的主体。本案中，李某为税务机关聘用的税费代征员，但其在担任代征员期间的行为是基于税务机关的委托开具发票并收取税款，其身份符合贪污罪的主体要件，故李某的行为已构成贪污罪。

2. 代征员或助征员的范围

各地税务干部利用职务上便利非法占有税款案件也是屡屡发生，本案李某系国家机关 G 县地方税务局 L 分局委派从事税款代征公务的人员。代征员或助征员的范围包括以下四种情形：

（1）税务机关直接聘用的劳务用工。本税案被告人即是这种情形。

（2）委托代征人员。税务机关与委托代征单位签订协议，该人员是委托代征单位用工，与税务机关无合同关系。G 省 B 市中级人民法院（2015）QB 中刑终字第 110 号《吴某玮贪污罪二审刑事裁定书》①中，即是"被告人吴某玮利用其兼任毕节市房地产交易市场、惠仕毕节分公司会计及七星关区地税局房产税代征员的职务便利，采取虚列支出、虚开发票、收入不入账或少入账等方式，分 11 次贪污公款"。

（3）劳务派遣人员。该人员通常是某人力资源公司派遣到税务机关从事劳务的，与税务机关无直接合同关系。G 省 S 市 B 区人民法院（2013）SB 法刑初字第 2645 号《李某受贿罪一审刑事判决书》②，即是"李某原在 S 市 B 区地税局 F 税务所任助征员，工作职责包括出具个人所得税完税证明，开营业税发票，办理税务登记证等，其虽不是地税系统的正式在编人员，但在税务所从事上述公务，应视为国家机关工作人员，是受贿罪的主体"。

（4）聘用或委托协议到期的代征员或助征员实际从事税务事项。例如，H 省 H 市 H 区人民法院（2014）HH 刑初字第 135 号《彭某犯贪污罪一审刑事判决书》③中："被告人彭某签订了一份一年期的代征员聘用合同，并按月发放工资。合同期满后，双方虽未续签聘用合同，但被告人彭某仍继续按原合同约定负责杨村乡税款代征工作，且被告自 80 年代以来一直从事税收代征工作未有间断，期间亦曾签订过聘用协议及税务机关对其资格进行过审查，其从税务机关领取票据，代征税款后进行缴销，并按收税额提取手续费，其实质上系接受税务机关委托，履行税收代征工作职责，其行为符合贪污罪的犯罪主体构成要件。被告人彭某受国家机关委托，利用其代征税款职务上的便利，采取'大头小尾'脱联开票的手段骗取税款占为己有，数额特别巨大，其行为已构成贪污罪。"

（二）代征员的法律风险

《委托代征管理办法》（国家税务总局公告 2013 年第 24 号）对于委托代征的范围和条件、委托代征协议的生效和终止等多方面予以明确，代征人法律风险主要

---

① 2017 年 1 月 8 日摘自中国裁判文书网。

②③ 同上。

如下。

1. 支付违约金责任

办法有两个地方规定代征人须承担支付违约金的责任。一是代征人如未按规定期限解缴税款,税务机关将责令其限期解缴,并可从税款滞纳之日起按日加收未解缴税款5‰的违约金。二是因代征人责任未征或少征税款的,税务机关应向纳税人追缴税款,并可向代征人按日加收未征少征税款5‰的违约金,但代征人将纳税人拒绝缴纳等情况自纳税人拒绝之时起24小时内报告税务机关的除外。

2. 承担赔偿责任

规定代征人需承担赔偿责任的条款也有两项。一是代征人违规多征税款致使纳税人合法权益受到损失的,由税务机关赔偿,但税务机关拥有事后向代征人追偿的权利。二是代征人造成印有固定金额的税收票证损失的,应当按照票面金额赔偿。

3. 被扣减代征手续费责任

税款代征人拥有依法收取甲方支付的代征手续费的权利。但是,代征人若在代征过程中违反了相关规定,委托方税务机关有权扣减其代征手续费。根据办法,代征人未按规定领取、保管、开具、结报缴销税收票证的,税务机关可以根据情节轻重,适当扣减代征手续费。

由于代征人是按照代征税款的一定比例获得代征手续费用,因此代征人违规多征税款而多取得代征手续费的,税务机关将责令其及时退回。

4. 事后被追究责任

代征人在《委托代征协议书》授权范围内的代征税款行为引起纳税人的争议或法律纠纷的,由税务机关解决并承担相应法律责任;税务机关拥有事后向代征人追究法律责任的权利。因而代征人虽然不直接承担与纳税人的税务争议风险,但需承担后续被追究法律责任的风险。

5. 承担刑事责任

按照规定,若代征人违反法律、行政法规的规定,擅自作出税收开征、停征,以及减税、免税、退税、补税和其他同税收法律、行政法规相抵触的决定,税务机关除依法撤销其擅自作出的决定外,补征应征未征税款,退还不应征收而征收的税款。行为人在受委托代征税款期间,以非法占有为目的,利用职务便利,私自截留、侵吞代征的税款,不但侵犯了国有财产所有权,而且侵犯了代征税款职务的廉洁性,应以贪污罪定罪处罚,将被依法移送司法机关承担相应的刑事责任。

(三) 税务机关聘用代征员的法律风险

依据《税收征收管理法》第二十九条和《税收征收管理法实施细则》第四十四条的规定,除税务机关、税务人员以及经税务机关依照法律、行政法规委托的单位和人员外,任何单位和个人不得进行税款征收活动。由此可以确定,只有税务机关才依法享有征税权,依法征收税款是税务机关的法定权利和义务。受税务机关的委托代征税款的单位和个人,仍要以税务机关的名义依法征收税款。因此,税收代征员的征税行为代表的是税务机关而不是其个人。依据《中华人民共和国国家赔偿法》(以下简称《国家赔偿法》)第二条和第四条的规定,国家机关和国家机关工作人员违法对财产采取查封、扣押、冻结等行政强制措施侵犯公民、法人和其他组织财产权的,受害人有取得赔偿的权利。《国家赔偿法》第七条第四款规定:"受行政机关委托的组织或者个人在行使受委托的行政权力时侵犯公民、法人和其他组织的合法权益造成损害的,委托的行政机关为赔偿义务机关。"因此,税收代征员违法行使税收保全措施,并致使纳税人的财产遭受损失的,税务机关应当是法定的赔偿义务机关,不能因为税收代征员被辞退而不承担赔偿义务。

《委托代征管理办法》第二十二条规定,代征人违规多征税款致使纳税人合法权益受到损失的,由税务机关赔偿,税务机关拥有事后向代征人追偿的权力。

(四) 刑法中的国家工作人员范畴

根据《刑法》第 93 条的规定,国家工作人员可以分为以下四种人员:

(1) 国家机关工作人员,指各级国家权力机关、行政机关、审判机关、检察机关和军事机关中从事公务的人员。其他根据有关规定,参照国家公务员条例进行管理的人员,应当以国家机关工作人员论。例如,根据中央和国务院有关规定,参照国家公务员条例管理的各级党委、政协机关中从事公务的人员,应视为国家机关工作人员。此外,根据 2002 年 12 月 28 日全国人大常委会《关于渎职罪主体、适用问题的解释》,以下人员也视为国家机关工作人员:在依照法律、法规规定行使职权的组织中从事公务的人员,或者在受国家机关委托代表国家机关行使职权的组织中从事公务的人员,或者虽未列入国家机关人员编制,但在国家机关行使中行使职权的人员。

(2) 国有公司、企业、事业单位、人民团体中从事公务的人员。这里的国有公司,是指依照公司法成立,财产全部属于国家所有的公司。国有资本控股及参股的股份有限公司不属于国有公司。国有企业,是指财产全部属于国家所有,从事生产、经营活动的营利性的非公司化经济组织。国有事业单位,是指受国家机关领导,财产属于国家所有的非生产、经营性单位,包括国有医院、科研机构、体育、广播电视、新闻出版等单位。人民团体,是指由国家组织成立的、财产属于国家所有的各种群众性组织,包括乡级以上工会、共青团、妇联等组织。

(3) 国家机关、国有公司、企业、事业单位委派到非国有公司、企业、事业单位、社会团体从事公务的人员,这里的委派是指受有关国有单位委任而派往非国有单位从事公务。被委派的人员,在被委派以前可以是国家工作人员,也可以是非国家工作人员。不论被委派以前具有何种身份,只要被有关国有单位委派到非国有单位从事公务,就应视为国家工作人员。

(4) 其他依照法律从事公务的人员。这类人员的特征是,在一定条件下代表国家行使国家管理职能。

(五) 刑法中受委托的人员范围

从贪污罪的主体看,不仅仅是"国家工作人员",而且"受国有单位、人民团体委托的人员"也是该罪的主体。"受国有单位、人民团体委托的人员"作为犯罪主体,该规定在职务犯罪章节中,仅出现在贪污罪的规定中,而挪用公款、受贿等不是犯罪的主体。注意,受委托管理、经营国有财产的人员,不是国有单位委派到非国有单位的人员从事公务的人员,受委派从事公务的人员是《刑法》第九十三条直接规定的"国家工作人员"范畴。

最高人民检察院于 1999 年 9 月 19 日下发的《关于人民检察院直接受理立案侦查案件立案标准的规定(试行)》作出如下规定:"受委托管理、经营国有财产"是指因承包、租赁、聘用等而管理、经营国有财产。2003 年 11 月 13 日,最高人民法院下发的《全国法院审理经济犯罪案件工作座谈会纪要》规定:"受委托管理、经营国有财产是指因承包、租赁、临时聘用等管理、经营国有财产。"可见,委托是平等的民事委托关系,而委派是不平等的行政隶属关系。

《刑法专论》[①]认为,行为人属于受委托管理、经营国有财产的人员,应当符合下列条件:其一,被委托人原本不是管理、经营国有财产的国家工作人员。其二,委托单位必须是国有单位。其三,委托单位必须有委托某人以某种方式从事管理、经营国有财产的明确的意思表示,并赋予其一定职权和职责,被委托人也必须有接受委托的明确意思表示。只有这样,委托关系才能成立。其四,委托行为必须具有合法

---

① 高铭暄主编:《刑法专论》,高等教育出版社,2002 年版,第 775 页。

性。这包含两个方面：一方面要有实质的合法性，即必须是委托某人从事合法的经营、管理活动，而不是进行违法犯罪活动；另一方面是程序的合法性，即必须由有权实施委托行为的组织或者负责人按照规定的方式和程序来进行。一般国家工作人员擅自将本人管理的国有财产委托其他人管理，不能构成上述委托关系，后者非法侵占国有财产的，只能构成侵占罪，不构成贪污罪。其五，被委托人不因受委托而必然具有国家工作人员身份，也不列入正式国家干部编制。但是，在委托期间，被委托人与委托单位之间形成一定的行政隶属关系或监督关系。

（六）刑法中的公共财物

根据《刑法》第九十一条规定，公共财物分为两类：其一，当然的公共财物。包括：国有财产、劳动群众集体所有的财产以及用于扶贫和其他公益事业的社会捐助或者专项基金的财产。其中，国有财产，是指国家机关、国有公司、企业、事业单位和人民团体所拥有的财产；劳动群众集体所有的财产，是指集体经营组织所拥有的所有权属于该组织全体成员共同所有的财产；扶贫和其他公益事业的社会捐助或者专项基金的财产，是指通过捐助或专项基金手段募集的用于扶贫或其他公益事业的慈善性质的款物。其二，拟定的公共财物，即国有公司、企业、集体企业和人民团体管理、使用或运输中的私人财产。其中，根据《刑法》第九十二条的规定，私人财产包括：公民的合法收入、储蓄、房屋和其他生活资料；依法归个人、家庭所有的生产资料；个体户和私营企业的合法财产；依法归个人所有的股份、股票、债券和其他财产。拟订的公共财产的所有权虽然实际上属于公民个人，但是由于它们处于国有公司、企业、集体企业和人民团体管理、使用或运输中，对其应以公共财产论。

另外，根据《刑法》第二百七十一条第二款的规定，非国有单位的财物，是指非国有公司、企事业单位和社会团体所有的财物。

（七）刑法中的贪污手段

贪污罪表现为利用职务之便，侵吞、窃取、骗取或者以其他手段非法占有公共财物的行为。这是贪污罪区别于盗窃、诈骗、抢夺等侵犯财产罪的重要特征。

1. 利用职务便利

利用职务上的便利，是指行为人利用其职责范围内主管、经手、管理公共财产的职权所形成的便利条件，假借执行职务的形式非法占有公共财物，而不是因工作关系或主体身份所带来的某些方便条件，如因工作关系而熟悉作案环境，凭借工作人员身份进出某些机关、单位的方便等。所谓主管，是指具有调拨、转移、使用或者以其他方式支配公共财产的职权，例如，厂长、经理等具有的一定范围内支配企业内部公共财产的权力;所谓经手,是指具有领取、支出等经办公共财物流转事务的权限;所谓管理,是指具有监守或保管公共财物的职权,例如会计员、出纳员、保管员等具有监守和保管公共财物的职权。行为人如果利用职务上主管、经手、管理公共财物的便利,而攫取公共财物的,就可构成贪污罪。

2. 贪污手段

贪污手段多种多样,但归纳起来不外乎是采取侵吞、窃取、骗取或者其他手段非法占有公共财物。

(1) 侵吞财物是指行为人将自己管理或经手的公共财物非法转归自己或他人所有的行为。概括起来侵吞的方法主要有三种:一是将自己管理或经手的公共财物加以隐匿、扣留,应上交的不上交,应支付的不支付,应入账的不入账。二是将自己管理、使用或经手的公共财物非法转卖或擅自赠送他人。三是将追缴的赃款赃物或罚没款物私自用掉或非法据为私有。

(2) 窃取财物是指行为人利用职务之便,采取秘密窃取的方式,将自己管理的公共财物非法占有的行为,也就是通常所说的监守自盗。如果出纳员仅是利用对本单位情况熟悉的条件,盗窃由其他出纳员经管的财物,则构成盗窃罪。

(3) 骗取财物是指行为人利用职务之便,采取虚构事实或隐瞒真相的方法,非法占有公共财物的行为。例如出差人员用涂改或伪造单据的方法虚报或谎报支出冒领公款,工程负责人多报工时或伪造工资表冒领工资,收购人员谎报收购物资等级从中骗取公款等。

(4) 其他手段是指除了侵吞、盗窃、骗取之外,其他非法占有公共财物的方法。主要有以下几种方法:

(a) 内外勾结,迂回贪污。即国家工作人员利用职务上的便利,内外勾结,将自己管理、经营的公共(国有)财物以合法形式,转给与其勾结的外部人员,然后再迂回取回,据为己有。

(b) 利用回扣非法占有公款。即行为人在为本单位购买货物时,将卖方以购货款中抽出一部分作为回扣的款项占为己有的行为(注:收受回扣款的行为是受贿或商业受贿不是贪污)。

(c) 利用合同非法占有公款。即行为人在为本单位购买货物、推销产品等经济活动中,在与他人签订经济合同时,双方恶意串通,提高合同标的价格,然后将抬高的差价私分等。

(d) 占有应交单位的劳务收入。

(e) 利用新技术手段进行贪污。即行为人利用职务便利,运用新的科技手段进行贪污的行为。

(八) 熟悉贪污罪的司法认定,应对法律风险

1. 贪污罪与错款、错账行为的界限

因业务不精或者工作疏忽而导致的错款、错账行为,行为人主观上不具备贪污故意,没有非法占有公共财物的目的,不构成贪污罪。

2. 贪污罪和一般贪污行为的界限

这需要从贪污财物的数额及犯罪情节的轻重来界定。如果行为人贪污的数额不满5 000元,同时没有较重情节的,那么只是一般贪污行为,尚达不到犯罪的程度。较重情节主要指贪污救灾、抢险、防汛、防疫、优抚、扶贫、移民、救济款物及募捐款物、赃款赃物、罚没款物等。

3. 依据是否侵犯公共财物来区分罪与非罪

如果行为人没有占有公共财物,即使为其本人或他人谋取的财产利益与其职务有一定联系,也不能认定为贪污。

由于以上关于贪污罪与非罪的界限在很多案件中比较模糊,难以区分,这就有了无罪辩护的空间。因此,辩护律师可以通过仔细阅卷、认真研究,甄别案件中存在的无罪因素和辩点,结合相关的有利判例和背后的法理,再通过证据抗辩和程序抗辩,采用恰当的辩护策略,同时做好背水一战的心理准备,最大限度地争取实现无罪的目的。

无罪的具体形式包括:侦查部门作出撤销案件的决定、公诉部门作出绝对不起诉或存疑不起诉的决定、法院作出无罪的判决、检察院起诉后作出撤回起诉的决定。

4. 贪污罪与挪用公款罪的区分

贪污罪与挪用公款罪都属于侵犯财产的职务犯罪,两者在犯罪主体、主观方面、犯罪对象以及客观方面都存在一定的共同点,但两者之间却有本质的区别。以下对贪污罪与挪用公款罪的界限进行解析。

(1) 贪污罪的规定。《刑法》第三百八十二条规定,国家工作人员利用职务上的便利,侵吞、窃取、骗取或者以其他手段非法占有公共财物的,是贪污罪。受国家机关、国有公司、企业、事业单位、人民团体委托管理、经营国有财产的人员,利用职务上的便利,侵吞、窃取、骗取或者以其他手段非法占有国有财物的,以贪污论。

(2) 挪用公款的规定。《刑法》第三百八十四条规定,国家工作人员利用职务上的便利,挪用公款归个人使用,进行非法活动的,或者挪用公款数额较大、进行营利活动的,或者挪用公款数额较大、超过 3 个月未还的,是挪用公款罪,处 5 年以下有期徒刑或者拘役;情节严重的,处 5 年以上有期徒刑。挪用公款数额巨大不退还的,处 10 年以上有期徒刑或者无期徒刑。

挪用用于救灾、抢险、防汛、优抚、扶贫、移民、救济款物归个人使用的,从重处罚。

(3) 携带挪用的公款潜逃的规定。《最高人民法院关于审理挪用公款案件具体应用法律若干问题的解释》第六条规定:"携带挪用的公款潜逃的,依照刑法第三百八十二条、第三百八十三条的规定定罪处罚。"

(4) 挪用公款转化为贪污。《最高人民法院关于印发〈全国法院审理经济犯罪案件工作座谈会纪要〉的通知》第四条关于挪用公款罪中第八项挪用公款转化为贪污的认定,挪用公款罪与贪污罪的主要区别在于行为人主观上是否具有非法占有公款的目的,挪用公款是否转化为贪污,应当按照主客观相一致的原则,具体判断和认定行为人主观上是否具有非法占有公款的目的

5. 贪污罪与挪用公款罪的区别

根据《刑法》的规定,挪用公款罪,是指国家工作人员利用职务上的便利,挪用公款归个人使用,进行非法活动的,或者挪用公款数额较大、进行营利活动的,或者挪用公款数额较大、超过 3 个月未还的行为。贪污罪与挪用公款罪均为侵犯财产的职务犯罪,主体均为国家工作人员,主观方面均为故意。司法实践中因为证据的原因还经常容易发生混淆,特殊情况下挪用公款罪还能转化为贪污罪。具体认定时应当注意两者的如下区别:

(1) 犯罪目的不同,这是区分两者的关键。贪污罪的行为人是以非法占有公共财物(包括公款)为目的,不准备归还;挪用公款罪的行为人是以非法使用公款为目的,准备将来归还。

(2) 对财产权利的侵害程度不同。贪污罪侵犯的是公共财物(包括公款)的占有、使用、收益和处分权;挪用公款罪侵犯的是公款的占有、使用和收益权,没有侵犯公款的处分权。

(3) 行为方式不同。贪污罪的行为人是希望永远地非法占有公款,因此行为人大多采用毁损凭证、掩盖真相的手段,如涂改账目、虚报冒领等;挪用公款罪的行为人是想暂时地非法使用公款,所以往往留有挪用的痕迹,甚至出具借条等。

(4) 犯罪对象的范围不同。贪污罪的犯罪对象是公共财物,既包括公款,也包括公物;挪用公款罪的犯罪对象仅是贪污罪的犯罪对象的一部分,主要为公款,此外用

于救灾、抢险、防汛、优抚、扶贫、移民、救济的特定物品也能成为挪用公款罪的犯罪对象,其他公物不能成为挪用公款罪的犯罪对象。

第三节　税务干部贪污罪大数据分析报告

本报告通过对中国裁判文书网数据库的搜索,选取 2013 年至 2017 年共 5 年间全国范围内税务干部涉及贪污罪的有效裁判文书(检索截止日期 2017 年 12 月 31 日;不排除部分类似案件未上传到数据库),进行分类、整理、分析,总结出贪污案件的基本状况,形成大数据报告。2017 年数据应该与实际数据相比有一定的差距,因为在检索时有部分案件还未审结或还未上传。

希望通过分析和研究,展现全国税务干部涉及贪污罪的基本情况、判决要点、律师辩护效果等数据总结,为税务干部防控贪污刑事风险提供大数据指导和法律服务。

一、整体分析

(一) 基本情况分析

1. 总体情况

在 2013 年至 2017 年税务干部涉及贪污罪的 56 件裁判案件中,2013 年审理 2 件,占比 3.6%;2014 年审理 11 件,占比 19.6%;2015 年审理 8 件,占比 14.3%;2016 年审理 21 件,占比 37.5%;2017 年审理 14 件,占比 25%。裁判文书如图 10-1 所示。

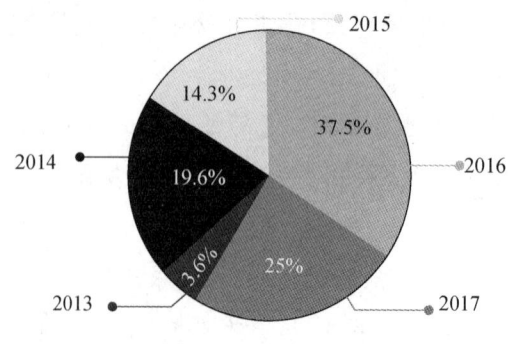

图 10-1　裁判文书

从各省级行政区域的情况来看,税务干部涉及贪污罪刑事案件,其中河南省 10 件、山东省 6 件、四川省 4 件、河北省 4 件、江苏省 3 件、广东省 3 件、甘肃省 3 件、湖南省 3 件、贵州省 3 件、辽宁省 3 件、湖北省 2 件、安徽省 2 件、山西省 1 件、江西省 1 件、陕西省 1 件、福建省 1 件、黑龙江省 1 件、北京市 1 件、内蒙古自治区 1 件、新疆维吾尔自治区 1 件、宁夏回族自治区 1 件、广西壮族自治区 1 件。

2. 审理法院情况

由基层人民法院一审审理的 42 件,由中级人民法院二审审理的 11 件,由高级人民法院二审审理 3 件。审理法院级别如图 10-2 所示。

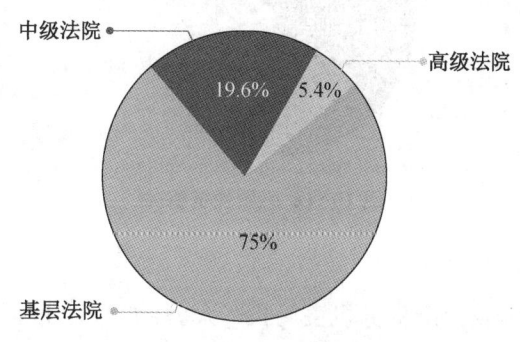

图 10-2　审理法院级别

3. 抗诉案件

在 2013 年至 2017 年税务干部涉及贪污罪的裁判案件中,二审没有抗诉案件。

4. 犯罪主体的性别构成

在裁判文书中,有 19 人无法检索犯罪主体的性别。

在可以有效检索犯罪主体性别的裁判文书中,有男性被告人的共 44 人,占总数的 88%;有女性被告人的共 6 人,占总数的 12%。犯罪主体性别如图 10-3 所示。

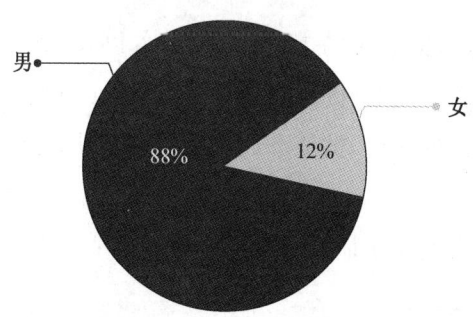

图 10-3　犯罪主体性别

5. 犯罪主体所属税务机关

在裁判文书中,有 1 人无法检索犯罪主体所属税务机关。

在可以有效检索犯罪主体所属税务机关的裁判文书中,涉及地方税务局税务干部的共 48 人,占总数的 70.6%;涉及国家税务局税务干部的共 20 人,占总数的 29.4%。所属税务机关如图 10-4 所示。

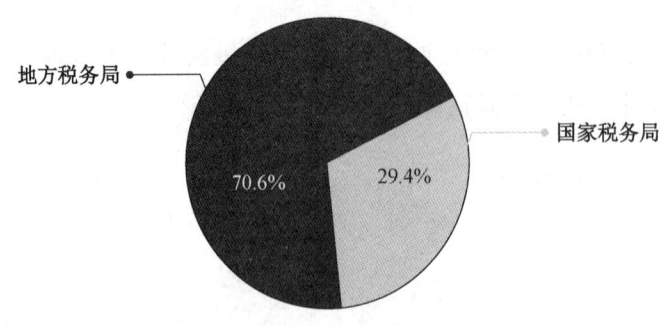

70.6% 29.4%

地方税务局 国家税务局

图 10-4　所属税务机关

6. 犯罪主体的职务构成

在裁判文书中,涉及市级税务机关局长 2 人、科员 1 人、助征员 5 人;市级税务机关分局(稽查局、税务所)局长 2 人、副局长 1 人、所长 2 人、主任 1 人、科长 1 人、科员 2 人、税收征管员 1 人、协税员 1 人;区(县)级税务机关所长 1 人、税收管理员 3 人、协税员 1 人;驾驶员 1 人;区(县)级税务机关分局(稽查局、税务所)局长 8 人、副局长 3 人、所长 1 人、副主任 1 人、科员 3 人、税收征管员 1 人、外聘人员 14 人。

5 人在市级税务机关分局任职,无法检索具体职务;3 人在区(县)级税务机关及区(县)级税务机关分局任职,无法检索具体职务。

(二)影响量刑的情节分析

1. 自首、坦白情节

涉及自首的 30 件,占总数的 53.6%。如实供述、坦白的 17 件,占总数的 48.2%。认定具有自首情节的 29 件,具有坦白情节的 16 件。在上述认定自首、坦白的案件中,最终宣告缓刑的 8 件,被免予刑事处罚的 3 件,分别占比 17.4%、6.5%。

2. 立功情节

涉及立功的 1 件,人民法院最终认定具有立功情节。

3. 共同犯罪案件

认定为共同犯罪案件的 4 件,占总数的 7%,人民法院认定共同犯罪作用相当的 2 件,人民法院认定主次的 4 件。

(三)采取的强制措施情况

存在被逮捕情况的 43 件,占总数的 62.3%;被取保候审的 26 件,占总数的

37.7％,采取取保候审措施后又实施逮捕的有 4 件;采取监视居住措施后又实施逮捕的有 4 件。采取强制措施如图 10-5 所示。

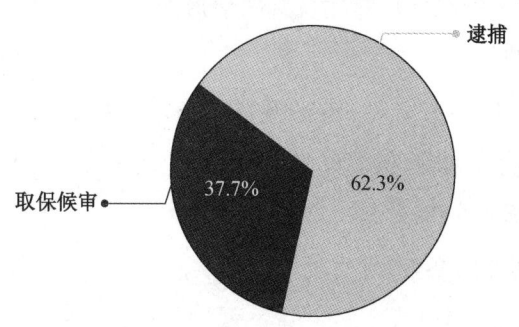

图 10-5　采取强制措施

被采取取保候审强制措施的 26 件案件中,宣告缓刑的 9 件,占比 34.6％;免予刑事处罚的 3 件,占比 11.6％;撤销原判发回重审的 1 件,占比 3.8％;没有最终判决不构成贪污罪的案件。被取保候审措施的裁判结果如图 10-6 所示。

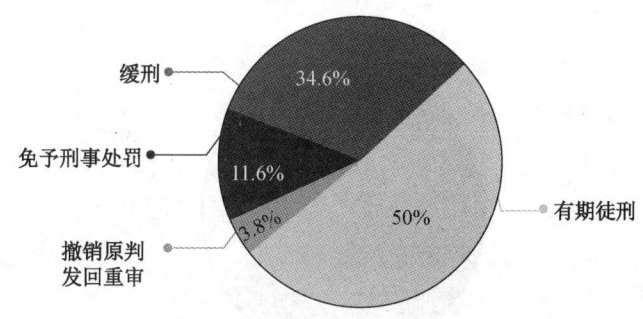

图 10-6　被取保候审措施的裁判结果

注:本报告涉及的判决结果仅统计贪污罪审判结果,不统计涉及数罪并罚后的判决执行结果。

(四) 退赃、退赔情节

人民法院认定具有退赃、退赔情节的 38 件,占总数 68％。其中被宣告缓刑的案件及被免予刑事处罚的案件均存在退赃、退赔情节。

二、一审案件判决结果分析

1. 有期徒刑

判处有期徒刑案件共有 28 件,占总数的 58.3％。其中判处不满 1 年(包括 1 年)有期徒刑的 3 件,判处 1 年以上 5 年(包括 5 年)以下有期徒刑的 14 件;判处五年以上 10 年(包括 10 年)以下有期徒刑的 8 件;判处 10 年以上有期徒刑的 3 件。

2. 宣告缓刑

判处宣告缓刑的 14 件,占总数的 29.1%。2013 年 1 件,2014 年 4 件,2015 年 3 件,2016 年 6 件。57%的案件均存在自首的情形。

3. 免予刑事处罚

免予刑事处罚案件共有 3 件,占总数的 6.3%。其中,2014 年 1 件,2016 年 2 件。100%的案件均存在自首的情形。

4. 不构成贪污罪

没有不构成贪污罪的案件。

5. 变更罪名

变更罪名的案件共有 2 件,占总数的 4.2%。最终判决结果变更为税务干部犯诈骗罪、私分国有资产罪,分别出现在 2015、2017 年。

6. 人民检察院撤诉

人民检察院撤诉的案件共有 1 件,占总数的 2.1%,出现出现在 2016 年,人民法院裁定准予。一审案件判决结果如图 10-7 所示。

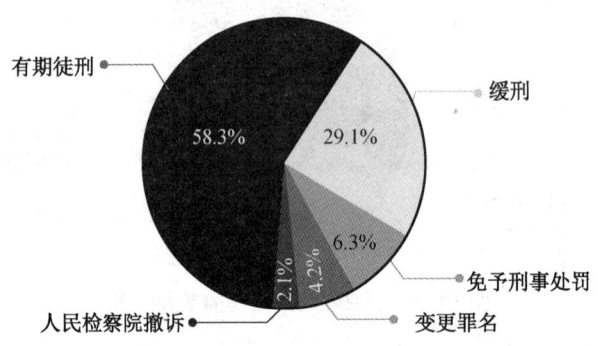

图 10-7　一审案件判决结果

三、二审案件判决结果分析

在 2013 年至 2017 年税务干部涉及贪污罪的二审案件共计 14 件,其中 2014 年 1 件;2015 年 2 件;2016 年 4 件;2017 年 7 件。

1. 维持一审判决

在 2013 年至 2017 年税务干部涉及贪污罪的裁判案件中,二审法院维持(包括部分维持)一审判决的 6 件,占二审案件的 46.15%。其中,2014 年维持一审判决的 1 件,维持率为 100%;2015 年维持一审判决的 1 件,维持率为 50%;2016 年维持一审判决的 1 件,维持率为 25%;2017 年维持一审判决的 3 件,维持率为 43%。

2. 改判

在 2013 年至 2017 年税务干部涉及贪污罪的裁判案件中,二审法院改判的 6 件,占二审案件的 46.15%。其中 2016 年改判案件 3 件,改判率为 75%;2017 年改判案件 3 件,改判率为 43%。

3. 裁定发回重审

在 2013 年至 2017 年税务干部涉及贪污罪的裁判案件中,二审法院裁定发回重审的 1 件,占二审案件的 7.7%。出现在 2015 年,发回重审率为 50%。

4. 撤回抗诉

没有裁定撤回上诉案件。二审案件判决结果如图 10-8 所示。

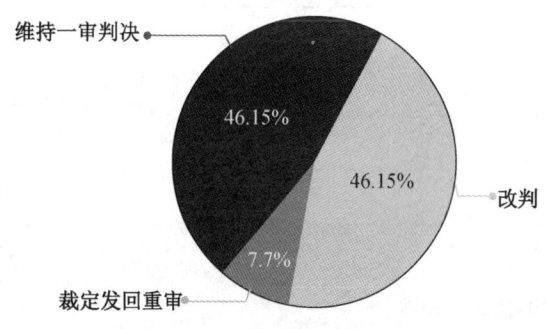

图 10-8 二审案件判决结果

四、律师辩护情况分析

1. 一审总体辩护情况

在一审 42 份文书中,有辩护人辩护的 32 件,参与辩护率为 77%。

2013 年有辩护人辩护的 1 件,参与辩护率为 50%;2014 年有辩护人辩护的 8 件,参与辩护率为 80%;2015 年有辩护人辩护的 5 件,参与辩护率为 100%;2016 年有辩护人辩护的 11 件,参与辩护率为 100%;2017 年有辩护人辩护的 5 件,参与辩护率为 71.4%。

2. 二审总体辩护情况

在二审 14 份裁判文书中,有辩护人辩护的 13 件,参与辩护率为 93%。其中 2014 年有辩护人辩护的 1 件,参与辩护率为 100%;2015 年有辩护人辩护的 2 件,参与辩护率为 100%;2016 年有辩护人辩护的 4 件,参与辩护率为 100%;2017 年有辩护人辩护的 6 件,参与辩护率为 86%。可见相较一审,二审辩护率较高。

3. 二审辩护效果对比

二审判决改判、发回重审案件共 20 件,2014 年 5 件、2015 年 9 件、2016 年 2 件、2017 年 4 件,其中有律师参与辩护的共计 17 件,占比 85%,这也体现了律师辩护具有良好的效果。

4. 辩护人辩护意见采纳情况统计

辩护人辩护意见采纳情况如表 10-1 所示。

表 10-1 辩护人辩护意见采纳情况统计

辩护意见	出现情况(件)	采纳情况(件)
事实不清、证据不足	4	1
非法证据应予以排除	1	0
主体身份不符	1	0
贪污数额有误	7	1
应定性为职务侵占罪	1	0
应定性为挪用公款	4	1
部分款项用于公务支出,应予以扣除	2	1
款项不能认定税款或公款	3	0
没有占有的故意	6	0
不构成贪污罪	5	0
单位行为,不是个人行为	1	0
不是共同犯罪	4	2
自首	29	24
如实供述	11	10
从轻减轻	19	18
立功	4	2
从犯	5	2
部分或全部赃款	21	21
建议免予刑事处罚	2	2
建议缓刑	2	2

五、分析结论

通过对 2013 年至 2017 年共 5 年的税务干部涉及贪污罪刑事案件各项数据进行归纳、对比、分析可以看出，在税务干部贪污罪刑事案件中，律师参与辩护率远远高于刑事案件整体辩护率。

第十一章　税务干部挪用公款风险案

第一节　挪用公款罪的基本理论

一、挪用公款罪的概念

挪用公款罪是指国家工作人员,利用职务上的便利,挪用公款归个人使用,进行非法活动的,或者挪用公款数额较大、进行营利活动的,或者挪用数额较大、超过3个月未还的行为。

二、挪用公款罪的刑法规定

《刑法》第三百八十四条规定,国家工作人员利用职务上的便利,挪用公款归个人使用,进行非法活动的,或者挪用公款数额较大、进行营利活动的,或者挪用公款数额较大、超过3个月未还的,是挪用公款罪,处5年以下有期徒刑或者拘役;情节严重的,处5年以上有期徒刑。挪用公款数额巨大不退还的,处10年以上有期徒刑或者无期徒刑。

挪用用于救灾、抢险、防汛、优抚、扶贫、移民、救济款物归个人使用的,从重处罚。

三、挪用公款罪的犯罪构成

(一)犯罪的客体要件

挪用公款罪侵犯的客体,主要是公共财产的所有权,同时在一定程度上也侵犯了国家的财经管理制度。挪用公款罪侵犯的对象主要是公款。

(二)犯罪的客观要件

本罪的客观方面表现为行为人实施了利用职务上的便利,挪用公款归个人使用,进行非法活动,或者挪用数额较大的公款进行营利活动,或者挪用数额较大的公款超过3个月未还的行为。其中包含三个要件:①行为人实施了挪用公款的行为,即行为人未经合法批准而擅自将公款移作他用。②行为人挪用公款的行为是利用其主管、管理、经手公款的职务上的便利实施的。③行为人挪用的公款是归个人使用的,所谓归个人使用,既包括由挪用者本人使用,也包括由挪用者交给、借给他人使用。挪用公款归个人使用具体可包括以下三种情况:

一是挪用公款归个人使用进行非法活动。这里所说的非法活动是指挪用公款供个人或他人进行走私、赌博等违法犯罪活动。对这种情况的定罪,没有要求挪用公款的数额要达到较大,也没有规定挪用达到多长时间,根据最高人民法院《关于审理挪用公款案件具体应用法律若干问题的解释》(1998年5月9日施行)的规定,挪用公款归个人使用,进行非法活动的,以5 000元至1万元为起点;挪用公款归个人进行营利活动的或挪用公款归个人使用超过3个月未还的,以1万元至3万元为起点。如果挪用公款未达到以上标准的,一般可不认为构成犯罪。

二是挪用公款归个人进行营利活动,并且数额较大的。这是指挪用数额较大的公款作为挪用人或者他人进行营利活动的资本,如挪用人本人或者他人将挪用的公款用于生产、经营、买房出租,作为个人参与企业经营活动的入股资金,存入银行或者借给他人而个人取利等,如果行为人挪用公款后,为私利以个人名义将挪用的公款借给企业事业单位、机关、团体使用的,不管这些单位是合将其挪用的公款用于营利活动,都应视为挪用公款归个人使用进行营利活动,而不能认为属于挪归公用,这里的数额较大以挪用公款1万元至3万元为起点,以挪用公款15万至20万元为数额巨大的数额起点。对于这种挪用公款数额较大的公款归个人进行营利活动的,法律既没有要求挪用公款要达到多长时间,也不要求行为人营利的目的要真正达到。但如果行为人在案发前已部分或者全部归还本息的,可以分别情节,从轻处罚,情节轻微的,可以免除处罚。

三是挪用公款归个人用于上述非法活动、营利活动以外的用途,并且数额较大,超过3个月未还的。如挪用公款用于建造私房、购置家具和其他生活用品、办理婚丧、支付医疗费或者偿还家庭、个人债务等。这种情况既要求挪用公款要达到一定数额。也要求挪用公款要达到一定时间。这里的数额较大也是以1万元至3万元为起点,以15万元至20万元为数额巨大的数额起点。未还是指案发前(被司法机关、主管部门或者有关单位发现前)未还。如果挪用公款数额较大,超过3个月,在案发前已全部归还本金的,可以从轻处罚或减轻处罚。给国家、集体造成的利益损失应予追缴。挪用公款数额巨大,超过3个月,虽在案发前已全部归还本息的,从轻处罚。在实践中,也有这样的情形,行为人多次挪用公款,用后次挪用的公款归还前次挪用的公款,而每次挪用的间隔时间都不超过3个月,对此,应从第一次挪用公款的时间算起。连续累计至挪用行为终止。在追究行为人的刑事责任时,挪用公款的数额按最后未归还的金额认定。

挪用公款给他人使用,不知道使用人用公款进行营利活动或者用于非法活动,数额较大、超过3个月未还的,构成挪用公款罪,明知使用人用于营利活动或者非法活动的,应当认定为挪用人挪用公款进行营利活动或者非法活动。

(三) 犯罪的主体要件

挪用公款罪的主体是特殊主体,即国家工作人员,具有特定性和公务(职务)性。

构成挪用公款罪的国家工作人员包括:在国家机关中从事公务的国家工作人员。在国有公司、企事业单位和人民团体中从事公务的人员;受国有单位委派到非国有单位中从事公务的人员;其他依照法律从事公务的人员。

(四) 犯罪的主观要件

本罪在主观方面是直接故意,行为人明知是公款而故意挪作他用,其犯罪目的是非法取得公款的使用权。但其主观特征,只是暂时非法取得公款的使用权,打算以后予以归还。至于行为人挪用公款的动机则可能是多种多样的,有的是为了营利,有的出于一时的家庭困难,有的为了赞助他人,有的为了从事违法犯罪活动。动机如何,不影响本罪成立。

第二节 税务干部挪用公款案例解析

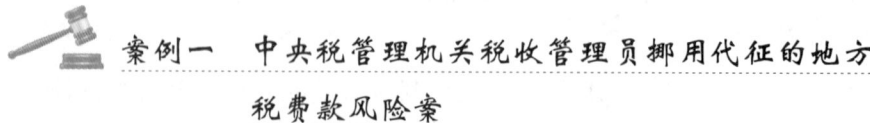

案例一 中央税管理机关税收管理员挪用代征的地方税费款风险案

本案例是中央税管理机关税收管理员,利用职务之便挪用代征的地方税费款案例。挪用税费款案件,在全国税务系统不多见。本案例发生在代征环节,中央税管理部门疏于对代征环节的管理,因此给本案例中的税收管理员留下可乘之机。

一、案例概览

（一）案情①

2012 年 9 月,J 省 W 市国家税务局就营业税改征增值税(以下简称"营改增")试点工作,与 J 省 W 地方税务局签订合作备忘录,由地税部门依法委托国税部门代征"营改增"试点纳税人窗口开票的地税税收,包括代征相应的城市维护建设税、教育费附加、地方教育费附加、个人所得税、企业所得税等税款。2013 年 1 月,W 市 Y 地方税务局(以下简称 Y 地税局)第一税务分局与 Y 市协税护税领导小组办公室 F 协税办(以下简称 F 协税办)签订委托代征税款协议,由 F 协税办代征 Y 市 Z 镇 2013 年度"营改增"部分的地方税款。

谈某平系 J 省 Y 市国家税务局(以下简称 Y 国税局)第五税务分局工作人员,在该分局办税服务大厅窗口负责开具发票,并负责代征上述地税税款工作。2013 年 2 月至 7 月间,谈某平因购买彩票缺乏资金,利用上述职务之便,在 Y 市 Z 镇美琴运输服务部、Y 市 Z 镇铁桥运输服务部、Y 市 Z 镇汛创运输服务部至该分局窗口开票时代征收地税税款过程中,未告知上述 3 家运输服务部按规定要将地税税款解缴至 F 协税办专用账户内,而是违反规定个人收取上述 3 家运输服务部以现金缴纳的部分地税税款;或者要求上述三家运输服务部将应缴地税税款汇入其个人名义申办的中国银行借记卡(卡号为 55××××38)内,以上合计 683 493.2 元,归其个人支配使用,谈某平多次从该银行卡内取款用于购买彩票,合计取款 240 000 余元。

其间,Y 市 Z 镇美琴运输服务部、铁桥运输服务部在缴纳地税税款后多次要求谈某平开具地税完税凭证,谈某平以自己工作忙,只有小额票据,有时间再开具为由,未开具地税完税凭证;同年 4 月 18 日、19 日,谈某平在 Y 市 Z 镇汛创运输服务部催要下,为该服务部开具地税完税凭证 20 份,税款合计 120 752.9 元。

2013 年 8 月 1 日,谈某平向 Y 市 Z 镇美琴运输服务部、铁桥运输服务部、汛创运输服务部共退出 683 493.2 元,上述款项均已解缴至 F 协税办专用账户。8 月 2 日,谈某平主动到 Y 国税局监察室接受调查,并如实供述了上述事实,后被移送至 Y 市人民检察院审查。

---

① 2017 年 12 月 20 日摘自中国裁判文书网。

（二）人民检察院观点①

2013年2月至7月间，谈某平利用担任Y市国家税务局第五分局工作人员的职务之便，在负责纳税人至该分局窗口开票时征收国、地税税收过程中，截留Y市Z镇美琴运输服务部、Y市Z镇铁桥运输服务部、Y市Z镇氿创运输服务部以现金缴纳的地税税金，或要求上述纳税人将应缴纳的地税税金解缴至其自己的中国银行信用卡账户内，以上合计截留人民币(以下币种均为人民币)683 493.18元。同年4月18日、19日，谈某平在Y市Z镇氿创运输服务部多次索要下，为该服务部开具地税完税凭证20份，税款合计120 752.92元。谈某平将上述截留的税款意图用于购买彩票，至本案案发，其陆续购买彩票累计240 000余元。2013年8月2日，谈某平主动到Y市国家税务局监察室接受调查，归案后如实供述了上述事实。案发后，谈某平退出赃款683 493.18元。

（三）被告人及辩护律师观点②

（1）主体身份不符，谈某平是国家税务局工作人员，不是地税局工作人员，不是受地税部门委托从事征税工作。

（2）其主观上没有非法占有的故意，只是暂时挪用税款。

（3）谈某平购买彩票是个人消费，不属用于营利活动。

（4）谈某平的上述行为属为纳税人代缴税款。如认定谈某平构成犯罪，其具有自首、认罪悔罪态度较好等从轻处罚情节，建议对其从轻或减轻处罚，并适用缓刑。

（四）人民法院裁判观点③

谈某平身为国家工作人员，利用职务便利，挪用公款683 493.2元，进行营利活动，情节严重，其行为已构成挪用公款罪，应予惩处。人民检察院指控的事实清楚，证据确实、充分，人民法院予以采信；人民检察院指控其犯挪用公款罪部分，罪名成立，予以采纳。

谈某平犯罪后能主动向其所在单位投案，归案后如实供述了挪用公款事实，是自首，可以从轻处罚；事发后，谈某平能主动退还挪用款项；庭审中能自愿认罪，均可从轻处罚。对辩护人提出的与此相同的辩护意见人民法院予以采纳；对辩护人建议对其适用缓刑的意见，因谈某平犯罪情节严重，不符合法律规定，人民法院不予采

---

① 人民检察院观点于2017年12月20日摘自中国裁判文书网。
② 2017年12月20日摘自中国裁判文书网。
③ 同②。

纳。据此,依照《刑法》第三百八十四条第一款,第六十七条第一款的规定,判决:谈某平犯挪用公款罪,判处有期徒刑 5 年。

二、案例解析

(一) 本案中谈某平的行为不构成贪污罪

人民检察院认为谈某平采用截留的手段侵吞公款 562 740.26 元,构成贪污罪。辩护人提出谈某平主观上没有非法占有的故意,只是暂时挪用税款。经人民法院审理查明,3 家运输服务部缴纳地税税款后均多次要求谈某平开具完税证,谈某平没有明确表示拒绝;在陈某的催要下,谈某平向 Y 市 Z 镇氿创运输服务部开具了 120 000 余元的完税证;且至本案案发,谈某平银行卡内尚余 470 000 余元未使用;谈某平亦供述代收地税税款后没有开具完税证,将税款打入其个人银行卡内的目的是为了方便其个人使用。人民法院审理后对人民检察院据此指控谈某平构成贪污罪予以更正。税务律师认为,谈某平收取地税税款后,是否开具完税证,是否与单位结报,尚处于不确定状态,人民检察院认定其具有非法占有税款的故意,证据尚不够充分,且仅以其是否开具完税凭证也无法完全评价谈某平具有非法占有税款的故意。

(二) 本案中谈某平的行为构成挪用公款罪

辩护人提出谈某平主体身份不符,其行为不构成贪污罪、挪用公款罪。谈某平购买彩票是个人消费,不属于营利活动。

1. 挪用公款的情形

挪用公款的行为,即行为人未经合法批准而擅自将公款移作他用。行为人挪用公款的行为是利用其主管、管理、经手公款的职务上的便利实施的。行为人挪用的公款是归个人使用的。所谓归个人使用,既包括由挪用者本人使用,也包括由挪用者交给、借给他人使用。挪用公款归个人使用具体可包括以下三种情况:

一是挪用公款归个人使用进行非法活动。这里所说的非法活动是指挪用公款供个人或他人进行走私、赌博等违法犯罪活动。对这种情况的定罪,没有要求挪用公款的数额要达到较大,也没有规定挪用达到多长时间,根据《最高人民法院关于审理挪用公款案件具体应用法律若干问题的解释》(1998 年 5 月 9 日施行)的规定,挪用公款归个人使用,进行非法活动的,以 5 000 元至 1 万元为起点;挪用公款归个人进行营利活动的或挪用公款归个人使用超过 3 个月未还的,以 1 万元至 3 万元为起点。如果挪用公款未达到以上标准的,一般可不认为构成犯罪。

二是挪用公款归个人进行营利活动,并且数额较大的。这是指挪用数额较大的公款作为挪用人或者他人进行营利活动的资本,如挪用人本人或者他人将挪用的公款用于生产、经营、买房出租,作为个人参与企业经营活动的入股资金,存入银行或者借给他人而个人取利等,如果行为人挪用公款后,为私利以个人名义将挪用的公款借给企业事业单位、机关、团体使用的,不管这些单位是合将其挪用的公款用于营利活动,都应视为挪用公款归个人使用进行营利活动,而不能认为属于挪归公用,这里的数额较大以挪用公款1万元至3万元为起点,以挪用公款15万至20万元为数额巨大的数额起点。对于这种挪用公款数额较大的公款归个人进行营利活动的,法律既没有要求挪用公款要达到多长时间,也不要求行为人营利的目的要真正达到。但如果行为人在案发前已部分或者全部归还本息的,可以分别情节,从轻处罚,情节轻微的,可以免除处罚。

三是挪用公款归个人用于上述非法活动、营利活动以外的用途,并且数额较大,超过3个月未还的。如挪用公款用于建造私房、购置家具和其他生活用品、办理婚丧、支付医疗费或者偿还家庭、个人债务等。这种情况既要求挪用公款要达到一定数额。也要求挪用公款要达到一定时间。这里的数额较大也是以1万元至3万元为起点,以15万元至20万元为数额巨大的数额起点。未还是指案发前(被司法机关、主管部门或者有关单位发现前)未还。如果挪用公款数额较大,超过3个月,在案发前已全部归还本金的,可以从轻处罚或减轻处罚,给国家、集体造成的利益损失应予追缴。挪用公款数额巨大,超过3个月,虽在案发前已全部归还本息的,从轻处罚。在实践中,也有这样的情形,行为人多次挪用公款,用后次挪用的公款归还前次挪用的公款,而每次挪用的间隔时间都不超过3个月,对此,应从第一次挪用公款的时间算起,连续累计至挪用行为终止。在追究行为人的刑事责任时,挪用公款的数额按最后未归还的金额认定。

挪用公款给他人使用,不知道使用人用公款进行营利活动或者用于非法活动,数额较大、超过3个月未还的,构成挪用公款罪,明知使用人用于营利活动或者非法活动的,应当认定为挪用人挪用公款进行营利活动或者非法活动。

2. 挪用公款具有非法性

行为人未经批准或许可(包括直接明示的许可或间接明示的默许),违反规章制度私自动用公款。其中,规章制度具有广泛性,因此,挪用的非法性具有两层含义:一是故意违反有关公款管理的规章制度;二是故意违反有关公款使用的规章制度,未经合法批准、许可。

3. 挪用的本意

挪用的本意,是指公款私用、移用、占用、借用。行为目的是为了使用,而非占有公款。其中,行为的目的包括:①挪用公款归个人使用。②挪用公款进行非法活动。③挪用公款进行营利活动。

4. 挪用并不等于侵吞

挪用公款并非侵吞,而是准备归还,具有擅自借用的特性。即便挪用后而不能归还,也不是出于行为人的主观故意占有,而是出于行为人意志之外的客观原因造成的。

因此,司法实践中,在认定挪用公款罪的主观方面时,可把握以下几点:是否明知是公款;是否故意非法使用;是否只是想暂时挪用;是否准备以后归还。当挪用人与使用人不一致时,如果挪用人不知使用人利用公款进行非法活动时,只能根据挪用人的明知内容,按照挪用公款进行营利或挪用公款归个人使用处罚。如果挪用人知道使用人用公款进行非法活动的,则按挪用公款进行非法活动处罚;如果挪用人开始作案后,主观故意由暂时挪用发展为非法永久占为己有时,无论行为人主观上是否真的具有非法永久占有公款的目的,也无论这种占有是否已客观存在,只要超过 3 个月未还的,就按挪用公款罪论处,而不按贪污罪或侵占罪处罚。因此,挪用公款罪与贪污罪、侵占罪在行为人犯意发展过程中是不同的:挪用公款罪开始为使用公款,后来可能发展为占有;而贪污罪、侵占罪却始终贯穿占有公款的目的。

本案中,谈某平虽系 Y 国税局的工作人员,但根据国税部门与地税部门签订的合作备忘录,谈某平代征地税税款是履行工作职责的职务行为,其符合挪用公款罪的主体构成要件;同时,谈某平明知是公款而故意将挪用的公款用于购买彩票,其目的是为了中奖,谋取利益,应属进行营利活动。据上,谈某平构成挪用公款罪。

(三) 借鉴司法判例,应对法律风险

1. 区分挪用公款归个人进行营利和归个人使用

挪用公款罪立案标准中规定,挪用公款数额在 2 万元至 3 万元以上,归个人进行营利活动的应予立案;挪用公款归个人使用,数额 1 万元至 3 万元以上,超过 3 个月未还的应予立案。可见如果是挪用公款归个人使用还有 3 个月未还的时间条件。

例如,G 省 J 市 S 区人民法院(2014)JS 刑初字第 432 号《刑事判决书》[①]中人民法院认为:"指控挪用公款罪 150 万元的事实,经查,被告人韩某俭挪用公款是帮助

---

① 2017 年 12 月 20 日摘自中国裁判文书网。

妻子完成揽储任务,目的不是获取存款利息,不应认定为用于营利,只能认定为归个人使用,由于期限较短,故指控挪用公款罪罪名不能成立。"

2. 证据不足不构成挪用公款罪

例如,G 省 H 县人民法院(2013)H 刑初字第 47 号《刑事判决书》[①]中人民法院认为:"起诉书指控被告人郭某挪用公款 15 万元数额较大,超过 3 个月未还,构成挪用公款罪的事实不清,证据不力,这一指控虽有证人贾某某证实先后两次在主管财务副局长的授意下将 15 万元公款送给被告人郭某,该款明确是为单位职工贾某不征、少征税款犯罪疏通关系,但该款是否用于疏通关系了、还是挪作他用,卷内无相关证据证实,且案发后郭某退回了该款,要认定郭某挪用该款显属证据不足,故起诉这一指控不能成立。"

3. 公款的范畴

挪用公款罪侵犯的对象主要是公款。这既包括国家、集体所有的货币资金,也包括由国家管理、使用、运输、汇兑与储存过程中的私人所有的货币。在国有企业、公司中,具有国家工作人员身份的人挪用本企业、公司的财物,属于侵犯了公共财物的所有权。在中外合资、合作、股份制公司、企业中,具有国家工作人员身份的人挪用上述公司、企业的资金,也应属于侵犯公共财物所有权。根据《刑法》第 384 条的规定,挪用用于救灾、抢险、防汛、优抚、扶贫、移民、救济款物归个人使用的,要按挪用公款罪从重处罚,因此这些特定的公款、公物可以成为本罪的对象。挪用公物归个人使用,一般应由主管部门按政纪处理,情节严重,需要追究刑事责任的,可以折价按挪用公款罪处罚。因而一般的公物也可以成为本罪的对象。

例如,S 省 Q 市中级人民法院(2014)Q 刑二终字第 59 号《刑事裁定书》[②]中人民法院认为:"关于上诉人李某及其辩护人所提'代为返还并挪用的财政奖励款 53 万余元并非公款,且未利用职务便利,该部分款项不构成挪用公款罪'的上诉理由、辩护意见,人民法院认为:第一,上诉人李某挪用的是政府奖励纳税人的款项,属于公款;第二,政府委托上诉人李某发放是基于其从事税务工作的职务地位而决定的,上诉人李某挪用财政返还的奖励款,应当认定李某系利用职务上的便利而挪用,其行为依法构成挪用公款罪,该上诉理由、辩护意见不成立,人民法院不予采纳。"

---

① 2017 年 12 月 20 日摘自中国裁判文书网。

② 同上。

4. 挪用公款罪和挪用资金罪的区别

（1）犯罪主体不同。挪用公款罪的主体为特殊主体，即具有国家工作人员身份。国家工作人员包括：国家机关中从事公务的人员；国有公司、企业、事业单位、人民团体中从事公务的人员；受国有单位委派到非国有单位中从事公务的人员；其他依照法律从事公务的人员。挪用资金罪的主体是公司、企业，或者其他单位的工作人员，但国家工作人员除外。

（2）犯罪客体和犯罪对象不同。挪用公款罪侵犯的客体主要公共财产的所有权，同时在一定程度上侵犯了国家的财经管理制度。其侵犯的对象是公款和用于救灾、抢险、防汛、优抚、扶贫、移民、救济款物。挪用资金罪的客体是公司、企业或者其他单位的资金的使用权，其侵犯的对象是公司、企业或者其他单位的资金。

例如，S省T市中级人民法院（2014）并刑终字第301号《刑事裁定书》[①]中人民法院认为："关于公诉机关指控被告人张某枫构成挪用公款罪的指控意见，经查，在T市地税局团购房代表团成员全体会议上局领导明确提出这次团购住房是民间行为，不是机关行为。T市地税局出具的'关于T市地税局职工团购住宅楼使用本局后勤中心公章一事的情况说明'，也证实团购住房是职工自愿购买的民间行为，不是单位行为，张某枫作为团购房首席代表是由购房代表委员会推荐产生的，并非单位任命或指定；职工购房款全部交至个人账户，并未交至单位账户。这些证据能够证明T市地税局团购房是单位牵头职工自愿参加的一种民间团购活动，职工团购房款是私款，购房款全部交到团购房代表团首席代表张某枫的个人银行卡上，未交至T市地税局账户，所以购房款的性质不是公款。挪用公款罪与挪用资金罪在客观上都表现为利用职务上的便利挪用资金的行为，在主观上都是挪用的故意，但两者所侵犯的犯罪对象是不同的，挪用公款罪侵犯的对象限于公款，其中主要是国有财产和国家投资、参股的单位财产，即国家机关、国有公司、企业、事业单位等所有的款项。挪用资金罪侵犯的对象是公司、企业或者其他单位的资金。本案中，张某枫虽然是国家工作人员，但挪用的对象是干部职工的团购房款，所以触犯的是挪用资金罪，故该院对公诉机关指控被告人张某枫构成挪用公款罪罪名不予认定。"

5. 把握认定公款的关键

对公款的认定，要把握其司法认定的关键。

---

① 2017年12月20日摘自中国裁判文书网。

例如,D市人民法院(2015)D刑一初字第280号《刑事判决书》①中辩护人提出:"被告人的行为不构成挪用公款罪。①徐某荣与付某有经济往来,该100万属民间借贷;②该100万从徐某荣个人账户上转出与公司无关;③该100万元没有进入国库,不属于公款;④付某不属于征收人员,无权代收税款;⑤在自查或作出征收决定前无权征税。建议对被告人减轻处罚。"

人民法院审理认为:"指控被告人付某挪用公款这一事实,经查公诉机关提交的D市地方税务局稽查局证明证实根据上级局对房地产行业专项检查工作安排,要求企业先进行自查,然后根据自查情况,选取部分单位进行重点检查,对D市泰和房地产开发有限公司,该局于2011年对其2009年至2010年纳税情况进行立案检查,检查出的税款已全部入库,泰和房地产开发有限公司2012年的纳税情况于2013年3月份进行了自查,已自查出的税款也已全部入库,该局2012年、2013年没有对该单位立案检查的事实;D市泰和房地产开发有限公司出具的纳税人自查情况说明,证实2013年3月8日D市泰和房地产开发有限公司自查少缴税款1 001 200元情况,积极筹措资金尽快入库的事实;且根据被告人供述和税收稽查有关规定,对上级税务机关指定和税收专项检查安排的检查对象,一般让稽查对象先自查,稽查局根据纳税单位自查的情况决定是否对该纳税对象进行立案调查。综上,D市地税局稽查局在2012年并未对D市泰和房地产开发有限公司立案检查,D市泰和房地产开发有限公司没有确定为被稽查对象,不能认定被告人付某利用职权将100万元作为税款而挪用,故检察机关指控被告人付某挪用公款事实不清,证据不足,不予认定。其辩护人辩护意见成立,予以采纳。"

 链接　重要的挪用公款罪法律规范

一、关于审理挪用公款案件具体应用法律若干问题的解释[1998年4月6日最高人民法院审判委员会第972次会议通过,自1998年5月9日起施行,法释〔1998〕9号]

第一条　刑法第三百八十四条规定的"挪用公款归个人使用",包括挪用者本人使用或者给他人使用。

挪用公款给私有公司、私有企业使用的,属于挪用公款归个人使用。

---

① 2017年12月20日摘自中国裁判文书网。

第二条 对挪用公款罪,应区分三种不同情况予以认定:

(1) 挪用公款归个人使用,数额较大、超过3个月未还的,构成挪用公款罪。

挪用正在生息或者需要支付利息的公款归个人使用,数额较大,超过3个月但在案发前全部归还本金的,可以从轻处罚或者免除处罚。给国家、集体造成的利息损失应予追缴。挪用公款数额巨大,超过3个月,案发前全部归还的,可以酌情从轻处罚。

(2) 挪用公款数额较大,归个人进行营利活动的,构成挪用公款罪,不受挪用时间和是否归还的限制。在案发前部分或者全部归还本息的,可以从轻处罚;情节轻微的,可以免除处罚。

挪用公款存入银行、用于集资、购买股票、国债等,属于挪用公款进行营利活动。所获取的利息、收益等违法所得,应当追缴,但不计入挪用公款的数额。

(3) 挪用公款归个人使用,进行赌博、走私等非法活动的,构成挪用公款罪,不受"数额较大"和挪用时间的限制。

挪用公款给他人使用,不知道使用人用公款进行营利活动或者用于非法活动,数额较大、超过3个月未还的,构成挪用公款罪;明知使用人用于营利活动或者非法活动的,应当认定为挪用人挪用公款进行营利活动或者非法活动。

第三条 挪用公款归个人使用,"数额较大、进行营利活动的",或者"数额较大、超过3个月未还的",以挪用公款1万元至3万元为"数额较大"的起点,以挪用公款15万元至20万元为"数额巨大"的起点。挪用公款"情节严重",是指挪用公款数额巨大,或者数额虽未达到巨大,但挪用公款手段恶劣;多次挪用公款;因挪用公款严重影响生产、经营,造成严重损失等情形。

"挪用公款归个人使用,进行非法活动的",以挪用公款5 000元至1万元为追究刑事责任的数额起点。挪用公款5万元至10万元以上的,属于挪用公款归个人使用,进行非法活动"情节严重"的情形之一。挪用公款归个人使用,进行非法活动,情节严重的其他情形,按照本条第一款的规定执行。

各高级人民法院可以根据本地实际情况,按照本解释规定的数额幅度,确定本地区执行的具体数额标准,并报最高人民法院备案。

挪用救灾、抢险、防汛、优抚、扶贫、移民、救济款物归个人使用的数额标准,参照挪用公款归个人使用进行非法活动的数额标准。

第四条 多次挪用公款不还,挪用公款数额累计计算;多次挪用公款,并以后次挪用的公款归还前次挪用的公款,挪用公款数额以案发时未还的实际数额认定。

第五条 "挪用公款数额巨大不退还的",是指挪用公款数额巨大,因客观原因在一审宣判前不能退还的。

第六条 携带挪用的公款潜逃的,依照刑法第三百八十二条、第三百八十三条的规定定罪处罚。

第七条 因挪用公款索取、收受贿赂构成犯罪的,依照数罪并罚的规定处罚。

挪用公款进行非法活动构成其他犯罪的,依照数罪并罚的规定处罚。

第八条 挪用公款给他人使用,使用人与挪用人共谋,指使或者参与策划取得挪用款的,以挪用公款罪的共犯定罪处罚。

二、关于国家工作人员挪用非特定公物能否定罪的请示的批复[2000 年 3 月 6 日最高人民检察院第九届检察委员会第 57 次会议通过,2000 年 3 月 6 日公布,2000 年 3 月 15 日施行,高检发释字〔2000〕1 号]

S 省人民检察院:

你院鲁检发研字〔1999〕第 3 号《关于国家工作人员挪用非特定公物能否定罪的请示》收悉。经研究认为,《刑法》第 384 条规定的挪用公款罪中未包括挪用非特定公物归个人使用的行为,对该行为不以挪用公款罪论处。如构成其他犯罪的,依照刑法的相关规定定罪处罚。

三、关于《全国人民代表大会常务委员会关于〈中华人民共和国刑法〉第九十三条第二款的解释》的时间效力的批复[最高人民检察院 2000 年 6 月 29 日,高检发研字〔2000〕15 号]

天津市人民检察院:

你院"关于《全国人民代表大会常务委员会关于〈中华人民共和国刑法〉第九十三条第二款的解释》的实施时间问题的请示"收悉。经研究,批复如下:

《全国人民代表大会常务委员会关于〈中华人民共和国刑法〉第九十三条第二款的解释》是对刑法第九十三条第二款关于"其他依照法律从事公务的人员"规定的进一步明确,并不是对刑法的修改。因此,该解释的效力适用于修订刑法的施行日期,其溯及力适用修订刑法第十二条的规定。

四、关于认真贯彻执行全国人大常委会《关于刑法第二百九十四条第一款的解释》和《关于刑法第三百八十四条第一款的解释》的通知[高检发研字〔2002〕11 号,最高人民检察院 2002 年 5 月 13 日]

各省、自治区、直辖市人民检察院,军事检察院,新疆生产建设兵团人民检察院:

第九届全国人民代表大会常务委员会第二十七次会议于2002年4月28日通过了《全国人民代表大会常务委员会关于〈中华人民共和国刑法〉第二百九十四条第一款的解释》和《全国人民代表大会常务委员会关于〈中华人民共和国刑法〉第三百八十四条第一款的解释》(以下统称《解释》)。为保证《解释》的正确贯彻执行,特通知如下:

(1)本次全国人大常委会审议通过的有关刑法的两个法律解释,是立法的重要补充形式,与法律具有同等效力,对于健全社会主义法制,保证国家法律的统一正确实施具有重要意义,尤其对于当前开展"严打"整治斗争,进一步加大反腐败工作力度,将会发挥积极的作用。各级人民检察院要提高对《解释》重要性的认识,组织检察人员认真学习《解释》,全面、深刻领会立法解释的精神,充分发挥法律监督作用,严厉打击黑社会性质组织犯罪和挪用公款犯罪。

(2)要正确适用法律,积极发挥检察职能作用。各级人民检察院在办理相关案件的过程中,要充分运用刑法和立法解释的有关规定,依法开展立案侦查和批捕、起诉工作,严格按照《解释》加强对黑社会性质组织和挪用公款犯罪的打击力度,积极发挥检察机关的职能作用。根据《解释》的规定,黑社会性质组织是否有国家工作人员充当"保护伞",即是否要有国家工作人员参与犯罪或者为犯罪活动提供非法保护,不影响黑社会性质组织的认定,对于同时具备《解释》规定的黑社会性质组织四个特征的案件,应依法予以严惩,以体现"打早打小"的立法精神。同时,对于确有"保护伞"的案件,也要坚决一查到底,绝不姑息。对于国家工作人员利用职务上的便利,实施《解释》规定的挪用公款"归个人使用"的三种情形之一的,无论使用公款的是个人还是单位以及单位的性质如何,均应认定为挪用公款归个人使用,构成犯罪的,应依法严肃查处。

(3)要注意区分罪与非罪界限,切实提高办案质量。各级人民检察院在办理相关案件时,要严格依法进行,严格区分罪与非罪、此罪与彼罪的界限,切实保证办案质量。要特别注意区分黑社会性质组织犯罪与一般犯罪集团、流氓恶势力团伙违法犯罪的界限、挪用公款犯罪与单位之间违反财经纪律拆借资金行为的界限,做到办案的法律效果和社会效果的有机统一。

(4)要坚持打防并举,综合治理。黑社会性质组织严重破坏经济、社会生活秩序,直接影响到人民群众的安居乐业;挪用公款犯罪严重侵犯公共财产,危害国家正常的财经管理制度,是腐败的重要表现。对上述犯罪,要坚持贯彻打防并举、综合治理的方针。各级人民检察院要充分利用各种途径和方式,广泛宣传《解释》,进一步加大举报和预防工作的力度,加强与有关部门的联系和配合。

(5)要加强领导,进一步加大工作指导的力度。黑社会性质组织犯罪案件和挪用公款犯罪案件的认定和处理,是一项政策法律性很强的工作。上级人民检察院要加强对下级人民检察院工作指导的力度,下级人民检察院对于重大、疑难、复杂案件的办理,要及时向上级人民检察院请示汇报。各地在贯彻执行《解释》过程中遇到的新情况、新问题,请及时层报最高人民检察院。

五、关于《中华人民共和国刑法》第三百八十四条第一款的解释[2002年4月28日第九届全国人民代表大会常务委员会第二十七次会议通过]

全国人民代表大会常务委员会讨论了刑法第三百八十四条第一款规定的国家工作人员利用职务上的便利,挪用公款"归个人使用"的含义问题,解释如下。

有下列情形之一的,属于挪用公款"归个人使用":

(1)将公款供本人、亲友或者其他自然人使用的。

(2)以个人名义将公款供其他单位使用的。

(3)个人决定以单位名义将公款供其他单位使用,谋取个人利益的。

六、全国法院审理经济犯罪案件工作座谈会纪要[最高人民法院2003年11月13日发布,自公布之日起施行,法〔2003〕167号]

(一)关于贪污贿赂犯罪和渎职犯罪的主体

1. 国家机关工作人员的认定

刑法中所称的国家机关工作人员,是指在国家机关中从事公务的人员,包括在各级国家权力机关、行政机关、司法机关和军事机关中从事公务的人员。

根据有关立法解释的规定,在依照法律、法规规定行使国家行政管理职权的组织中从事公务的人员,或者在受国家机关委托代表国家行使职权的组织中从事公务的人员,或者虽未列入国家机关人员编制但在国家机关中从事公务的人员,视为国家机关工作人员。在乡(镇)以上中国共产党机关、人民政协机关中从事公务的人员,司法实践中也应当视为国家机关工作人员。

2. 国家机关、国有公司、企业、事业单位委派到非国有公司、企业、事业单位、社会团体从事公务的人员的认定

所谓委派,即委任、派遣,其形式多种多样,如任命、指派、提名、批准等。不论被委派的人身份如何,只要是接受国家机关、国有公司、企业、事业单位委派,代表国家机关、国有公司、企业、事业单位在非国有公司、企业、事业单位、社会团体中从事组

织、领导、监督、管理等工作,都可以认定为国家机关、国有公司、企业、事业单位委派到非国有公司、企业、事业单位、社会团体从事公务的人员。如国家机关、国有公司、企业、事业单位委派在国有控股或者参股的股份有限公司从事组织、领导、监督、管理等工作的人员,应当以国家工作人员论。国有公司、企业改制为股份有限公司后,原国有公司、企业的工作人员和股份有限公司新任命的人员中,除代表国有投资主体行使监督、管理职权的人外,不以国家工作人员论。

3. "其他依照法律从事公务的人员"的认定

《刑法》第九十三条第二款规定的"其他依照法律从事公务的人员"应当具有两个特征:一是在特定条件下行使国家管理职能;二是依照法律规定从事公务。具体包括:①依法履行职责的各级人民代表大会代表。②依法履行审判职责的人民陪审员。③协助乡镇人民政府、街道办事处从事行政管理工作的村民委员会、居民委员会等农村和城市基层组织人员。④其他由法律授权从事公务的人员。

4. 关于"从事公务"的理解

从事公务,是指代表国家机关、国有公司、企业、事业单位、人民团体等履行组织、领导、监督、管理等职责。公务主要表现为与职权相联系的公共事务以及监督、管理国有财产的职务活动。如国家机关工作人员依法履行职责,国有公司的董事、经理、监事、会计、出纳人员等管理、监督国有财产等活动,属于从事公务。那些不具备职权内容的劳务活动、技术服务工作,如售货员、售票员等所从事的工作,一般不认为是公务。

(二) 关于挪用公款罪

1. 单位决定将公款给个人使用行为的认定

经单位领导集体研究决定将公款给个人使用,或者单位负责人为了单位的利益,决定将公款给个人使用的,不以挪用公款罪定罪处罚。上述行为致使单位遭受重大损失,构成其他犯罪的,依照刑法的有关规定对责任人员定罪处罚。

2. 挪用公款供其他单位使用行为的认定

根据全国人大常委会《关于〈中华人民共和国刑法〉第三百八十四条第一款的解释》的规定,"以个人名义将公款供其他单位使用的""个人决定以单位名义将公款供其他单位使用,谋取个人利益的",属于挪用公款"归个人使用"。在司法实践中,对于将公款供其他单位使用的,认定是否属于"以个人名义",不能只看形式,要从实质上把握。对于行为人逃避财务监管,或者与使用人约定以个人名义进行,或者借款、还款都以个人名义进行,将公款给其他单位使用的,应认定为"以个人名义"。"个人决定"既包括行为人在职权范围内决定,也包括超越职权范围决定。"谋取个人利益",既包括行为人与使用人事先约定谋取个人利益实际尚未获取的情况,也包括虽未事先约定但实际已获取了个人利益的情况。其中的"个人利益",既包括不正当利益,也包括正当利益;既包括财产性利益,也包括非财产性利益,但这种非财产性利益应当是具体的实际利益,如升学、就业等。

3. 国有单位领导向其主管的具有法人资格的下级单位借公款归个人使用的认定

国有单位领导利用职务上的便利指令具有法人资格的下级单位将公款供个人使用的,属于挪用公款行为,构成犯罪的,应以挪用公款罪定罪处罚。

4. 挪用有价证券、金融凭证用于质押行为性质的认定

挪用金融凭证、有价证券用于质押,使公款处于风险之中,与挪用公款为他人提供担保没有实质的区别,符合刑法关于挪用公款罪规定的,以挪用公款罪定罪处罚,挪用公款数额以实际或者可能承担的风险数额认定。

5. 挪用公款归还个人欠款行为性质的认定

挪用公款归还个人欠款的,应当根据产生欠款的原因,分别认定属于挪用公款的何种情形。归还个人进行非法活动或者进行营利活动产生的欠款,应当认定为挪用公款进行非法活动或者进行营利活动。

6. 挪用公款用于注册公司、企业行为性质的认定

申报注册资本是为进行生产经营活动做准备,属于成立公司、企业进行营利活动的组成部分。因此,挪用公款归个人用于公司、企业注册资本验资证明的,应当认定为挪用公款进行营利活动。

7. 挪用公款后尚未投入实际使用的行为性质的认定

挪用公款后尚未投入实际使用的,只要同时具备"数额较大"和"超过3个月未还"的构成要件,应当认定为挪用公款罪,但可以酌情从轻处罚。

8. 挪用公款转化为贪污的认定

挪用公款罪与贪污罪的主要区别在于行为人主观上是否具有非法占有公款的目的。挪用公款是否转化为贪污,应当按照主客观相一致的原则,具体判断和认定行为人主观上是否具有非法占有公款的目的。在司法实践中,具有以下情形之一的,可以认定行为人具有非法占有公款的目的:

(1)根据《最高人民法院关于审理挪用公款案件具体应用法律若干问题的解释》

第六条的规定,行为人"携带挪用的公款潜逃的",对其携带挪用的公款部分,以贪污罪定罪处罚。

(2) 行为人挪用公款后采取虚假发票平账、销毁有关账目等手段,使所挪用的公款已难以在单位财务账目上反映出来,且没有归还行为的,应当以贪污罪定罪处罚。

(3) 行为人截取单位收入不入账,非法占有,使所占有的公款难以在单位财务账目上反映出来,且没有归还行为的,应当以贪污罪定罪处罚。

(4) 有证据证明行为人有能力归还所挪用的公款而拒不归还,并隐瞒挪用的公款去向的,应当以贪污罪定罪处罚。

七、关于挪用公款犯罪如何计算追诉期限问题的批复〔2003 年 9 月 18 日最高人民法院审判委员会第 1290 次会议通过,2003 年 9 月 22 日公布,自 2003 年 10 月 10 日起施行,法释〔2003〕16 号〕

天津市高级人民法院:

你院津高法〔2002〕4 号《关于挪用公款犯罪如何计算追诉期限问题的请示》收悉。经研究,答复如下:

根据刑法第八十九条、第三百八十四条的规定,挪用公款归个人使用,进行非法活动的,或者挪用公款数额较大、进行营利活动的,犯罪的追诉期限从挪用行为实施完毕之日起计算;挪用公款数额较大、超过 3 个月未还的,犯罪的追诉期限从挪用公款罪成立之日起计算。挪用公款行为有连续状态的,犯罪的追诉期限应当从最后一次挪用行为实施完毕之日或者犯罪成立之日起计算。

八、关于对行为人通过伪造国家机关公文、证件担任国家工作人员职务并利用职务上的便利侵占本单位财物、收受贿赂、挪用本单位资金等行为如何适用法律问题的答复〔法研〔2004〕38 号,最高人民法院研究室 2004 年 3 月 20 日〕

北京市高级人民法院:

你院〔2004〕15 号《关于通过伪造国家机关公文、证件担任国家工作人员职务后利用职务便利侵占本单位财物、收受贿赂、挪用本单位资金的行为如何定性的请示》收悉。经研究,答复如下:

行为人通过伪造国家机关公文、证件担任国家工作人员职务以后,又利用职务上的便利实施侵占本单位财物、收受贿赂、挪用本单位资金等行为,构成犯罪的,应当分别以伪造国家机关公文、证件罪和相应的贪污罪、受贿罪、挪用公款罪等追究刑事责任,实行数罪并罚。

九、关于国家机关、国有公司、企业委派到非国有公司、企业从事公务但尚未依照规定程序获取该单位职务的人员是否适用刑法第九十三条第二款问题的答复〔高检研发〔2004〕第 17 号,最高人民检察院法律政策研究室 2004 年 11 月 3 日〕

重庆市人民检察院法律政策研究室:

你院〈关于受委派的国家工作人员未按法定程序取得非国有公司职务是否适用刑法第九十三条第二款以国家工作人员论的请示〉〔渝检(研)〔2003〕6 号〕收悉。经研究,答复如下:对于国家机关、国有公司、企业委派到非国有公司、企业从事公务但尚未依照规定程序获取该单位职务的人员,涉嫌职务犯罪的,可以依照刑法第九十三条第款关于"国家机关、国有公司、企业委派到非国有公司、企业、事业单位、社会团体从事公务的人员","以国家工作人员论"的规定追究刑事责任。

十、关于办理贪污贿赂刑事案件适用法律若干问题的解释(2016 年 3 月 28 日由最高人民法院审判委员会第 1680 次会议、2016 年 3 月 25 日由最高人民检察院第十二届检察委员会第 50 次会议通过,自 2016 年 4 月 18 日起施行,法释〔2016〕9 号)

第五条 挪用公款归个人使用,进行非法活动,数额在 3 万元以上的,应当依照刑法第三百八十四条的规定以挪用公款罪追究刑事责任;数额在 300 万元以上的,应当认定为刑法第三百八十四条第一款规定的"数额巨大"。具有下列情形之一的,应当认定为刑法第三百八十四条第一款规定的"情节严重":

(1)挪用公款数额在 100 万元以上的。

(2)挪用救灾、抢险、防汛、优抚、扶贫、移民、救济特定款物,数额在 50 万元以上不满 100 万元的。

(3)挪用公款不退还,数额在 50 万元以上不满 100 万元的。

(4)其他严重的情节。

第六条 挪用公款归个人使用,进行营利活动或者超过 3 个月未还,数额在 5 万元以上的,应当认定为刑法第三百八十四条第一款规定的"数额较大";数额在 500 万元以上的,应当认定为刑法第三百八十四条第一款规定的"数额巨大"。具有下列情形之一的,应当认定为刑法第三百八十四条第一款规定的"情节严重":

(1)挪用公款数额在 200 万元以上的。

(2)挪用救灾、抢险、防汛、优抚、扶贫、移民、救济特定款物,数额在 100 万元以上不满 200 万元的。

(3)挪用公款不退还,数额在 100 万元以上不满 200 万元的。

(4)其他严重的情节。

 **案例二　地方税管理机关税务干部挪用公款风险案**

本案例是地方税管理机关的税务干部挪用单位公款案例。在税务机关发生挪用公款，一般发生在特殊岗位，即对公款有管理权的岗位。

一、案例概览

(一) 案情①

卿某文原在 D 县地方税务局担任征管科科长和一分局局长期间，为偿还其妻彭某某赌博所欠下的高额高利贷及其小孩升学、参军急需资金，便向时任 D 县地方税务局担任征管科内勤、负责财务管理的李某某提出借征管科的公款供其个人使用。李某某在未清楚卿某文挪用公款使用用途的情况下，私自将 D 县地方税务局征管科公款借给卿某文供其个人使用。具体情况如下：

(1) 2010 年 4 月 12 日和 2010 年 8 月 19 日，卿某文(任 D 县地方税务局征收管理科科长)通过李某某分两次从征收管理科账户各借款人民币 3 万元。卿某文于 2011 年 4 月 27 日以现金存入到 D 县地方税务局征收管理科账户退还了这两笔借款。

(2) 2011 年 1 月 18 日，卿某文(任 D 县地方税务局第一分局局长)通过李某某从征收管理科账户借款 16 万元，卿某文于 2011 年 4 月 27 日以现金存入到 D 县地方税务局征收管理科账户退还了这笔借款。

(3) 卿某文于 2011 年 7 月 29 日、2011 年 8 月 1 日和 2011 年 8 月 12 日通过李某某从征收管理科账户分别借款人民币 7 万元、6 万元和 15 万元。卿某文于 2011 年 8 月 10 日、2011 年 9 月 7 日和 2011 年 9 月 23 日分 3 次以现金存入到 D 县地方税务局征收管理科账户退还了该 3 笔借款。

(4) 卿某文于 2011 年 10 月 11 日、2011 年 10 月 14 日、2011 年 10 月 28 日、2011 年 11 月 10 日、2011 年 11 月 15 日、2011 年 11 月 17 日、2011 年 11 月 30 日和 2012 年 2 月 9 日通过李某某从征收管理科账户分别借款人民币 6 万元、14 万元、10 万元、16 万元、11 万元、15.8 万元、10 万元和 4.8 万元。以上 8 笔借款共计人民币 87.6 万元。上述 8 笔借款卿某文均以现金存入方式存到 D 县地方税务局征管科账户还清。

---

① 2017 年 1 月 24 日摘自中国裁判文书网。

分别是 2012 年 3 月 20 日存入人民币 5.6 万元,2012 年 3 月 27 日分别存入一笔人民币 20 万元、一笔人民币 42 万元、一笔人民币 10 万元,2012 年 3 月 28 日存入人民币 9 万元,2012 年 3 月 31 日存入人民币 1 万元。

(5) 2011 年年底,曾某某与梁某某等人合伙开发 D 县假日皇冠酒店大楼项目,2012 年初,卿某文多次向曾某某等人催缴该项目地皮契税款人民币 44.7 万元。卿某文先开出该项目地皮契税款税票后,拿着税票找到曾某某说其已将曾某某等人合伙开发的项目的契税款垫缴给了 D 县地方税务局,要求曾某某将税款付给他,于是曾某某安排合伙人梁某某于 2012 年 1 月 18 日、2012 年 2 月 13 日、2012 年 2 月 24 日、2012 年 2 月 29 日和 2012 年 2 月 29 日分五次向卿某文个人账户共转账人民币 44.7 万元,卿某文收到梁某某给其转账的 44.7 万元契税款后没有转入 D 县地方税务局的纳税账户,而是归其个人使用。

(6) 2011 年年底 S 市新世界房地产公司通过招拍挂,拍买到 D 县大道祥云小区宗地,应交契税款是 494 万元,D 县地方税务局领导及 D 县地方税务局一分局工作人员多次催缴和与 S 市新世界房地产公司董事长唐某某及总经理尹某某协商,确定先缴纳税款人民币 100 万元。2012 年 3 月 27 日卿某文打尹某某电话催缴税款,尹某某说只有人民币 80 万元还差人民币 20 万元,卿某文说自己替尹某某垫人民币 20 万元,尹某某按卿某文的要求将人民币 80 万元税款分两笔打入 D 县地方税务局征收管理科账户,即一笔人民币 42 万元、一笔人民币 38 万元存入 D 县地方税务局征收管理科账户。卿某文拿着尹某某打款的进账单交给征收管理科出纳李某某,称其中的 42 万元是自己用来归还在李某某手中所借征收管理科的公款,其中的 38 万元是填补曾某某合伙人的纳税款。之后,尹某某又将人民币 20 万元转至卿某文个人账户。即尹某某所缴纳的 100 万元税款除去两笔即 42 万元和 38 万元用于偿还卿某文所借公款和所欠税款外,其余 20 万元被卿某文挪作他用。

经 S 市人民检察院司法鉴定中心司法会计鉴定认为,卿某文在担任 D 县地方税务局征管科科长期间,从征管科借款 6 万元超过 3 个月,所借款项已归还;在担任 D 县地方税务局第一分局局长期间,从征管科共借款 131.6 万元,还有 42 万元至今未还;梁某某所缴纳契税税款中 38 万元被卿某文挪用,至今未还;S 市新世界房地产开发股份有限公司尹某某缴纳的祥云小区 2 号地块的契税,其中 20 万元被卿某文挪用,至今未还。

综上,卿某文共计挪用了 D 县地方税务局公款 195.6 万元。李某某在 D 县地方税务局征管科担任内勤、负责财务管理期间,私自挪用公款超过 3 个月未还的共计

98.8万元给卿某文使用,现该款98.8万元已归还。案发后李某某主动投案,并如实供述了自己挪用公款给卿某文个人使用的犯罪事实。

(二)人民检察院观点[①]

人民检察院认为,卿某文在担任D县地方税务局征管科科长、一分局局长期间,利用职务之便挪用公款归个人使用并进行非法活动,数额巨大;李某某在担任D县地方税务局征管科内勤负责管理征管科财务资金期间,利用职务之便挪用公款给他人使用,数额巨大,超过3个月未还;其行为均已触犯《刑法》的规定,应当以挪用公款罪追究其刑事责任。

(三)被告人及辩护律师观点[②]

1.卿某文观点

卿某文对指控其挪用D县地方税务局征收管理科公款137.6万元和D县水文勘测队所交税款38万元的事实没有异议,表示其在案发前已归还,请求从轻处罚。认为对指控其挪用新世界房地产公司所交税款100万元不是事实,事实上是其向尹某某借款100万元,并要尹某某直接转账80万元入D县地方税务局征收管理科账户,替他归还所借D县地方税务局征收管理科的公款。

2.李某某观点

李某某认为因其管理的D县地方税务局征收管理科账户的钱款是暂时代管D县地方税务局第一分局的税款,第一分局卿某文以移交税款给办税大厅为由,要求其将代管税款转给卿某文个人,李某某从2011年10月11日至2012年9月分8次转给卿某文税款87.6万元。卿某文将上述款挪作他用,李某某表示完全不知情,是被卿某文所骗,其没有挪用公款的主观想法。

3.李某某辩护律师观点

李某某辩护律师提出,李某某管理的是D县地方税务局征收管理科的发票财务款,只有3万元至5万的公款,且有专门账户。该账户上进入的税款是违规进入的,李某某不知情,不负有监管职责。D县地方税务局一分局局长卿某文要求李某某将税款交由卿某文去缴税,是挪作公用,李某某没有挪用公款归他人使用的主观故意。卿某文挪作自己使用与李某某没有犯意联络,不能认定两人构成共同犯罪。卿某文再挪用税款去归还向李某某所借款项,李某某不知情。现李某某挪出的款项已在案

---

① 2017年1月24日摘自中国裁判文书网。
② 同上。

发前全部归还,根据《刑法》第三百八十四条的条文规定,挪用公款超过 3 个月未还的才构罪,已还清的不能定罪;如果要定罪,其情节轻微,可免予刑事处罚。

(四)人民法院裁判观点①

人民法院认为,卿某文利用职务之便单独或通过李某某挪用公款归个人使用超过 3 个月未还,数额巨大;李某某利用职务之便挪用公款给他人使用超过 3 个月未还,数额较大,其行为已构成挪用公款罪。人民检察院指控罪名成立。

人民检察院指控卿某文挪用公款进行非法活动,仅有卿某文供述,提到挪用公款给老婆还高利贷、付利息和赌博,却没有事实经过说明,又没有其他证据证明,该指控意见,人民法院不予采纳。

根据《最高人民法院〈关于审理挪用公款案件具体应用法律若干问题的解释〉》第四条规定,多次挪用公款,并以后次挪用的公款归还前次挪用的公款,挪用公款数额以案发时未还的实际数额认定。卿某文通过李某某在 2011 年 10 月 11 日至 2012 年 2 月 9 日挪用税款人民币 87.6 万元,卿某文用后挪用 D 县水文资源勘测队和 S 市新世界房地产公司的税款予以归还,该 87.6 万元不能认定为挪用公款数额,其案发时未还的实际数额人民币 100 万元认定为卿某文的挪用公款数额。因此,卿某文、李某某共同挪用的公款数额认定人民币 16 万元。

在共同挪用公款犯罪中,卿某文起了主要作用,是主犯,应当按照其所参与组织、指挥的全部犯罪处罚;李某某起了次要作用,是从犯,应当从轻处罚。李某某的辩护人提出,李某某与卿某文没有犯意联络,不构成共同犯罪。经查,卿某文提出挪用公款,李某某明知是公款而同意出借,双方达成一致的主观故意,李某某的犯罪行为的完成才使卿某文达到了犯罪目的。二被告人的行为符合共同犯罪的构成要件,该辩护意见,人民法院不予采纳。

综上,卿某文挪用公款数额认定人民币 122 万元(含共同挪用数额人民币 16 万元),未退还公款人民币 100 万元,数额巨大,应处十年以上有期徒刑或无期徒刑。卿某文在 2013 年 9 月 12 日因犯诈骗罪判决宣告以后,刑罚执行完毕以前,发现其在判决宣告以前还有挪用公款罪没有判决,应当对新发现的挪用公款进行判决,把前后两个判决所判处的刑罚进行数罪并罚。李某某犯罪以后主动投案,如实供述自己的罪行的,是自首。对于自首的犯罪分子,可以从轻处罚。其所挪用公款数额较大,在案发前已全部归还,根据《最高人民法院〈关于审理挪用公款案件具体应用法律若

---

① 2017 年 1 月 24 日摘自中国裁判文书网。

干问题的解释〉》第二条的规定,可以免除处罚。辩护人提出李某某犯罪情节轻微,应免予刑事处罚,该意见人民法院予以采纳。据此,对卿某文适用《刑法》第三百八十四条第一款,第二十六条第一款、第四款,第六十九条第一款、第二款,第七十条的规定;对李某某适用《刑法》第三百八十四条第一款,第二十七条,第三十七条,第六十七条第一款规定,经人民法院审判委员会研究决定,判决:①卿某文犯挪用公款罪,判处有期徒刑12年;原犯诈骗罪,判处有期徒刑12年,剥夺政治权利1年,并处罚金人民币5万元;决定执行有期徒刑18年,剥夺政治权利1年,并处罚金人民币5万元。②李某某犯挪用公款罪,免予刑事处罚。

二、案例解析

(一) 挪用公款共犯的认定

1. 内部人员之间相互联合的挪用公款中共犯的区分

(1) 从挪用公款共同犯罪故意的起因区分。谁先提出挪用公款共同犯罪或拍板的,应认定其为主犯;其他积极响应、参与策划,提出补充意见或修改性意见的人员,应认定为从犯;其他在主观上没有挪用犯意,而是由于某种原因被迫接受挪用犯罪意图的,应认定为胁从犯。

(2) 从是否组织、领导、指挥、策划挪用公款共同犯罪或在挪用公款共同犯罪中所起的作用上划分。凡是在挪用公款共同犯罪中,组织、领导、指挥、策划挪用公款共同犯罪的,或在实施挪用公款共同犯罪的过程中,起主要作用的,就应认定为主犯;而在挪用公款共同犯罪中起次要或者辅助作用的,就认定为从犯;被迫参与挪用公款共同犯罪活动的,应认定为胁从犯。

(3) 从获利、分赃情况上进行区分。一般来说,分得赃款比较多,获利较大的应定为主犯;分得赃款较少、获利较小的,应定为从犯;分得赃款最少、获利最小的,应定为胁从犯。

2. 内部人员与外部人员联合的挪用公款中共犯的区分

(1) 从挪用公款共同犯罪故意的起因上进行区分。如内部人员勾结外部人员将挪用的公款交与外部人员使用从而获利的,应认定内部人员为主犯,外部人员为从犯;如外部人员提出共同犯罪的,就应看他们在具体实施犯罪中所起的作用,参考分赃、获利情况。

(2) 从是否组织、领导、指挥、策划挪用公款共同犯罪,或在挪用公款共同犯罪中起主要作用上区分。

（3）根据获利、分赃的情况进行区分。

3. 根据挪用公款共同犯罪中各共犯事前有无约定和是否分赃获利，对其应承担的数额分别加以认定

（1）在挪用公款共同作案之前，各共犯协商过获利后如何分赃的，按事先约定，按比例承担共同挪用数额，已经归还的，予以收缴按照事先约定分得的非法所得。未归还的，根据事前约定。各共犯按比例承担共同挪用公款的数额，并负责退还或退赔，收缴其非法所得。

（2）在挪用公款共同作案之前，各共犯协商过获利后如何分配，而实际上没有获利的。在案发时，共同挪用的公款已经归还的，根据事先约定，按比例承担挪用公款的数额，并负责退还或退赔。

（3）在挪用公款共同作案之前，各共犯没有协商获利后如何分赃，而在获利后已经分赃的。在案发时，共同挪用的公款已经归还的，按各共犯实际分得的非法所得，按比例承担，其非法所得予以没收。在案发时未归还的，根据各共犯实际分得的非法所得，按比例承担共同挪用的公款数额，并负责退还或退赔，没收其非法所得。

（4）在挪用公款共同作案之前，各共犯没有协商获利后如何分配，而在获利后没有来得及分配，就被有关部门或政法机关查获控制的。按照主犯、从犯、胁从犯各自承担刑事责任的大小，依不同比例确定各共犯承担的数额。公款未受损失的，没收其非法所得，公款受到损失的则按比例退还或赔偿。

（5）在挪用公款共同作案之前，各共犯没有协商获利后如何分配，事后也没有获利的。按照主犯、从犯、胁从犯各自承担刑事责任的大小，依照不同比例确定各共犯承担的数额，案发时未归还的，按不同比例退还或退赔。

本案中，卿某文提出挪用公款，李某某明知是公款而同意出借，双方达成一致的主观故意，属于内部人员之间相互勾结的挪用公款，人民法院认为李某某的犯罪行为的完成才使卿某文达到了犯罪目的，两人的行为符合共同犯罪的构成要件。在共同挪用公款犯罪中，卿某文起了主要作用，是主犯，应当按照其所参与组织、指挥的全部犯罪处罚；李某某起了次要作用，是从犯，应当从轻处罚。

（二）挪用公款罪的基准刑

《刑法》第三百八十四条规定：国家工作人员利用职务上的便利，挪用公款归个人使用，进行非法活动的，或者挪用公款数额较大、进行营利活动的，或者挪用公款数额较大、超过3个月未还的，是挪用公款罪，处5年以下有期徒刑或者拘役；情节

严重的,处 5 年以上有期徒刑。挪用公款数额巨大不退还的,处 10 年以上有期徒刑或者无期徒刑。

挪用用于救灾、抢险、防汛、优抚、扶贫、移民、救济款物归个人使用的,从重处罚。

同时根据 2016 年 4 月 18 日起施行的《最高人民法院最高人民检察院关于办理贪污贿赂刑事案件适用法律若干问题的解释》(法释〔2016〕9 号)第五、第六条规定。挪用公款罪量刑的主刑基准刑可以分为以下几种情形:

1. 5 年以下有期徒刑或者拘役适用的条件

(1) 挪用公款归个人使用,数额在 3 万元以上,进行非法活动的。

(2) 挪用公款数额较大,数额在 5 万元以上,进行营利活动的。

(3) 挪用公款数额较大,数额在 5 万元以上,超过 3 个月未还。

2. 情节严重的,处 5 年以上有期徒刑适用的条件

(1) 挪用公款进行非法活动,具有下列情形之一的,应当认定为"情节严重":

(a) 挪用公款数额在 100 万元以上的。

(b) 挪用救灾、抢险、防汛、优抚、扶贫、移民、救济特定款物,数额在 50 万元以上不满 100 万元的。

(c) 挪用公款不退还,数额在 50 万元以上不满 100 万元的。

(d) 其他严重的情节。

(2) 挪用公款归个人使用,进行营利活动或者超过 3 个月未还,具有下列情形之一的,应当认定为"情节严重":

(a) 挪用公款数额在 200 万元以上的。

(b) 挪用救灾、抢险、防汛、优抚、扶贫、移民、救济特定款物,数额在 100 万元以上不满 200 万元的。

(c) 挪用公款不退还,数额在 100 万元以上不满 200 万元的。

(d) 其他严重的情节。

3. 数额巨大不退还的,处 10 年以上有期徒刑或者无期徒刑适用的条件

(1) 挪用公款进行非法活动,数额在 300 万元以上的,应当认定为"数额巨大"。

(2) 进行营利活动或者超过 3 个月未还,数额在 500 万元以上的,应当认定为"数额巨大"。

4. 根据各种量刑情节和增减量刑的幅度,确定犯罪嫌疑人具体的主刑的刑罚

2017 年 4 月 1 日实施的《最高人民法院关于常见犯罪的量刑指导意见》中常见

量刑情节的规定：

（a）对于未遂犯，综合考虑犯罪行为的实行程度、造成损害的大小、犯罪未得逞的原因等情况，可以比照既遂犯减少基准刑的50%以下。

（b）对于从犯，应当综合考虑其在共同犯罪中的地位、作用，以及是否实施犯罪行为等情况，予以从宽处罚，减少基准刑的20%~50%；犯罪较轻的，减少基准刑的50%以上或者依法免除处罚。

（c）对于自首情节，综合考虑自首的动机、时间、方式、罪行轻重、如实供述罪行的程度以及悔罪表现等情况，可以减少基准刑的40%以下；犯罪较轻的，可以减少基准刑的40%以上或者依法免除处罚。恶意利用自首规避法律制裁等不足以从宽处罚的除外。

（d）对于立功情节，综合考虑立功的大小、次数、内容、来源、效果以及罪行轻重等情况，确定从宽的幅度。

第一，一般立功的，可以减少基准刑的20%以下。

第二，重大立功的，可以减少基准刑的20%~50%；犯罪较轻的，减少基准刑的50%以上或者依法免除处罚。

（e）对于坦白情节，综合考虑如实供述罪行的阶段、程度、罪行轻重以及悔罪程度等情况，确定从宽的幅度。

第一，如实供述自己罪行的，可以减少基准刑的20%以下。

第二，如实供述司法机关尚未掌握的同种较重罪行的，可以减少基准刑的10%~30%。

第三，因如实供述自己罪行，避免特别严重后果发生的，可以减少基准刑的30%~50%。

（f）对于当庭自愿认罪的，根据犯罪的性质、罪行的轻重、认罪程度以及悔罪表现等情况，可以减少基准刑的10%以下。依法认定自首、坦白的除外。

本案中，卿某文挪用公款数额认定人民币122万元（含共同挪用数额人民币16万元），未退还公款人民币100万元，数额巨大，被人民法院判处。税务律师认为，鉴于《最高人民法院　最高人民检察院关于办理贪污贿赂刑事案件适用法律若干问题的解释》（法释〔2016〕9号）自2016年4月18日起施行，辩护律师及被告人可以据此向人民法院提出相适应的量刑基准。

本案李某某系从犯，犯罪以后主动投案，如实供述自己的罪行的，是自首。对于自首的犯罪分子，可以从轻处罚。其所挪用公款数额较大，在案发前已全部归还，根据《最高人民法院〈关于审理挪用公款案件具体应用法律若干问题的解释〉》第二条的规定,可以免除处罚。

(三) 区分挪用人对被挪用款用途的认识与使用人实际使用的情况

对于挪用人对被挪用款用途的认识与使用人实际使用的情况不一致的情况,应根据主客观相一致的原则和有利于被告人原则,结合《最高人民法院关于审理挪用公款案件具体应用法律若干问题的解释》的规定和精神进行认定:

(1) 挪用人挪用公款给他人使用,不知道使用人用公款进行营利活动或者用于非法进行营利活动或者用于非法活动,应视为"其他活动型"挪用公款,数额较大、超过3个月未还的,才构成挪用公款罪。

(2) 挪用人认为使用人将被挪用款用于非法活动和营利活动以外的其他活动,而使用人却用于非法活动的,应视为"其他活动型"挪用公款,数额较大、超过3个月未还的,才构成挪用公款罪。

(3) 挪用人认为使用人将被挪用款用于非法活动和营利活动以外的其他活动,而使用人却用于营利活动的,应视为"其他活动型"挪用公款,数额较大的才构成挪用公款罪。

(4) 挪用人认为使用人将被挪用款用于营利活动,但使用人却将被挪用款用于进行非法活动的,应当只认定为"营利活动型"挪用公款,数额较大的才构成挪用公款罪。

(5) 挪用人认为使用人将被挪用款用于非法活动,但使用人只用于营利活动的,应视为"营利活动型"挪用公款,数额较大才构成挪用公款罪。

(6) 挪用人认为使用人将被挪用款用于非法活动,但使用人只用于非法活动和营利活动以外的其他活动的,应视为"其他活动型"挪用公款,数额较大、超过3个月未还的,才构成挪用公款罪。

(7) 挪用人认为使用人将被挪用款用于营利活动的,但使用人却只用于非法活动和营利活动以外的其他活动的,应视为"其他活动型"挪用公款,数额较大、超过3个月未还的,才构成挪用公款罪。

(8) 挪用人挪出时不知使用人的具体用途,但事后得知使用人将被挪用款项用于经营活动或非法活动的,要分析挪用人的心态和行为。如果积极索要的,以"其他活动型"论处;如果放任不管,听之任之,不采取积极态度索要的,此时行为人的主观方面发生了变化,成为纵容或放任的态度,因此应分别以"营利活动型"或"非法活动型"论处。

(9) 挪用人的认识与使用人使用被挪用款的实际用途一致的,依法律规定认定。

对于实际中出现的使用人将被挪用款用于两种以上用途的,可以参照本文定罪和量刑的数额计算方法确定用途和数额。

(10) 对于使用人采用欺骗手段,以非个人或私有企业的名义进行借款,借出人不知被借出款项实际用于个人使用、经营活动或非法活动的,不构成挪用公款罪,当然借出人与借款人也不成其为共同犯罪了。

(四) 挪用公款罪与非罪的界限

无罪的具体形式包括:侦查部门作出撤销案件的决定、公诉部门作出绝对不起诉或存疑不起诉的决定、人民法院做出无罪的判决、人民检察院起诉后作出撤回起诉的决定。

1. 挪用公款罪与借用公款的界限

(1) 挪用公款罪是行为人利用职务上的便利条件实施的;而借用公款罪不存在利用职务上的便利问题,是行为人和公款单位双方之间自愿合意的结果。

(2) 挪用公款罪一般是行为人采用隐瞒或者欺骗的手段,使公款所有者不明公款被非法使用的事实;而借用是根据正当的理由,经申请或者通过协商的方式,取得了单位的同意。

(3) 挪用公款罪的行为多数没有任何手续和字据,而借用公款一般经过了合法的程序批准,也办理了合法的手续,双方之间有借款合同。

2. 根据公款的用途、还款时间、公款数额和挪用时间,准确认定罪与非罪

(1) 挪用公款归个人进行非法活动和营利活动以外的其他个人用途,虽然数额较大,但在 3 个月内主动归还的,或者虽然超过 3 个月没有归还,但数额没有达到较大的,不宜认定为犯罪,只能按照一般违法行为处理。

(2) 如果行为人挪用公款的数额刚刚超过较大的标准,时间也刚刚超过 3 个月,没有用于营利活动和非法活动,而且案发后归还了的,也可以认定为犯罪情节显著轻微,危害不大,不认定为犯罪。

(3) 对于挪用公款进行非法活动或者营利活动的案件,虽然法律没有明确规定挪用公款的时间要求,但如果挪用的时间很短,也不宜以犯罪论处。

(4) 对于挪用公款进行非法活动的,法律虽然没有明确规定数额的要求,但如果数额特别小,也没有造成严重后果的,不宜认定为犯罪。

(5) 行为人挪用公款多次,均用于非法活动和营利活动以外的活动,累积数额较大,但在案发时各次挪用均未超过 3 个月的,不构成犯罪。

(6) 行为人挪用公款多次,累计数额较大,但在案发时,有的挪用数额尚未超过

3个月或者有的挪用数额在案发前已经归还,对其应按案发时超过3个月并且尚未归还的数额处理。对其挪用尚未超过3个月的数额以及案发前已经归还的数额,只作为处理该案的一个情节适当考虑。

(五) 借鉴挪用公款无罪判例(不限于税务人员),进行风险应对

1. 现有证据不能完全排除行为人挪用公款的行为是为了单位利益的可能性的,不构成挪用公款罪

例如,A省H市中级人民法院(2014)H刑终字第356号《刑事判决书》①中表述:"原判虽基于上诉人马某甲在卷供述,相关书证及证人证言等证据认定上诉人马某甲在未向生产力中心的上级主管单位省科技厅及相关领导报告的情况下,利用职务上的便利,擅自挪用公款注册成立以自然人为股东的公司,构成挪用公款的事实,但现有证据查明卓越公司自成立至案发,时间长达2年多,且该公司账上资金和所获利润未被再挪用,也未被包括马某甲在内的股东据为己有。原人民检察院提供的现有证据不能完全排除上诉人马某甲的行为是为了单位利益的可能性。

人民法院认为:原审法院认定上诉人马某甲使用本单位资金成立自然人为股东公司的事实成立,但现有证据不能完全排除上诉人马某甲的行为是为了单位利益的可能性。原审法院对所认定的上诉人马某甲行为构成挪用公款罪的事实未能达到证据充分,且未达到完全排除一切合理怀疑的程度。因此,原判认定上诉人马某甲犯挪用公款罪的事实不清,证据不足,原人民检察院指控上诉人马某甲所犯罪名不能成立。"

2. 行为人挪用公款属于单位负责人为了单位的利益,决定将公款给个人使用情况的,不构成挪用公款罪

例如,F省F市中级人民法院(2014)R刑终字第307号《刑事判决书》②中表述:"上诉人郭某某及同案人陈某某主观上既想谋取私利,又想为单位创收,既有私利动机,又有公利动机,应根据案情从主观上的最初动机和客观上公利与私利获得的实际情况来考察。如果以减少单位利益为代价而获得个人利益的,可认定为'为私利'。如果个人利益的获得与单位利益大小没有直接联系,只要单位实际获得的利益较显著的,还是可以认定为'为公利'。作为营运中心主管单位法定代表人的同案人陈某某,其主观上有为单位谋利的动机,客观上,本案现有证据不能证实上诉人郭

---

① 2017年1月26日摘自中国裁判文书网。

② 同上。

某某及同案人陈某某谋取到了实际的个人利益,第一起50万元工程未做成,第二起中的30万元因工程未结束只归还投资本金,但营运中心却因此增加了利息收入,实际获得了显著的利益,可以认定是为了单位的利益;而对于原判认定的挪用给他人使用的90万元,因现有证据不能证实上诉人郭某某及同案人陈某某与使用人事先约定了谋取个人利益或者实际已获取了个人利益,不宜认定其有私利动机,单纯帮朋友、同事解决资金周转问题,按规定也不能认定其为私利。只能根据单位实际获得了较大的利息收入,认定为公利动机,即为了单位利益。

因此,无论是挪用给本人使用的80万元,还是挪用给他人使用的90万元,均可以认定系'为了单位利益'。上诉人郭某某及同案人陈某某的行为,属于单位负责人为了单位的利益,决定将公款给个人使用的情况。根据《全国法院审理经济犯罪案件工作座谈会纪要》第四点关于挪用公款罪(一)单位决定将公款给个人使用行为的认定中规定'经单位领导集体研究决定将公款给个人使用,或者单位负责人为了单位的利益,决定将公款给个人使用的,不以挪用公款罪定罪处罚。上述行为致使单位遭受重大损失,构成其他犯罪的,依照刑法的有关规定对责任人员定罪处罚',上诉人郭某某的行为不构成犯罪。"

3. 行为人借用公款是经过单位领导班子集体讨论研究决定,借款时行为人出具了借据,并由公司主管领导签字审批,借款在公司财务挂账,借款手续完备,属公司与企业员工个人之间正常的借款行为,不构成挪用公款罪

例如,G省M县人民法院(2014)M刑初字第15号《刑事判决书》①中表述:"被告人张某云和单位领导张某乙、周某甲、张某丙、何某甲、崔某甲集体会议决定,分别借用公款15万元用于购买个人住房,案发时被告人有51 500元,6人共有475 231.39元超过3个月未归还属实,由于被告人借用公款是经过单位领导班子集体讨论研究决定,借款时被告人出具了借据,并由公司主管领导签字审批,借款在公司财务挂账,借款手续完备,属公司与企业员工个人之间正常的借款行为。根据2003年11月13日最高人民法院印发的《全国法院审理经济犯罪案件工作座谈会纪要》精神:'经单位领导集体研究决定将公款给个人使用的,或者单位负责人为了单位的利益,决定将公款给个人使用的,不以挪用公款罪定罪处罚。上述行为致使单位遭受重大损失,构成其他犯罪的,依照刑法有关规定对责任人员定罪处罚',被告人借用公款符合座谈会纪要的情形,被告人的行为不构成挪用公款罪。"

---

① 2017年1月26日摘自中国裁判文书网。

4. 个人决定以单位名义将公款借给其他单位使用，没有谋取个人利益的不构成挪用公款罪

例如，G省S区人民法院《刑事判决书》①中人民法院认为："根据《最高人民法院关于审理挪用公款案件具体应用法律若干问题的解释》第二条第二款关于'挪用公款给他人使用，明知使用人用于营利活动或者非法活动的，应当认定为挪用人挪用公款进行营利活动或者非法活动'的规定，认为张威同就是挪用公款进行营利活动的观点，属于对司法解释的误读，挪用公款的本质是公款私用、谋取私利，而本案张威同借款给三正世纪学校，主要是为了给公款的所有权单位即新村村委会谋取利益，解决村委会4年没有提留资金紧张的问题，没有任何证据证明张威同主观上是为了谋取个人私利而借出公款，也没有任何证据证明张威同谋取了个人私利，这与公款私用、以公款谋取个人私利的挪用公款行为，具有本质上的区别，因此其行为亦不属于挪用公款进行营利活动。"

5. 现有证据无法证明行为人是否利用职务便利挪用了公款时，不能认定行为人构成挪用公款罪

例如，B市第一中级人民（2008）一中刑终字第485号《刑事判决书》②中表述："被告人陈某从Z公司账上划走150万元购房的事实是存在的。但在案的言辞证据在证明陈某如何划走150万元的问题上互相矛盾，Z公司的财务手续没有显示此款是经何种审批手续后划转的，相关书证亦未证实陈某对Z公司是否拥有资金调拨权。根据现有证据，陈某是否拥有Z公司的资金调拨权的事实不清，其划转150万元时是否利用了其本身职务上的便利事实不清。人民检察院指控陈某犯挪用公款罪事实不清，证据不足，不应认定。"

6. 挪用公款后主动归还属情节显著轻微应宣告无罪

例如，Q省X市中级人民法院（2006）N刑终字第117号《刑事判决书》③中表述："行为人的行为如果属于'情节轻微'，法院应判决对行为人免予刑事处罚；如果属于'情节显著轻微'，法院应对行为人宣告无罪。国家工作人员为了购置家庭用具，而利用职务便利从单位支取钱款，即使在支取钱款时其出具了保证还款的欠条，也应当认定其行为属于挪用公款。该国家工作人员在案发前已经主动将公款归还的，应

---

① 2017年1月26日摘自甘肃司法网。
② 2017年1月26日摘自110法律咨询网。
③ 2017年1月26日摘自《中国审判案例要览：2007年刑事审判案例卷》69.赵成甲被控挪用公款宣告无罪案。

当认定属于'情节显著轻微'。在此情况下,法院应当依法宣告其无罪,而不能判决免予刑事处罚。"

7. 借款不构成犯罪

例如,Y省X市人民法院(2004)X刑初字第210号《刑事判决书》[①]中表述:"本院认为,被告人张某国利用担任Y开发公司经理的职务之便,未经公司管委会讨论,个人决定,通过曲靖银鑫总公司担保,将公款50万元以2%的利息借给开办G市贵靖服务有限公司的夏某军使用,谋取利息37 547.74元归单位使用,违反了《Y开发总公司资金管理制度》,但不属于2002年4月28日《全国人大常委会关于刑法第三百八十四条第一款的解释》第(三)项之规定,'个人决定将公款供其他单位使用谋取个人利益的'其行为不构成犯罪;被告人夏某军明知被告人张某国供给其使用的是公款,而与被告人张某国商议虚拟'联营合同'掩盖借款的事实,但实际上是借款,并按约定支付了利息37 547.74元,归还了本金,其行为亦不构成犯罪。公诉机关指控的罪名不能成立。"

第三节　税务干部挪用公款罪大数据分析报告

本报告通过对中国裁判文书网数据库的搜索,选取2013年至2017年共5年间全国范围内税务干部涉及挪用公款罪的有效裁判文书(检索截止日期2017年12月25日;不排除部分类似案件未上传到数据库),进行分类、整理、分析,总结出挪用公款案件的基本状况,形成大数据报告。2017年数据应该与实际数据相比有一定的差距,因为在检索时有部分案件还未审结或还未上传。

希望通过分析和研究,展现全国税务干部涉及挪用公款罪的基本情况、判决要点、律师辩护效果等数据总结,为税务干部防控挪用公款刑事风险提供大数据指导和法律服务。

一、整体分析

(一)基本情况分析

1. 总体情况

在2013年至2017年税务干部涉及挪用公款罪的32件裁判案件中,2013年审

---

① 2017年1月26日摘自360 doc个人图书馆网。

理 4 件,占比 12.4%;2014 年审理 8 件,占比 25%;2015 年审理 6 件,占比 18.8%;2016 年审理 6 件,占比 18.8%;2017 年审理 8 件,占比 25%。裁判文书如图 11-1 所示。

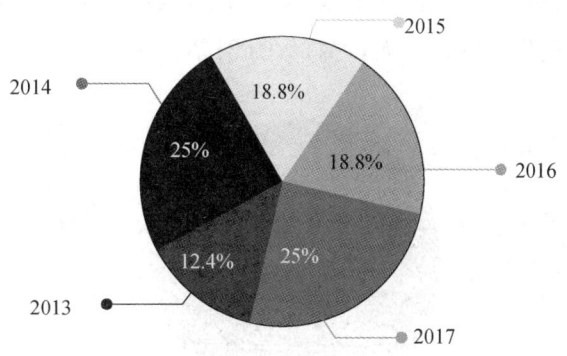

图 11-1　裁判文书

从各省级行政区域的情况来看,税务干部涉及挪用公款罪刑事案件,其中河南省 4 件、山东省 4 件、甘肃省 3 件、安徽省 3 件、山西省 2 件、重庆市 2 件、陕西省 2 件、湖北省 2 件、江西省 2 件、贵州省 2 件、四川省 2 件、内蒙古自治区 1 件、黑龙江省 1 件、湖南省 1 件、江苏省 1 件。

2. 审理法院情况

由基层人民法院一审审理的 19 件,由中级人民法院一审审理的 1 件。由中级人民法院二审审理的 10 件,由高级人民法院二审审理的 2 件。审理法院级别如图 11-2 所示。

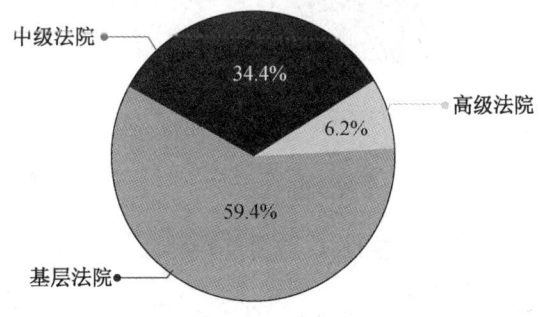

图 11-2　审理法院级别

3. 挪用公款罪裁判案件

在 2013 年至 2017 年税务干部涉及挪用公款罪的裁判案件中,二审既上诉又抗诉的案件 2 件,1 件人民法院依法改判;1 件人民检察院撤回抗诉,人民法院准予撤回。二审抗诉未上诉 1 件，人民法院驳回抗诉，维持原判。

4. 犯罪主体的性别构成

在裁判文书中，有 6 人无法检索犯罪主体的性别。

在可以有效检索犯罪主体性别的裁判文书中，有男性被告人的共 21 人，占总数的 80.8%；有女性被告人的共 5 人，占总数的 21%。犯罪主体性别如图 11-3 所示。

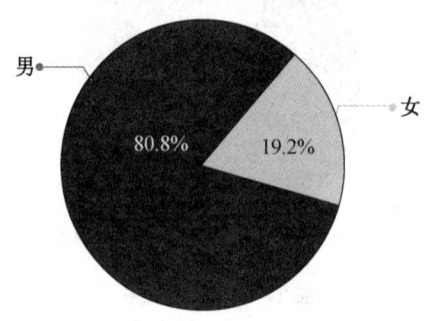

图 11-3　犯罪主体性别

5. 犯罪主体所属税务机关

在裁判文书中，有 1 人无法检索犯罪主体所属税务机关。

在可以有效检索犯罪主体所属税务机关的裁判文书中，涉及地方税务局税务干部的共 28 人，占总数的 87.5%；涉及国家税务局税务干部的共 4 人，占总数的 12.5%。所属税务机关如图 11-4 所示。

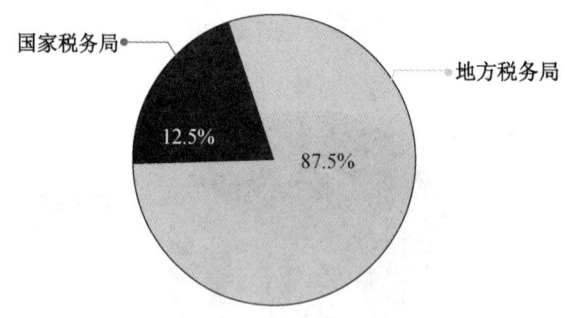

图 11-4　所属税务机关

6. 犯罪主体的职务构成

在裁判文书中，涉及省级税务机关工作人员 1 人、市级税务机关副局长 3 人、科长 4 人、副科长 3 人、主任科员 1 人、科员 2 人、税收管理员 6 人；市级税务机关分局(稽查局、税务所)局长 2 人、副局长 1 人、股长 2 人、科长 1 人、稽查员 3 人、科员 2 人、税收管理员 9 人、协税员 1 人；区(县)级税务机关局长 3 人、副局长 1 人、所长人、纪检组长 1 人、副调研员 1 人、副所长人、股长 7 人、副股长 5 人、副主任 1 人、科长 9 人、副科长 4 人、主任科员 1 人、科员 16 人、调查员 1 人、检查员 1 人、税收管理员 32 人、协税员人；区（县）级税务机关分局（稽查局、税务所）局长 13 人、副局长 17 人、所长 6 人、副所长 1 人、股长 2 人、副股长 4 人、办公室主任 1 人、主任科员 1 人、科员 6 人、税收管理员 15 人、协税员 3 人。

3 人在市级税务机关分局任职，无法检索具体职务；14 人在区（县）级税务机关及区（县）级税务机关分局任职，无法检索具体职务。

7. 挪用公款数额

数额在 5 万元以下 1 件；数额在 5 万元以上（包括 5 万元）10 万元以下件；数额在 10 万元以上（包括 10 万元）20 万元以下 4 件；数额在 20 万元以上（包括 20 万元）100 万元以下 14 件；数额在 100 万元以上（包括 100 万元）200 万元以下 4 件；数额在 200 万元以上（包括 200 万元）1 000 万元以下 5 件；数额在 1 000 万元以上的 3 件。

8. 挪用公款用途

挪用公款归个人使用进行非法活动的 4 件；挪用公款归个人进行营利活动的 20 件；挪用公款归个人使用超过 3 个月未还的 11 件。

（二）影响量刑的情节分析

1. 自首、坦白情节

涉及自首的 24 件，占总数的 75％。如实供述、坦白的 6 件，占总数的 19％。认定具有自首情节的 19 件，具有坦白情节的 5 件。

2. 立功情节

涉及立功的 2 件，人民法院最终认定 1 件具有立功情节。

3. 共同犯罪案件

认定为共同犯罪案件的 1 件，占总数的 3％，人民法院认定共同犯罪的主次责任。

4. 挪用公款后的退还情况

在 2013 年至 2017 年税务干部涉及挪用公款罪的 32 件裁判案件中，29 件案件有全部或部分退还公款的情形，占总数的 90.6％。最终被人民法院判定免予刑事处罚、宣告缓刑的裁判案件均存在退还公款情形。

（三）采取的强制措施情况

存在被逮捕情况的 23 件，占总数的 71.9％；被取保候审的 9 件，占总数的 28.1％，采取取保候审措施后又实施逮捕的有 1 件；没有被采取监视居住措施的。

采取强制措施如图 11-5 所示。

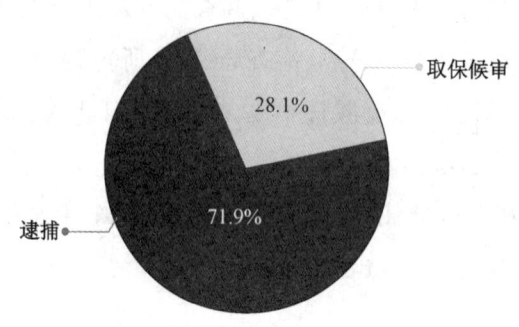

图 11-5　采取强制措施

被采取取保候审强制措施的 9 件案件中,宣告缓刑的 2 件,占比 22.2%;免予刑事处罚的 2 件,占比 22.2%;没有判决不构成挪用公款罪的。被取保候审措施的裁判结果如图 11-6 所示。

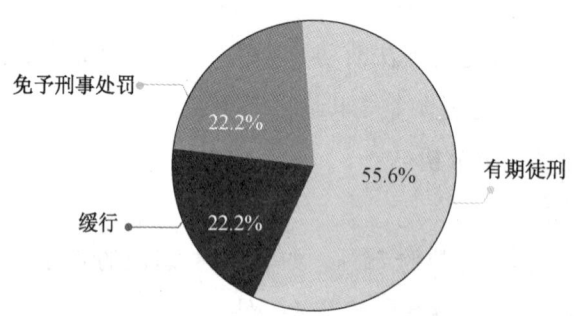

图 11-6　被取保候审措施的裁判结果

注:本报告涉及的判决结果仅统计挪用公款罪审判结果,不统计涉及数罪并罚后的判决执行结果。

二、一审案件判决结果分析

1. 有期徒刑

判处有期徒刑案件共有 22 件,占总数的 68.8%。其中判处不满 1 年有期徒刑的 1 件,判处 1 年以上(包括 1 年)不满 3 年有期徒刑的 5 件,判处 3 年以上(包括 3 年)10 年以下有期徒刑 10 件,判处 10 年以上(包括 10 年)有期徒刑 6 件。

2. 宣告缓刑

判处宣告缓刑的 6 件,占总数的 18.7%。2013 年 2 件,2014 年 1 件,2016 年 1 件,2017 年 2 件。

3. 免予刑事处罚

免予刑事处罚案件共有 2 件,占总数的 6.3%。其中,2015 年 1 件,2016 年 1 件。

4. 不构成挪用公款罪

不构成挪用公款罪案件共有 1 件,占总数的 3.1%,出现在 2016 年。2015 年 1 件裁判案件认为部分事实不构成挪用公款罪。

5. 变更罪名

变更罪名的案件共有 1 件,占总数的 3.1%,出现在 2014 年。最终判决结果变更为犯挪用资金罪。

6. 人民检察院撤诉

没有人民检察院撤诉的案件。一审案件判决结果如图 11-7 所示。

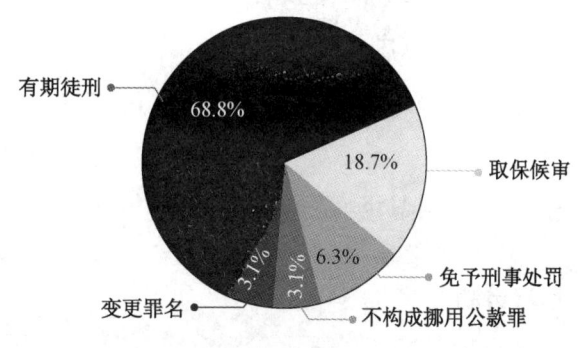

图 11-7 一审案件判决结果

三、二审案件判决结果分析

在 2013 年至 2017 年税务干部涉及挪用公款罪的二审案件共计 12 件,其中 2014 年 2 件;2015 年 3 件;2016 年 2 件;2017 年 5 件。

1. 维持一审判决

在 2013 年至 2017 年税务干部涉及挪用公款罪的裁判案件中,二审法院维持(包括部分维持)一审判决的 8 件,占二审案件的 66.7%。其中,2014 年维持一审判决的 2 件,维持率为 100%;2015 年维持一审判决的 1 件,维持率为 33.3%;2017 年维持一审判决的 5 件,维持率为 100%。

2. 改判

在 2013 年至 2017 年税务干部涉及挪用公款罪的裁判案件中,二审法院改判的 4 件,占二审案件的 33.3%。其中 2015 年改判案件 2 件,改判率为 66.7%;2016 年

2 件,改判率为 100%。

3. 裁定发回重审

在 2013 年至 2017 年税务干部涉及挪用公款罪的裁判案件中,没有二审法院裁定发回重审的案件。

4. 撤回上诉

在 2013 年至 2017 年税务干部涉及挪用公款罪的裁判案件中,没有撤回上诉的案件。二审案件判决结果如图 11-8 所示。

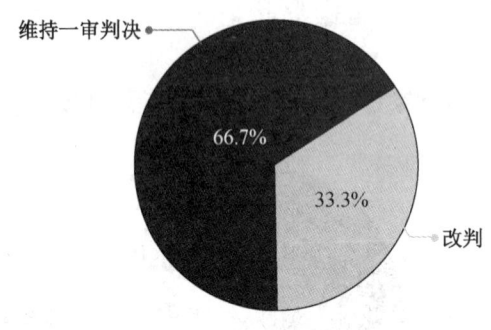

图 11-8　二审案件判决结果

四、律师辩护情况分析

1. 一审总体辩护情况

在一审 20 份文书中,有辩护人的 18 件,辩护率为 90%。

2013 年有辩护人辩护的 3 件,参与辩护率为 75%;2014 年有辩护人辩护的为 6 件,参与辩护率为 100%;2015 年有辩护人辩护的 3 件,参与辩护率为 100%;2016 年有辩护人辩护的 3 件,参与辩护率为 75%;2017 年有辩护人辩护的 3 件,参与辩护率为 100%。可见绝大多数当事人在一审时会聘请律师进行刑事诉讼。

2. 二审总体辩护情况

在二审 12 份裁判文书中,有辩护人辩护的 7 件,参与辩护率为 58.3%。其中 2014 年有辩护人辩护的 1 件,参与辩护率为 50%;2015 年有辩护人辩护的 2 件,参与辩护率为 66.7%;2016 年有辩护人辩护的 2 件,参与辩护率为 100%;2017 年有辩护人辩护的 2 件,参与辩护率为 40%,还有 2 件为被告人未上诉检察院抗诉案件,被告人未聘请律师参与辩护。

3. 二审辩护效果对比

二审判决改判的 4 件案件中,其中有 3 件律师参与辩护,占比 75%。

4. 辩护人辩护意见采纳情况统计

辩护人辩护意见采纳情况如表 11-1 所示。

表 11-1 辩护人辩护意见采纳情况统计

辩护意见	出现情况（件）	采纳情况（件）
证据不足，罪名不能成立	3	1
证据矛盾、没有责任人签字	1	0
没有挪用公款归他人使用的主观故意	3	1
没有达到超过三个月未还的标准	1	1
集体决定的单位行为	1	0
主体身份不符	1	0
不构成挪用公款罪	2	1
挪用款项数额有误	4	2
挪用的款项并非公款	4	1
未利用职务便利	1	0
自首	13	10
立功	2	1
如实供述	3	3
从轻、减轻	13	11
建议免予刑事处罚	4	2
建议适用缓刑	1	0
退赃情节	12	11

五、分析结论

通过对 2013 年至 2017 年共 5 年的税务干部涉及挪用公款罪刑事案件各项数据进行归纳、对比、分析可以看出，在税务干部挪用公款罪刑事案件中，律师参与辩护率远远高于刑事案件整体辩护率，并且取得了良好的辩护效果。

第十二章　税务干部受贿、贪污、挪用公款、巨额财产来源不明、徇私舞弊不征少征税款风险案

第一节　巨额财产来源不明罪的基本理论

一、巨额财产来源不明罪的概念

巨额财产来源不明罪，是指国家工作人员的财产或者支出明显超过合法收入，差额巨大，本人不能说明其来源是合法的行为。

二、巨额财产来源不明刑法规定

《刑法》第三百九十五条规定，国家工作人员的财产、支出明显超过合法收入，差额巨大的，可以责令该国家工作人员说明来源，不能说明来源的，差额部分以非法所得论，处五年以下有期徒刑或者拘役；差额特别巨大的，处 5 年以上 10 年以下有期徒刑。财产的差额部分予以追缴。

国家工作人员在境外的存款，应当依照国家规定申报。数额较大、隐瞒不报的，处 2 年以下有期徒刑或者拘役；情节较轻的，由其所在单位或者上级主管机关酌情给予行政处分。

三、巨额财产来源不明罪的犯罪构成

（一）犯罪的客体

巨额财产来源不明罪侵犯的客体是复杂客体，即国家工作人员职务行为的廉洁制度和公私财物的所有权。本罪客体的复杂性是由巨额财产来源不明罪的刑法内

涵的复杂性和特殊性所决定的。本法设立本罪的目的是使司法机关易于证明犯罪而使腐败官员难以逃避裁判。也即按通常的司法程序,在官员贪污受贿难以证实的情况下,把举证责任部分转移而设立本罪。因此,首先,从设立该罪的目的就可以看出,巨额财产来源不明罪侵犯的首要客体是国家工作人员职务行为的廉洁性。其次,既然是巨额财产来源不明,本罪也就必然地侵害了社会主义的财产关系,侵犯了国有财产、集体财产和公民个人的财产所有权。

（二）犯罪的客观方面

巨额财产来源不明罪在客观方面表现为国家工作人员的财产或支出明显超过合法收入,且差额巨大,本人不能说明其合法来源。

首先,行为人拥有的财产或者支出明显超过合法收入,而且差额巨大。这里所说的财产,是指行为人实际拥有的财产,包括住房、交通工具、存款等,名义上是属于别人实质是行为人的财产,应当属于行为人拥有的财产。这里的支出,是指行为人已经对外支付的款物,包括赠与他人的款物。合法收入,是指按法律规定应属于行为人合法占有的财产,如工资、奖金、继承的遗产、接受馈赠、捐助等。根据1999年9月16日最高人民检察院发布施行的《最高人民检察院关于人民检察院直接受理立案侦查案件立案标准的规定(试行)》的规定,巨额财产来源不明,数额在30万元以上的,应予立案。其次,行为人不能说明其拥有的财产或支出与合法收入之间巨大差额的来源及其合法性。行为人不能说明其来源是合法的,包括行为人虽然"说明"了,但司法机关查证不能证明其说明的合法来源的情况。差额部分的财产被推定为"非法所得"。本罪的行为状态,表现为国家工作人员对数额巨大的不合法财产的占有和支配。

（三）犯罪的主体

巨额财产来源不明罪的主体是特殊主体,即国家工作人员。非国家工作人员不能成为本罪主体。国家工作人员,包括:在国家机关、国有公司企业、事业单位、人民团体中从事公务的人员和国家机关、国有公司企业、事业单位委派到非国有公司、企业、事业单位、社会团体从事公务的人员,以及其他依照法律从事公务的人员。

（四）犯罪的主观方面

巨额财产来源不明罪在主观上是故意,即行为人明知财产不合法而故意占有,案发后又故意拒不说明财产的真正来源,或者有意编造财产来源的合法途径。

第二节　税务干部刑事犯罪典型案例解析

案例　税务干部受贿、贪污、挪用公款、巨额财产来源不明、徇私舞弊不征少征税款案

本案例是地方税管理机关的负责人利用职务之便，贪污、受贿、挪用公款、巨额财产来源不明、徇私舞弊不征少征税款案例，五个罪名，罪名之多，全国罕见，具有典型性。

一、案例概览

（一）案情①

刘某海在担任 D 市（县级市，下同）地税局局长、J 市（地级市，下同）地税局纪检组长期间，利用职务之便，索取、收受他人财物，为他人谋取利益，行为已构成受贿罪，且数额特别巨大；通过套取代扣税款手续费，以及私设"小金库"，以提取现金、报销个人支出费用等方式，将单位公款据为己有，其行为已构成贪污罪，且数额特别巨大；将单位"小金库"资金以个人名义借给他人炒股营利，其行为已构成挪用公款罪，且数额巨大；刘某海作为国家工作人员，其家庭财产、支出明显超过合法收入，除受贿所得款项、贪污所得款项外尚有 5 882 905.17 元差额部分不能说明来源，其行为已构成巨额财产来源不明罪；利用税收征管职务之便，在没有缴纳税款的情况下，指使下属违规开具金额为 5 646 877.11 元的建筑安装业发票一张，致使国家税收损失 272 744.16 元，其行为已构成徇私舞弊不征税款罪。

（二）一审法院裁判观点②

一审法院认为，对于人民检察院指控的巨额财产来源不明罪除千足金摆件为 5 047 元误认为 5 078 元，刘某海及其家庭成员取得的工资性收入合计为 1 341 930.8 元误认为 1 342 254.5 元，以及将刘某海在其弟交通事故中因帮忙而获得的 3 万元钱定性为债务不当，应认定为合法性收入外，其余证据确实、充分，且因指控的受贿数额、贪污数额与一审法院最终认定的数额不一致，故巨额财产来源不明罪的差额

依法应认定为 5 882 905.17 元。人民检察院指控的受贿 4 530 194 元,其中索贿 31 万元,事实清楚,证据确实、充分,指控成立;指控刘某海收受张某价值 201 948 元的住房,因未进行价格鉴定,只是以当时的销售价格为依据,证据不足,后刘某海以 19 万元将该住房销售,应认定为 19 万元;指控刘某海收受李某甲的 30 万元的问题,李某甲在缴纳了 30 万元后 D 市地税局为其开具了发票,符合缴纳税款的规定,故指控该 30 万元为贿款的证据不足,应认定该 30 万元系税款。指控的贪污罪中,应将李某甲所缴的 30 万元税款计算在内;指控刘某海贪污"皇冠牌"轿车车款 3 万元,因指控的证据并不能证实该车的来源及系 D 市地税局所有的财物,证据不足不予认定。指控的徇私舞弊不征税款罪中,认定李某甲未缴 255 271.88 元税款不当,应予纠正。

刘某海被以巨额财产来源不明罪被立案侦查的,但立案前侦查机关已掌握了其部分受贿事实,在侦查中,刘某海又供述了尚未掌握的部分受贿及巨额财产来源不明的事实,还对侦查机关根据其供述的贪污事实所发现的挪用公款事实供认不讳,其行为系坦白,可依法酌情从轻;刘某海归案后主动供述了侦查机关尚未掌握的贪污、徇私舞弊不征税款罪罪行,其行为应以自首论,依法从轻处罚。刘某海退赔了大部分赃款,所挪用的公款也未造成损失属实,可酌情从轻。

依据《刑法》第三百八十五条第一款、第三百八十六条、第三百八十三条第一款(一)项及第二款、第三百八十二条第一款、第三百八十四条第一款、第三百九十五条第一款、第四百零四条、第五十六条第一款、第五十五条第一款、第五十九条、第六十四条、第六十九条、第六十七条第二、三款、《最高人民法院 最高人民检察院关于办理渎职刑事案件适用法律若干问题的解释(一)》第三条、《中华人民共和国刑事诉讼法》第一百九十五条(一)项、《最高人民法院关于适用〈中华人民共和国刑事诉讼法〉若干问题的解释》第三百六十五条及第三百六十六条第一款之规定,判决:①刘某海犯受贿罪,判处有期徒刑 15 年,剥夺政治权利 3 年,并处没收个人全部财产;犯贪污罪,判处有期徒刑十年,剥夺政治权利 1 年,并处没收个人财产 100 万元;犯挪用公款罪,判处有期徒刑六年;犯巨额财产来源不明罪,判处有期徒刑 4 年;犯徇私舞弊不征税款罪,判处有期徒刑 1 年 6 个月。数罪并罚,决定执行有期徒刑 22 年,剥夺政治权利 4 年,并处没收个人全部财产。②刘某海受贿违法所得 4 720 194 元、贪污违法所得 1 400 397.57 元、巨额财产来源不明的差额部分 5 882 905.17 元,共 12 003 496.74 元依法予以追缴,没收上缴国库。③公诉机关 J 市人民检察院依法扣押的款项人民币 13 276 419.9 元,由其依法处理。

（三）人民检察院抗诉观点[①]

一审判决将李某甲送给刘某海的 30 万元认定为贪污定罪错误，且该认定又导致本案中刘某海犯徇私舞弊不征税款，致使国家税款损失数额认定错误，量刑不当；将刘某海受贿张某一套房屋价款以出售价 19 万元认定不当，应认定为 201 948 元；将刘某海将单位公车变卖后价款 3 万元以证据不足未认定错误。

（四）被告人及辩护律师观点[②]

（1）一审法院认定刘某海徇私舞弊不征税款罪款罪中的损失额为 27 万余元，数额未达到立案标准，依法不构成犯罪。

（2）认定刘某海受贿 4 720 194 元，部分事实不清：①将刘某海与他人的借款、打牌盈利及替刘某海打底钱认定为受贿不当。②将他人在过年、乔迁过程中他人贺礼认定为受贿不当。③将他人没有明确请托事项情形下送的钱认定为受贿不当。④将刘某海离开税务局长后，他人送的钱物认定为受贿不当。综上，原判以受贿罪对刘某海量刑过重。

（3）刘某海自愿认罪、积极坦白，并且刘某海自认为有立功表现，请二审从轻、减轻判处。

（五）二审法院裁判观点[③]

刘某海在担任 D 市地方税务局局长、J 市地方税局党组成员、纪检组长期间，利用职务便利，为他人谋取利益，索取、收受单位和个人贿赂款共计 5 032 142 元，构成受贿罪，且数额特别巨大；利用职务便利，贪污单位公款 1 130 397.57 元，构成贪污罪，且数额巨大；利用职务便利，挪用公款 499 900 元进行营利活动，构成挪用公款罪，且数额较大；刘某海身为国家工作人员，其家庭财产、支出明显超过合法收入，除受贿所得、贪污所得款项外，尚有 5 840 957.17 元的财产不能说明合法来源，其行为构成巨额财产来源不明罪；利用职务便利，为谋取非法利益，不向应纳税单位征收税款 528 016.04 元，给国家税收造成特别重大损失，构成徇私舞弊不征税款罪。刘某海在侦查过程中，主动交代贪污犯罪事实和徇私舞弊不征税款罪的犯罪事实，分别可以减轻处罚。刘某海所提其认罪态度好、主动坦白等从轻的量刑情节，一审法院在判决中已予认定。其所提有立功情节的上诉理由，经查无事实依据，不予采纳。

---

① 人民检察院观点于 2017 年 12 月 27 日摘自中国裁判文书网。
② 刘某海及辩护人观点于 2017 年 12 月 27 日摘自中国裁判文书网。
③ 人民法院裁判观点于 2017 年 12 月 27 日摘自中国裁判文书网。

经二审法院审判委员会讨论决定,依据《刑事诉讼法》第二百二十五条第一款第二项,《刑法》第十二条,第三百八十二条,第三百八十三条第一款第二、三项,第三百八十五条,第三百八十六条,第三百八十四条第一款,第三百九十五条第一款,第四百零四条,第五十九条,第六十七条第二款、第三款,以及《最高人民法院 最高人民检察院关于办理渎职刑事案件适用法律若干问题的解释(一)》第三条,《最高人民法院 最高人民检察院〈关于办理贪污贿赂刑事案件适用法律若干问题的解释〉》第二条、第三条、第六条、第十八条、第十九条之规定,判决如下:

"一、维持一审《刑事判决书》第一项中对刘某海犯受贿罪、贪污罪、挪用公款罪、巨额财产来源不明罪、徇私舞弊不征税款罪的定罪部分,和第三项即公诉机关J市人民检察院依法扣押的款项人民币 13 276 419.9 元,由其依法处理的部分。

二、撤销一审《刑事判决书》第一项中对刘某海犯受贿罪判处有期徒刑十五年,剥夺政治权利三年,并处没收个人全部财产,犯贪污罪判处有期徒刑十年,剥夺政治权利一年,并处没收个人财产 100 万元,犯挪用公款罪判处有期徒刑六年,犯巨额财产来源不明罪判处有期徒刑四年,犯徇私舞弊不征税款罪判处有期徒刑一年六个月的处刑部分,和决定执行有期徒刑二十二年,剥夺政治权利四年,并处没收个人全部财产的处刑部分,以及第二项即刘某海受贿违法所得 4 720 194 元、贪污违法所得 1 400 397.57 元、巨额财产来源不明的差额部分 5 882 905.17 元,共计 12 003 496.74 元依法予以追缴,没收上缴国库的部分。

三、以刘某海犯受贿罪,判处有期徒刑十二年,并处没收个人财产 50 万元;犯贪污罪,判处有期徒刑四年,并处没收个人财产 20 万元;犯挪用公款罪,判处有期徒刑三年;犯徇私舞弊不征税款罪,判处有期徒刑三年;犯巨额财产来源不明罪,判处有期徒刑三年。数罪并罚,决定执行有期徒刑十七年,并处没收个人财产 70 万元。

四、刘某海受贿犯罪所得 5 032 142 元、贪污犯罪所得 1 130 397.57 元、巨额财产来源不明的差额部分 5 840 957.17 元,依法没收上缴国库。"

二、案例解析

(一)受贿罪部分

(1)刘某海认为将与他人的借款认定为受贿不当。税务律师认为对以下借贷应以受贿罪论处:①借款方式是利用职务便利,为出借人谋取利益的国家工作人员或者其他从事公务的人员。②借款人经济条件好,无需借款,虚构借款事由的。③借款金额大,时间超过一定期限或不确定期限的。④借款不留凭证的。⑤借款后有能力、有机会偿还而不予偿还的。⑥借款人借款后又收受出借人贿赂钱财的。

（2）刘某海认为将打牌盈利及替其打底钱认定为受贿不当。税务律师认为，以打牌为名受贿案件的认定需考虑以下情况：①从行贿受贿双方构成看。赢牌方多是掌管某种实权的国家工作人员，输钱方都是有求于执掌某种权利的人。②从打牌的目的、动机看。双方以娱乐为名，意在实现行贿受贿的目的。③从输赢钱的来源及金额看。输钱方的钱多源于输方单位的公款，输赢的金额都在成百上千元。

（3）刘某海认为将过年、乔迁的贺礼及其离开税务局局长后送的钱物认定为受贿不当。税务律师认为区分受贿与正常馈赠，除正确把握受贿罪构成要件之外，还需从以下几方面考虑：①从双方的关系看，双方是同学、同乡、亲友及其他私人关系，还是有利害关系的当事人与主管人的关系。②从行为的动机来看，正常馈赠是行为人基于亲情、友情而无偿将财物送与他人；而贿赂则是行贿人为使他人利用职务之便为自己谋取利益而将财物给予他人。③从行为的方式来看，正常馈赠一般是公开进行，为他人知悉；而贿赂则总是秘密进行，行为的双方都采取各种手段掩盖、隐匿、毁灭可能被查获的罪证。④从行为的时间上看，馈赠发生的时间一般确定；而贿赂则必然发生在行贿人有求受贿人利用职务为其谋取利益之时。⑤从行为的标的物来看，正常馈赠的财物一般为私人财物；而用以贿赂的财物，既可能是国家、集体的，也可能是私人的，且标的物价值一般较大。

（3）刘某海认为将没有明确请托事项送的钱认定为受贿不当。行贿者没有明确的请托事项的现象并非个案。但可能是一种"期权"，也可能是双方达成的一种"默契"，具体情况还应根据事实情形及相关证据材料综合分析。

综上，本案中行贿人通过不同方式给刘某海送钱物，均是为了利用其职务上的便利谋取利益，刘某海实际上也利用其职务便利为上述人员谋取了利益，故其收受的款、物均符合受贿罪的构成要件，构成受贿罪。

（二）贪污罪部分

本案中所涉的皇冠牌轿车没有牌照，没有书面的权属证明以确定该车辆的所有权，但通过时任J市地税局局长刘某智、办公室主任许某明证言和刘某海的供述，证明了该车系地税局局长与财政处处长协调后，由财政处转交地税局使用的公物。J市地税局交给D市地税局使用后，D市地税局虽没有进行财产登记，但并不能因此改变该车辆系公物的性质，刘某海私自变卖后将变卖款据为己有，符合贪污罪的构成要件，已构成贪污罪。

（三）挪用公款罪部分

本案中,刘某海于 2008 年 4 月指使单位财务人员"小金库"保存的公款 50 万元转入其个人银行卡,后将其中 499 900 元借给王某燕用于个人炒股。同年 6 月 16 日刘某海将 50 万元归还财务人员,符合挪用公款罪的构成要件,已构成挪用公款罪。

（四）徇私舞弊不征少征税款罪部分

2009 年夏天,天河公司总经理张某为结算其公司 2005 年承建的 D 市西关小学工程款,让刘某海开具 2006 年以前的建筑发票,在天河公司没有缴纳税款的情况下,刘某海安排 D 市地税局矿山分局的李某乙违规给天河公司开具金额为 5 646 877.11 元、税额为 272 744.16 元的 2006 年度版建筑安装专用发票,致使国家税收损失 272 744.16 元。

刘某海认为事实情况未达到立案标准,不构成徇私舞弊不征税款罪,但徇私舞弊不征税款罪立案标准为造成国家税收损失 10 万元以上就符合立案标准,应追究其刑事责任。

（五）刘某海收取李某甲的 30 万元部分该如何定性

本案中李某甲明知通过正常纳税程序,其不可能在 2009 年以 2006 年以前的税率纳税,也无法开出 2006 年度以前的发票;其为了达到开具 2006 年税率发票的非法目的,去找刘某海,利用刘某海的职权为其谋取非法利益;而刘某海利用职务便利,同意为李某甲开具发票,并提出拿 30 万元的条件,为李某甲谋取利益;李某甲将 30 万元现金直接交给刘某海后,明知在没有办理完税证的情况下,无法缴纳税款,自己亲自填写了发票并拿走,应当确认李某甲交付的 30 万元,应视为行贿,刘某海收受 30 万元应视为受贿。刘某海收受李某贿赂款 30 万元后,徇私舞弊,不征收李某公司税款 255 271.88 元,造成国家税收损失,其行为又符合徇私舞弊不征税款罪的构成要件。根据《最高人民法院　最高人民检察院关于办理渎职刑事案件适用法律若干问题的解释(一)》第三条之规定:"国家机关工作人员实施渎职犯罪并收受贿赂,同时构成受贿罪的,除刑法另有规定外,以渎职犯罪和受贿罪数罪并罚。"据上,一审法院认定李某甲缴纳 30 万元,D 市地税局开具发票,判定李某甲的行为是纳税行为,给刘某海的 30 万元是税款,认定刘某海将 30 万元据为己有系贪污犯罪的判定属于定罪错误。刘某海此行为构成受贿罪、徇私舞弊不征税款罪。

（六）巨额财产来源不明罪部分

本案中刘某海为国家工作人员,家庭财产总额 16 992 824.6 元,受贿、贪污犯罪所得为 6 162 539.57 元,能说明来源的财产 4 989 327.86 元,不能说明来源的财产数额为 5 840 957.17 元,符合巨额财产来源不明罪的构成要件。

(七) 风险防控策略

为了应对、防控巨额财产来源不明的刑事风险,需要了解相关的司法处理。

1. 巨额财产来源不明罪是独立罪名还是附属罪名

1988 年 1 月 21 日全国人大常委会通过的《关于惩治贪污罪贿赂罪的补充规定》(下文简称《补充规定》)第十一条第一款规定:"国家工作人员的财产或者支出明显超过合法收入,差额巨大的,可以责令说明来源。本人不能说明其来源是合法的,差额部分以非法所得论,处五年以下有期徒刑或拘役,或者单处没收其财产的差额部分。"1997 年 3 月 14 日全国人大通过的修订刑法,在第三百九十五条第一款中完全吸纳了《补充规定》对此罪的罪状表述,仅将法定刑中"或者单处没收其财产的差额部分"改为"财产的差额部分予以追缴"。2009 年 2 月 28 日,全国人大常委会通过的《刑法修正案(七)》第十四条对此罪的构成条件和量刑幅度作出修改,将"财产或者支出"改成"财产、支出",将"不能说明其来源是合法的"改成"不能说明其来源的",将量刑增加一档:"差额特别巨大的,处五年以上十年以下有期徒刑。"

巨额财产来源不明罪是独立罪名还是附属罪名的争议主要发生在《补充规定》颁布之初。有人认为关于财产来源不明的处罚规定属于贪污罪或受贿罪的范围,并没有成立一个独立的罪名,而是是对贪污贿赂犯罪的补充,只是对贪污贿赂犯罪的兜底性规定,其目的在于证明贪污贿赂行为存在困难时对拥有无法解释的财产行为作出适当处罚,以保障职务行为的廉洁性。而多数人这种补充并不仅限于规定贪污贿赂罪,所设定的犯罪构成要件明显不同于贪污贿赂犯罪中任何一个罪名,是确立了一个独立的罪名。现今理论上对巨额财产来源不明罪是一个独立罪名的认识早已趋同,但司法实践中至今还几乎没有单独以这个罪名定案的案例。

2. 巨额财产来源不明罪与贪污罪受贿罪的界限

巨额财产来源不明罪与贪污罪和受贿罪有着密切的联系,很多巨额财产来源不明就是没有被查明证实的贪污罪和受贿罪。但巨额财产来源不明罪作为一个独立的罪名有着自己的犯罪构成。首先,贪污罪和受贿罪的犯罪主体的范围要比巨额财产来源不明罪大一些,除国家机关工作人员,还包括国有公司、企业、事业单位其他经手管理公共财产的人员和其他依法从事公务的人员。在犯罪的客观方面,巨额财产来源不明罪只要求行为人拥有超过合法收入的巨额财产,而且行为人不能说明、司法机关又不能查明其来源的即可。也就是说,行为人拥有的来源不明的巨额财产既可能是来自贪污、受贿,也可能是来自走私、贩毒、盗窃、诈骗等等行为,这些都不影响构成巨额财产来源不明罪。

3. 巨额财产来源不明罪立案标准

《最高人民检察院关于人民检察院直接受理立案侦查案件立案标准的规定(试行)》(高检发释字〔1999〕2号)贪污贿赂犯罪案件(九)巨额财产来源不明案。

巨额财产来源不明罪是指国家工作人员的财产或者支出明显超出合法收入,差额巨大,而本人又不能说明其来源是合法的行为。涉嫌巨额财产来源不明,数额在30万元以上的,应予立案。

4. 财产来源的计算

(1) 对于财产和支出的计算。如果存疑,则有利于被告人原则。当财产或者支出有疑问,不能排除合理怀疑时,依法不予认定在不能说明财产中。

对难以查清的行为人家庭日常生活支出,一般以统计部门公布的当地人均居民消费性支出指数作为基础计算行为人家庭消费性支出。

(2) 对于合法收入的计算。司法机关有充分查证的职责和义务,将国家工作人员正常收入调查清楚,做到证据充分,排除合理怀疑。然后听取其关于合法收入来源的辩解,再适用"说明来源"的计算标准。

(3) 对于"说明来源财产"的计算。"说明来源"与"不能说明来源"相对,不能证明犯罪嫌疑人"不能说明来源",就应当认定其"说明了来源"。也就是说,犯罪嫌疑人说明的来源只要存在可能性和合理性,司法机关不能举证证明其说明的来源是不真实、不存在甚至是不可能的,就应当认定犯罪嫌疑人说明了来源。

5. 财产的计算

财产是指国家工作人员个人及与其共同生活家庭成员所有财产的总和。家庭财产种类繁多,一般可分为以下四类:

(1) 房屋、汽车、车位等家庭资产。一般这类资产的价值直接以购买时账面价格认定。若购房、购车款中含他人借款,或包含某些补贴,或因该房产生收益,计入合法收入或其他能说明来源的收入。例如甲名下一套家庭住房,购买时账面价200万元,其中80万元系其自妻弟处借款,单位补助购房款60万元。在认定犯罪数额时,一般计算方式是房屋价值人民币200万元计入财产,借款、房补共计140万元计入合法收入。

(2) 贵重金属及制品、玉石字画等家庭资产。一般这类资产包括:

第一,自购、接受馈赠。对于自购物品,有证据证实购买价格的,以购买价格认定价值计入资产总额;无证据证实购买价格的,以价格鉴定意见认定计入资产总额,一般以扣押时为鉴定基准日。

第二,违法犯罪所得物品,嫌疑人提供物品来源但司法机关无法排除来源可能性、合理性的物品。对于违法、犯罪所得、接受馈赠所得以及嫌疑人提供物品来源但司法机关无法排除来源可能性、合理性的物品,一般先将相关物品列入资产清单,并计入其他能说明来源的收入部分。

第三,嫌疑人无法说明来源的物品。对于其他无法说明来源的物品,以价格鉴定意见认定计入资产总额,一般以扣押时为鉴定基准日。

例如,扣押手表、金条、玉石等贵重物品共50件,10件系自购物品(4件物品有购物小票,其余6件物品系自购,有犯罪嫌疑人供述与其妻证言相印证,但无法证实购买时间);20件物品拟认定为受贿所得;10件系接受他人馈赠,司法机关调取了有关人员证言予以印证;4件物品嫌疑人虽提供了来源但侦查机关未予以核实,6件物品无法说明来源。在认定财产数额时,应将50件物品均列入资产清单,其中34件来源已说明或未排除来源可能性物品(受贿所得20件、接受馈赠10件、未核实4件)列入清单后,计入合法收入或其他能说明来源的收入部分;其中10件自购、6件无法说明来源物品,或以书证购买价认定物品价值,或以扣押时为基准日进行物品价值鉴定,相关数额计入财产总额。

(3)现金、存款等货币家庭资产。一般这类资产以实际扣押数额及有证据证明转移且无法追回的数额之和予以认定。若部分款项若有证据证实系借款,则先行计入资产总额,同时作为要说明来源的收入部分。若涉及外汇的,外汇系自购且有证据证实购买时间,则以购买时为基准日折算人民币计入资产总额,无法查明购买时间,则以扣押时为基准日进行汇率折算计入资产总额;如外汇系违纪、犯罪所得、接受他人赠与所得以及犯罪嫌疑人提供外汇来源但司法机关无法排除来源可能性和合理性的,则先行计入资产总额,并在说明来源的收入部分予以抵减;如外汇来源不明,则先行计入资产总额,同时计入说明来源部分;如外汇来源不明,则以扣押时为基准日进行汇率折算计入资产总额。此外,养老金账户、公积金账户一般先行计入资产,同时计入合法收入。

(4)股票、债权、股权等权益资产。一般这类资产本金数额明确的,可直接按照本金计算资产数额;本金数额不明确的,如反复操作的股票账户,一般在进行司法会计鉴定后,将查封冻结时股票账户账面资产列入资产总额,其中盈利数额计入其他能说明来源的收入部分。

(5)特别提示。关于犯罪嫌疑人及其共同家庭生活成员日常生活使用的通讯工具、家用电器、家具等普通生活用品,因数额较小,物品已灭失等原因,司法实践中一般作为居民消费性支出计算,不以财产类资产计算,但数额较大,且有证据证实的除外,如购买名贵家具、奢侈品,数额较大的情形,则需要计入财产类资产。

6. 支出的计算

支出是指国家工作人员个人及与其共同生活家庭成员所有支出的总和,包括合法支出和不合法的支出,常见的形式有日常生活、工作、学习费用、赠与他人及向他人行贿的财物等。从司法实践看,一般可分为以下四类:

(1)日常生活、工作和学习支出。因涉嫌巨额财产来源不明罪的犯罪嫌疑人一般工作年限较长,时间跨度很大,准确查明其生活实际的支出数额难以实现。因此,实践中一般以国家统计部门公布的犯罪嫌疑人所在地的居民消费性支出数据计算其家庭支出数额。

(2)非一般生活性家庭大额支出。司法实践中,一般包括子女出国留学的费用、装修非日常生活所用房屋的费用、境外旅游费用、赌资等常见的大额支出。特别需要注意的是,支出大额资金购买珠宝玉器、奢侈品的部分,物品在案的,一般按照资产类财产予以认定,这里不可重复计算;物品不在案的,且有充分证据证实大额支出事实的,可在大额支出中予以计算。

(3)赠与他人财物。司法实践中,一般表现为犯罪嫌疑人将巨额款项赠予情妇(夫),为情妇(夫)购买房产、珠宝、高档奢侈品或等。赠予财物的价值一般以书证为准;无书证的以赠予日期为基准日进行物品价值鉴定计算价值;赠予日期不明的,以立案日期为基准日进行物品价值鉴定计算价值。需要注意的是,如赠予他人的财物已查实系犯罪、违纪所得,已依法追缴在案的,一般按照资产类财产予以认定,不可重复计算。

(4)向他人行贿款物。应当根据本案或其他有关案件拟认定的犯罪嫌疑人行贿款物的数额,计算大额支出数额。在已将行贿款物认定为行贿罪,又将贿款物列入支出作为巨额财产来源不明的加项财产认定,是否涉及重复计算的问题,实践中较认为行贿罪处罚的是财产的用途,巨额财产来源不明处罚的是财产的来源,如以贪污款行贿一样,不存在重复。

7. 合法收入的计算

合法收入是指国家工作人员个人及与其共同生活家庭成员的合法收入,包括工资、奖金、稿酬、继承等法律和政策允许的各种收入。因犯罪嫌疑人合法收入的种类因其履历、家庭及个人的能力等不同而千差万别,一般应根据事实和法律,结合案件的具体情况予以认定。

(1) 工资、奖金、津贴等工资性收入的计算。工资性收入的计算,一般从犯罪嫌疑人参加工作开始计算。认定工资性收入数额,一般以嫌疑人任职各单位的工资表等书证为准,因年代久远,书证无法查实的,可有原单位出具有关说明。一般还要注意包括出差、学习、会议补贴、出国零用等其他收入。此外,资产部分已计入的公积金及养老保险账户,在此也应当计入合法收入。

(2) 稿酬、讲课费等劳务性收入的计算。犯罪嫌疑人在工作中可能发表文章、出版专著、主编书籍、对外授课等,获得了一些劳务报酬,有的数额不菲。当然,因时过境迁,涉及单位注销、账目销毁、人员变动等原因,这部分收入的准确数额往往难以查证。对此,应要求犯罪嫌疑人对该收入来源的数额作出详细说明,综合证人证言、有关书证进行判断。如无法排除合理性和可能性,则应本着有利于被告的原则,依法予以认定。

(3) 银行存款利息收入的计算。银行存款利息收入的计算,应结合犯罪嫌疑人家庭收入的来源,查清可能的存款数额,责令其列表说明存款利息收入的来源,包括说明存款的时间、地点、姓名、金额、存期等情况,根据犯罪嫌疑人提供的线索,尽可能查找银行资料,询问其家庭成员和犯罪嫌疑人,印证其说明的来源是否合理和可能。若不能排除犯罪嫌疑人说明的来源的合理性和可能性,就应当认定其说明的来源存在合理性和可能性而予以认定。

(4) 继承遗产、接受馈赠、向他人借款等收入的计算。犯罪嫌疑人提出此辩解,若属实,根据嫌疑人提出的钱款来源,进行调查核实,可以收集到足够的证据证实继承遗产、接受馈赠、借款的存在;若不属实,嫌疑人编造的给付人和给付理由难以具有合理性和可能性,司法机关经调查查证为不属实即认定为证伪。司法机关一般会重点审查被继承人、馈赠人、借款人与犯罪嫌疑人的关系、继承、馈赠、借款的相关书证、知情人证言等,结合其供述认定。需要注意的是,相关财产如已计入资产数额,在此也应当计入合法收入。

(5) 出售房产等家庭财产收入的计算。这部分收入在国家工作人员的合法收入中占据相当大的比例,一般司法机关会着重审查房屋产权证书、购买、出售房产的相关合同、银行票据等书证,出售、购买房产相关的证人证言,并结合犯罪嫌疑人的供述与辩解,审查认定其出售房产方面的收入情况。有关收益已在资产部分先行计入的,在此也应当计入合法收入。

8. 其他能说明来源的收入的计算

其他能说明来源的收入是指国家工作人员个人及与其共同生活家庭成员的收入中除合法收入外,仍能说明来源的部分。实践中,一般包含以下三类:

(1) 犯罪所得及其孳息。由于巨额财产来源不明案件往往伴生于其他贪腐犯罪,如受贿、贪污等。若有关资产在其他犯罪中被认定为犯罪所得,其来源必然已查证属实,相关数额应在巨额财产来源不明罪认定中予以扣除。若有关资产涉嫌犯罪,嫌疑人能如实交代赃款来源,因其他原因未能认定,如涉嫌受贿事实中赃款虽查清但谋取利益未查实,则该资产应当视为已说明来源,计入说明来源的收入;若犯罪嫌疑人不如实交代赃款来源导致涉嫌犯罪的事实无法查清,不能认定的,则相关资产不能认定为说明了来源。需要注意的是,犯罪嫌疑人不如实交代赃款来源,对犯罪认定未产生影响的,如受贿人否认收受贿赂的事实但根据其他证据依法认定其受贿的,相关数额仍应计入说明来源的收入,以避免对同一笔赃款作出重复计算。

(2) 收受礼金、礼品所得。对于嫌疑人提出有关财物系收受礼金、礼品所得,并能提出来源的,司法机关有义务进行调查核实,经调查属实的,在此处应计入能说明来源的部分;经调查不属实的,不计入说明来源的部分。

(3) 指出了收入来源,但司法机关无法排除该来源可能性和合理性的其他收入。巨额财产来源不明罪,《刑法》虽然对国家工作人员科以说明财产来源的义务,但司法机关仍然承担证明这些财产来源是否真实的举证责任。当国家工作人员说明了财产来源,司法机关不能排除来源的可能性和合理性的,就应当认定犯罪嫌疑人说明了来源,列入其他能说明来源的收入。

 链接　何××巨额财产来源不明罪的案件警示

【案情简介】

何××,男,1940 年 6 月 16 日生,汉族,中专文化,系×省×人,曾任×市税务局局长、×市地方税务局副局长、局长,2000 年 9 月退休。

经法院查明,何××的家庭财产共计人民币 5 322 566.55 元、港币 77 912.7 元、美元 23 336.72 元,减去何××的合法收入人民币 1 588 476.48 元、港币 200 000 元、美元 5 000 元,以及何××本人能够提供证据说明的合法收入港币 21 000 元、美元 40 000 元,所得 3 404 043.18 元,即何××仍有财产折合人民币合计为 3 404 043.18

元不能说明其合法来源,其行为已构成巨额财产来源不明罪。

经法院审判,何××犯有巨额财产来源不明罪。2006年12月×省×市×区人民法院依法判处何××有期徒刑2年,缓刑3年,对于来源不明财产部分人民币3 404 043.18元,予以追缴,上交国库。

【案件警示】

巨额财产来源不明罪,是指国家工作人员的财产或者支出明显超过合法收入,差额巨大,本人不能说明其来源是合法的行为。刑法修正案(七)已将巨额财产来源不明罪的最高刑由5年有期徒刑提高至10年有期徒刑,由此引起了刑法学界和社会公众的争论。巨额财产来源不明罪是一个独具中国特色的罪名,应该理性地看待和分析。

随着人们对巨额财产来源不明罪的了解,在越来越多的贪污受贿案中出现了这一项罪名,而不明来源财产的数额也越来越大。由最初确定罪名时将巨额财产来源不明罪的"差额巨大"的标准确定为5万元。4年后,当巨额财产来源不明罪被正式写进刑法贪污受贿罪一章中后,立案标准提高到10万元。在1999年又将立案标准由10万元提高到30万元。巨额财产来源不明罪与刑法规定的其他罪名相比,最大的不同就在于将证明责任部分地转移到了被告人身上,即刑法规定由被告人自己说明其超出合法收入财产的来源,如果不能说明就以巨额财产来源不明罪论处;而其他罪名都是由公诉方即检察机关来承担证明责任的。

何××的家庭财产共计人民币5 322 566.55元、港币77 912.7元、美元23 336.72元,减去何××的合法收入人民币1 588 476.48元、港币200 000元、美元5 000元,以及何××本人能够提供证据说明的合法收入港币21 000元、美元40 000元,所得3 404 043.18元,即何××仍有财产折合人民币合计为3 404 043.18元不能说明其合法来源,其行为已构成巨额财产来源不明罪。在本案中何××仍有财产折合人民币合计为3 404 043.18元不能说明其合法来源,数额可谓巨大。本案给我们的一个重要警示就是贪官们想以拒不承认,想不起来、说不明白的"健忘症"来逃避法律的制裁是不可能的。巨额财产来源不明罪的出现,是为了适应我国打击腐败行为的客观需要。在现实中,要认定贪污罪或贿赂罪,需要有形成锁链的证据,像行贿受贿这种一对一的犯罪,以及某些极其隐蔽的贪污犯罪,如果他本人不承认,又找不到别的有效证据,要证明就非常困难。巨额财产来源不明罪从法理上来说,就是一个兜底性的条款。还有刑法专家点出了巨额财产来源不明罪的实体法价值所在——严密法网、堵塞漏洞,使犯罪分子受到应有惩罚。

【法律链接】

(1)《中华人民共和国刑法》第三百九十五条　国家工作人员的财产、支出明显超过合法收入,差额巨大的,可以责令该国家工作人员说明来源,不能说明来源的,差额部分以非法所得论,处 5 年以下有期徒刑或者拘役;差额特别巨大的,处 5 年以上 10 年以下有期徒刑。财产的差额部分予以追缴。

国家工作人员在境外的存款,应当依照国家规定申报。数额较大、隐瞒不报的,处 2 年以下有期徒刑或者拘役;情节较轻的,由其所在单位或者上级主管机关酌情给予行政处分。

(2)《最高人民检察院关于人民检察院直接受理立案侦查案件立案标准的规定(试行)》(1999 年 8 月 6 最高人民检察院第九届检察委员会第四十一次会议通过)

巨额财产来源不明罪是指国家工作人员的财产或者支出明显超出合法收入,差额巨大,而本人又不能说明其来源是合法的行为。

涉嫌巨额财产来源不明,数额在 30 万元以上的,应予立案。

后 记(一)

税务干部必须善于防范职务犯罪风险

刘兵是北京大成(兰州)律师事务所税务部主任,法务会计师、税务律师。中国财税法学研究会理事,全国律师协会财税法专业委员会委员,中央财经大学研究员,吉林财经大学研究员,国家税务总局党校兼职教授、中国社会科学院研究生院税务硕士导师。研究方向是:税务机关税收执法的风险控制策略、税务干部职务犯罪预防、企业税收风险控制策略,地方财政与地方化债务。出版著作有:《税务执法程序的风险控制》《税收程序法概论》《企业纳税的法律风险控制》《税务稽查的风险揭示和防控策略》《税务律师析税案》《企业涉税败诉案例解析》300 余万字;合著《税务文书制作风险点 168 问与法律责任》《税务文书制作范例大全及风险防控》150 余万字。业务范畴包括:触及执法程序各环节,指导税务机关近 300 起执法案件和重大执法活动,为 150 亿元税款入库提供了税法支持;承办多起重大税务案件和税务干部职务犯罪案件以及税企争议案件。现担任多家税务机关税法顾问、税收制度设专家组成员和上市公司的税法顾问。在《税务干部防范职务犯罪风险案例解析》即将出版之前,立信会计出版社对刘兵税务律师进行了专访。

出版社:刘律师,您一直在做税法业务,并且是我们了解到的国内唯一从事税务执法的律师,是不是可以称为税务律师?

刘兵:我执业之初也是做传统律师业务,即诉讼业务,在 2007 年后半年进行了专业定位,改做税法业务。

出版社:在选定专业方向后,主要业务范畴有哪些?

刘兵:我的业务范畴包括:税务机关的执法风险防控业务;企业纳税风险防控业务。

在执法风险防控业务范畴,我想尽自己的努力,帮助税务干部和税务机关规范自己的征税行为,减少执法风险。争取做到事前防范、事中及时纠正、事后积极应对。在企业纳税风险防控层面,我想尽自己的努力,帮助纳税人提高税收遵从,并由此防控纳税风险。

出版社:在您看来,税务机关、税务干部主要存在哪些执法风险?

刘兵:税务执法行为处处是风险!经济不断发展,我们的法律法规规章乃至税收规范性文件都要随之变化,税务干部需要学习的地方很多,需要规范的执法行为很多,在作出税务执法行为的时候,很难做到面面俱到,没有疏漏。而我和团队的工作就是,深入研究这些法律法规规章、规范性文件,及时更新自己的知识,通过梳理执法风险点、分析风险防控策略,把冗长的条文规定过滤到最简单、最明了,让税务干部能够找到防控执法风险的途径。像我和助理最新出版的《税务文书制作范例大全及风险防控》《税务文书制作风险点 168 问与法律责任》两本书就对税务干部在不同的执法环节制作、适用税务文书中可能遇到的风险进行了数理、分析。

出版社:我们看到您经常给税务干部讲课,很多税务干部评价您是税务执法风险防控专家,很多税务干部对您非常尊重。您经常给税务干部讲得最多的课程是什么?

刘兵:专家谈不上。我一直坚持一个原则:给税务干部讲课,只讲实际的、只讲适用的、只讲有针对性的。税务干部最大的风险是刑事责任风险,比如玩忽职守、滥用职权、徇私舞弊不征少征税款、徇私舞弊发售发票、徇私舞弊抵扣税款等,因此我给税务干部讲得最多的还是在执法程序中如何防控刑事责任风险,当然还包括税务行政复议、税务行政诉讼等风险防控。

出版社:对税务干部的职务犯罪风险防范,您有何建议?

刘兵:从近几年的司法实践看,税务干部的职务犯罪风险问题已经是一个不容忽视的现实。各级税务机关应当而且必须应当重视这个问题。只有税务机关特别是税务机关负责人重视,才能引起税务干部的重视。税务机关负责人如果不重视这个问题,说什么都是"瞎掰"。在税务机关负责人重视的前提下,税务干部也要重视,并且还要善于防范。税务干部的职务犯罪风险,是可以防范的。当然,要有防范的策略。

出版社:另外,您对企业纳税人的纳税风险有什么看法呢?

刘兵:首先,税务机关和纳税人并不必然就是对立的。税企双方应当相互信赖。我在做实务时一直都是以"税企和谐"为原则,对税企争议,一直希望协调解决,并从

2010年坚持至今。

　　由于法律法规不断更新变化和经济业务的不断变革，税务执法人员对税收政策把握的不确定性在增加，加上企业本身的税收遵从不高、过度筹划等原因，税企争议不可避免。从税收实践案例看，一旦出现争议，由于企业对税收法律知识和征管程序缺乏正确的理解，企业败多胜少。在我处理的几个企业纳税人涉税案件中，都存在这样的问题。如果企业纳税人能够熟悉税收法律知识和征管程序，企业是可以避免不必要的败诉风险的。我在企业纳税风险方面有两本专著，分别是《企业纳税的法律风险控制》和《企业涉税败诉案例解析》。第一本是2013年出版的，既包括纳税程序环节也包括纳税实体环节的风险提示和法律风险控制策略。第二本是我2018年刚刚完成并出版的，主要通过总结15个典型案例，理论与实践相结合，以纳税人更容易理解的方式来呈现企业纳税过程中的风险点。

后　记（二）

税务干部必须善于防范税收执法风险

去年，《江城税月》记者严昕对郭勇平教授进行了一次专访，作者借用这篇专访作为本书的后记（二）。

郭勇平教授是中共国家税务总局党校（国家税务总局税务干部进修学院）税收执法研究中心主任，国家税务总局税收行政执法和涉税犯罪研究方面的专家，被誉为"中国涉税犯罪研究第一人"。日前，在全国税务领军人才培训班上，他为学员们进行了专题授课。在依法治国的大背景下如何推进税收法治？税务干部如何提升法律素养，强化执法能力，防范执法风险？授课结束后，记者就上述问题，对他进行了专访。

记者：早前您享有"中国涉税犯罪研究第一人"的美誉，近年来，您更多地被誉为"税务干部的保护神"，您还说自己现在更喜欢后面这一称谓，为什么？

郭勇平：过去，我的研究侧重于危害税收征管犯罪，我的第一本专著《税务犯罪论》，也是国内第一部全面深入研究涉税犯罪的专著。后来，随着形势变化和廉政建设的加强，我发现基层税务干部在税收执法过程中面临的风险较大，特别是检察院反渎职侵权局成立之后，加大了对渎职犯罪的打击力度，渎职犯罪案件呈明显上升趋势。所以，我对税收渎职犯罪方面的研究也逐渐增多。现在国家监察委员会已经成立，国家对公务人员的监督将更加严厉。在日常教学过程中，以及作为法律顾问办案和为某些案件当事人辩护过程中，我与税务干部接触的较多，也经常去税务部门调研，对基层情况比较了解。税务干部工作辛苦，而且责任重大，稍有不慎，就要承担相应的执法风险。在我接触到的许多税务干部渎职犯罪案件中，很多当事人并非故意犯罪，而是过失犯罪，我觉得非常可惜。如果我能更多地为他们做一些工作，帮助他们防患于未然，这对于税务干部个人和国家的税收事业都是难能可贵的一件好事。这也是我更喜欢后一个称誉的原因。

　　记者：在您看来,目前我国税收法治现状如何?

　　郭勇平：总体而言,近年来,我国税收法律制度体系不断健全,税收执法行为逐步规范,税收管理方式日趋科学,法治从治税手段发展成为税收治理的基本方式,税收法治成效显著。

　　但是,这些成就与纳税人的期盼与要求相比仍有差距。我认为,目前主要存在两方面问题。一是税收法定原则亟待全面落实,这也是当前税收法治中存在的最大问题。目前,我国税收法律层级较低,税收立法进程较为缓慢。2015 年两会期间,《中华人民共和国立法法》进行了重大修改,其中对税收法定原则的条款进行了修订,但法学界认为目前这一稿的表述仍然有些模糊。另外,有关方面承诺在 2020 年前全面完成税收立法,在未来 3 年内,我国 18 个税种中的 12 个均需完成立法,任务艰巨,不容乐观。此外,目前已经全面实施营改增,而现行的增值税征收依据还只是暂行条例,而不是法律,这也是有所欠缺的。因此,必须加快税种的立法进程。二是《中华人民共和国税收征收管理法》(简称《税收征管法》)的修订滞后。从 2008 年被列入立法规划开始,税收征管法的修订工作一直在推进中,但目前来看,税收征管法中的相关内容距离税收法治的要求还有差距,如有些规定与《中华人民共和国行政许可法》和《中华人民共和国行政强制法》的规定不相衔接,需要加快推动其修订进程。

　　记者：您刚才主要从立法角度谈到了我国税收法治的现状。在您看来,目前税务部门在推进税收法治工作中还存在怎样的问题?

　　郭勇平：目前,我觉得存在的最大问题在于,不少税务干部对于法治理念的认识还不到位,部分税务干部的内心还没有真正树立起法治理念,没有变"要我做"为"我要做",法治理念还没有从根本上变成一种自觉遵守。

　　思想是行动的先导。推进税收法治必须首先解决思想认识问题,牢固树立法治理念。法治理念需要不断更新,与时俱进。因此,税务干部要不断地学习和体会,然后将法治理念贯穿到行动中和实践中,自觉运用法治思维判断、分析、处理税收工作。过去,我们可能更多的是一种"任务治税"的观念,是一种管理性的思维,现在,要更多地运用法治思维来解决税收实践中的一些问题。

　　记者：如您所言,税务干部必须牢固树立法治理念,它包含哪些方面,应该如何去实现呢?

　　郭勇平：法治理念是运用法律的基本理论和逻辑来观察、分析、解决社会问题的思维方法，主要包含五大理念。

一是人民主权理念。我国宪法明确规定："中华人民共和国的一切权力属于人民。"人民主权不可转让，不可分割，神圣不可侵犯。我们还要清楚公权力和私权力的区别。对于公权，比如行政权来说，"法无授权即禁止"；对于私权，比如公民权来说，"法无禁止即自由"。税务干部也是普通百姓，也要面对国家的公权。所以，要换位思考，善待纳税人。

二是基本人权理念。人权是指作为一个人所应该享有的权利，是以人的尊严与自由为核心的价值体系，是人类生存与发展的要求、理念与期待。我国宪法在第三十三条中明确规定："中华人民共和国公民在法律面前一律平等。国家尊重和保障人权。"

三是宪法精神的理念。宪法是国家的根本大法，具有最高的法律效力。宪法的本质是对人民权利的保护，对国家权力的制约。宪法精神是以社会和谐为目标的精神，是以权利保障为核心的精神，是规范和制约公权力行使的精神，是体现社会公平的精神。推进依法治国必须强化宪法精神，推进税收法治亦然。

四是分权制衡的理念。权力具有强制性、不平等性、扩张性、可交换性及垄断性等特点。因此，必须控制和约束权力。在社会主义国家的宪法中，分权制衡主要表现为人民及人民代表大会监督原则。税务机关在征收管理上实行征、管、查三分离，也属于分权制衡。

五是程序的理念。"证据是法律的灵魂。程序是法治的生命。"所谓行政程序，就是由行政机关做出行政行为的步骤、方式和时间、顺序构成的行为过程。它有"步骤、顺序、时限、方式"四个要素。税务干部在税收执法中，必须坚持"步骤不能省略、顺序不能颠倒、时限不能超过、方式不能改变"。

记者：您曾说，税收执法风险无时不在、无处不在，告诫税务干部要强化风险意识，增强法律意识，运用法律思维来保护自己。那么，税务干部如何在税收执法中应用好法律思维？

郭勇平：法律思维包括合法性思维、规则性思维、平等性思维和程序性思维四种思维方式。

法律思维首先表现为合法性思维。在税收执法过程中，税务干部永远要考虑"我的行为是否合法"，这是一条底线。法即规则。

规则性思维要求我们，凡事都要有规则、凡事都要先有规则、凡事都要遵守规则。

　　平等性思维要求税务干部树立征纳双方法律地位平等的理念,从内心尊重纳税人,态度平和,平等相待。在征管过程中,还要切实保护纳税人的合法权益,对纳税人依法享受的各种税收优惠政策,及时、无条件地落实到位,对纳税人的各种意见和建议,及时解决并进行反馈,保证纳税人的各项权利得到有效尊重和保护。

　　程序性思维要求注重程序的优先性、公正性和终局性。税务干部应充分认识到程序的重要性,进一步改变过去那种重视实体公正、忽视程序公正的习惯,严守执法程序,以严明的程序保证处理结果的公正。

　　如果税务干部在税收执法过程中,能充分运用这些思维方式处理问题,对于防范税收执法风险会大有裨益。